Das Neuseeland-Lesebuch

Umschlaggestaltung und Satz:
Michael Ruderer
1sign | agentur für design&kommunikation

Druck:
Interpress

Redaktion:
Jürgen Boldt, Kristina Frenzel

Lektorat:
Kristina Frenzel

Bibliografische Informationen der Deutschen Bibliothek:
Die deutsche Bibliothek verzeichnet diese Publikation in der Deutschen Nationalbibligrafie; detaillierte bibliografische Daten sind im Internet über
http://dnb.ddb.de abrufbar
ISBN978-3-934031-64-7

Dörthe und Volker Heyse

Das Neuseeland-Lesebuch

Alles, was Sie über Neuseeland wissen müssen

MANA

Inhaltsverzeichnis

Einleitung

1 | Ortstafel von Taumata

Der ungarische Nobelpreisträger Albert von Szent Györgyi bemerkte einmal: „Eine Entdeckung macht man, wenn man sieht, was jeder gesehen hat, und dabei denkt, was noch niemand gedacht hat."

Wenn Sie „Neuseeland" hören, woran denken Sie dann? Was wissen Sie über dieses „Land der langen weißen Wolke", das „Letzte Paradies" oder das „Land am Ende der Welt", das mit einer Fläche von 268.676 Quadratkilometern nur etwa ein Viertel kleiner ist als Deutschland? Wir befragten mehr oder weniger zufällig 37 Personen unterschiedlicher Altersgruppen, die noch nicht in Neuseeland waren, nach ihren spontanen Einfällen zu diesem Land. Am meisten wurden genannt: „Neuseeland besticht durch die natürliche Vielfalt" und „Dort ist die Natur anscheinend noch völlig intakt". An zweiter Stelle kamen Assoziationen wie „Sehr weit weg und weitgehend unbekannt" oder „Kleine Schafnation und very british". Schließlich wurde auch folgende Meinung geäußert: „Da gibt es wohl auch große Probleme mit den Ureinwohnern – so wie die in den USA." Ganz anders

Einleitung

verhielt es sich natürlich mit den Leuten, die schon einmal in Neuseeland waren (und zu einem großen Teil gern wieder hinfahren würden – „wenn es nicht so arg weit wäre"). Allerdings überwogen bei ihnen viele Assoziationen zu Geografie, Flora und Fauna, „dem angenehmen Menschenschlag und der Unkompliziertheit des Alltagslebens"; nur wenige konnten auch etwas über Maori, die wechselhafte Geschichte und gesellschafts- und wirtschaftspolitische Details dieses faszinierenden Landes berichten. In den letzten Jahren wurden in Deutschland viele Bücher über Neuseeland geschrieben; wunderschöne thematische Bildbände liegen vor, Kalender, CDs. Über Einzelhändler werden für Interessierte Kunstgewerbe-Artikel, Honig, Wein und vieles andere angeboten. Was bislang jedoch fehlt, ist ein Buch, das wichtige Details aus Geschichte und Gegenwart des Landes sammelt, das differenziert über den Alltag berichtet – und auch ein wenig Klatsch parat hat: ein Buch zum schnellen Eindringen in den Alltag und in die Mentalität der Neuseeländer, ein aktuelles und kurzweiliges Lesebuch – damit man mitreden kann.

Wussten Sie beispielsweise, dass Neuseeland bis vor kurzem von Frauen regiert wurde? Alle höchsten Staatsämter waren zwischen März 2005 und August 2006 mit Frauen besetzt und auch die Maori, die ersten Einwohner, hatten bis 2006, vierzig Jahre lang, ein weibliches Oberhaupt. Der Anteil an Frauen im Parlament beträgt auch ohne Frauenquote über 30 Prozent.

Wussten Sie außerdem, dass das Durchschnittsalter in Neuseeland rund 34 Jahre (in Deutschland dagegen etwa 42) beträgt?

Einleitung

Ist Ihnen bekannt, dass mehrere Nobelpreisträger aus diesem Land stammen? Können Sie sich einen Ortsnamen mit 85 Buchstaben vorstellen? Bitte, einen solchen Ort auf einem 300 Meter hohen Hügel gibt es tatsächlich. Er liegt zwischen Hastings und Dannvirke in der südlichen Hawke's Bay und heißt: *Taumatawhakatangihangakoauauotamateaturipukakapikimaungahoronukupokaiwhenuakitanatahu.* Und wollen Sie wissen, was dieser Maori-Name bedeutet? „Der Felsgipfel, auf dem Tamatea, der Mann mit den dicken Knien, der hinunterglitt, hinaufkletterte und Berge verschlang, bekannt als der Landfresser, auf einer Flöte seiner Geliebten vorspielte." Sie finden diesen Namen in fast keinem Neuseeland-Reiseführer ausgeschrieben, sondern nur die Abkürzung „Taumata". Wussten Sie, dass die Einwegspritze aus Neuseeland kommt? Sie wurde von Colin Murdoch erfunden, ebenso wie das Gewehr mit Beruhigungspfeilen für Tiere. Ist Ihnen bekannt, dass der größte Teil unseres importierten Hirsch- und Lammfleisches aus Neuseeland stammt? Aber von Sir Edmund Percival Hillary, dem Erstbesteiger des Mt Everest, haben Sie doch bestimmt schon etwas gehört? Wussten Sie, dass der weltbekannte Wiener Architekt, Maler und Naturgestalter Friedensreich Hundertwasser 20 Jahre seines Lebens in Neuseeland verbrachte? Erinnern Sie sich, dass die „Britten", eines der schnellsten und schönsten Motorräder, von dem Neuseeländer John Britten in der heimischen Garage handgefertigt wurde und dass der Ingenieur C. F. Hamilton den Jet-Boot-Motor erfand?
Können Sie sich vorstellen, dass es in ganz Neuseeland keine Schlangen, Füchse oder – mit Ausnahme der Katipo - keine giftigen Spinnen gibt, dafür aber circa 70 Millionen Possums – ein Mekka für Kleinpelz-Jäger. In Neuseeland – das liest man in fast jedem Reiseführer – leben zurzeit rund 4 Millionen Menschen und über 40 Millionen Schafe. Wussten Sie aber, dass heute 14 Prozent der Einwohner Maori sind und dass sie über eigene Medien und eine eigene Universität verfügen? Wussten Sie, dass die Sonnenseite eines Hauses nicht nach Süden, sondern nach Norden gerichtet ist? Wenn der Vermieter oder das Exposé von „northern exposure" spricht, dann können Sie davon ausgehen, dass es in diesen Räumen sehr warm werden kann.

Und es gibt noch viel, viel mehr an interessanten Einzelheiten, die außerhalb des Landes wenig oder nicht bekannt sind, aber das Land erklären und uns nahe bringen können.

Einleitung

Die Autoren dieses Buches haben während mehrerer Neuseeland-Aufenthalte recherchieren, beobachten und viele interessante Gespräche führen können. Das alles schlug sich in dem nun vorliegenden kurzweiligen Lesebuch über die Geschichte, Gegenwart und Zukunft, über das Leben der Menschen, über den Naturreichtum und die Bemühungen um seine Erhaltung, über Kreativität und Humor in diesem interessanten Land nieder.

Was unterscheidet dieses Buch von den vielen anderen Büchern über Neuseeland?Es sind im Wesentlichen vier Aspekte:

Wir gehen dem Pulsschlag dieses jungen Landes nach, das – geschichtlich gesehen – gerade erst gelernt hat, auf eigenen Füßen zu stehen, und schildern seine kreative Suche nach sich selbst, nach einer einheitlichen kulturellen Identität. Wir betrachten dabei anhand vieler Beispiele das Verhältnis zwischen den verschiedenen ethnischen Gruppen, insbesondere natürlich das zwischen Pakeha (weißen Einwanderern und deren Nachfahren) und Maori (Erstbesiedlern und deren Nachfahren) – und zwar unter verschiedensten Aspekten und in allen relevanten Bereichen des Lebens. Diese Differenziertheit vermissten wir in den uns zugänglichen deutschsprachigen Veröffentlichungen.

Wir vergleichen dieses geografisch von allen anderen Staaten so *entfernte* Land auf den verschiedensten Gebieten (Bildung, Wirtschaft, Umgang mit Senioren, Umwelt etc.) mit anderen Ländern, insbesondere Deutschland, um nachzuweisen, wie *nah* es uns dennoch ist.

Wir durchleuchten die kurze, aber aufregende und einmalige (Einwanderer-) Geschichte dieses Landes, spüren noch auf Schritt und Tritt ihren Atem und sind überrascht von der scheinbar unbegrenzten menschlichen Kraft, durch die in historisch so kurzer Zeit ein ehemals fast unbewohntes Land zu der heutigen Blüte und internationalen Ausstrahlung kommen konnte.

Wir vergleichen scheinbar Neuseeland-typische Entwicklungen mit solchen andernorts und kommen zu erstaunlichen Zusammenhängen, Zahlen und Erkenntnissen, die uns das Schreiben dieses Buches sehr kurzweilig werden ließen und – so hoffen wir – auch vielen unserer Leser „Aha-Erlebnisse“ vermitteln werden.

Volker und Dörthe Heyse
Regensburg im November 2008

Kapitel 1

Neuseeland

im Überblick

1.1 Neuseeland auf einen Blick

Als erstes möchten wir Ihnen einen Überblick über die wichtigsten Kennzeichen Neuseelands verschaffen. Damit Sie die Daten besser einordnen und vergleichen können, setzen wir analog die von Australien und Deutschland daneben. Sie fußen auf OPEC-Statistiken der Jahre 2006 und 2007.

Kennzeichen	Neuseeland	Australien	Deutschland
Geschichte			
- Gründung	1907	1901	962
- souverän seit	1907	1901	1871
Politik			
- Abhängigkeit	bis 1907 von Großbritannien	bis 1907 von Großbritannien	Einheitliche Staatsform 1871
- Zugehörigkeit	Commonwealth	Commonwealth	EU seit 1957
Geographie			
- Gesamtfläche (km²)	268.680	7.686.850	357.021
- Küste (km)	15.134	25.760	2.389
- Höchster Berg	Mount Cook	Mt. Kosciuszko	Zugspitze
- Höhe (m)	3.764	2.229	2.962

Kennzeichen	Neuseeland	Australien	Deutschland
Demographie			
- Hauptstadt	Wellington	Canberra	Berlin
- Bevölkerung	4.076.200	20.264.100	82.422.300
- EW pro km²	15	2	230
- Urbanisierung (%)	86,06	86,03	88,91
- Alter Ø	33,90	36,90	42,60
- Anteil > 65 Jahre (%)	11,80	13,10	19,50
- Bevölkerungs-Wachstum (%)	0,99	0,85	-0,02
- Geburtsrate je 1.000 Einwohner	13,76	12,26	8,33
- Sterberate je 1.000 Einwohner	7,53	7,51	10,62
- Verhältnis Männer/ Frauen	0,99	0,99	0,96
- Säuglingssterblichkeit je 1.000 Neugeborenen	5,76	4,63	4,12
- Lebenserwartung Männer (J)	77,52	77,64	75,81
- Lebenserwartung Frauen (J)	81,93	83,52	81,96
Gesundheit			
- Ärzte je 1.000 Einwohner	2,17	2,51	3,73
- HIV-Infizierte je 1.000 Einwohner	0,42	0,77	0,56
Kriminalität			
- Gefängnisinsassen je 1.000 Einwohner	1,69	1,19	0,97
Bildung			
- Analphabeten (Bevölkerung über 14 Jahre; %)	1,00	1,00	0,70

Kennzeichen	Neuseeland	Australien	Deutschland
Amtssprache	Englisch	Englisch	Deutsch
Überwiegende Religionsgruppe	Christen	Christen	Christen
Wirtschaft			
- BIP ($) je Einwohner	26.086	35.130	36.233
- Wirtschaftswachstum (%)	2,70	2,70	1,30
- Anteil Landwirtschaft/ BIP (%)	4,10	4,00	0,90
- Anteil Industrie/BIP	27,10	27,50	29,40
- Anteil Dienstleistungen/BIP	68,80	68,50	69,70
- Inflationsrate (%)	3,30	2,60	1,90
- Arbeitslosigkeit (%)	3,50	5,00	9,69
- Staatsausgaben (% des BIP)	39,67	43,78	48,11
- Staatsverschuldung (% / BIP)	20,60	15,60	51,10
- Staatsverschuldung ($) je Einwohner	5.373	4.888	18.726
- Anteil Auslandsverschuldung am BIP (%)	42,99	57,33	128,66
- Export je Einwohner	6.223	6.278	14.474
- Erdölverbrauch (Barrel pro Jahr pro Einwohner	14,18	16,43	11,89

Kennzeichen	Neuseeland	Australien	Deutschland
Kommunikation			
- Telefonanschlüsse je 1.000 Einwohner	485,75	553,29	670,09
- Mobiltelefone je 1.000 Einwohner	675,38	765,39	842,49
- Rundfunkgeräte je 1.000 Einwohner	976,40	1.949,26	947,20
- Fernsehgeräte je 1.000 Einwohner	552,48	790,56	742,74
- Computer je 1.000 Einwohner	551,99	676,57	602,94
- Internetnutzer je 1.000 Einwohner	635,40	590,70	678,71
Transport			
- Eisenbahnlinien (km)	4.226	51.017	47.476
- Befestigte Straßen (km)	60.473	344.777	690.122
- PKW je 1.000 Einwohner	520,34	526,55	573,03
- Schiffe über 1.000 BRT	13	53	394
Militär			
- Verteidigungsausgaben (in % des BIP)	1,16	3,02	1,40

1.2 Wichtige geschichtliche Ereignisse – von Beginn an

Vor rund 85 Millionen Jahren begann sich Neuseeland vom australischen Festland, das seinerseits zum Superkontinent Gondwana gehörte, zu lösen. Damit war die Herausbildung einer einzigartigen Flora und Fauna verbunden.

Um 1000 n. Chr.:
Die ersten polynesischen Einwanderer besiedeln die beiden Hauptinseln. Sie kommen auf Doppelrumpf-Segelbooten, die bis zu 100 Menschen transportieren können, oder auf sehr langen Kanus und leben von Fischfang, Jagd und Ackerbau.

14. Jahrhundert:
Letzte große Einwanderungswelle („Great Fleet"). Mitte des Jahrhunderts bildet sich auch auf der Nordinsel eine Maori-Kultur heraus.

13.12.1642:
Der Holländer Abel Janszoon Tasman entdeckt bei der Suche nach dem kürzesten Seeweg von Südostasien nach Südamerika die Südinsel. Er geht dabei von der fälschlichen Annahme aus, dass es sich bei diesem Land um einen weiteren Kontinent handele. Wegen der feindlichen Haltung der Maori gegenüber den Neuankömmlingen verläßt er Neuseeland ohne weitere Erkundungen. In seinen Aufzeichnungen bezeichnet er das entdeckte Land als „Staaten Landt". Ein Jahr später wird es ihm zu Ehren in Holland nach seiner Heimatprovinz „Nieuw Zeeland" genannt. Holland zeigt danach aber kein weiteres Interesse an diesem weit entfernten Land. Heute mehren sich die Vermutungen, dass auch schon vor Tasman Schiffe Neuseeland gesichtet hätten, vermutlich spanische[1].

7.10.1769:
Der Engländer James Cook betritt als erster Europäer bei seiner ersten Pazifikfahrt neuseeländischen Boden. Sein Schiff „Endeavour" geht in der Poverty Bay an der Ostküste der Nordinsel vor Anker. Er hat bei den Maori mehr Glück, da er einen tahitianischen Dolmetscher an Bord hat. James Cook nimmt das „Nieuw Zeeland" für die britische Krone in Besitz. 1777 unternimmt er eine weitere Südseefahrt und beschreibt Neuseeland detailliert, wobei er gleichzeitig für eine Besiedlung durch Engländer wirbt. An Bord ist auch der Deutsche Georg Forster, der später eine

2 | Befestigte Dorfanlage der Maori

3 | James Cook. Denkmal in Marton

4 | Russel: Erste Kirche auf der Nordinsel

5 | Russel: Ältestes noch erhaltenes Gasthaus in Neuseeland

berühmte Schilderung dieser Reise verfasst. Da Frankreich ebenfalls Interesse an Neuseeland zeigt, forciert Großbritannien die Inbesitznahme des Landes und wirbt für die Besiedlung.

1777:
Beginn der Besiedlung der Nordinsel durch britische Robben- und Walfänger, Händler und Farmer. Es entsteht die erste europäische Siedlung in der „Bay of Islands“; später wird sie unter dem Namen Russell vorübergehend die erste Hauptstadt Neuseelands[2].

Erste Auseinandersetzungen zwischen den weißen Siedlern und den Maori um Acker- und Weideland. Zu dieser Zeit leben auf den beiden Hauptinseln circa 100.000 Maori.

1814:
Erste englische Missionsstation in Paihia. Die ersten Missionare werden vom Gouverneur von Neusüdwales, Australien, zu Friedensrichtern und Vertretern der politischen Interessen der englischen Krone berufen.

Ab 1821:
Maori-Stämme kämpfen mit von den Engländern erworbenen Feuerwaffen gegeneinander. Dadurch sowie durch eingeschleppte europäische Krankheiten verringert sich die Maori-Bevölkerung deutlich.

1833:
Die Auseinandersetzungen um Landbesitz zwischen den weißen Siedlern und den Maori nehmen 1833 und in den darauf folgenden Jahren zu.

1837:
Großbritannien schickt William Hobson nach Neuseeland, der die Maori zu Verhandlungen mit der Königin bewegen soll.

1839:
Die neuseeländische Nordinsel wird der britischen Kolonialadministration in Australien unterstellt.

6.2.1840:

Unterzeichnung des Vertrages von Waitangi durch 46 Maori-Häuptlinge und die britische Regierung, vertreten durch Lieutenant-Governor William Hobson in Waitangi in der Bay of Islands. Die Maori erkennen kraft Vertrag die Oberherrschaft Großbritanniens an und verpflichten sich, Land ausschließlich an die Krone oder deren Vertreter zu verkaufen. Dafür garantiert diese ihnen das „Recht auf uneingeschränkte, exklusive und ungestörte Nutzung ihres Grundeigentums, ihrer Wälder, Fischgründe und anderer Ressourcen“ sowie alle Rechte und Privilegien britischer Staatsbürger. Allerdings halten sich viele weiße Siedler nicht an den Vertrag. Nachdem in den darauf folgenden Monaten mehrere Hundert Maori-Häuptlinge den Vertrag anerkannt haben, erklärt Großbritannien Neuseeland zur eigenständigen Kronkolonie. William Hobson wird Gouverneur.

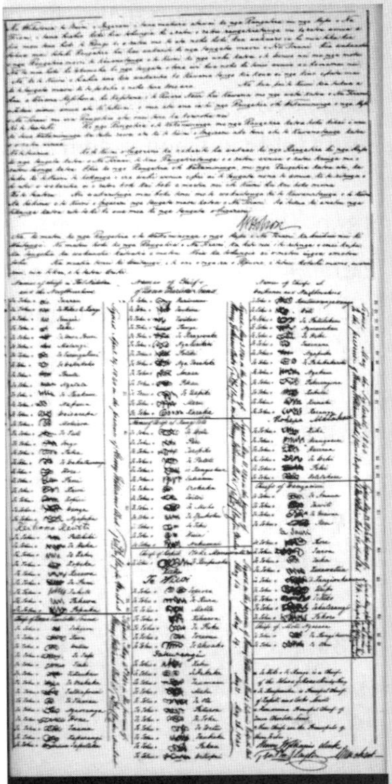

6 | Vertrag von Waitangi (Auszug)

1843-1848:

Zwischen 1843 und 1848 bricht ein Krieg zwischen der inzwischen stark angewachsenen Gruppe der Weißen und den sich betrogen fühlenden Maori aus, der auf beiden Seiten viele Opfer fordert.

1853:

Neuseeland erhält das Fundament einer eigenen Verfassung („Constitution Act“).

1856:

Großbritannien gewährt den sechs neuseeländischen Provinzen nahezu volle Selbstverwaltung. Erster Chef der Zentralregierung in Auckland wird Henry Sewell. Vier Sitze im Oberhaus des Zwei-Kammern-Parlaments sind den Maori vorbehalten. Die weiße Bevölkerung umfasst zu diesem Zeitpunkt bereits circa 100.000 Menschen gegenüber etwa 55.000 Maori.

1860-1868:
Auf der dünn besiedelten Südinsel werden bei Otago Goldadern entdeckt. Der Goldrausch lockt zahlreiche Einwanderer aus aller Welt, insbesondere von den versiegenden Goldfeldern in Kanada, den USA und Australien. Es entsteht eine breite Infrastruktur mit Handel, Banken, Hotels und Gold verarbeitendem Gewerbe.

1860-1872:
Zunehmende blutige Auseinandersetzungen zwischen Weißen und Maori. Die meisten Stämme haben sich unter dem gewählten Maori-König Taawhiao zusammengeschlossen. Die weißen Siedler siegen schließlich aufgrund überlegener Waffen. Zu dieser Zeit kommt es auch schon zunehmend zu Mischehen zwischen Weißen und Maori und dadurch zu einer zusätzlichen Form der Landnahme.

1867:
Die Maori erhalten nun endgültig vier Sitze im neuseeländischen Parlament.

1880:
In Neuseeland leben inzwischen über 300.000 weiße Siedler und circa 46.000 Maori.

1882:
Auf einem Segelschiff mit einer durch eine Dampfmaschine betriebenen Kühlanlage gelangt zum ersten Mal tiefgefrorenes Lamm- und Rindfleisch von Neuseeland nach Großbritannien.

1889:
In Dunedin, an der Ostküste der Südinsel, wird die erste Universität Neuseelands gegründet.

1893:
Neuseeland führt als erstes Land der Welt das Frauenwahlrecht ein.

1898:
Die gesetzliche Altersversorgung wird in Neuseeland eingeführt.

1901:
Neuseeland annektiert die Cook- und andere pazifische Inseln.

1907:
Neuseeland erhält den Status eines britischen Dominions und damit de facto die staatliche Unabhängigkeit.

1914-18:
Neuseeland nimmt gemeinsam mit Australien als „Australian and New Zealand Army Corps" (ANZAC) unter britischem Oberbefehl am Ersten Weltkrieg teil.

25.4.1915:
Landung der ANZAC-Truppen auf der türkischen Insel Gallipoli. Seit diesem Tag wird am 25. April jeden Jahres in beiden Ländern der Gefallenen gedacht (ANZAC-Day).

1919:
Neuseeland erhält das Völkerbundmandat über die ehemalige deutsche Kolonie Westsamoa sowie über Nauru. Das Mandat über Nauru geht allerdings in fünfjährigem Wechsel an Neuseeland, Großbritannien und Australien.

1931:
Neuseeland wird von Großbritannien unabhängig.

1935:
Die Regierung um Michael Joseph Savage führt neue Sozialgesetze ein, zum Beispiel die 40-Stunden-Woche. Ferner bemüht sie sich um die Angleichung des Lebensstandards der Maori an den der Weißen.

1938:
Verabschiedung des „Social Security Act". Die umfassenden und für damalige Verhältnisse international vorbildlichen Sozialleistungen werden aus einem allgemeinen Fonds bestritten. Dazu gehören die Alters-, Invaliden-, Witwen-, Waisen-, Arbeitslosen-, Kriegsbeschädigten- und Kriegshinterbliebenen-Renten sowie das Kindergeld.

1939-1945:
Teilnahme mit Freiwilligen-Corps, unter anderem auch mit einem Maori-Bataillon, auf englischer Seite am Zweiten Weltkrieg, schwerpunktmäßig in Europa und im Pazifik.

1945:
Gründungsmitglied der Vereinten Nationen (UNO).

25.11.1947:
Neuseeland nimmt das „Westminsterstatut" an und wird damit endgültig ein souveräner Staat innerhalb des British Commonwealth of Nations.

1948:
Großbritannien übergibt die Tokelau-Inselgruppe an Neuseeland.

1952:
Neuseeland wird Mitglied im ANZUS-Pakt (Australia, New Zealand, United States).

1954:
Gründungsmitglied der SEATO (*South East Asian Treaty Organization*).

1959:
Abschaffung der nach 1945 eingeführten allgemeinen Wehrpflicht.

1964:
Eröffnung der deutschen Botschaft in der neuseeländischen Hauptstadt Wellington.

1965:
Unterstützung der USA im Vietnamkrieg mit einem Kontingent von 400 Soldaten. Neuseeland kommt damit seiner Verpflichtung aus dem ANZUS-Pakt nach.

1975:
Die Gültigkeit des „Treaty of Waitangi Act" wird durch die Etablierung des „Waitangi-Tribunals" bekräftigt. Dadurch müssen Entschädigungen für das den Maori geraubte Land gezahlt werden.

1981:
Die Maori gründen eine eigene Partei: Manu Motuhake. Zu dieser Zeit gibt es in Neuseeland bereits 3,7 Millionen Einwohner, darunter 400.000 Maori, 100.000 Polynesier und weitere indische und chinesische Minderheiten.

1982:
Vereinbarung zwischen Neuseeland und Australien über „Close Economic Relations“ (CER). Beide Länder bilden eine einheitliche Wirtschaftszone.

1984:
Die neue Labour Party unter David Lange beschließt harte Wirtschaftsreformen, die dem Land langfristig aus der Krise helfen sollen, welche durch den EU-Beitritt Großbritanniens ausgelöst wurde. Der damalige Finanzminister Roger Douglas setzt diese konsequent um.
Neuseeland erklärt sich außerdem zum ersten atomwaffenfreien Land der Welt und unterzeichnet mit weiteren sieben Mitgliedsstaaten des Südpazifikforums ein Abkommen über die Errichtung einer atomfreien Zone in der Südsee.

1985:
Das Greenpeace-Schiff „Rainbow Warrior“ wird vom französischen Geheimdienst im Hafen von Auckland gesprengt.

1987:
Das Parlament erklärt Neuseeland zur nuklearfreien Zone.
Maori wird neben Englisch offiziell als zweite Landessprache zugelassen und Unterrichtsfach an den Schulen.
Die Nationalparks werden erweitert. Zu dieser Zeit steht in Neuseeland bereits rund ein Drittel der Landfläche unter Naturschutz.
Der „Treaty of Waitangi“ erhält vorrangigen Gesetzesstatus. Damit kann künftig auch kein Land mehr an Staatsunternehmen übergeben werden, wenn Maori-Ansprüche darauf bestehen.

1993:
Einführung des Mixed-Member Proportional Voting (MMP – Verhältniswahlrecht nach deutschem Vorbild).

1994:
Der Premierminister Jim Bolger setzt sich vor dem Parlament für die Umwandlung Neuseelands von einer parlamentarischen Monarchie in eine Republik ein. Seitdem werden solche Forderungen jährlich laut, aber es kam bislang zu keiner Volksbefragung bzw. parlamentarischen Abstimmung[3].

1995:
Der Premierminister und die Maori-Königin unterzeichnen einen Vertrag zur Rückgabe von Land an die Maori und zu finanziellen Entschädigungen in Höhe von einer Milliarde neuseeländische Dollar innerhalb von zehn Jahren an die Maori. Königin Elizabeth II. unterzeichnet in Wellington persönlich das vom neuseeländischen Parlament gebilligte Gesetz hinsichtlich der Entschädigungsleistungen an die Maori.

7 | Helen Clark, Premierministerin bis Nov. 2008

1997:
Die bisherige Verkehrsministerin Jenny Shipley übernimmt als erste Frau das höchste Regierungsamt Neuseelands.

1999:
Helen Clark wird die zweite Premierministerin in der Geschichte Neuseelands. Sie amtiert bis November 2008. Nachfolger wird John Key von der Nationalen Partei.

2001:
Die neuseeländische Regierung beschließt, alle 30 Kampfflugzeuge außer Betrieb zu nehmen, eine der beiden Luftwaffenbasen zu schließen und die Luftwaffe auf Transportmaschinen zu beschränken.

2003:
Der frühere Ministerpräsident David Lange erhält in Stockholm

den Alternativen Nobelpreis für seinen beharrlichen Kampf für eine Welt ohne Atomwaffen.

2004:
Das „Foreshore and Seabed Law" – ein Gesetz, das Küstenlinie und Meeresboden zum Staatseigentum erklärt, wird verabschiedet. Daraufhin erfolgt die Gründung der Maori-Partei zur Sicherung der traditionellen Rechte der Maori.

2005:
Der frühere Ministerpräsident David Lange stirbt im August. Erneute Wiederwahl von Premierministerin Helen Clark.

2006:
Nach 40 Jahren Regentschaft stirbt die Maori-Königin Te Arikinui Te Atairangikaahu; ihr ältester Sohn Te Arikinui Tuheitia Paki wird während der Beisetzungszeremonien zum neuen Maori-König ernannt.

2008:
Die Mitte-Links-Koalition der Premierminister Helen Clark wird bei der Wahl am 8. November 2008 von einer Koalition unter Führung der National Party abgelöst. Der neue Premierminister John Key nimmt am 19. November 2008 seine Amtsgeschäfte auf.

Kapitel 2

Das moderne Gesicht Neuseelands

2.1 Wie liberal ist das Land wirtschaftlich?

Folgt man dem Index of Economic Freedom der Heritage Foundation und „The Wall Street Journal", so ist Neuseeland auf Platz 6 der Rangliste der wirtschaftlich liberalsten Länder – noch vor Australien (Rang 10), den USA (Rang 13) und Deutschland (Rang 18). 155 Länder wurden bewertet und platziert. Der Index bewertet die ökonomische Freiheit und Flexibilität eines Landes nach zehn Kriterien, wie etwa Staatsschulden, Regierungseingriffe in die Wirtschaft oder Geld- und Handelspolitik.

Die wirtschaftlich liberalsten Länder haben ein etwa doppelt so hohes Pro-Kopf-Einkommen wie die „beinahe liberalen" Länder. Gesetzeshürden, komplizierte Steuergesetze, eine hohe Steuerlast sowie eine einengende Wirtschaftspolitik (hohe Hürden und Bürokratie gegenüber dem Mittelstand, zu hohe bürokratische und finanzielle Hürden gegenüber Gründungswilligen u.a.) behindern in vielen Ländern der Erde sowohl die Unternehmen als auch die Bürger, die mehr Verantwortung übernehmen wollen. Dazu gehört auch Deutschland mit dem Rangplatz 18 – gefolgt von Bahrain (20), Zypern (22), Litauen (23) und El Salvador (24).

In dem Weltmarktbericht „Doing Business in 2006 – Creating Jobs" vom September 2005 wurde Neuseeland im weltweiten Vergleich „easiest place to do business" und damit Gesamtsieger. Dieser Spitzenplatz fußte insbesondere auf folgenden Kriterien:

- Einfachheit, um Grund und Boden registrieren zu lassen
- Größte Sicherheit für Investoren
- Geringe Kosten bei der Entlassung von Arbeitskräften
- Einfachheit, als Investor zu klagen
- Regulierung der Haftbarkeit von Geschäftsführern und geschäftsführenden Gesellschaftern
- Höchstmaß an Transparenz bei Insideraktionen

Zwei Beispiele machen den wirtschaftsliberalen Abstand zwischen Neuseeland und Deutschland besonders deutlich:

Beispiel 1: Gründungsvoraussetzungen

Nehmen wir einen neu eröffneten Handwerksbetrieb mit sechs Beschäftigten. Grundsätzlich kann in Neuseeland jeder einen solchen Betrieb eröffnen, gleich welcher Vorbildung. Die Behörden prüfen anfangs nur, ob die hygienischen und Sicherheitsbedingungen eingehalten werden. Über die Qualität der Dienstleistungen und Produkte entscheidet der Markt. Den Behörden ist es egal, welches Produkt, welches Sortiment angeboten wird, welche Öffnungszeiten gewählt werden und wie das Personal zusammengesetzt ist. Da der eigene Arbeitsmarkt kaum qualifizierte Mitarbeiter bietet, können – bei Nachweis mehrfacher ergebnisloser Anzeigen im Land – auch Arbeitskräfte zeitweilig aus dem Ausland angeworben werden (zum Beispiel gut ausgebildete Arbeitslose).

So dauert es in Neuseeland maximal 12 Tage, um eine Firma zu gründen, in Deutschland dagegen 45 (Quelle: Focus 24/2005). Während in Neuseeland zwei Schritte für eine Firmengründung notwendig sind und nur Kosten von rund 75,00 US$ für die Gründung anfallen, sind es im Jahr 2005 in Deutschland neun Schritte und umgerechnet 1.568,66 US$.

Gründungsfreundlicher Weltmeister ist übrigens Australien mit zwei Tagen Gründungsdauer, zwei notwendigen Antragsschritten, 600,02 US$ Gründungskosten und ohne Mindestkapitaleinlage. Der neuseeländische Gründer muss mit keiner Zwangsmitgliedschaft in Kammern, keinen berufsständigen Niederlassungsbeschränkungen rechnen. Er muss keine Meisterprüfung ablegen u.v.a.m. Alle Waren und Dienstleistungen unterliegen – ohne Ausnahme – einer Mehrwertsteuer von 12,5 Prozent.

Beispiel 2: Steuern

Wie sieht es auf der Steuerseite aus? Das neuseeländische Steuerrecht wurde mit der Reform von 1984 enorm vereinfacht und damit auch die Buchführung der Unternehmen und die Abgaben. Kleine Unternehmer und Selbständige benötigen für ihre Buchhaltung und Steuerabrechnung circa eine halbe Stunde pro Monat. Und diese Arbeit kann auch an eine private Buchhaltungsfirma delegiert werden. Wenn keine Nebeneinnahmen existieren, hat man überhaupt keinen direkten Kontakt zum Finanzamt und braucht auch keinen Lohnsteuer- und Jahresausgleich zu machen.

Die jährliche Steuererklärung kann man selbst erledigen und ein Formular via Internet am Bildschirm ausfüllen. Prinzipiell unterliegen in Neuseeland alle Einnahmen den gleichen Steuersätzen – und zwar ohne jegliche Ausnahmen. Für Einnahmen von bis zu 38.000 neuseeländischen Dollar zahlt man 19,5 Prozent Steuern, bei über 38.000 bis 60.000 NZ$ 33 Prozent und bei Einkünften darüber hinaus 39 Prozent. Früher gab es allerdings Spitzensätze bis zu 61 Prozent. Für das Ausfüllen dieser Steuerklärung benötigt man wiederum nur circa eine Stunde!

Das alles spricht anscheinend für ein Gründer-Mekka Neuseeland und kann als Lockmittel für weitere Einwanderer gesehen werden. Generell gibt es vor allem für gut ausgebildete junge Menschen vielfältige Möglichkeiten, in Neuseeland als Selbständige Fuß zu fassen. Die sehr liberale Wirtschaftspolitik verfolgt natürlich auch das Ziel, Neuseeland als Einwanderungsland besonders attraktiv zu machen. Andererseits müssen Einwanderungswillige aber auch die versteckten erschwerenden Seiten sehen und sie bewältigen wollen. Von unseren neuseeländischen Gesprächspartnern wurden in diesem Zusammenhang insbesondere als erschwerend hervorgehoben:

- Mit der Entscheidung für einen dauerhaften Wohnsitz in Neuseeland stimmt man einem von Europa am weitesten entfernten Lebensmittelpunkt zu und damit einem weitgehenden Kappen traditioneller familiärer und freundschaftlicher Beziehungen. Zwar ist man nach circa 30-stündiger Flugzeit von Auckland aus in Frankfurt, aber solche Reisen finden – schon aus Kosten- und Zeitgründen – immer seltener oder gar nicht statt.
- Der Lebensstandard ist niedriger als in Deutschland. Das Pro-Kopf-Jahreseinkommen liegt deutlich unter dem Deutschlands: 15.870,00 $ gegenüber 25.250,00 $. Auch gegenüber dem des nächsten Nachbarn Australien (21.650,00 $) ist es deutlich niedriger[4]. Das Pro-Kopf-Jahreseinkommen Neuseelands ist eher mit dem von Spanien vergleichbar (16.990,00 $). Hier muss man sich – von Westeuropa kommend – gewaltig umstellen.
- Die sprichwörtliche Gastfreundschaft weicht gegenüber ansässigen Migranten. Misstrauen und zum Teil Neid bei schnellen Erfolgen treten auf; Bekanntschaften werden erschwert.
- Man muss einen Platz zwischen den verschiedenen Kulturen der Maori, Alteingesessenen (weiße Siedler in der vierten bis sechsten Generation), asiatischen und polynesischen Einwandererfamilien finden. Und mitunter begegnet man als Deutscher noch besonderem – historisch verwurzeltem – Misstrauen. Diese Einstellung ist zum Glück aber abnehmend.

Beim Vergleich des Pro-Kopf-Jahreseinkommens und dem damit verbundenen Lebensstandard müssen natürlich neuseeländische Besonderheiten berücksichtigt werden, die auf der anderen Seite zu einer Erhöhung des Lebensstandards beitragen, wie beispielsweise geringe Benzinpreise, niedrige Versicherungsbeiträge (nicht selten lassen Einheimische ihre Autos überhaupt nicht versichern), niedrige Mieten und Heizkosten, niedrige Preise für Grundnahrungsmittel, Kinderförderung und -betreuung…

2.2 Fundamentalreformen: Was haben sie gebracht?

Als in den Jahren 1984-90 in Neuseeland in schnellen Schritten Fundamentalreformen in der Wirtschafts- und später auch Arbeitsmarktpolitik durchgeführt wurden, jubelte die Weltpresse und stilisierte Neuseeland zum reformfreudigsten Land der Welt hoch, zum Modell für alle entwickelten Volkswirtschaften im Zeitalter der Globalisierung. Tausende und Abertausende Artikel, Bücher und Doktorarbeiten sind dazu erschienen. Als sich aber in den 1990er Jahren das Tempo der Reformen deutlich verlangsamte, Reformschritte, die eigentlich hätten schon längst kommen müssen, zerredet wurden und sich in der Bevölkerung ein deutlicher Reformüberdruss breit machte, schlug die anfängliche Euphorie in Pessimismus und Häme um und es dominierten in deutschen Zeitungen Berichte wie „Neuseeland: Den Reformkurs nicht durchgehalten“ oder „Neuseeland: Unfreiwillige Laborratten noch immer in Markt-Mausefalle gefangen“.

2.2.1 Hintergründe der Reformen

Die nachfolgenden Darstellungen sollen informieren und zugleich einiges von dem richtig stellen, was in emotionalen Debatten und anschließenden öffentlichen Darstellungen verkürzt, vereinfacht oder aber auch einfach falsch wiedergegeben wurde. Unsere Darstellungen beziehen sich auf eine eigene breite Literaturanalyse und auf Interviews mit damals maßgeblich Beteiligten, allen voran dem damaligen Finanzminister Sir Roger Douglas. Eine systematische Analyse, auf die ebenfalls zurückgegriffen wurde, lieferte 1999 schon Rolf Caesar.

Wenn wir den Reformprozess in Neuseeland weitgehend objektiv betrachten wollen, dann müssen folgende zwei grundsätzliche Voraussetzungen anerkannt werden:
a) Positive Ergebnisse durchgreifender Reformen können generell nicht in „ein paar Jahren“ erwartet werden, sondern brauchen in der Regel zehn bis 20 Jahre. Erfolge kommen quasi auf sehr langen Wellen und benötigen nicht selten die Dauer einer Generation.
b) Die Anpassungs- und Folgekosten werden zwangsläufig umso höher, je länger notwendige Reformen bzw. deren einzelne Schritte hinausgezögert werden.

Für Neuseeland galt nun noch speziell:

- Das Land war Anfang der 1980er Jahre wirtschaftspolitisch so ineffizient, dass es keine Alternative zur raschen und durchgreifenden Umgestaltung des ordnungs- und prozessorientierten Rahmens gab.
- Die Reformen wurden durch Praktiker umgesetzt, die den Ideen der „Chicago School" anhingen. Ihnen wird bis heute Widerstand und Skepsis insbesondere von Universitätsökonomen entgegengebracht, die vor allem keynesianisch ausgebildet sind. Insofern ist es wichtig, die eigene Herkunft und Position zu prüfen, bevor Werturteile über die Reformen gefällt werden.

Bis Ende der 1960er Jahre war Neuseeland eines der wohlhabendsten Länder der Welt. Das Pro-Kopf-Einkommen war zum Beispiel höher als in Deutschland und etwa vergleichbar mit dem der Schweiz. Es gab Vollbeschäftigung und Garantie auf Arbeit sowie ein sehr dichtes soziales Netz. Der Staat war der größte Arbeitgeber. Allerdings war Neuseeland auch ein Land mit einem extrem hohen Regulierungsgrad sowohl durch Preis-, Lohn-, Einfuhr- und Währungskontrollen als auch durch vielfältigste Regulierungen des alltäglichen individuellen Lebens.
Zu Beginn der 1980er Jahre hatte sich die gesamtwirtschaftliche Situation dramatisch verschlechtert und das Land schlitterte einer wahren Katastrophe entgegen. Das hatte insbesondere folgende Ursachen:

- Mit dem Beitritt Großbritanniens zur EG in den 1970er Jahren mussten die bis dato erheblichen Subventionen Neuseelands durch Großbritannien eingestellt werden und ebenso die zollfreien Einfuhren neuseeländischer Produkte. Großbritannien hatte sich nun auch gegenüber den eigenen Dominions der Zollgrenze der EG-Staaten zu unterwerfen. Das traf Neuseeland sehr empfindlich.
- Das Land hatte große Anpassungsprobleme während der beiden internationalen Ölkrisen und danach.
- Wirtschaftliche Krisen in einigen asiatischen Ländern, die zu den bevorzugten Handelspartnern Neuseelands gehörten, verstärkten die Probleme.

Die damalige konservative Muldoon-Regierung reagierte auf diese ungünstigen Wirtschaftsbedingungen mit einer Politik der Importsubstitution mit Exportsubventionen und Importprotektionismus sowie mit kapitalintensiven Großprojekten im Land selbst, mit dem Ausbau des öffentlichen Sektors, direkten staatlichen Interventionen und Kontrollen im privaten Sektor.

Finanziert wurde all dies durch Geldschöpfung und über eine wachsende öffentliche Verschuldung. Die Inflationsrate sowie die Arbeitslosigkeit erhöhten sich damals drastisch, begleitet von einem hohen Anstieg der Steuer- und Defizitquoten.

Hinzu kam schließlich eine schwere Zahlungsbilanzkrise im Juli 1984, als nach der Ankündigung vorgezogener Neuwahlen eine massive Spekulation gegen den Neuseeland-Dollar einsetzte und der Notenbank fast die gesamten Devisenreserven raubte.
Die Wahl im Jahre 1984 brachte einen klaren Sieg der Labour Party mit David Lange und zugleich den Wählerauftrag, alles zu tun, um aus dieser katastrophalen Lage herauszukommen.

2.2.2 Vier Phasen der Reform

Die erste Phase von 1984 bis 1990 war gekennzeichnet von einer weitreichenden Liberalisierung und Deregulierung durch zwei Labour-Regierungen. Nach dem Wahlsieg der Konservativen Partei wurden in der zweiten Phase von 1990 bis 1996 die Reformmaßnahmen nicht nur fortgeführt, sondern sogar verschärft. Dagegen brachte die dritte Phase von 1996 bis 1998 nachlassenden Reformeifer und Desorientierungen unter der Koalitionsregierung mit der National Party und der Partei New Zealand. Schließlich begann 1999 die vierte Phase, die sich durch Konsolidierung und leichte Korrekturen durch die Labour-Regierung Clark auszeichnet.

Erste Phase 1984-1990

In dieser Phase wurde das Land quasi blitzartig dem freien Markt ausgesetzt. Preis-, Lohn- und Zinskontrollen wurden aufgehoben; der Finanzsektor erfuhr eine Liberalisierung, die Export- und Importrestriktionen wurden beseitigt. Die Regierung strich die meisten Subventionen, angefangen im schwierigsten Bereich – der Landwirtschaft. Die alte Regierung hatte die Landwirtschaft in hohem Maße subventioniert; die Bruttolöhne waren zu 38 Prozent bezuschusst worden. Da die Landwirtschaft aber der wichtigste und größte Wirtschaftssektor war, in dem zwei Drittel aller Einkünfte erwirtschaftet wurden, war diese Subventionspolitik einfach grotesk. Der Steuersatz war in der Folge höher als 60 Prozent gewesen.
In dieser Phase wurde der Höchststeuersatz halbiert; zugleich wurde auch die Mehrwertsteuer zur Kompensation der Ausfälle eingeführt. Die Notenbank verfolgte eine strikte Inflationsbe-

kämpfung. Nahezu alle staatlichen Monopole wurden abgeschafft und die meisten staatlichen Unternehmen privatisiert. Schließlich wurde ab 1987 der gesamte öffentliche Sektor umfassend umgestaltet. Im Zentrum stand die Umwandlung von Verwaltungseinheiten in kommerziell tätige Unternehmen, die Einführung von Anreizsystemen für diese und die Ausrichtung der staatlichen Institutionen auf moderne betriebswirtschaftliche Methoden.

Der Preis des Übergangs von einer stark subventionierten und regulierten zu einer dem freien Markt ausgesetzten Wirtschaft war sehr hoch, aber unumgänglich. Das traf insbesondere die Landwirtschaft. In diesen Jahren stieg die Selbstmordrate drastisch an und betraf vor allem die Landwirte, Maori und Jugendliche[5]. Ebenfalls nahm die Zahl der Ausreisenden zu, die außerhalb von Neuseeland eine neue Existenz suchten.
Der „Schwarze Freitag" an der New Yorker Börse im Jahre 1987 traf Neuseeland in einer äußerst schwierigen wirtschaftlichen und politischen Situation. Der weltweite Einbruch an den Börsen zwang die Regierung, die Staatsbetriebe, die bislang die größten Arbeitgeber gewesen waren, an Ausländer zu verkaufen. Aufgrund des fehlenden Kapitals gab es kaum neuseeländische Abnehmer. Die mit den Verkäufen verbundenen Massenentlassungen und Umstrukturierungen führten zu großen Widerständen in der Bevölkerung und zur Abwahl der Labour-Regierung.

Zweite Phase 1990-1996

In dieser Phase wurde die Reform von der National Party konsequent fortgesetzt. Man knüpfte an die Schnelligkeit und Tiefe der bis 1988 durchgeführten Maßnahmen an und unternahm Reformschritte auf dem Arbeitsmarkt und in der Finanzpolitik, denen die Labour-Regierung bis dahin ausgewichen war. Das verlorene Reformtempo in den Jahren 1988 bis 1990 hatte letztlich zu hohen Anpassungskosten geführt.
Nun erfolgte eine grundlegende Neuregelung des Tarifsystems. Damit war die Aufhebung der gewerkschaftlichen Zwangsmitgliedschaft ebenso verbunden wie die Lohnfestlegungen auf betrieblicher Ebene, allerdings unter Beibehaltung gesetzlicher Mindestlöhne. Die Sozialleistungen wurden eingeschränkt, die Anforderungen für den Anspruch darauf verschärft und das Gesundheits- und Bildungssystem, das bisher unentgeltlich genutzt worden war, wurde dezentralisiert und auf Kostenbeteiligung der Nutzer umorientiert. Außerdem wurden deutliche Senkungen bei der Einkommenssteuer durchgesetzt, um vor allem Familien mit mittlerem Einkommen und einkommensschwache Menschen zu unterstützen.

Schließlich wurden Transparenz und Konsistenz der Entscheidungen von Staat und Kommunen im Bereich der Finanzpolitik erhöht. Staat und Kommunen mussten fortan ihre Haushalts- und Vermögensdaten offen legen und wurden zum Erzielen von Haushaltsüberschüssen verpflichtet.
Insbesondere die überfälligen Reformen in den Bereichen Arbeitsmarkt und Sozialleistungen führten zu weiteren Spannungen und Widerständen.

Dritte Phase 1996-1998

Nach dem Wechsel zu einer Koalitionsregierung Ende 1996 kam es zu einem weitgehenden Reformstillstand. Die regierenden Parteien waren sich zwar prinzipiell einig, dass die Reform fortzuführen sei, konnten sich jedoch nicht in den Bereichen Finanz- und Sozialpolitik sowie über die zukünftige Rolle des Staates einigen.

Vierte Phase 1999 bis heute

Die vierte Phase begann 1999, als erneut die Labour Party an die Macht kam. Mit der Premierministerin Helen Clark begann eine Zeit der Konsolidierung. Die Wirtschaftskrise 1999 ging auch an Neuseeland nicht vorüber; dennoch erlebte das Land in den 2000er Jahren den langersehnten Aufschwung und konnte auf der Grundlage positiver Wirtschaftsdaten in bis dahin vernachlässigte Gebiete investieren. Keine der einzelnen Reformen wurde rückgängig gemacht, jedoch an einigen Stellen „nachjustiert“ bzw. neuen Erfordernissen angepasst. Das betrifft vor allem folgende Bereiche:

- Erhöhung des Arbeitslosengeldes gemäß der Inflation
- Wieder-Einbeziehung der Gewerkschaften beim Aushandeln von Tarifverträgen
- Anhebung des Spitzensteuersatzes von 33 auf 39 Prozent
- Stärkung der staatlichen Grundversorgung im Gesundheits- und Bildungswesen

2.2.3 Reformergebnisse aus heutiger Sicht

In den zurückliegenden 24 Jahren hat sich Neuseeland aufgrund der mutigen Reformschritte von einer der am meisten regulierten Volkswirtschaften zu einer der am meisten deregulierten

gewandelt. Es gibt allerdings zwei grundsätzliche Kritikpunkte externer Beobachter. Der erste betrifft die zu späte Inangriffnahme der Arbeitsmarktreformen, die für das lange Ausbleiben erkennbarer Erfolge bei der Beschäftigung und beim Wirtschaftswachstum verantwortlich sei. Diese Reformen hätten bereits in der ersten Phase erfolgen sollen. Die zweite Kritik bezieht sich auf die Stillstandszeit von 1996 bis 1998, die ebenfalls mögliche wirtschaftliche Erfolge verzögert habe.
Dennoch ist es immer einfacher, als unbeteiligter Beobachter und im Nachhinein zu urteilen. Da damals niemand an irgendeinem Ort der Welt ein erprobtes Konzept für radikale Reformen hatte und alles im Veränderungsprozess entwickelt und entschieden werden musste, was diverse Orientierungs- und Kommunikationsprobleme wie auch enorme Risiken für die Entscheider mit sich brachte, ist der Gesamtweg der Reformen aus heutiger Sicht als erfolgreich zu bewerten. Neuseeland ist nach innen und außen hin erwachsen geworden, es gibt ein aufstrebendes Unternehmertum. Auf einigen Gebieten ist Neuseeland sogar weltweit beispielhaft, unter anderem im Umweltschutz, im Bildungswesen und bei der Integration nationaler Minderheiten. Die Reformen selbst wurden trotz aller zwischenzeitlichen Probleme in einer letzlich doch sehr kurzen Zeit und ungewöhnlich umfassend bewältigt.

2.2.4 Wie steht das Land heute da?

Einige aktuelle Beispiele zur Wirtschaftslage und Wirtschaftspolitik geben Hinweise auf die derzeitige Situation:

- In den meisten Sektoren kann von einem Wirtschaftswachstum ausgegangen werden. Im wichtigsten Sektor der neuseeländischen Wirtschaft, der Landwirtschaft, ist ein Wachstum von rund vier Prozent zu verzeichnen; der Anteil von landwirtschaftlichen Primärprodukten am Export liegt bei 60 Prozent.
- Das Bruttoinlandsprodukt stieg von 147,1 Milliarden NZ$ im Jahre 2004 auf 159,2 im Jahre 2006.
- Die Inflationsrate liegt bei 2,5 Prozent und damit wieder in dem von der Zentralbank vorgegebenen Zielkorridor von einem bis drei Prozent.
- Die Arbeitslosigkeit lag nach den Traumwerten von 3,7 bis 3,9 Prozent in den Jahren 2004 bis 2006 im Jahr 2007 bei 4,1 Prozent.

- Das Staatsdefizit konnte von 23,9 Prozent des BIP im Jahre 2002 auf 15,1 Prozent im Jahre 2006 gesenkt werden.
- Bei der Länderbonität gemäß Institutional Investor liegt Neuseeland auf dem 20. Platz.
- Die Staatsfinanzen sind weitgehend in Ordnung und es gibt einen gesunden Haushaltsüberschuss.
- Die Regierung widersteht weiterhin dem Druck der Opposition hinsichtlich Steuererleichterungen und setzt stattdessen auf Schuldenabbau, verstärkte Bereitstellung öffentlicher Güter sowie Verteilungsgerechtigkeit.
- Mit der Initiative „Export Year 2007“ versuchte die Regierung, den vergleichsweise geringen Export, der gegenwärtig rund 29 Prozent des BIP ausmacht, anzukurbeln.
- Die Regierung betreibt offensiv die Transformation des Landes in Richtung einer Wissensgesellschaft, einer *leading knowledge-based economy* mit einem hohen Bildungsniveau, einer hohen Innovationsrate und einer hohen Wertschöpfung in der Produktion. Im Mittelpunkt steht gegenwärtig die Förderung von Informationstechnologie, Biotechnologie und der sogenannten kreativen Industrie, allen voran der Filmindustrie. Gründungen auf diesen Gebieten werden besonders unterstützt. Allerdings setzt sich dies noch nicht in einer größeren finanziellen Förderung der Forschung und Entwicklung fort.
- In der Sozialgesetzgebung wird der 2002 eingeführte „Superannuation Funds“, der sich aus Budgetüberschüssen finanziert, weiter ausgebaut. Mit ihm soll das staatliche Rentensystem auf lange Sicht mit einer partiellen Vorfinanzierung der zukünftigen Renten und Pensionen der alternden Bevölkerung finanziell abgesichert werden.
- Die Integration der Einwanderer gelingt gut und die Zusammenarbeit der unterschiedlichen ethnischen Gruppen im Land trägt deutlich Früchte.
- Effektivität und Effizienz des größten Teils der neuseeländischen Verwaltung – und der kommunalen Selbstverwaltung – sind im internationalen Vergleich und auch im Vergleich zum internen Privatsektor sehr hoch.

Problematisch bleibt der Export. Hier spielt die von den klassischen Handelswegen abseitige Lage des Landes eine erschwerende Rolle. Eine deutlichere Ausrichtung auf den asiatischen Markt, insbesondere China und Japan, zunehmende bilaterale Freihandelsabkommen sowie die Orientierung auf innovative, exportfähige Industrien sollen die Exportfähigkeit erhöhen.

Problematisch bleibt die Energiesituation. Es besteht ein großer Investitionsbedarf aufgrund von Wirtschaftswachstum, Bevölkerungszuwachs, Klimaveränderungen, Erschöpfung der Gasreserven des Landes, Überlastung der Elektrizitäswerke und steigenden Öl-Weltmarktpreisen.

Problematisch ist und bleibt auch der Umweltschutz. Einerseits ist das Land weltweit vorbildlich, zum Beispiel beim Artenschutz und der Eindämmung der Überfischung. Andererseits hinkt Neuseeland bei der Reduzierung von Treibhausgasemissionen den selbst gesetzten Zielen im Rahmen der Kyoto-Ziele deutlich hinterher und wird sie für den Zeitraum 2008-2020 um 20 Prozent verfehlen.

Ausgangspunkt all dieser Überlegungen waren der Rückblick auf die schweren 1980er Jahre und die Frage nach den Reformergebnissen aus heutiger Sicht. Abschließend wollen wir den beiden damaligen Reform-Hauptakteuren die Frage stellen, welche persönlichen Erfahrungen sie aus dem Reformprozess gezogen haben und was sie anderen Reformern – ganz gleich wo auf der Welt – empfehlen können.

2.2.5 Erfahrungen der Reformer David Lange und Roger Douglas

Nachfolgend werden einige wichtige Erfahrungen und Empfehlungen des früheren Premierministers David Lange aus einem Interview mit Ingo Petz aus dem Jahr 2003 und ein Interview der Autoren mit dem damaligen Finanzminister Sir Roger Douglas vom November 2004 ausschnittsweise wiedergegeben.

Auszüge aus dem Interview mit David Lange

8 | David Lange, Premierminister 1984-1989

Petz:
Richard Prebble, einer Ihrer damaligen Minister, empfahl jedem, der Reformen durchführen muss, es schnell zu tun und nicht auf Lobbyisten zu hören, sondern auf Experten.

Lange:
Das meine ich auch. Aber: Das Wichtigste an einer Reform ist ihre politische Akzeptanz. Die lieben Wirtschaftstheoretiker mögen gute Ideen haben, aber eine demokra-

tische Gesellschaft ist keine Knetmasse, die man so formen kann, wie es den Eliten gerade in den Kopf kommt. Eine Reform muss von der Mehrheit verstanden werden, sonst gibt es keine Reformen. […]

Petz:
Hat sich eigentlich jemand bei Ihnen bedankt?

Lange:
Was glauben Sie denn? Viele haben uns gehasst […] Dankbarkeit kann in solch einer außergewöhnlichen Lage, die außergewöhnliche Maßnahmen erfordert, niemand verlangen. Wir waren Sklaven unserer Zeit. […]

Petz:
Experten kritisieren, dass die Wirtschaft trotz der Reformen nicht besonders wächst, dafür aber die Kriminalität. Außerdem klafft die Schere zwischen Reich und Arm immer weiter auseinander.

Lange:
In allen freien Marktwirtschaften wächst die Kriminalität und auch der Unterschied zwischen Reich und Arm, was nicht schön ist. Das sind aber keine unmittelbaren Auswirkungen unserer Reformen. Die Wirtschaft hätte sich ohne unsere Reformen gar nicht mehr entwickelt. Es kann immer besser sein, aber immer auch viel, viel schlechter…

Petz:
Auch die deutsche Regierung diskutiert heute über radikale Reformen. Hätten Sie ein paar Tipps?

Lange:
Mut ist der Schlüssel. Und Schnelligkeit. Man kann und sollte nicht immer auf alle hören. Konsens bringt nicht immer die richtige Lösung. Außerdem sollten sich Politiker für das Leben nach der Politik absichern. Wenn eine Krise da ist, dann braucht sie eine kritische Analyse, womöglich eine radikale Reform. Der Politiker muss sich entscheiden, ob er es für das Land tut oder für sich. Wenn er es für das Land tut, muss er bereit sein, sich politisch das Genick zu brechen. Wer an Macht denkt, dem ist sowieso nicht mehr zu helfen.

Interview mit Sir Roger Douglas

9 | Sir Roger Douglas. Finanzminister 1984 im Kabinett von David Lange

Heyse:
Sir Roger Douglas, seit über 20 Jahren setzen Sie sich weltweit für Reformen ein: 1984 als Finanzminister zusammen mit dem damaligen Premierminister David Lange in Neuseeland, dann als Berater für die Weltbank, als Regierungsberater in Italien, in Russland, in Mexiko und in anderen Ländern. Was würden Sie heute als Ihre wichtigsten Erfahrungen benennen können?

Douglas:
Es klingt vielleicht etwas arrogant, wenn ich sage, im Prinzip sind das die Erfahrungen, die ich 1993 in meinem Buch „*Unfinished Business*“ niedergeschrieben habe. Ich habe sie in allen meinen Beratungsprojekten immer wieder bestätigt gefunden. Allerdings würde ich, wenn ich sie noch einmal niederschriebe, sie mit zeitgemäßen Beispielen belegen. Aber der Trend bleibt als solcher. Und ich würde sie ergänzen, so wie ich es in meinem Buch „*Completing the circle*“ getan habe.

Heyse:
Wenn Sie die Abstracts Ihrer Reform-Prinzipien benennen sollten, wie könnten diese auf den kürzesten Nenner gebracht werden?

Douglas:
Bei Reformen ist vieles Psychologie. Das wichtigste sind couragierte, konsequente Leute, die, wenn sie einmal von der Sinnhaftigkeit eines Lösungsweges überzeugt sind, diesen auch ohne Zögern und ohne falsche Kompromisse gehen. Nichts sonst bringt Resultate, die die Öffentlichkeit mittelfristig auch befriedigen.
Eine wichtige Erfahrung ist, dass es einen Konsens zu wichtigen Entscheidungen zwischen unterschiedlichen Interessengruppen, und mit solchen haben wir es bei Reformen immer zu tun, kaum geben wird, bevor die Reformen gestartet und sie dann einbezogen werden. In Abhängigkeit von den Ergebnissen für die Öffentlichkeit wird – allerdings erst nach der Entscheidung und dem Start – ein gesellschaftlicher Konsens möglich. Erfolgt die Konsenssuche *vor* einer solchen Entscheidung, dann werden die Reformen zerredet, zerstückelt, und die Urheber werden gegeißelt.

Heyse:
Welche Einzelprinzipien haben Sie herausgearbeitet?

Douglas:
Erstes Prinzip: Alles beginnt bei den richtigen Leuten. Sie brauchen für durchgreifende Reformen eine politische Elite, Leute mit einer sehr hohen Qualität.
Eine Lösung für das immer wieder vorfindbare Problem mittelmäßiger Politiker auf den verschiedenen Ebenen – in den Ministerien, in den Kommunen usw. – ist nur in Sicht, wenn sich genügend couragierte, gebildete und verantwortungsbewusste Leute mit Visionen finden, die auch bereit sind, etwas wertvolles für ihr Land oder ihre Region zu tun. Dabei kann ihr Name durchaus daraus Schaden nehmen; damit müssen sie zurechtkommen.

Heyse:
Neigen Politiker nicht eher dazu, gerade das zu vermeiden und stattdessen immer wieder abzuwägen, was sie noch wagen dürfen, ohne Ansehen zu verlieren?

Douglas:
Ja, das stimmt. Und deshalb ist es wichtig, Reformen in großen Paketen zu bewerkstelligen. Es dürfen nicht irgendwann irgendwelche kleinen Schritte gemacht werden. Das gehört zum zweiten Prinzip. Definieren Sie Ihre Ziele klar, unmissverständlich und verfolgen Sie diese in großen Schritten, sonst haben die unterschiedlichsten Interessengruppen Zeit, ihre Anhänger gegen die Reformen mobil zu machen und sie aufzuhalten.
Ernsthafte Strukturreformen sind gleichzusetzen mit politischem Selbstmord. Das merkt man immer dann, wenn Privilegien Schritt für Schritt abgeschafft werden. Paradoxerweise klappt dieses Entziehen von Privilegien aber, wenn die Privilegien vieler Gruppen auf einen Schlag abgeschafft werden. Eine Gruppe verliert Privilegien und will dann auch nicht länger die Kosten der Privilegien anderer Gruppen tragen. Wenn man nämlich einer Gruppe Privilegien entzieht, wird diese Gruppe das als Bestrafung ansehen, weil nun ihre hohen Kosten bleiben und eine Gefahr für sie darstellen. Wird der Gruppe aber klar, dass die Uhr nicht zurückgestellt werden kann, dann beginnt diese Gruppe einzufordern, die Privilegien einer anderen Gruppe, nämlich der, die ihnen hohe Kosten verursacht, ebenfalls abzubauen. Das ist kein Trick, sondern der lebende Beweis dafür, dass Ökonomie als Ganzes funktioniert und keine Sammlung von Fitzelchen ist. Man muss also den Fäulnisprozess stoppen, noch bevor er beginnt. Das heißt wiederum, die

Privilegien auf breiter Flur und ohne Zugeständnisse zu beseitigen und den betroffenen gesellschaftlichen Gruppen genau wie allen anderen eine Chance zu einer konstruktiven Funktion in einer besseren Gesellschaft zu geben.
Das Schwierige war für uns damals als Labour-Regierung, Privilegien nicht nur bei Unternehmern und bei den übersubventionierten Bauern, sondern auch bei den übermächtigen Gewerkschaften, bei staatlichen Einrichtungen und bei den Arbeitern zu streichen. Und die Arbeiter waren selbst keine einheitliche Gruppe. Es gab sehr gut gestellte Arbeiter, die zu Lasten anderer Arbeiter lebten.
Ganz wichtig ist es, dass die Entscheider und die Macher in der Lage sind, die Chancen für eine Nation als Ganzes zu verdeutlichen und zu verbessern, indem man gleichzeitig die verwundbarsten Gruppen der Gesellschaft schützt.

Heyse:
Was meinen Sie mit „großen Schritten"?

Douglas:
Ein drittes Prinzip könnte lauten: Das eingeschlagene Tempo ist von grundsätzlicher Bedeutung. Es ist dann eigentlich unmöglich, in einer Reform zu schnell zu gehen. Nicht das Tempo, sondern die Unsicherheit ist es, die den Erfolg von Reformen gefährdet. Und das Tempo, die schnellen großen Schritte, sind eine wichtige Voraussetzung dafür, dass die Unsicherheit auf dem niedrigsten Niveau gehalten wird. Wenn die Regierung die Privilegien auf breitester Front aufhebt, dann können sich Einzelinteressen kaum gegenüber der Allgemeinheit bremsend durchsetzen.
Damit ist auch ein viertes Prinzip verbunden: Wenn etwas zum Laufen gebracht wurde, dann muss dafür gesorgt werden, dass es weiterläuft. Sorglosigkeit, Verantwortungslosigkeit oder Kompromisse sind in dieser Phase tödlich. Wenn Programme erfolgreich durchgesetzt werden sollen, darf nicht gezögert oder gewartet werden, bis sie vollendet sind! Das Feuer der Reformgegner ist viel ungenauer, je schneller sich das Ziel bewegt, auf das sie schießen wollen.

Heyse:
Stehen wir an dieser Stelle nicht vor einem großen Dilemma? Die Öffentlichkeit geht doch nur mit, wenn alle Schritte mit einer großen Glaubwürdigkeit, persönlichen Authentizität der handelnden Politiker verbunden sind. Sind an dieser Stelle nicht eher Staatsmänner als die Alltagspolitiker gefordert?

Douglas:
Ja, das kann ich unterstreichen. Ich sprach ja auch schon zu Anfang von notwendigen politischen Eliten, Persönlichkeiten, die einer Vision und großen Verantwortung folgen und um die persönlichen Gefahren wissen.
Mein fünftes Prinzip geht genau auf diese Glaubwürdigkeit ein. Allerdings stellt sich die Frage „Glaubwürdigkeit –worauf bezogen, wofür?“ Das öffentliche Bewusstsein der Notwendigkeit von Veränderungen ist die Summe von realistischen Reforminhalten und -schritten plus Glaubwürdigkeit der Regierung. Wenn die Regierung nicht glaubwürdig ist, verweigern sich die Menschen. Damit kommen zusätzlich hohe Kosten für die Wirtschaft auf, die aber vermeidbar wären.
Die Strukturreformen haben ihre eigene Logik. Ein Schritt erfordert unweigerlich einen nächsten, damit ein gutes Resultat für alle herauskommt. Und der Kampf um klare Inhalte und Glaubwürdigkeit ist eigentlich nie ganz zu Ende und nie ganz gewonnen. Das muss die Regierung bei jeder Entscheidung im Auge haben.
Glaubwürdigkeit zurückzugewinnen kann dauern. Wenn einmal das Vertrauen ins Wanken gerät, dann muss das Reformprogramm einen nächsten großen Schritt vorangebracht werden, und zwar sehr schnell.
Und da schließt sich auch ein sechstes Prinzip an: Lass den Hund das Kaninchen sehen. Die Menschen brauchen klare Ziele! Die Menschen folgen dem Reformprogramm nicht, wenn sie nicht wissen, wo es lang geht und wie lange sie für den Weg brauchen. Einen Weg- und Zeitplan zu haben ist darüber hinaus auch wichtig, um eine Art Promoter aufzubauen. Professionelle Analysten können dann ihre unabhängigen Betrachtungen machen und Fortschritte kommunizieren. Das erhöht das Vertrauen der Öffentlichkeit in den Prozess und auch das vormals skeptischer Interessengruppen.

Heyse:
Bedingt das nicht auch eine enorme Kommunikation? Wenn ja, dann haben wir quasi die Trias der wichtigsten Anforderungen an sehr gute Führungskräfte vor Augen: Entscheiden und zur Entscheidung stehen, Glaubwürdigkeit, Verständlichkeit und Sicherheit Dritter durch ständige Kommunikation.

Douglas:
Man kann das auch so sehen, ja. Mein siebentes Prinzip lautet folgerichtig: Begehe nie den Fehler, der Öffentlichkeit zu wenig Informationen zu geben. Eine Reform wird erst dadurch erfolgreich,

wenn dem Wähler vertraut wird, er seitens der Politik respektiert *und* informiert wird. Die Wähler müssen in die Lage versetzt werden, laut zu bewerten, was vor sich geht. Der Öffentlichkeit muss immer wieder gesagt werden, was die gegenwärtigen Probleme sind, wie es dazu kam, welchen Schaden diese Probleme für die persönlichen Interessen anrichten, welche Ziele in welcher Zeit verfolgt werden, welche Kosten und welche Vorteile mit den Aktionen verbunden sind und schließlich, was der Vorteil dieser Reformen gegenüber anderen Reformkonzepten ist.
Die noch fehlenden Prinzipien acht bis zehn haben wiederum etwas mit der menschlichen Größe der Reformer zu tun:
Prinzip acht meint: Das öffentliche Vertrauen ruht auf der Gelassenheit der Akteure. Diese müssen auch in schwierigen Zeiten die Ruhe bewahren. Sie dürfen sich durch zahlreiche sehr persönliche Angriffe eben nicht persönlich angegriffen fühlen, sonst werden sie nervös, fahrig, widersprechen sich. Und das sehen die Menschen an ihren Fernsehern oder in der Zeitung sofort und zweifeln an der Glaubwürdigkeit.
Und neuntens muss größte Gerechtigkeit und Interessen-Abstinenz vorherrschen: Eine kranke Wirtschaft kann nicht gesund reguliert werden. Die Regierung kann und darf nur die Rahmenbedingungen dafür schaffen, dass die Vorteile produktiver Aktivitäten sichtbar werden und dass diese der Gesellschaft als Ganzes zugute kommen. Die Regierung ist nicht für bestimmte Interessengruppen da, sondern für die gesamte Bevölkerung! Die Abschaffung der Privilegien ist das Wesentlichste bei einer Strukturreform. Wann immer möglich, sollte die Macht und die Kraft den Menschen zurückgegeben werden – was auch heißt, die Interessengruppen in ihrem Machthunger zu beschneiden.

Heyse:
Und das zehnte Prinzip?

Douglas:
Das zehnte Prinzip lautet: Fragen Sie sich im Zweifel selbst, warum Sie in die Politik gegangen sind.
Es ist eine Regierung erforderlich, die diszipliniert und ausnahmslos hinter den Entscheidungen steht. Nur *ein* Abweichler kann das ganze Konzept stören. Diese wehrhaften Leute müssen auch in der Lage sein, im Sinne der Sache konstruktiv mit dem politischen Gegner zusammenzuarbeiten, mit Politikern und Fachleuten, die die Generationen-Verantwortung der Regierung mittragen. Wir haben damals als Labour-Regierung Don Brash, einen Konservativen, als Notenbankchef verpflichtet und er musste für die Geldwertstabilität sorgen.

Bis dahin geschützte, privilegierte Gruppen in der Gesellschaft versuchen auf subtile Weise, Veränderungsprozesse aufzuhalten oder zurückzudrehen, bevor ihre Interessen angegriffen werden. Das gilt auch häufig für Mitglieder des Kabinetts.
Vergessen Sie nicht, dass die einzelnen Politiker von Strukturreformen schon deshalb nichts wissen wollen, weil sie den Menschen Freude machen wollen. Und dazu gehört nicht, sie vor schwierige Fragen zu stellen. Vor der Wahl wollen viele Politiker ihr Image aufpolieren. Und wenn sie gewählt sind, versuchen sie das immer weiter, weil sie so ihre Machtposition verlängern wollen. Die Zukunft des Landes interessiert sie im Kern herzlich wenig.
Politiker versuchen weltweit, Reformen zu verhindern und zwar so lange, bis sie ein soziales oder ökonomisches Desaster erreicht haben. Sie öffnen ihren Verstand nicht gegenüber notwendigen Veränderungen, weil sie glauben, dass derartige Aktionen automatisch politische Nachteile für sie selbst oder für die Regierung mit sich brächten. Wenn sie die Krise aber nicht mehr verleugnen können, dann reden sie sich selbst ein, etwas in relativ kurzer Zeit machen zu können und fordern Neuwahlen, um einen Vorteil gegenüber dem politischen Gegner zu erringen. Sie rechtfertigen das, indem sie vorgeben, ihr Gegner wäre nur an eigenen Belangen interessiert und nicht am Wohlergehen des Landes. Sie lenken erneut von den Problemen ab, indem sie Fehler anderer hervorheben und Gerüchte in die Welt setzen. All das muss nicht sein, wenn man Prinzip- bzw. Widerspruchslösungen verfolgt. Solche Lösungen sind der Schlüssel für die Reform. Die allerdings von der Vielzahl der Politiker verfolgten Kompromisslösungen führen nicht ans Ziel und beim Wähler zur Unzufriedenheit.

Heyse:
Machen wir einen Sprung von Ihren allgemeinen, internationalen Erfahrungen und spitzen die Frage für Deutschland zu: Ist Deutschland reformierbar?

Douglas:
Es ist schwer vorstellbar. Ihre Politiker gehören einerseits zum großen Teil starken Interessengruppen an, vertreten diese im Parlament und vertreten sehr starke persönliche Interessen. Die föderalistische Ordnung bei Ihnen bedingt zudem in der gegenwärtigen Form, dass fast über die gesamte Legislaturperiode einer Bundesregierung auf Länderebene Wahlen stattfinden und damit Rücksichten genommen und Versprechen getätigt werden, die Reformen behindern bzw. verhindern. Viele meiner letzten Worte beim zehnten Prinzip könnten auch hier wiederholt werden. Ich habe das auch anlässlich meines Besuches in Deutschland im Oktober 2004 gesagt.

2.3 Die Bildung ist ein kostbares Gut

Für Bildung wird sowohl staatlicherseits als auch privat viel Geld ausgegeben. Der Anteil für Bildung an den Staatsausgaben liegt seit 1999 kontinuierlich bei 16 Prozent.

Neuseelands offizielle Vision für die schulische Bildung der Kinder lautet: „Sie sollen als kompetent und selbstbewusst Lernende und Kommunizierende aufwachsen, gesund an Körper, Verstand und Geist, sich sicher fühlen durch ein Bewusstsein der Zugehörigkeit und in dem Wissen, dass sie einen wertvollen Beitrag für die Welt leisten“ (neuseeländisches Bildungsministerium, 1996).

Seit 1996 gibt es einen Nationalen Bildungsplan für die Arbeit mit Kindern bis zum Alter von fünf Jahren. Er enthält ein bikulturelles Curriculum-Modell (Te Whariki) für Maori-Kinder und Pakeha (Weiße). Damit werden die schulischen Einrichtungsformen in ihrer großen Vielfalt erfasst. Für das Bildungsprogramm, das in seinen Grundaussagen zwar für alle neuseeländischen Bildungseinrichtungen verbindlich ist, in der Umsetzung jedoch den einzelnen Einrichtungen große Autonomie verbürgt, ist das Bildungsministerium zuständig. Die Versorgungs- bzw. Betreuungsquote liegt für die Zielgruppe bei rund 60 Prozent.

Die zentrale Bildungsmaxime der Maori lautet: „Empowerment: Ermächtigung – damit Wissen und Macht mich frei machen“. Es gibt vier Grundprinzipien von Te Whariki: *Ermächtigung, Ganzheitliche Entwicklung, Familie und Gemeinde* sowie *Beziehungen.*

2.3.1 Fünf pädagogische Grundregeln

Die fünf pädagogischen Grundorientierungen für alle neuseeländischen Schüler lauten:

Wohlbefinden

Zugehörigkeit

Partizipation

Kommunikation

Exploration

Die pädagogischen Ziele für die Herausbildung der Kommunikation lauten zum Beispiel schon für die Kinder bis zur Einschulung:

1) Kinder erleben eine Umgebung, in der sie nonverbale Kommunikationsformen für eine Vielfalt situativer Anforderungen entwickeln.
2) Kinder erleben eine Umgebung, in der sie mündliche Sprachkompetenz für eine Vielfalt situativer Anforderungen entwickeln.
3) Kinder erleben eine Umgebung, in der sie die Geschichten und Symbole ihrer eigenen Kultur und von anderen Kulturen erfahren.
4) Kinder erleben eine Umgebung, in der sie verschiedene Möglichkeiten entdecken und entwickeln, um sich kreativ ausdrücken zu können.

Das öffentlich gestützte Lernen setzt ein, bevor Kinder ein Jahr alt sind. Dann können die kleinen „Kiwis" in eine Krippe *(creche)* gebracht werden. Kindergärten sind kostenfrei. Die meisten Kinder zwischen drei und fünf Jahren sind mindestens zwei bis drei halbe Tage pro Woche dort. Außerdem existieren *playcenter*. Hier betreuen speziell dafür ausgebildete Eltern *(playcenter supervisor)* die Kids.

2.3.2 Wie ist das neuseeländische Schulsystem aufgebaut?

Es gibt ein Pflichtschulalter. Mit dem fünften Geburtstag wird das Kind „fließend" eingeschult. Das heißt, am Montag nach dem fünften Geburtstag kommt das Kind in das Schuljahr 0. Das gilt für Kinder, die zwischen Juli und Dezember Geburtstag haben. Kinder, die zwischen Januar und Juli fünf Jahre alt werden, kommen direkt in das erste Schuljahr. Allerdings werden auch Ausnahmen zugelassen. Je nachdem, wie weit die Kinder sind, können sie in besonderen Fällen auch noch bis zum siebten Lebensjahr in das Schuljahr 1 aufgenommen werden.
Bis zum 16. Lebensjahr herrscht Schulpflicht. Diejenigen, die weiter lernen wollen, können 13 Schuljahre durchlaufen und sind beim Abschluss normalerweise 18 Jahre alt.

Auf den ersten Blick ist das dreigliedrige Bildungssystem in Neuseeland mit dem in Deutschland vergleichbar: Primärstufe, Sekundarstufe, Tertiäre Stufe (Erwachsenenakademien, Fachhochschulen, Universitäten). Auch gibt es formal wie in den meisten Bundesländern Deutschlands

13 Klassen bis zum Abitur. Beim näheren Hinschauen werden aber interessante Unterschiede deutlich, die nahelegen, dass das neuseeländische Bildungssystem einige Vorteile aufweist:

- Landesweit gibt es – bei allgemein hoher Entscheidungsautonomie der Schulen – dieselben bildungspolitischen und inhaltlichen Auflagen und die dieselben Kriterien für die Schulabschlüsse.
- Das Jahr 0 gewährleistet, dass die Kinder langsam auf die Schule eingestimmt und an sie gewöhnt werden. Dabei werden wichtige Kompetenzen vermittelt, insbesondere kommunikative und interkulturelle.
- Das Schulsystem ist dynamischer und gerechter: Die Schüler können ab dem 11. Schuljahr jährlich die Schule verlassen und spezifische Möglichkeiten des anschließenden Studiums oder des beruflichen Einstieges wählen. Mit der erfolgreichen Beendigung des 11. Schuljahres besitzt der Schüler die Mittlere Reife. Nach dem 12. Schuljahr ist ein Bachelor-Studium an einer Fachhochschule (Polytechnic) oder eine Lehrerausbildung möglich. Mit erfolgreichem Abschluss des 13. Schuljahres ist ein Bachelor- oder ein Masterstudium möglich. Schüler mit einem sehr guten Abschluss nach dem 12. Schuljahr können sich auf Wunsch auch direkt für ein Hochschulstudium bewerben.
- Das neuseeländische Bildungssystem hat zwar Ähnlichkeit mit dem britischen, vollzog aber seit 1947 und mit den Reformen ab 2002 eigenständige Entwicklungen. Auffallend ist hierbei neben den formalen Bildungswegen insbesondere die umfassende Berücksichtigung der Stärken und Schwächen der Schüler im Laufe eines Schuljahres. Es gibt mehr Klausuren, Tests, Aufsätze, Referate und dementsprechende Zwischeneinschätzungen, die auch Kompetenzen berücksichtigen, die über das reine Fachwissen hinausgehen; die Jahresprüfungen und die Endnote auf dem Zeugnis verlieren dadurch ihr (früheres) übermächtiges Gewicht.

Zwei Besonderheiten neuseeländischer Schulen seien hervorgehoben: Zum einen können die Schulen selbst entscheiden, ob ein Schüler, der allgemein gute Noten in verschiedenen Fächern hat, aber in einem Fach durch die Prüfung gefallen ist, in die nächste Klasse versetzt wird. Und in der Sekundarstufe hat man die Möglichkeit, ein nicht bestandenes Fach in der nächsten Klasse zu wiederholen. Es gibt also hier nicht das Enweder-Oder, das wir in Deutschland gewohnt sind.

Der Schultag beginnt übrigens in Neuseeland morgens um 9.00 Uhr und endet in der Regel um 15.00 Uhr. Mit dem späteren Anfang, der auch dem Arbeitsbeginn vieler Organisationen entspricht, kommen die Lehrer auch der biologischen Leistungskurve der Schüler entgegen. In Deutschland wird die Frage nach dem günstigsten Anfang ebenfalls – allerdings noch sehr zaghaft – gestellt.

Positiv auf die Leistungsentwicklung wirken auch die kleineren Klassenverbände und die sehr moderne Ausstattung der Schulen, insbesondere mit Computertechnik. In Neuseeland lernen die Kinder schon früh, mit Standard-Softwareprogrammen umzugehen, später dann mit spezifischen Softwareprogrammen in den einzelnen Fächern. Außerdem gibt es kaum Frontalunterricht. Die Schüler sollen sich durch eigene kritische Auseinandersetzung den Lehrstoff erarbeiten und die Fähigkeit zum Problemerkennen und -lösen einzeln und in Teams entwickeln.

Neben den klassischen schulischen Fächern gibt es eine Vielzahl von Kursen, die belegt werden können. Unterschiede zu deutschen Schulen werden auch hinsichtlich der praxisorientierten Ausbildung und der ganzheitlichen Kompetenzentwicklung deutlich. Das Bildungssystem vertritt den Anspruch der Allgemeinbildung sowie der umfassenden Vorbereitung auf einen später sicheren Platz in der Gesellschaft. Sicherheit heißt in diesem Sinne „lebenslange Lernbereitschaft" und „frühzeitiges Erkennen und Ausformen der eigenen Fähigkeiten und Stärken". So erhalten die Schüler in der Sekundarstufe eine breite Ausbildung in Theorie *und* Praxis. Im Fach Technologie entwickeln die Schüler beispielsweise an Maschinen handwerkliche Fähigkeiten. Im Fach Grafikdesign wird der erweiterte Umgang mit (Macintosh-) Computerprogrammen gelernt, im Fach Fahrzeugtechnik können wichtige Mechaniker- und Elektrikerfähigkeiten erworben werde. Zum anderen wird sehr viel für die körperliche sowie musisch-künstlerische Förderung der Schüler getan: Spezielle Sportarten können sowohl als eigene Fächer gewählt oder im Rahmen von Sport- und Arbeitsgemeinschaften ergänzend belegt werden. Analog können künstlerische Fähigkeiten ausgebildet werden. Besonders sportlich oder musisch talentierte Schüler werden in vielen Schulen auch speziell gefördert.

Was auch auffallend ist: Es gibt für jede Schule, jeden Schultyp Uniformen. Dahinter stehen als stärkste Argumente die Nivellierung von möglichen sozialen Statusvorteilen, die Erziehung zu Ordnung und Disziplin im öffentlichen Auftreten und die Identifikation mit der Schule und der Schulgemeinschaft. Eine Nation, die durch den hohen Stellenwert von Sport fairness-erprobt ist, hat natürlich auch an jeder Schule Disziplin-Verantwortliche, die *prefects* mit dem *head prefect* als Chef. Die Mädchen in der Mittelstufe sind übrigens meist bei den Pfadfinderinnen *(girl guides)* oder organisieren sich auch im kleinsten Ort in Gruppen von zehn oder mehr Mitgliedern. Diese nennen sich dann *marching girls.*

Wer sich auf eine Prüfung vorbereitet, muss büffeln *(swotting).* Ist die Prüfung kein Problem gewesen, heißt es lässig: „It was a piss in the hand." Als Abschluss des letzten Schuljahres muss ein Examen *(bursary)* bestanden werden. Die Besten eines Jahrgangs, circa vier Prozent, erhalten ein Zusatzstipendium.

Auf eine Besonderheit wollen wir noch hinweisen. Neben dem Unterricht in den staatlichen oder privaten Schulen, die zu einem großen Teil von religiösen Organisationen unterhalten werden, ist in Ausnahmefällen auch der Privatunterricht durch ein (staatlich anerkanntes und kontrolliertes) Familienmitglied möglich. Solche Ausnahmefälle liegen vor, wenn zum Beispiel eine Farmerfamilie auf einer entlegenen Insel wohnt, die nicht täglich angefahren wird, und die Eltern ihr Kind nicht zur Schule bringen können. Eine andere Ausnahme wäre, wenn eine Farmerfamilie weit im bergigen Landesinneren der Südinsel wohnt und auch hier ein Schultransport unmöglich ist und auch nicht die Möglichkeit besteht, ein Schulinternat zu besuchen. In solchen Fällen muss in der Familie nach dem einheitlichen Lehrplan der Einzelunterricht gewährleistet werden. Meist aller 14 Tage erhalten diese Familien Pakete mit dem notwendigen Fernstudienmaterial über die neuseeländische Post zugestellt. In bestimmten Abständen kontrolliert ein Schulinspektor die Einhaltung der schulischen Verpflichtungen und nimmt Leistungskontrollen ab. Kommunikation via Internet wird diese Form der Ausbildung in absehbarer Zeit komplett ablösen.

2.3.3 Neuseeland – laut PISA eines der bildungsstärksten Länder der Welt

Das neuseeländische Schulsystem kann sich sehen lassen! Interessant sind die OECD-Berichte der letzten Jahre. Im Vergleich zu Deutschland und vielen anderen Großmächten der Welt schneidet Neuseeland, zusammen mit Finnland, im Bildungswesen erstaunlich gut ab. Das belegen folgende Daten:

- Bei den Leistungen in Mathematik liegt Neuseeland hinter Japan und Südkorea auf Rang drei (Deutschland: Rang 20).

- In den Naturwissenschaften befindet sich Neuseeland auf Rang sechs (Deutschland: Rang 20).
- Im Lesen belegt Neuseeland wiederum Rang drei (Deutschland: Rang 21).
- Im Problemlösen liegt Neuseeland auf Rang vier (Deutschland immerhin auf Rang 13).

Diese positiven Ergebnisse könnten unter anderem dadurch begründet sein, dass die (kaufkraftbereinigten) Gesamtausgaben pro Schüler von der ersten Klasse bis zum 15. Lebensjahr in Neuseeland signifikant höher als in Deutschland sind. Die öffentlichen Ausgaben für Bildungseinrichtungen als Prozentsatz des BIP liegen in Neuseeland bei 6,1 Prozent (Stand 2006).

Weiterhin wird eine große Autonomie der Schulen in den PISA-Studien 2000, 2003 sowie 2006 als ein wesentlicher Faktor für gute Leistungsergebnisse der Schüler erkannt. Die weltweit größte Schulautonomie unter den PISA-Teilnehmerländern ist in Neuseeland zu finden. Im Rahmen einer groß angelegten und konsequent durchgehaltenen Bildungsreform wurde hier bereits 1989 eine autonome Schulreform durchgeführt.

Hier einige weitere Vergleiche:
Prozentsatz der SchülerInnen, deren Schulen bei folgenden Aspekten der Schulpolitik und -verwaltung eine gewisse Verantwortung tragen:

	OECD-Durchschnitt	**Finnland**	**Neuseeland**
Entscheidungen über die Verwendung des Budgets innerhalb der Schule	94%	99%	100%
Entscheidung über das Fächer- und Kursangebot	71%	95%	100%

In Neuseeland steht ein breites Angebot zur besonderen Förderung leistungsstarker *und* leistungsschwacher SchülerInnen zur Verfügung. Es geht dabei um eine innerschulische Differenzierung aufgrund umfangreicher Förderungsangebote.

Prozentsatz der SchülerInnen, die eine Schule besuchen, die folgende Unterstützung anbietet:

	OECD-Ländermittel	Finnland	Neuseeland
Zusatzangebote für leistungsstarke SchülerInnen	35%	78%	59%
Förderangebote in der Unterrichtssprache für leistungsschwache SchülerInnen	71%	80%	94%
Nachhilfe durch Lehrkräfte	72%	93%	93%
Räume, in denen SchülerInnen ihre Hausaufgaben unter fachlicher Anleitung erledigen können	41%	35%	55%

Die Ausbildung der LehrerInnen ist in den PISA-Studien zwar nicht explizit analysiert worden, stellt jedoch einen essentiellen Bestandteil des Lernerfolges dar. Auch hier scheint das neuseeländische Modell besonders gut abzuschneiden:
In Neuseeland ist seit der Reform des Ausbildungssystems 1989 die Lehrerausbildung sehr stark liberalisiert; sie wird zum Teil durch private Anbieter auf einem sehr hohen Niveau durchgeführt.

	Finnland	**Neuseeland**
Ausbildungsmodell	simultan	Creditsystem (Erlernen jeweils einer Einheit: unit)
Ebene	Universität	Private Anbieter, Colleges
Dauer	5,5 Jahre	3-4 Jahre
Zugang	beschränkt	offen
Lehrplanautonomie in der Lehrerausbildung	uneingeschränkte Autonomie	Entwicklung gemeinsamer Standards

Ein Vergleich zeigt, dass die Lehrergehälter in Neuseeland in den letzten zehn Jahren schneller angestiegen sind als das BIP pro Kopf, welches als allgemeiner Wohlstandsindikator gelten kann. In den meisten OECD-Ländern sind die Gehälter langsamer angestiegen oder sogar zurückgegangen.

Neuseeland als eine der bildungspolitischen Trendsetter-Nationen ist Deutschland bei der notwendigen marktorientierten Bildungsreform um Jahre voraus. Das wird vor allem in folgenden Bereichen sichtbar:

- Umsetzung des bildungspolitischen Leitbildes vom „Lebenslangen Lernen“
- Orientierung an „neuen Schlüsselkompetenzen“, die insbesondere den veränderten Qualifikationsbedarf der Wissensökonomie zum Ausdruck bringt und hybride Vermittlungs- und Anregungsformen erfordert
- Umstellung der bildungspolitischen Steuerung von einer Input- zu einer Output-Steuerung
- fortschreitende Privatisierung der Bildung, verbunden mit einem kommerziell grenzüberschreitenden Bildungsmarkt

Bildung als hochwertige internationale Dienstleistung ist für Neuseeland ein lukratives Geschäft, das weiter ausgebaut wird. Gegenwärtig lernen und studieren im Land mehr als 60.000 ausländische Schüler und Studenten, insbesondere aus Asien. Die Bedeutung der Bildungsindustrie wächst in Neuseeland, zumal auf diesem Gebiet pro Jahr Milliardengeschäfte mit zunehmendem Erfolg gemacht werden. So zahlen ausländische Schüler Schulgeld, inländische sind davon befreit.

Allerdings führt die Marktorientierung im Bildungswesen nicht nur zu technischen und organisatorischen Veränderungen, sondern vor allem zu einem tieferen kulturellen und ethischen Wandel, dem in erster Linie die LehrerInnen unterworfen sind. Und je mehr Qualität und Quantität der Bildung als Kriterien gesellschaftlichen Wohlstands, gesellschaftlicher Anpassungsfähigkeit an neue Entwicklungen und Anforderungen sowie des individuellen Lern- und Lebensverlaufes an Bedeutung gewinnen, desto größer wird das Risiko für die Benachteiligten der Aus- und Weiterbildung, in eine Abwärtsspirale und in die gesellschaftliche Isolation zu geraten. Das betrifft in Neuseeland die Maori genauso wie die polynesischen Zuwanderer. Trotz umfassender staatlicher Grundlagen und Regelungen gibt es hier ein deutliches Spannungsfeld. Marktförmige Bildungssysteme tragen zwar zu einer Erhöhung der Qualität der Bildungsangebote, zu Wahlfreiheit, Wettbewerb und Autonomie in Bildungssystemen bei, nicht aber zu einer Erhöhung der Chancengleichheit. Obwohl es einige Programme gibt, die speziell auf neue Wahlmöglichkeiten für Maori-Familien abzielen und von diesen auch genutzt werden, haben diese Programme oft eine spezielle regionale Funktion und weisen auf Schichtunterschiede innerhalb der sozialen Gruppe der Maori hin.

2.3.4 Trotz Studiengebühren nimmt die Anzahl der Hochschulabsolventen zu

Neuseeland steht im internationalen Vergleich bei der Jahresstudiengebühr für Inländer im Erststudium nach Japan, Großbritannien und den USA an vierter Stelle. Die Gebühr liegt zwischen 803,00 und 8.981,00 Euro (nach IDW – Institut der Wirtschaftsprüfer) und ist damit vergleichsweise hoch. Studiengebühren richten sich nach den belegten Kursen und den Fakultäten. In der öffentlichen Diskussion wird das sogenannte „Australische Modell“ favorisiert. Die Studiengebühren werden nach dem später zu erwartenden Einkommen gestaffelt. Der Staat vergibt großzügig Studienkredite, die später über einen Einkommenssteuer-Zuschlag zurückgezahlt werden. Die Kosten sind damit direkt an die Bildungsrendite gekoppelt und somit in hohem Maße gerecht.

In Neuseeland wird ähnlich wie in den USA und Südkorea überdurchschnittlich viel von der Wirtschaftsleistung in das Bildungswesen, einschließlich der Hochschulbildung, gelenkt. Zugleich wird die Hochschulbildung vorwiegend privat finanziert.

Neuseeländische Studenten sind in der Regel sehr jung und beginnen zum großen Teil schon mit 17 Jahren ein Studium. Dabei muss man natürlich beachten, dass es einerseits keine Wehrpflicht gibt und andererseits genügend Studienplätze angeboten werden. Das Studium dauert zunächst bis zum Bachelor sechs Semester bzw. neun Trimester und kann dann bis zum Master fortgesetzt werden. Auch kann man den Bachelor Honours erwerben, wenn der Notendurchschnitt besser als Zwei Minus oder B Minus ist.

Über internationale Austauschprogramme können auch Europäer recht günstig in Neuseeland studieren. Bewerbungsformulare für die Hochschulen gibt es online und die International Offices der Universitäten helfen gern via E-Mail. Auch die Bewerbung für Studentenwohnheime kann mühelos über das Internet erfolgen. Das Visum gibt es beim jeweiligen Immigration Office; in Deutschland wird es innerhalb einer Woche über die Neuseeländische Botschaft in Berlin vergeben.

2.4 Die globale militärische Rolle

Die Verteidigung Neuseelands könnte problematisch sein: Zu dem Staat gehören Inseln, die – jeweils von der Hauptstadt Wellington aus betrachtet – Tausende Kilometer entfernt sind und dennoch mit in die Landesverteidigung einbezogen werden müssten. Außerdem hat die Küste des Landes eine Gesamtlänge von 15.134 Kilometern.

Andererseits liegt Neuseeland weitab im Pazifik. Allein von Australien ist es mehr als 1.500 Kilometer entfernt. Hatte und hat es da überhaupt etwas zu befürchten? Muss es sich militärisch absichern? Eigentlich nicht. 1885 aber befürchtete man einen Überfall Frankreichs und Russlands auf Neuseeland und stellte an der Einfahrt der wichtigsten Häfen moderne Geschütze auf. Insbesondere befürchtete man den Einfall der Russen. Ab 1891 wurden auch dauerhaft zwei britische Kriegsschiffe in den Gewässern um Neuseeland stationiert. Allerdings – so wollte es die Geschichte – konnte nie, nicht einmal in 1.000 Meilen Entfernung, ein russisches Schiff geortet werden.

Zwischen 1880 und 1885 statteten insgesamt 32 Kriegsschiffe Neuseeland Flottenbesuche ab, darunter 11 unter deutscher Flagge. Damals bestanden noch gute Beziehungen zwischen Großbritannien und Deutschland. Im 20. Jahrhundert allerdings gab es das andere Extrem vor den Küsten Neuseelands: In beiden Weltkriegen legten bewaffnete deutsche Handelsschiffe dort Minen, durch die Schiffe versenkt wurden.

2.4.1 Braucht man *down under* ein eigenes Militär?

Neuseeland war nie Ziel einer Invasion durch fremde Mächte. Dennoch erhielt das neuseeländische Militär eine große Bedeutung. Warum?

Wenn man die Geschichte Neuseelands und die Mentalität der „Kiwis", die seit mehreren Generationen dort leben, begreifen will, dann ist es unabdingbar, sich mit ihrer kämpferischen Vergangenheit auseinanderzusetzen. Kriegerische Auseinandersetzungen sind eine wichtige nationale Erfahrung Neuseelands; der Kampf war eine ständige Begleiterscheinung im polynesischen Leben – sowohl vor als auch nach der europäischen Besiedlung. Die Maori-Gruppen bekriegten sich untereinander und sicherten sich dadurch neue Landrechte. Die europäischen Kolonialisten kämpften gegen die Maori, um ihnen Land abzuringen. Pakeha und Maori gingen in den Jahren 1899 bis 1902 gemeinsam als Soldaten neuseeländischer Truppen nach Südafrika, um dort die britische imperiale Politik gegen die für ihre Unabhängigkeit kämpfenden Buren zu unterstützen. Erneut kämpften sie gemeinsam in neuseeländischen Kontingenten sowohl im Ersten als auch im Zweiten Weltkrieg an der Seite Großbritanniens in Nordafrika und Europa. Nach dem Zweiten Weltkrieg war Neuseeland an weiteren vier militärischen Aktionen in Südost-Asien beteiligt.

10 | Die „Wellington Amazonas“ und Mitglieder der Wellington Miliz um 1900Krieg in Südafrika

Es scheint ein Widerspruch zu sein, dass das Land einerseits aufgrund seiner geografischen Isolation außer im Zweiten Weltkrieg, als es den Achsenmächten Deutschland, Italien und Japan den Krieg erklärt hatte, nie einen Angriff von außen erwarten musste und andererseits sich in der Geschichte immer wieder an kriegerischen Konflikten beteiligte, die nicht von Neuseeland ausgingen. Das Land hätte eine neutrale Haltung wählen und eine Art Schweiz im Pazifik werden können, es unterstützte jedoch Großbritannien in einer wahrhaft aufopfernden Weise. Diese Haltung resultierte aus dem Bewusstsein, zum Britischen Empire zu gehören, die Krone überall auf der Welt verteidigen zu müssen und einen Blutzoll für die ehemalige Heimat und die zurückgelassenen Familien der Mehrheit der eingewanderten Europäer zu leisten.

11 | Januar 1900: Aufbruch in den SüdafrikaKrieg auf der Seite Englands

So beteiligte sich Neuseeland, das zur Zeit der Burenkriege weniger als eine Million Einwohner zählte, in Südafrika mit rund 6.500 Soldaten. Im Ersten Weltkrieg mobilisierte Neuseeland 120.000 Soldaten; das waren 12 Prozent der Bevölkerung! Über 41.000 von ihnen wurden verwundet und circa 16.500 getötet. Etliche Spätfolgen der deutschen Gifteinsätze in Frankreich und Belgien sind dabei nicht mitgezählt. Im Zweiten Weltkrieg

12 | Neuseeländische Soldaten im 1. Weltkrieg

waren es wiederum rund 200.000 Soldaten, die in Nordafrika und Westeuropa eingesetzt waren – ein gewaltiger menschlicher Aderlass für das kleine Land, das am weitesten von den Hauptkriegsschauplätzen entfernt gelegen war.
Bis zum Ende des 20. Jahrhunderts gab es keine neuseeländische Familie, die kein Familienmitglied in all diesen Kriegen verloren hatte. Ein Kriegsveteran beschrieb es so: „Neuseeland hat im Frieden gefrorenes Fleisch exportiert – und lebendes Fleisch im Krieg."[6] Deshalb findet man in jeder neuseeländischen Stadt, in jeder Gemeinde War Memorials, die mit viel Achtung und Liebe gepflegt werden. Es gibt viele Straßen und Plätze, die nach mutigen neuseeländischen Soldaten benannt sind.

Neuseeland hatte bis zum Zweiten Weltkrieg stets bedeutend höhere Rekrutierungskontingente gestellt als die britischen Kolonien bzw. Mitglieder des Commonwealth. Dabei wollte Neuseeland niemals sein Territorium vergrößern oder andere Länder aus irgendwelchen Gründen unterwerfen. Motive für diese starken Engagements waren offenbar[7]:
1.) das schon beschriebene Zugehörigkeitsgefühl zum Britischen Empire und die damit verbundene Loyalität,[8]
2.) das „Mit-Dabei-Sein-Wollen-Syndrom", das aus der Abgeschiedenheit des Landes resultierte, aber auch aus der Sorge heraus, „von der Welt zu verschwinden, ohne dass es jemand merkt",
3.) die Strategie der *Forward defence* (Vorwärts-Verteidigung), der die Erfahrung der eigenen Verwundbarkeit durch potenzielle Aggressoren und die Hoffnung zugrunde liegen, im Ernstfall durch starke Verbündete unterstützt zu werden,
4.) der Wunsch, als ernst zu nehmender Partner bei internationalen Konflikten auch in Friedenszeiten internationale Beachtung und Mitsprachemöglichkeiten zu erhalten.

Auf jeden Fall waren diese großen Kriegsbeteiligungen – zumindest aus heutiger Sicht – für das kleine Land ein Gewinn in mehrfacher Sicht:

- Die Beteiligung am Burenkrieg, die Niederlage bei Gallipoli, der Sturm auf Monte Casino im Jahre 1944 bildeten ein Nationalbewusstsein, eine eigene Identität heraus. Dieser Wachstumsprozess hatte die Gleichberechtigung und staatliche Unabhängigkeit gegenüber Großbritannien zur Folge. Die Teilhabe an den für das Britische Empire gefährlichsten Stunden brachte Neuseeland später große politische und wirtschaftliche Vergünstigungen ein.
- Die Rassenkonflikte zwischen Pakeha und Maori gingen durch die gemeinsamen Kriegseinsätze außerhalb Neuseelands deutlich zurück; die Maori sahen in ihrer eigenen militärischen Beteiligung einen wichtigen Schritt zur Gleichberechtigung in der Gesellschaft.
- Neuseeländische Siedler, die sich den Unbilden der Natur stellen mussten, waren immer Pragmatiker. Sie akzeptierten, dass ihre Interessen auch verteidigt werden mussten. Diese Einstellung entsprach einer Art ziviler Soldatentradition.

2.4.2 Die Maori-Bataillone

Schon im 19. Jahrhundert gab es Maori, die in den Reihen der europäischen Kolonialisten in Neuseeland und in anderen Ländern des Empire als Soldaten kämpften. Im 20. Jahrhundert wurden den Maori neben dem heute nicht mehr bestrittenen hohen kulturellen (Werte-) Beitrag für die neuseeländische Gesellschaft auch hohe militärische Qualitäten zugeschrieben. Sie kämpften tapfer an allen wichtigen Frontabschnitten und hatten hohe Verluste. Der Maui Pomare, der im Ersten Weltkrieg einer Rekrutierungskommission vorstand, sagte, dass die Maori in jedem Fall an diesem Krieg teilnehmen müssten, schon um der Menschheit zu beweisen, dass sie die besten Soldaten und Staatsbürger seien. Pomare vertrat darüber hinaus die Meinung, dass letzteres am besten dadurch zu beweisen wäre, dass sie sich in *alle* nationalen Belange – eben auch den Krieg – aktiv einbrächten.

Natürlich erhielten die Maori durch ihre Beteiligung am Ersten Weltkrieg noch keine Gleichberechtigung, die Kriegsdienst-Verordnung bewirkte allerdings schon einiges im Bewusstsein der Pakeha, insbesondere im Parlament. Noch mehr erreichten die Veteranen des berühmten Maori-Bataillons, insbesondere die Maori-Offiziere. Sie forderten mit Erfolg die Abschaffung diskriminierender Gesetze und Verordnungen, gewannen den Kampf um Rehabilitierungsansprüche und bestimmten nachdrücklich die Richtung der Nachkriegsentwicklung für die nächste Maori-Generation.

2.4.3 Neuseeländer im Soldatenrock

Die neuseeländischen Truppen im Ersten und Zweiten Weltkrieg werden in den wenigen Beschreibungen, die bisher aufgearbeitet wurden, als eine Art Amateur-Soldaten beschrieben, die ihre eigenen Regeln hatten und sich auch äußerlich in ihrer Kleidung sowie in ihren Verhaltensweisen zum Beispiel von den Engländern unterschieden. J. C. Reid charakterisierte sie als „lakonisch, gutmütig, zupackend, mit deutlichem Selbstvertrauen, immer für einen Kampf bereit. Sie provozierten aber niemanden, waren ernsthaft und im Umgang eher unkompliziert. Sie liebten den Krieg nicht, sahen aber ein, dass es ein schmutziger Job war, der getan werden musste – und zwar gut.“ Der neuseeländische General deutscher Abstammung Freyberg[9], der die alliierten Truppen auf Kreta befehligte, kann ergänzend hinzugezogen werden. Von einem alliierten Offizier befragt, warum die neuseeländischen Soldaten nicht salutierten, entgegnete er: „Nein, das machen sie nicht. Aber wenn sie ihnen zuwinken, dann werden sie in jedem Fall zurückwinken.“

2.4.4 Der *ANZAC Day*

Ein wichtiger Tag bei der Findung einer eigenen neuseeländischen Identität ist der *ANZAC Day*, der 25. April 1915. ANZAC geht auf *Australian and New Zealand Army Corps* zurück und erinnert an den I. Weltkrieg. Doch wie kam es zu der Hervorhebung dieses Tages?

Im Jahre 1915 landeten britische Truppen auf der türkischen Halbinsel Gallipoli vor Istanbul. Strategisch war in der damaligen Situation ein britischer Angriff auf die Meerenge bei Istanbul durchaus ein logisch begründetes Unternehmen. Zielsetzung war die Öffnung dieser Verbindung zwischen dem Mittelmeer und dem Schwarzen Meer für Material- und Truppentransporte des britischen Heeres. Nebenbei sollte die Türkei mit ihrer großen Präsenz im Nahen Osten und der damit einhergehenden Bindung der britischen Heeresgruppen in Nahost zur Kapitulation gezwungen werden. Angeheizt wurde diese Orientierung durch den damaligen griechischen Regierungschef Venizelos, der die Türken unter Aufbringung von 90.000 Soldaten endgültig besiegen wollte; der letzte Krieg zwischen beiden Ländern war gerade einmal zwei Jahre zuvor beendet worden.

Politische Fehleinschätzungen, zu langes Zögern, personelle Fehlbesetzungen und Intrigen innerhalb der militärischen Führung führten jedoch bei der Landung der britischen Truppen auf Gallipoli zu einem grenzenlosen Fiasko, obwohl die Türken zu dieser Zeit militärisch ausgesprochen schwach waren: ihre Hauptmacht war in Kämpfe mit Russland verwickelt und die westlichen Grenzen konnten nur schwach verteidigt werden. Die auf die Landung folgende Schlacht war also einerseits wie keine andere von der Inkompetenz des englischen Offizierskorps gekennzeichnet, andererseits aber war der erstmalige Einsatz der australischen und neuseeländischen Kampfverbände einmalig mutig und sie erwiesen sich gegenüber den Briten als mindestens vollwertig. Doch was passierte im Einzelnen?

Nach neun Monaten Kampf ohne nennenswerten Geländegewinn zogen sich die Briten schließlich von den Dardanellen zurück. Zuvor war Winston Churchill wegen der wachsenden Kritik an der Gallipoli-Kampagne zurückgetreten. Die Briten hatten 43.000 Tote zu beklagen, die Türken 55.000; auf beiden Seiten gab es über 250.000 Verwundete. Bei circa 800.000 Soldaten auf beiden Seiten war das eine Verlustrate von etwa 43 Prozent. Neben den physisch Verwundeten hatte damals fast jeder zweite Kriegsteilnehmer auch psychisch Schaden genommen und musste in psychiatrische Behandlung (Offiziere) bzw. in den Gewahrsam der Militärpolizei (Soldaten).

Die Hauptlast hatten nun die australischen und neuseeländischen Soldaten zu tragen. Die ANZAC-Truppen kamen an dieser Stelle zum ersten Mal zum Einsatz. Seitens der Briten wurde an der Schlagkraft der Truppen gezweifelt; sie erwiesen sich aber als vollwertig. Die Neuseeländer sollten Chunuk Bair einnehmen – Teil des Berges Sari Bair auf der Halbinsel Gallipoli. Das Wellington Infanterie Bataillon schaffte dies trotz starker türkischer Gegenwehr. Von den 760 angreifenden Soldaten blieben allerdings nur 70 unverwundet.

In der gesamten Schlacht um Gallipoli war die Zahl der gefallenen ANZAC-Soldaten sehr hoch. Insgesamt starben im Ersten Weltkrieg von den über 330.000 Australiern und Neuseeländern, die zum Kriegsdienst eingezogen worden waren, mehr als 50.000 und über 150.000 wurden verwundet. Bei Kriegsende waren nur noch 140.000 von ihnen kriegsdiensttauglich. Für das Nationalgefühl der Neuseeländer, für die Herausbildung eigener Werte und den Stolz, Neuseeländer zu sein, war jedoch der Krieg und besonders diese Schlacht sehr wichtig. Im Jahre 1916 – ein Jahr danach – wurde der 25. April zum ANZAC-Tag erklärt. Auch heute noch gibt es organisierte Erinnerungsreisen nach Gallipoli.

2.4.5 Die militärische Gegenwart

Seit den 1960er Jahren reift in Neuseeland die Einsicht, dass es besser ist, sich an internationalen friedenserhaltenden Maßnahmen zu beteiligen und das eigene Militärpotenzial auf ein notwendiges Minimum einzuschmelzen. Die Militärdoktrin lautet heute: Selbstverteidigung – ja, Angriffskrieg – nein.

Gegenwärtig unterhält das Land nur eine kleine Berufsarmee mit einer Truppenstärke von 8.600 Uniformierten, 1.920 Zivilisten und 2.100 Reservisten. Hinzuzuzählen ist eine Kompanie Spezialkommandos nach dem Muster der britischen SAS (Special Air Service). Seit 1994 nahm die Truppenstärke jährlich ab; heute entspricht sie nur noch 85 Prozent der damaligen Stärke von 10.072 Mann. Dennoch stellt Neuseeland weltweit Soldaten für UN-Missionen zur Verfügung.

Die Verteidigungsausgaben pro Kopf und Jahr betragen zurzeit 287 $. Zum Vergleich: die USA geben 1.265 $, Norwegen 881 $, Australien 709 $, Großbritannien 710 $, Frankreich 582 $, die Niederlande 492 $, Deutschland 425 $, die Schweiz 341 $, Finnland 345 $, Kanada 301 $, Österreich 183 $, die Malediven 126 $ und die Bermudas 62 $ aus.

Aufgrund der Insellage benötigt Neuseeland keine schweren Kampfpanzer. Ebenso wenig werden Kriegsschiffe benötigt, deshalb begnügt man sich mit drei Fregatten für Patrouillen. Die Luftwaffe verfügt über 29 Transport-, Trainings- und Überwachungsflugzeuge sowie 14 Transporthubschrauber.

Neuseelands Streitkräfte erfüllen gegenwärtig insbesondere vier Aufgaben:
1) Verteidigung und Schutz der Bevölkerung, des Landes und der Wasserterritorien
2) Zusammenarbeit mit Australien im Rahmen einer Verteidigungspartnerschaft
3) Sicherheitsgarantien im südpazifischen Raum sowie im erweiterten Sinne in der Asien-Pazifik-Region (FPDA – Five Power Defence Arrangements).
4) Zusammenarbeit im Rahmen der Vereinten Nationen: internationale Friedenssicherung und humanitäre Hilfe.

Neuseeländische Militärexperten oder -einheiten waren oder sind im Auftrag der Vereinten Nationen in Israel und Syrien, in Kambodscha, auf Sinai, im Rahmen der SFOR-Truppen in Bosnien, Kroatien und im Kosovo im Einsatz. Neuseeland beteiligt sich an UN-Projekten in Sierra Leone, Ost-Timor und auf den Salomon-Inseln und leistete technische und humanitäre Hilfe im Irak.

Ein Rat an alle Touristen: Sie werden in allen größeren Orten *Memorial Halls* zum Gedenken an die gefallenen Soldaten finden. Würdigen Sie diese in Kenntnis der vielen Opfer, des uneigennützigen militärischen Engagements in der Vergangenheit und der hohen moralischen Bedeutung für die Bevölkerung.

13 | War Memorial Hall in Kihikihi

2.5 Ist Neuseeland ein Nährboden für Anarchismus und Terror?

Ist Neuseeland auch nach innen friedlich oder gibt es Anzeichen für terroristische Aktivitäten? Nein, es sind keine solchen Anzeichen erkennbar. Zwar gab es Anfang des 20. Jahrhunderts Einflüsse des angelsächsischen Anarchismus, aber es konnten sich keine nennenswerten Strömungen durchsetzen.

Einige Immigranten entfalteten in der „Industrial Workers of the World“ (IWW) seit 1908 umfangreiche Aktivitäten und besetzten den militanten Flügel der frühen Gewerkschaftsbewegung. Tom Barker und J.B. King waren während des Generalstreiks 1912-13 insbesondere über ihre Wochenzeitschrift „Industrial Unionist“ sehr aktiv. Die IWW führte einige Aktionen im Schulterschluss mit kleinen anarcho-syndikalistischen Gruppen durch, wie beispielsweise den Waterfront-Streik. Hier machte vor allem Jock Barnes, ein Bakunin-Anhänger, auf sich aufmerksam.

Auch nach Einsetzen der Wirtschaftsreform von 1984 versuchten zersplitterte anarchistische Gruppierungen, Einfluss auf die Politik zu nehmen, jedoch mit keinem nachhaltigen Erfolg.

Neuseeländische Anarchisten hatten keine eigenen theoretischen und praktischen Konzepte und Methoden, sondern adaptierten im Wesentlichen englische Strömungen. Ein deutscher Immigrant sei hier erwähnt: Werner Droscher, der nach dem spanischen Bürgerkrieg nach Neuseeland ausreiste. Er war sehr aktiv, bezeichnete sich jedoch stets als „einsamen Anarchisten“.

In der Gegenwart zeigt sich auch unter den dort ansässigen Muslimen keine terroristische Tendenz. Im Gegenteil, die neuseeländischen Muslime könnten eher international als Mediatoren wirken.

2.6 Das Attentat auf die *Rainbow Warrior* oder: Das große Geheimnis

Die Älteren unter uns erinnern sich bestimmt: Im Juli 1985 war das Greenpeace-Schiff *Rainbow Warrior* auf dem Weg zum Mururoa-Atoll in Französisch-Polynesien[10]. Frankreich hatte dort zahlreiche unterirdische Atomtests unternommen und die Umweltschutzorganisation wollte vor Ort für einen atomfreien Pazifik demonstrieren. Das Schiff war für einige Tage in den Hafen von Auckland eingelaufen, um Schäden ausbessern zu lassen, die es sich bei der Evakuierung des kleinen Volkes der Rongelapesen auf die Insel Mejato zugezogen hatte. Rongelap, die ursprüngliche kleine Insel dieses Volkes, war durch die Atomtests der USA auf dem nahen Bikini-Atoll stark strahlenverseucht. Der Südpazifik war – neben der Wüste Nevada und den Testgeländen in Nowaja Semlja und Kasachstan – mit rund 300 Atomexplosionen das am stärksten von Strahlenschäden betroffene Gebiet der Welt. Dies betraf vor allem Rongelap, wo viele Bewohner starben oder unheilbar krank waren. Sie dienten dem US-Energieministerium als Versuchskaninchen – als „beste verfügbare Datenquelle zum Transfer von Plutonium innerhalb eines biologischen Systems". Frauen brachten „Quallenbabies" ohne Knochen und mit durchsichtiger Haut, durch die man die inneren Organe sehen konnte, zur Welt. Die wiederholten Hilfegesuche der Rongelapesen für eine Evakuierung trafen auf taube Ohren der Weltöffentlichkeit. Einzig Greenpeace war ihnen im Jahre 1985 auf eigene Faust behilflich.

14 | Moruroa Atoll in Französisch-Polynesien[1

2.6.1 Das Attentat

Die *Rainbow Warrior* lag also am 10. Juli 1985 am Marsden Wharf, einem der drei Handelskais im Waitemata Harbour von Auckland. Greenpeace-Aktivisten aus verschiedenen Ländern des Pazifikraumes waren an diesem Tag eigens in die Stadt gekommen, um das bevorstehende Unternehmen *Pacific Peace Voyage* zu besprechen. Greenpeace bereitete mit Skippern anderer Segelschiffe eine „Friedensflotte" für die gemeinsame Fahrt nach Mururoa vor.
Das aber wurde durch den französischen Geheimdienst vereitelt. Französische Kampftaucher brachten zwei Bomben an der Schiffswand zur Explosion und versenkten das Schiff. Mit der Explosion kam auch der portugiesische Greenpeace-Fotograf Fernando Pereira ums Leben. Das Loch im Schiffsrumpf war so groß, dass bequem ein PKW hindurchgepasst hätte. Der Generator wurde von der ersten Mine völlig zerstört. Die zweite Mine beschädigte die Schiffsschraube, die Stevenwelle und das Heckruder, zerbrach den Achtersteven an zwei Stellen und drückte einen Ballasttank völlig ein.

In den darauf folgenden zwei Monaten polizeilicher Ermittlungen in Neuseeland gab es untrügliche Hinweise auf einen von langer Hand vorbereiteten Terroranschlag des französischen Geheimdienstes DGSE *(Direction Générale de la Sécurité Extérieure).* Zwei als Schweizer Bürger getarnte französische Geheimdienstoffiziere wurden in Neuseeland gefasst und zu zehn Jahren Haft wegen Totschlags bzw. zu sieben Jahren wegen Sachbeschädigung verurteilt. Die anderen Geheimdienstler waren auf dem französischen Schiff *Ouvéa* und schließlich mit einem ebenfalls französischen U-Boot entkommen.

Wie reagierte Frankreich? Die französische Regierung leugnete bis zum 8. August 1985 hartnäckig jegliche Beteiligung. Nachdem sich jedoch die Spekulationen in der internationalen Presse über eine Regierungsbeteiligung immer mehr verstärkten, sah sich der damalige Präsident François Mitterand genötigt, formal eine Untersuchungskommission einzusetzen. Diese kam sehr schnell zu dem Ergebnis, dass weder eine Anordnung der Regierung für das Attentat noch eine Beteiligung der DGSE nachgewiesen werden könne. Unter der zunehmenden Beweislast und dem wachsenden Druck der Öffentlichkeit, insbesondere der einflussreichen Tageszeitung *Le Monde*, wurde eine weitere Untersuchung anberaumt und der Verteidigungsminister Charles Hernu „geopfert". Schließlich gab der damalige Premierminister Laurent Fabius am 21. September 1985 bekannt, dass DGSE-Agenten beauftragt worden waren, die *Rainbow Warrior* zu „neutralisieren" – allerdings „ohne Zustimmung" von Mitterand. Bis heute gibt es in Frankreich keine neutrale öffentliche Untersuchung der Vorfälle.

2.6.2 Einsatz für eine nuklearfreie Zone

Neuseeland hatte sich zu diesem Zeitpunkt unter dem neuen Premierminister David Lange gerade zur atomwaffenfreien Zone erklärt. Das musste Mitterands Frankreich, das eine Großmacht sein wollte und dies durch eigene Atomwaffen zu unterstreichen versuchte, ein Dorn im Auge sein. So sorgte Frankreich für schwere diplomatische Verstimmungen und Nötigungen. Nach der Verurteilung der zwei Agenten setzte Frankreich Neuseeland wirtschaftlich stark unter Druck und erreichte, dass beide ausgeliefert wurden. Sie sollten ihre Haftstrafe in einem französischen Militärgefängnis absitzen. Stattdessen wurden sie nach etwa zwei Jahren Haft freigelassen, erhielten militärische Auszeichnungen, finanzielle Abfindungen und durften ihre DGSE-Karriere fortsetzen. Schließlich wurde Frankreich jedoch von dem unbeugsamen Neuseeland unter der Vermittlerrolle der UN zu einer Einigung gezwungen: Die französische Regierung entschuldigte sich – formal und unglaubwürdig – und zahlte an die neuseeländische Regierung 13 Millionen Neuseeland-Dollar, etwa 8,2 Millionen Euro. Später zahlte Frankreich außerdem acht Millionen US-Dollar an Greenpeace.

15 | Protest gegen das Einlaufen des Atomwaffen-Kreuzers „Truxton" in den Hafen von Wellington (August 1976)

Bis heute wurde der neuseeländischen Polizei die Vernehmung der verantwortlichen DGSE-Agenten verweigert. Mitterand selbst hat sein Wissen stets geleugnet. Er sprach von einer „idiotischen Affäre", von einem „kriminellen und dummen Akt, den Admirale unter sich ausgeheckt haben". Auch Chirac behielt sein Wissen für sich. Erst seit 1997 ist es offiziell: Mitterand gab gegenüber dem damaligen Admiral Lacoste am 15. Mai 1985 die volle Zustimmung zur Auckland-Operation und betonte die Bedeutung der Atomversuche für ihn und Frankreich. Das belegen die handschriftlichen Aufzeichnungen des Admirals aus jener Zeit, die er in seinen Erinnerungen „*Un amiral au secret*" veröffentlichte.

Am 10. Juli 2005 versammelten sich Hunderte von Menschen auf dem Trocadéro am Eiffelturm und gedachten des Fotografen, der auf der *Rainbow Warrior* umgekommen war. Greenpeace-Aktivisten benannten symbolisch die Nationalbibliothek, die den Namen Mitterands trägt, in Fernando-Pereira-Bibliothek um.

Mit Hilfe der finanziellen Entschädigung Frankreichs gegenüber Greenpeace wurde übrigens die *Rainbow Warrior II* angeschafft. Die seeuntaugliche *Rainbow Warrior* wurde dagegen aus dem Hafen von Auckland an die Küste sechseinhalb Kilometer vor Northland gebracht und im Dezember 1987 feierlich versenkt. Sie dient heute als künstliches Riff und kann von Tauchern besichtigt werden. Das Wrack liegt in circa 25 Metern Tiefe auf Sandboden und leicht auf der Seite. Die Aufbauten sind noch gut erhalten und stark mit Korallen besetzt.

Bei einer Gedenkfeier für Fernando Pereira auf der *Rainbow Warrior II*, ebenfalls am 10. Juli 2005, wurde von Tauchern eine Skulptur „Friedenstaube mit Olivenzweig" auf dem Wrack platziert.

16 | Versenkte Rainbow Warrior

2.7 Das spät entdeckte Weinland

Die weit gereisten Deutschen wissen schon seit langem, dass es hervorragende Weinlagen fernab von Europa gibt: in Chile, Kalifornien, Australien und auch in Neuseeland. Letztere sind noch relativ junge Anbaugebiete, da die Reben erst mit den europäischen Einwanderern im 19. und frühen 20. Jahrhundert in diese Gegenden kamen. Zumeist waren es holländische, französische, deutsche oder dalmatische Einwanderer, die ihr Handwerk weiterführen wollten und zum großen Teil schier unmenschliche Mühen auf sich nahmen, um den Weinanbau möglich zu machen. Heute sind diese Gebiete für Rebensäfte erstaunlicher Qualität bekannt.

Im Vergleich zu den großen italienischen, französischen oder deutschen Weinanbaugebieten nehmen sich die neuseeländischen noch bescheiden aus. Aber wir sollten Neuseeland nicht verkennen: Der Weinexport ist längst als Wachstumssektor ausgemacht, und insgeheim bereiten sich die Winzer auf eine massive Exportoffensive vor. Es werden riesige Ländereien für den Weinanbau nutzbar gemacht, modernste Technologien, Ernte- und Verarbeitungstechnik werden weltweit abgeschaut und eingekauft. Die Dynamik dieses Wirtschaftszweiges lässt sich an den Entwicklungen der zurückliegenden 25 Jahre ermessen.

17 | Winzerhandwerk im 19. Jahrhundert

Die Anbautradition ist natürlich älter, jedoch durch viele Widersprüche und Restriktionen gekennzeichnet. Der Missionar Samuel Marsden pflanzte nach Überlieferungen 1819 die erste Rebe, die er aus Australien mitgebracht hatte, in Neuseeland. Er und die englischen Siedler verstanden jedoch nicht viel vom Weinanbau und so wurden schon nach wenigen Jahren die Anbauversuche wieder eingestellt.

Als erste ernstzunehmende Winzer stellten deutsche Siedler ab 1825 Weine für den Eigenbedarf und für den regionalen Markt her. Letzterer war jedoch stark begrenzt, da der Bierkonsum dominierte. Dann folgten französische Mönche der Gesellschaft Mariens, die ihren eigenen Messwein herstellten und nach 1850 auch Wein verkauften. Der Weinanbau erhielt aber erst im 20. Jahrhundert den entscheidenden Anstoß durch die eingewanderten italienischen und dalmatischen Winzer, die auch einen hohen (europäischen) Qualitätsmaßstab mitbrachten. Erst in den 1990er Jahren kamen die einheimischen Weine in die Supermärkte und wurden zu einem beliebten Massengetränk.
Davor gab es eine Reihe restriktiver Jahre: Im 19. Jahrhundert erreichten die vielen religiös motivierten Kampagnen gegen jeglichen Alkohol, dass nur eingetragene Hotels Wein führen durften. Flaschenabfüllungen waren verboten. 1919 sollte eine allgemeine Prohibition per Gesetz durchgesetzt werden. Die Proteste der aus dem Ersten Weltkrieg zurückkehrenden Soldaten konnten das in letzter Minute verhindern. Erst ab 1948 durfte Flaschenwein in speziellen Geschäften verkauft und seit 1960 auch in Restaurants ausgeschenkt werden. Ab 1976 durfte man auch in Restaurants den selbst mitgebrachten Wein gegen ein Entgelt trinken (BYO – *Bring-Your-Own-Licence*).

Die erste staatliche Förderung des Weinanbaus erfolgte in den 1970er Jahren, um den Landwirten eine neue wirtschaftliche Grundlage zu ermöglichen. Seit 1995 schließlich ist die Gesamt-Anbaufläche von 5.400 Hektar auf rund 10.500 Hektar im Jahre 2007 gestiegen – und die Tendenz hält an. Im gleichen Zeitraum wuchs die Zahl der Winzer von 130 auf 400.

Innerhalb der letzten zwanzig Jahre erreichten die Neuseeländer eine Weinqualität, die sich in Europa über Jahrhunderte entwickeln konnte. Das Erfolgsrezept lautet:

- konsequentes Lernen aus den Erfahrungen der international Besten
- Lernen sowohl aus den Fehlern der anderen relativ neuen Weinanbaugebiete in Australien, Chile oder Kalifornien als auch aus den eigenen neuseeländischen Fehlern der Vergangenheit
- Suche nach den effizientesten Anbau- und Verarbeitungsmethoden

Letzteres war auch notwendig, da die Lohnkosten relativ hoch sind und nicht etwa durch billige Saisonarbeiter wie in Kontinentaleuropa kompensiert werden können. Deshalb wurde in den zurückliegenden 25 Jahren sehr viel in Weinanbau-, Weinlese- und Weinverarbeitungstechnologien investiert. So gibt es, für den deutschen Betrachter ungewohnt, riesige ebene Weinplantagen mit

Drahtgestellen, maschinengerechten breiten Abständen und Netzen so weit das Auge reicht, die vor allem als Schutz gegen Vögel und Unwetter dienen. Die Weinlese kann so mit einem minimalen Einsatz von menschlichen Arbeitskräften erfolgen.

Neuseeland hat für hochwertige Weine eine hervorragende geografische Lage. In den Anbaugebieten herrscht ein kühl-maritimes Klima. Da die Temperatur selten über +25°C steigt, können die Trauben langsam reifen und ein intensives Aroma ausbilden. Allerdings sind die besonderen (steinigen) und nicht sehr ertragreichen Lagen wegen der hohen Erschließungs- und technischen Investitionskosten ebenso preistreibend wie die hohen Lohnkosten. Die gegenwärtig teuren Weine schränken somit noch den internationalen Käuferkreis ein; in den kommenden zehn Jahren kann sich dies jedoch ändern.

18 | Heutiger ebenerdiger Massenanbau von Wein

Bereits jetzt exportiert Neuseeland seinen Wein in alle Kontinente. Ein wichtiger Abnehmer ist Großbritannien mit rund zwei Dritteln des neuseeländischen Weinvolumens. Deutschland übernimmt immerhin rund sechs Prozent des neuseeländischen Exportweins und die Importe nahmen in den zurückliegenden Jahren zu. Der neuseeländische Sauvignon zählt schon seit Jahren zu den besten seiner Art und international entdeckt man zunehmend die hohe Qualität anderer neuseeländischer Weißweinsorten und des vorzüglichen Rotweins. Übrigens gedeiht in günstigen Lagen sogar der Syrah gut – auch eine Entdeckung der letzten Jahre.

Rund 50 Prozent des neuseeländischen Weins kommen von den Weinbergen der Marlborough-Gegend im Nordosten der Südinsel. Warme Tage, kalte Nächte und steinige Böden sind hier ideal für Sauvignon Blanc und Pinot Noir. Auf der Nordinsel ist die südwestliche Region um Wairarapa bekannt für einen besonders guten Pinot Noir. Die Weinanbaugebiete um Gisborne heben sich durch einen exzellenten Chardonnay, Chenin Blanc, Sauvignon Blanc und Semillon ab; unweit von Auckland im Hauraki-Golf wird auf Waiheke Island hervorragender Cabernet Sauvignon und Merlot angebaut. Schließlich muss unbedingt noch die Weingegend in Central Otago im Süden der Südinsel erwähnt werden. Hier gibt es einen Pinot mit einer erstaunlichen Geschmackstiefe. Übrigens ist dieses Gebiet bei Queenstown das südlichste Weinanbaugebiet der Welt![12] Seine Lage am 45. Breitengrad entspricht der des Beaujolais auf der anderen Seite des Globus.

Alles weist darauf hin, dass Neuseeland in Zukunft zu einem internationalen Spezialanbieter für hochwertige Weine und der Weinanbau gleichzeitig zu einem wichtigen Exportgaranten wird. Im Vergleich zu den großen internationalen Weinanbietern ist die gegenwärtige Anbaufläche aber noch klein und die wirklich großen Weine können erst von der nächsten Generation erbracht werden. Die gegenwärtigen Rebbestände sind noch sehr jung und „gut Ding braucht Weil'". Die Qualität steigt bekanntlich mit zunehmendem Alter.
Interessant ist die Vielfalt: es gibt über 25 angebaute Rebsorten. Wichtig für die Zukunft ist aber auch, dass es gegenwärtig einen wahren Strom an gut qualifizierten Önologen gibt, die nach Neuseeland einwandern, da sie hier eine Chance für eine eigene Selbständigkeit sehen. Sie werden weitere internationale Erfahrungen mit einbringen. Platz für neue Winzer mit innovativen Ideen ist auf jeden Fall ausreichend vorhanden, denn zwischen dem nördlichsten und dem südlichsten Anbaugebiet Neuseelands liegen etwa 1.500 Kilometer und die Vielfalt an Rebsorten und Anbaustilen ist dementsprechend groß.

2.8 Die besondere Rolle der Post

Heutzutage sind Entfernungen kein Problem mehr. *Global communication* hat in der kleinsten Siedlung, im entlegensten Weiler seine Entsprechung in Form eines Internet-Cafes. Schulausbildung findet nicht selten als Fernunterricht per Computer oder in sehr entlegenen Gegenden per Lehrmittelpaket statt.

19 | Eines der ersten Postämter auf Neuseeland (1867)

Als 1840 das erste Postamt in Neuseeland eröffnet wurde, waren es Maori-Kuriere, die aufgrund ihrer Landeskenntnisse als Postboten zu Fuß unterwegs waren und gewaltige Strecken zurücklegten. Einer der Pioniere war Wi Hape Pakau, der laut Überlieferung von 1791 bis 1877 lebte.
Die erste, 72 Kilometer lange Poststrecke befand sich zwischen der Bay of Islands und Hokianga. Bald aber wurde im Zusammenhang mit der Besiedlung eine Route von Auckland nach Port Nicholson (Wellington) eingerichtet. Ein Postbote brauchte für die etwa 700 Kilometer lange Strecke ungefähr einen Monat und schleppte bis zu 30 Kilogramm Post, teilweise durch Feindgebiet. Aber der Mann von der Post hatte von Beginn an einen Sonderstatus und in der Regel freies Geleit.

Betrachtet man die im Laufe der Zeit entstandenen Briefmarken, so sind sie ein Spiegelbild der Maori-Kultur, übermitteln Legenden und unterstreichen das Bestreben einer gemeinsamen Geschichte von Maori und Pakeha. Sie demonstrieren die Neuseeland-Identität aller „Kiwis".

Heutzutage kann jeder „*Postie*" – so heißt der Postbote – werden. Kipa Simon zum Beispiel arbeitete viele Jahre bei der *New Zealand Post*. Nun ist er nach einem Unfall, der unvermeidlichen Kündigung und einer Reihe von Versuchen, einen anderen

Job zu finden, in Konkurrenz zu seinem früheren Arbeitgeber getreten. Denn eigentlich hatte er seine Arbeit als *Postie* gern gemacht, und was hinderte ihn daran, das wieder zu tun, diesmal aber als eigenes Unternehmen. Gesagt, getan. Er gründete eine Firma, sammelte am Nachmittag die Briefe der Taupo-Region ein und lieferte die Post per Moped am nächsten Vormittag aus. Zu Beginn berechnete er 30 Cent pro Brief – zehn Cent weniger als die neuseeländische Post. Über Nacht ist er nicht reich geworden. An seinem ersten Tag hatte er 16 Briefe zu verteilen. Das brachte einen Gewinn von 4,80 NZ$. Seit damals hat sich aber seine Dienstleistung ganz gut herumgesprochen. 400 Briefzustellungen pro Tag sind normal und Kipa Simon hat gut Lachen.

20 | Die Neuseeländer sind bekannt für ihre einfallsreichen Postkastengestaltungen

Lachen kann man übrigens auch über die originellen Briefkästen, die teilweise so witzig sind, dass sie von Touristen fotografiert werden. Einige sind wirklich einmalig.

Die Zustellung der Post per Auto, Schiff, Flugzeug oder Hubschrauber ist sehr verlässlich. Innerhalb eines Tages werden Briefe – egal wo auf dem Festland – garantiert ausgeliefert. Dann ist es an den Leuten, ihre Post aus den Briefkästen zu holen, die bei Farmern mitunter kilometerweit von ihrem Wohnhaus an der Straße aufgestellt sind.

9
2

16

94

2.9 Das Land kam auf den Hund

Hunde begleiteten schon die frühesten Einwanderer, die Maori, auf ihren Erkundungen im neuen Land. Sie spielten aber auch bei den ersten europäischen Siedlern eine große Rolle, jedoch nicht als Statussymbol, Familienfreund oder Kuscheltier. Sie waren wichtige Helfer bei vielen Aufgaben. So wurden sie für Kurierdienste eingesetzt, zur Jagd genutzt und bewachten Land und Leute. Es wurde sogar berichtet, dass ein Hund für seinen im Gelände verunglückten Herren Jagd auf Vögel machte und ihn so vor dem Verhungern bewahrte. Eine andere Überlieferung berichtet von einem Farmer, der vom Pferd gestürzt war und schwer verletzt die bitterkalte Nacht nur überlebte, weil ihn sein Hund wärmte.

21 | Denkmal für die boundary dogs

Am schwersten hatten es wohl die *boundary dogs*, die als Grenzhunde die riesigen Farmen quasi als lebende Zäune bewachten, Schafe zurück- oder Diebe fernhielten. Sie waren an den Grundstücksgrenzen mit langen Laufleinen an Pflöcken festgemacht, wurden mitunter ihr Leben lang nicht abgelöst, schlecht behandelt und waren dennoch ihrem Besitzer treu ergeben. Als Dank und Erinnerung an diese treuen Helfer der Siedler wurde am Lake Tekapo auf der Südinsel ein Denkmal für Hunde errichtet.

Otago liegt im Regenschatten der Südalpen. Von den über 40 Millionen Schafen Neuseelands grast hier, in der braunen Tussock-Graslandschaft, die größte Zahl. Und so benötigen die Farmer auch heute noch Wach- und Hütehunde auf den vielen Schaffarmen. Wenn zum Beispiel 5.000 Merinoschafe von Schäfern zur *Sheepstation* getrieben werden, arbeiten sie mit den hervorragend abgerichteten Hunden. „*Get in behind, boy!*“, rufen die Schäfer und dabei pfeifen sie schrill und laut. Das Kommando bedeutet für den Hund, auf der Hut zu sein, seinen Platz einzuhalten. Übrigens wird es scherzhaft auch manchmal für Personen verwendet. Eigentlich brauchen die Schäfer zwei Hunde. Den ersten dirigieren sie zu ein paar Schafen, die etwas außerhalb der Herde stehen und zurückgeholt werden müssen. Der Hund benutzt dann seinen hypnotischen Blick. Aus Erfahrung erkennt er dasjenige der ausgescherten Tiere, das vermutlich seinen starren Blick am wenigsten aushalten wird. Vorsichtig kommt der *eye-dog* – auch *strong eyed dog* genannt – näher und fixiert gleichzeitig das von ihm ausgewählte Schaf so intensiv, dass es schließlich seinem Blick nicht mehr standhalten kann und seinem angeborenen Fluchtreflex gehorchend davon läuft – möglichst in die gewünschte Richtung. Genau das ist der Sinn des Ganzen, denn nun werden die restlichen Ausreißer animiert, dem fliehenden Tier zu folgen. Es ist ein ausgeklügeltes System zwischen Mensch, Hund und Schafen, das nur funktionieren kann, wenn Schäfer und Hund völlig aufeinander eingespielt sind.

22 | Strong eyed dog

Der zweite Hund ist weit im Gelände unterwegs. Er spürt die verstreuten Tiere auf und treibt sie laut bellend zur Herde zurück. Er ist der *huntaway*, der die grobe Hütearbeit übernimmt. Es braucht viel Geduld und Zeit, einem Hütehund die nötigen Kommandos anzutrainieren. Hat er ausgelernt, wird ihm vorerst ein erfahrener Artgenosse zur Seite gestellt, der ihm die alten Tricks beibringt. Der Schäfer in der Funktion des „Leittieres“ hat die Schlüsselposition inne. Wenn ein trainierter Hund den Besitzer wechseln muss, funktioniert der Übergang nur, wenn eine Tonkassette oder eine CD mit sämtlichen Kommandos und Pfeiftönen mitgeliefert wird.

Bei den *dogtrials*, einer sehr speziellen Kiwi-Sportart, deren Endkämpfe auch im Fernsehen übertragen werden, kann man nur staunen über die Perfektion, mit der Mensch und Tier zusammenarbeiten.

2.10 Rauchverbot ohne „Wenn und Aber“

Neuseeland verbannt seit dem 10. Dezember 2004 die Raucher aus allen Restaurants. Von diesem Tag an mussten sämtliche Restaurantbetreiber, Besitzer von Bars und Cafes die Aschenbecher von den Tischen räumen, denn per Gesetz ist das Rauchen in allen diesen Einrichtungen nun verboten. Wenn Gäste gegen diese neue Verordnung verstoßen, droht ihnen eine saftige Geldstrafe – bis zu 4.000,00 NZ$. Die Besitzer der Bars und Cafes laufen Gefahr, ihre Lizenz zu verlieren, wenn sie nicht unverzüglich eingreifen, sobald gegen die neue Regel verstoßen wird.

So ein Gesetz ist nicht über Nacht plötzlich da, sondern war schon über einen langen Zeitraum in der Diskussion. Deshalb wussten eigentlich alle schon längst Bescheid. Dennoch gibt es auch nach dem Inkrafttreten der Bestimmung entsprechend ausgebildete Umweltbeauftragte, die mit Argusaugen darauf achten, dass sich alle an den Beschluss halten und dass Verfehlungen geahndet werden. Der *New Zealand Herald* vom 11. November 2004 informierte über ein Forum in Auckland, auf dem unklare Fragen diskutiert werden konnten. Das dabei umstrittenste Thema war die Frage, was genau als Innenraum eines Restraurants definiert wird. Gehört eine überdachte Terrasse dazu, eine Veranda, deren durchsichtige Plastikrollos nur gelegentlich geschlossen werden, und wie ist es mit Vorräumen oder Freisitzen auf überdachten Bürgersteigen? Seit Dezember 2004 sind alle Unklarheiten beseitigt, denn den eindeutigen Informationen nach ist alles das ein offener Raum – und damit Raucherregion –, was nicht überdacht ist und nicht durch zeitweilig schließbare *Zip-on*-Fenster, Rollos oder Vorhänge geschlossen werden kann.

Eine Veröffentlichung im *Weekend Herald* vom 27./28. Juni 2005 verwies noch einmal auf die Tatsache, dass das Gesetz in erster Linie ein Lebensgewinn für alle Nichtraucher sei, denn laut Statistik – so das Mitglied des Neuseeländischen Gesundheitsministeriums Damien O`Connor auf der nationalen Rauchfrei-Konferenz – seien pro Jahr 380 Tote durch Passivrauchen zu beklagen.

Da das neue Gesetz auch andere öffentliche Einrichtungen, Büros und Behörden betrifft (ob eine oder mehrere Personen darin arbeiten, spielt keine Rolle), müsste man meinen, hier und da auf Widerstand der Bevölkerung zu stoßen. Dem ist aber eigentlich nicht so. Fragt man die Leute auf der Straße, sind sie mehrheitlich der Meinung, dass das so ganz in Ordnung sei. Wahrscheinlich spielt auch eine Rolle, dass die meisten Neuseeländer sehr gesundheits- und sport-orientiert sind und die Schädlichkeit des Rauchens bewusster reflektieren als andere.

In den Tageszeitungen fanden sich bisher nur einige wenige Beiträge, die gegen das Gesetz argumentieren. Die Akzeptanz ist also groß. Nur der Beitrag von John de Bueger im *New Zealand Herald* vom 15.11.2004 griff eines der auch hierzulande immer wieder hochgehaltenen Argumente auf, das auf der Aussage beruht, die Raucher ersparten dem Staat viele Jahre Rentenzahlung durch ihren früheren Tod. Denn das Rauchen einer Zigarette verkürze nach Berechnungen der Statistiker das Leben eines Menschen um zehn Minuten. Des Weiteren wurde die in Neuseeland sehr hohe Tabaksteuer ins Feld geführt, die genau die Summe einbringen sollte, die für die Behandlung der durch Rauchen verursachten Gesundheitsschäden entstand. Außerdem wurde argumentiert, dass die durch Rauchen hervorgerufenen Gefahren und Gesundheitsschäden inzwischen so bekannt seien, dass es jedem selbst überlassen werden könne, die Risiken abzuwägen. Wen es glücklicher mache, mit Zigaretten zu leben, der solle auch die Möglichkeit dazu haben.
Interessant war aber die weiterführende Diskussion, die auf die „neuen" Gefahren der zu vielen übergewichtigen Jugendlichen abzielte. De Bueger behauptete, dass die jungen Leute von heute eine geringere Lebenserwartung als ihre Eltern hätten, weil Fettleibigkeit, hervorgerufen durch *Junk food*, und die bekannten Folgeerkrankungen wie Altersdiabetes eine viel ernster zu nehmende Bedrohung als das Rauchen darstellen. Man solle also über eine „Fast-Fett-Steuer" nachdenken, anstatt den Kreuzzug einseitig gegen das Rauchen fortzuführen.

Fragt man heute in Gaststätten oder auf der Straße, ist die Zustimmung zu der neuen Regelung durchgehend sehr groß. Neuseeland kann allerdings generell auf positive Beispiele in Sachen Suchtmittelverbote zurückgreifen. Viele Städte präsentieren bereits seit langem große Schilder am Beginn ihrer Fußgängerzonen, auf denen alkoholfreie Zeiten für diese Bereiche vorgegeben werden.

23 | Beginn der Raucher-freien Lokale

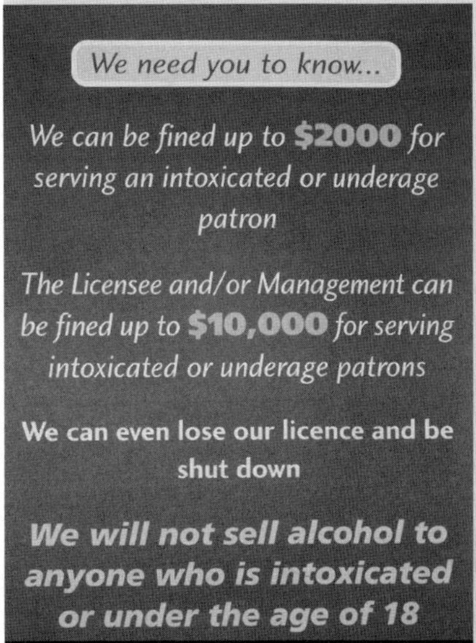

24 | Sanktionen für Verstöße gegen das Rauchverbot

Kapitel 3

Das menschliche Antlitz Neuseelands

3.1 Persönlichkeiten, die das Gesicht Neuseelands präg(t)en

Um es gleich vorweg zu nehmen: hier soll weder eine Galerie der bisherigen Gouverneure und Premierminister eröffnet, noch eine lückenlose Liste aller im Ausland bekannten Neuseeländer aufgestellt werden. Vielmehr sollen verschiedene Menschen unterschiedlicher Epochen kurz vorgestellt und damit ein nicht alltägliches Kompetenzbild gezeichnet werden. Es ist eine kleine Sammlung von Geschichten über Neuseeländer, auf die die Kiwis besonders stolz sind. Zunächst gibt es einige kurze interessante Fakten und danach ein paar ausführlichere Personenbeschreibungen.

Wussten Sie zum Beispiel, dass...

- die Schiedsrichterpfeife in Neuseeland „erfunden" wurde? Frances William Atack benutzte sie 1884 zum ersten Mal, um ein Spiel zu unterbrechen.
- Alexander Aitken fähig war, Brüche in weniger als fünf Sekunden in Dezimalzahlen mit bis zu 26 Stellen hinter dem Komma zu errechnen und zwei neunstellige Zahlen in einer halben Minute im Kopf miteinander zu multiplizieren? Aufgrund seiner sensationellen mathematischen Begabung wurde er in den 1920er Jahren von britischen Psychologen immer wieder untersucht.
- Harold Williams im Guinness-Buch der Rekorde als größter Linguist der Welt steht? Er beherrschte 58 Sprachen fließend.
- Frau Dr. Agnes Bennett die erste praktizierende Ärztin war, die ein Auto besaß und dieses auch selbst fuhr? Das war 1905. Sie war übrigens auch im Ersten Weltkrieg die erste Offizierin in der britischen Armee.
- Walter Godfrey Bowen mehrfacher Weltrekordhalter im Schafscheren war und im Jahr 1961 innerhalb von neun Stunden 463 Vollwollschafe schor? Sein Bruder Iwan war ebenfalls Weltrekordler in der Schafschur.
- Robert Dickie den weltweit ersten Briefmarkenautomaten erfand? Er wurde auf der Weltausstellung 1909 in Seattle vorgestellt.
- General Sir Charles Fergusson im I. Weltkrieg das 17. Armee-Corps in Frankreich befehligte und von 1918 bis 1920 Militärgouverneur von Köln war?

- der Filmemacher Peter Jackson mit einem fast ausschließlich neuseeländischen Team den Film „Der Herr der Ringe“ als Trilogie in Neuseeland drehte?
- Richard William Pearse nachgesagt wird, dass er noch vor den Brüdern Wright mit einem selbst gebauten Flugzeug erfolgreich in der Luft war?
- Katherine Wilson Sheppard eine der wichtigsten Befürworterinnen des Frauen-Wahlrechtes war? Dieses wurde 1893 zum ersten Mal in Neuseeland durchgesetzt.
- Essie Summers, die „neuseeländische Königin des Liebesromans“, 55 Romane schrieb, die in 25 Sprachen übersetzt und in 105 Ländern verlegt wurden?

Nun aber zu einzelnen Persönlichkeiten:

3.1.1 Ernest Rutherford, Lord Rutherford of Nelson (1871-1937)

Der Name Rutherford steht für eine Reihe herausragender Entdeckungen und den Nobelpreis für eine Untersuchung über den Zerfall der Elemente und die Chemie der radioaktiven Stoffe im Jahre 1908.

25 | Portrait von Sir Ernest Rutherford (Nobelpreisträger), Mai 1929

Ernest Rutherford wurde als Sohn eines Farmers in Brightwater (Nelson) geboren und wuchs mit 11 Geschwistern auf. Später heiratete er eine Neuseeländerin aus Christchurch. Er forschte und lehrte an renommierten internationalen Universitäten in Cambridge, Montreal und Manchester. Nach seinem Tod 1937 in England wurde er in der Westminster Abbey beigesetzt.

Neben vielen internationalen Auszeichnungen von Rang wurde ihm allein von 21 Universitäten die Ehrendoktor-Würde verliehen.

Wenn man heute Neuseeländer nach dem Namen Rutherford fragt, erhält man häufig die Antwort: „Er spaltete das Atom." Der bekannte Atomphysiker Niels Bohr hob die Verdienste Rutherfords in seiner Trauerrede folgendermaßen hervor: „Mit dem Tod von Lord Rutherford endete das Leben eines der bedeutendsten Männer der Wissenschaft. Er hob den Stand der Forschung auf eine höhere Stufe. Man wird ihn mehr vermissen als man je einen Wissenschaftler vermisst hat." Und der Biograf John Campbell betonte: „Er ist für das Atom das, was Darwin für die Evolution darstellt, Newton für die Mechanik, Faraday für die Elektrizität und Einstein für die Relativität."

Rutherford wurde insbesondere durch sein Streuexperiment bekannt, mit dem er die Atomkerne im Inneren von Atomen nachweisen konnte. Auf dieser Grundlage entwickelte er das Rutherfordsche Atommodell, nach dem die elektrisch positiven Atomkerne von elektrisch negativen Elektronen umkreist werden. Er führte die erste künstliche Kernreaktion unter einfachsten experimentellen Bedingungen durch. Den Atomkern des Wasserstoffs nannte er „Proton" und er sagte die Existenz des Neutrons[13] voraus.

1916, während des I. Weltkrieges, behauptete er, dass man aus dem Atom keine Energie gewinnen könne. Er hoffte, dass die Menschheit, solange sie existierte, dazu nicht in der Lage wäre. Einstein sagte später, dass es ein Glück sei, dass Rutherford die Atombombe nicht mehr erlebte. Sicherlich hätte er sich schuldig und mitverantwortlich für die katastrophalen Zerstörungen und deren Folgen gefühlt.

Rutherford hatte ein sehr angenehmes und offenes Wesen. Er förderte viele Studenten, insbesondere neuseeländische, von denen er die Besten für die Arbeit in seinen Forschungsteams gewann.

Rutherford war übrigens nicht der einzige neuseeländische Nobelpreisträger. Erinnert sei auch an:

- Maurice Wilkins (Nobelpreis für Physiologie und Medizin, 1962)
- Alan G. MacDiarmid (Nobelpreis für Chemie, 2000)
- David Russell Lange (Alternativer Nobelpreis, 2003)
- Allan Wilson wurde für den Nobelpreis für Biochemie nominiert. Als einziger Neuseeländer erhielt er den US-amerikanischen *MacArthur „Genius" Award*.

3.1.2 Sir Edmund Hillary (1919-2008)

Wenn von neuseeländischen Persönlichkeiten gesprochen wird, dann denken viele sofort an Edmund Hillary, eigentlich Edmund Percival Hillary, der zusammen mit dem Sherpa Tenzing Norgay als erster den Mount Everest bezwang. Dadurch wurde er weltweit bekannt. Zur Legende aber wurde er mit dem, was er aus diesem Ruhm machte.

Edmund Hillary verschrieb sich schon als Schüler der Bergsteigerei. Mit 16 Jahren startete er seine alpine Karriere in den neuseeländischen Süd-Alpen und kam bereits damals auf 2.800 Meter Höhe. Er nutzte jede Gelegenheit zum Klettern und galt schon bald als ein brillianter Kletterer. Nachdem er sein Studium an der Universität von Auckland aufgegeben und seinen Kriegsdienst bei der Luftwaffe 1945 schwer verwundet beendet hatte, arbeitete er in der väterlichen Bienenzucht. In der Freizeit widmete er sich weiter dem Klettersport. 1948 gelang ihm zusammen mit Harry Ayres die Erstbesteigung des Mount Cook, auf der Südinsel Neuseelands, über den Südgrat. Hillary beteiligte sich ab 1951 an etlichen Touren im Himalaya-Gebirge. Nach mehreren Expeditionen Anfang der 1950er Jahre nahm er schließlich im Mai 1953 an der Everest-Expedition von Sir John Hunt teil. Zusammen mit dem Sherpa Tenzing Norgay gelang Edmund Hillary die Erstbesteigung des Mount Everest (8.848 Meter). Damit fand eine Wende im hochalpinen Bergsteigersport statt. Es folgte der Bergsteigertourismus, der die Natur und das Leben des nepalesischen Volkes sowie der Sherpas nachhaltig veränderte.

Die Bezwingung des Mount Everest erfolgte am 29. Mai 1953 – am Krönungstag von Queen Elizabeth II. Das britische Königreich war über die Eroberung des „Dritten Pols“ sehr erfreut und erleichtert, nachdem die beiden anderen Pole nicht zuerst durch Bürger des britischen Commonwealth erreicht worden waren. John Hunt und Edmund Hillary wurden nach dieser Erstbesteigung von Königin Elisabeth II. zu Rittern geschlagen und damit in den Adelstand erhoben. „Sie tippte mir sanft mit dem Schwert auf die Schulter und das war es eigentlich“, schrieb Edmund Hillary später über die Zeremonie.

Nach 1953 bezwang Hillary noch 23 weitere zuvor nicht erklommene Gipfel. Sein Ziel, den 8.470 Meter hohen Makalu zu besteigen, musste er allerdings wegen mehrerer Rippenbrüche aufgeben. 1958 war er Leiter der *British Commonwealth Trans-Antarctic Expedition* zum Südpol und erreichte diesen vor seinem Konkurrenten Sir Vivian Fuchs. Nach Amundsen (1912) und Scott (ebenfalls 1912) war er somit der Dritte am Südpol. Zwischen 1961 und 1964 erkundete Hillary mit weiteren eigenen Expeditionen den Himalaya.

26 | Sir Edmund Hillary nach der Erstbesteigung des Mt. Everest 1953

1977 erfasste ihn ein Höhenkoller und er beendete seine Bergsteigerkarriere. Das Bergsteigen aber lebt in seiner Familie weiter. Sein Sohn Peter bezwang 1990 ebenfalls den Mount Everest[14]. Edmund Hillary wechselte in den diplomatischen Dienst und vertrat Neuseeland in Indien, Bangladesch und Nepal. 1991 wurde er UNICEF-Sonderbeauftragter für die Kinder im Himalaya.

Edmund Hillary schrieb außerdem neun Bücher. Mit den Einnahmen aus Filmen, Büchern und Vorträgen sowie den vielen geworbenen Spenden in aller Welt finanzierte er seine gemeinnützigen Projekte in Nepal. Er erhielt viele internationale Auszeichnungen, zum Beispiel den Hosenbandorden und fünf Ehrendoktorwürden. Sein Porträt ist auf der neuseeländischen Fünf-Dollar-Note abgebildet.

Edmund Hillary heiratete im Jahr seines größten Bergsteiger-Erfolges seine große Liebe Louise. 22 Jahre später kamen sie und eines der drei gemeinsamen Kinder – die Tochter Belinda – bei einem Flugzeugabsturz in der Nähe von Kathmandu in Nepal ums Leben. Edmund Hillary überwand seine tiefe Depression aufgrund dieses persönlichen Verlustes, die er jahrelang mit Alkohol und Tabletten zu betäuben versucht hatte, durch ein vermehrtes soziales Engagement im Himalaya. Seine innere Ruhe fand er jedoch erst wieder durch June, die Witwe des ehemaligen Expeditionskameraden Peter Mulgrew, der 1979 tödlich verunglückt war. Er heiratete June 1989 und seine neue Frau bestärkte ihn in seinem sozialen Engagement.

Bei der Begehung eines Gletschers in Nepal anlässlich der Suche nach dem ominösen Yeti kam ihm die Idee, sich künftig international für die Sherpas einzusetzen. In vielen Gesprächen mit ihnen erfuhr er, dass diese sich immer wieder um die Zukunft und die Ausbildung ihrer Kinder sorgten. Hillary gründete deshalb den *Himalaya Trust*, der seitdem 27 Schulen, 12 ländliche Krankenstationen und zwei Krankenhäuser gestiftet hat. Darüber hinaus wurden mehrere Klöster saniert, Brücken gebaut und Wasserleitungen in viele Dörfer gelegt. Außerdem sind vor einigen Jahren vom *Trust* über eine Millionen Setzlinge für die Aufforstung gestiftet worden.

Für dieses Vorhaben nutzte Edmund Hillary auch seinen Ruhm. Nachdem die erste Schule gebaut war, erhielt Hillary umfangreiche internationale Hilfe. Zwei US-amerikanische Unternehmen ermöglichten ihm, mit zwei erfahrenen Bauexperten in den Himalaya zurückzukommen und die Projekte persönlich in Augenschein zu nehmen. Mit ihm kam auch sein Bruder Rex, der sich ebenfalls sehr für die Sherpas engagiert.

Auch im hohen Alter reisten Sir Edmund Hillary und seine Frau June noch immer durch die Welt, um Spenden für den *Himalaya Trust* zu sammeln. Dabei war June Hillary eine Art Dynamo für Edmund – ihr Engagement im *Fundraising* ist unermüdlich.

Auf die Frage nach dem größten Ergebnis seines Lebens sagte Edmund Hillary: „Die Herausforderungen haben sich geändert. Am Anfang war ich der ehrgeizige Expeditionsteilnehmer. Ich fand aber immer größeres Interesse an den Menschen, die in dieser Region leben. Ihnen zu begegnen, erfüllt mich mehr, als irgendwo bergzusteigen... Natürlich waren die Bergbesteigungen und die Pol-Expedition großartige Erfolge. Die größte Herausforderung jedoch und meine eigentliche Lebensleistung ist das, was wir an Projekten für die Sherpas erreicht haben."

Wenn sie nach Nepal kamen, war es das Schönste für ihn und June zu sehen, was aus den von ihnen gegründeten Einrichtungen, was aus den Kindern der ersten Schule geworden war. Sie erlebten Karrieren, die ohne ihr Engagement nie zustande gekommen wären: einheimische Manager im *Himalaya Trust*, einheimische Lehrer und Ärzte.

Dass die Arbeit des Projektes so erfolgreich verläuft und nicht mehr zu stoppen ist, ist ein gutes Beispiel dafür, was eine kleine Gruppe von Menschen mit einer Vision und großem persönlichen Engagement bewirken kann. Fast immer beginnt eine so beeindruckende Entwicklung mit der festen Überzeugung eines Einzelnen, dass es möglich sei, etwas zu bewegen – entgegen aller Zweifel und Vorbehalte Dritter.

Auf die Frage, was Edmund Hillary jüngeren Menschen mit auf den Weg geben möchte, antwortete er: „Ich weiß wohl, dass junge Leute nicht so gern Ratschläge von den Alten hören wollen. Aber wenn ich denn etwas sagen sollte, dann, dass sie von den vielen Erfahrungen anderer schon etwas mitnehmen sollen. Das spart eigene Lebenszeit! Man muss ja nicht alle Erfahrungen selbst machen. Ich habe als Bergsteiger sehr viel von dem Bergführer Harry Ayres gelernt. Er verfügte über viel Wissen und viele Erfahrungen bezüglich der Berge. Und noch etwas: Man braucht viel Mut, wenn man seine Träume verwirklichen will."
An anderer Stelle sagte er. „Ich bin ein entschlossener, aber sehr einfacher Mensch. Bei allen Erfolgen sollte man die Nächstenliebe nicht vergessen. Erfolge dürfen nicht zu Kopf steigen, sondern sie sollten dazu dienen, der Welt, von der man viel bekommt, auch viel zurückzugeben."

Edmund Hillarys Lebensmaximen waren vor allem:

- Steck' dir hohe Ziele; gib dich nicht mit dem Durchschnitt zufrieden. Leichte Siege gibt es nicht.
- Ganz wenige sind geborene Champions. Die meisten Menschen müssen lernen, wie man erfolgreich ist.
- Angst kann ein stimulierender Faktor sein; sie kann dich anspornen, Fähigkeiten zu entwickeln, die du nicht für möglich gehalten hast.

Der ehemalige Bergsteiger war auch nach mehreren Stürzen und einem längeren Krankenhausaufenthalt im Jahre 2006 noch immer frisch, optimistisch, humorvoll und begeisternd. Sowohl Edmund Hillary als auch seine Frau hatten ihre Freude daran, Menschen zu helfen – und auf andere wirkte das ansteckend.

Im Jahr 2001 nahm Edmund Hillary am „5. Symposium für Bergsteiger" im oberbayerischen Bad Tölz teil. Er hielt dort einen Dia-Vortrag zum Thema „Am Anfang war der Everest – die Abenteuer meines Lebens". Im gleichen Jahr erschien auch seine Biografie „Die Abenteuer meines Lebens".

Auch als 85-Jähriger schreckte Edmund Hillary nicht vor dem antarktischen Eis zurück. Er besuchte im November 2005 die Forschungsstation *Scott Base*, die er fast 50 Jahre zuvor mitgegründet hatte. Dort wollte er eine einsame Nacht im Eis verbringen, wie er dem *New Zealand Herald* sagte: „Ich genieße einfach die Ruhe und die Schönheit der Gegend."

Der Neuseeländer galt unter den Bergsteigern nicht nur als der „alte, weise Vorreiter", sondern auch als moralisches Vorbild. So kritisierte er 2006 massiv und öffentlich den beidseitig beinamputierten neuseeländischen Bergsteiger Mark Inglis und internationale Expeditionsteams, die den bewusstlosen 34-jährigen Briten David Sharp 300 Meter unterhalb des Mount-Everest-Gipfels einfach liegen und sterben gelassen hatten. Mehr als 40 Bergsteiger waren an ihm vorbeigeklettert. Edmund Hillary entschuldigte sich bei den Angehörigen von David Sharp für das unmoralische Verhalten der Beteiligten.

27 | Edmund Hillary im hohen Alter

Edmund Hillary starb am 11. Januar 2008 in Auckland nach einem Herzinfarkt. Er wurde mit einem Staatsbegräbnis beigesetzt und die neuseeländische Ministerpräsidentin Helen Clark würdigte ihn als „legendären Bergsteiger, Abenteurer und Menschenfreund".

3.1.3 Yvette Winifred Williams, verheiratete Corlett (*1929)

Neuseeland stellte zur Olympiade 1952 in Helsinki nur eine sehr kleine Mannschaft, die jedoch mit der damals 23-jährigen Leichtathletin Yvette Williams sehr erfolgreich war. Williams gewann die Goldmedaille im Weitsprung – trotz widrigster Umstände. Sie hatte sich am Morgen des Wettkampfes in der Qualifikationsrunde ein Knie verletzt. Das kleine Neuseeland-Team hatte aber weder einen eigenen Arzt noch einen Physiotherapeuten, so dass sie auf die Behandlung durch britische Fachleute angewiesen war. Am Nachmittag wurde ihr gesagt, dass sie das Knie ständig in Bewegung halten sollte, sonst würde es steif werden. Williams war daraufhin nicht nur physisch, sondern auch psychisch angeschlagen; die ungewohnten finnischen Sommernächte mit nur zwei bis drei Stunden Dunkelheit machten sie zudem sehr müde.

Am nächsten Tag befand sie sich mit sechs anderen Leitathletinnen in der Endrunde. Sie erinnerte sich an ein Buch mit dem Titel „Der Wille zu gewinnen“ und dachte an die hohen Erwartungen ihrer Landsleute und an die vielen Trainingsstunden vor der Olympiade. Also sagte sie sich: „Jetzt oder nie“ – und sprang die damals sensationellen 6,23 Meter. Als sie auf dem Siegerpodest stand, hörte sie „God Save the Queen“ und sah die neuseeländische Nationalflagge. Zur Überraschung aller anwesenden Neuseeländer wurde danach noch „God Defend New Zealand“ gespielt. Es war das erste Mal, dass Neuseeland anlässlich einer olympischen Siegesfeier so geehrt wurde.

Williams hatte ihre große Zeit zwischen 1950 und 1954. Neben der Goldmedaille in Helsinki gewann sie in dieser Zeit vier Mal Gold bei den *Commonwealth Games* und stellte einen Weltrekord im Weitsprung auf. In Neuseeland war sie mehrfach Rekordhalterin im Weitsprung, Kugelstoßen, Diskuswerfen und Speerwurf.

Es gab und gibt etliche andere neuseeländische Athleten, die Weltrekorde und olympische Medaillen errangen, aus Platzgründen hier aber nicht genannt werden. Beispielhaft sei noch Ian Gordon Ferguson genannt, ebenfalls ein sehr erfolgreicher Athlet, der bei einer einzigen Olympiade – 1984 in Los Angeles – drei Goldmedaillen gewinnen konnte.

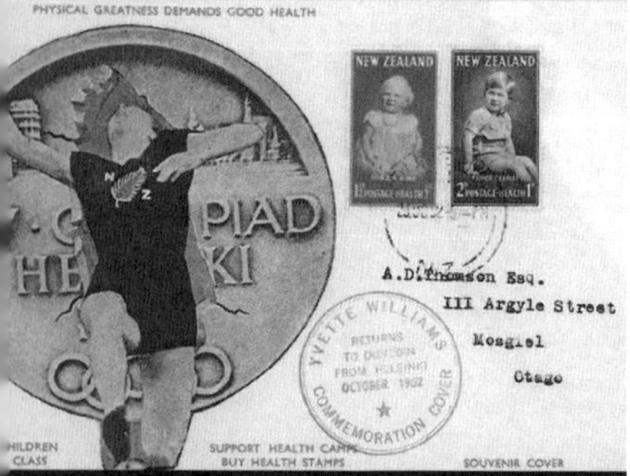

28 | Sonderbrief zu Ehren von Ian Gordon Ferguson

3.1.4 Jane Gardner Batten (1909-1982)

Diese weltberühmte Pilotin ist besser unter dem Namen „Jean" bekannt. Sie wurde am 15. September 1909 als einzige Tochter einer Zahnarztfamilie in Rotorua geboren. Später besuchte sie die Schule in Auckland. Seit ihrem achtzehnten Lebensjahr träumte sie davon, allein von Neuseeland nach England zu fliegen. Ihr Fluginteresse wurde durch den australischen Piloten Charles Kingsford Smith noch verstärkt. Sie lernte ihn 1928 kennen und durfte einmal mit ihm fliegen. Kingsford Smith hatte im selben Jahr den ersten Trans-Pazifik-Flug von Amerika nach Australien geschafft. Jane Batten entschied sich daraufhin gegen eine von den Eltern vorausgesagte Karriere als Konzertpianistin.

Während ihr Vater strikt gegen eine Pilotenausbildung in England war, konnte Jean ihre Mutter überreden, mit ihr nach England zu reisen und sie dort bei ihrer Ausbildung zur Pilotin zu unterstützen. Zwei fliegerische Fehlschläge konnten sie nicht davon abbringen, sich ihren Traum zu erfüllen: 1936 gelang ihr der erste Flug von England nach Neuseeland. Zuvor war sie bereits von England nach Indien, von Australien nach England und von England nach Brasilien geflogen, immer auf der Jagd nach Rekorden. Aufsehen erregte auch ihre Solo-Überquerung der Tasmanischen See. Das alles geschah zwischen ihrem 25. und 28. Lebensjahr.

29 | Jean Batten

Vor ihrem größten Flug von England nach Neuseeland wies sie den Flughafenkommandanten an: „Wenn ich im Meer abstürzen sollte, dann schicken sie niemanden, um mich zu suchen. Ich will nicht, dass andere ihr Leben für mich riskieren." Das sagt viel über den Charakter dieser Frau aus.

In der kurzen Zeit zwischen 1933 und 1937 stellte sie eine Reihe sensationeller Flugrekorde auf und wurde mit vielen internationalen Auszeichnungen bedacht. Sie erhielt mehrfach die begehrte *Harmon Trophy*, später die Ehrenbürgerschaft der Stadt London und den *Chevalier de la Légion d'Honneur*. Wenn man in den 1930er Jahren von Neuseeland sprach, dann dachte man zuerst an diese mutige Frau. Wegen ihrer Exzentrik und Zurückgezogenheit wurde sie auch oft als „Greta Garbo des Himmels“ bezeichnet.

30 | Willkommen zu Hause! Jean Batten wird in traditioneller neuseeländischer Weise von Maori-Häuptling Mita Taupopoki begrüßt (Rotorua 1934)

Jean war in höchstem Maße selbstmotiviert und besessen von der Fliegerei, der sie alles andere unterordnete. Sie war eine Meisterin der Navigation und bereitete sich mit großer Intensität auf jeden Flug vor. Ihr Flug von England nach Neuseeland dauerte nur zehn Tage, 23 Stunden und 45 Minuten. Es sollte 44 Jahre dauern, bis dieser Rekord gebrochen wurde. In den ersten fünf Tagen hatte sie nur sieben Stunden während einiger Kurzstopps geschlafen. Bei ihrer Heimkehr nach Neuseeland sagte sie: „Ich denke, das war der größte Erfolg meines Lebens.“ Kurze Zeit danach hatte sie einen Nervenzusammenbruch.

Nach 1937 flog Jean nicht mehr. Im II. Weltkrieg warb sie in Neuseeland um Spenden für Kriegsflugzeuge und Waffen. Nach dem Krieg lebte sie mit ihrer Mutter in Jamaika und Spanien. 1982 siedelte Jean nach Mallorca über, um dort den Rest ihres Lebens zu verbringen. Nur fünf Wochen später starb sie in Palma de Mallorca, wo sie sehr zurückgezogen und verarmt gelebt hatte. Da sie zunächst nicht identifiziert werden konnte, wurde sie in einem unbezeichneten Armengrab beigesetzt. Erst die unermüdliche Detektivarbeit der Dokumentarfilmer Ian und Caroline Mackersey brachte schließlich ihre Todesumstände an den Tag. Heute erinnert eine kleine Tafel über dem Grab an die berühmte Fliegerin, deren Name den größten Flughafen Neuseelands ziert.

3.1.5 Sean Fitzpatrick (*1963)

Sean Fitzpatrick war ein sehr erfolgreicher Kapitän der neuseeländischen Rugby-Nationalmannschaft *All Blacks*. Er ist nicht nur eine, sondern die *All Blacks*-Legende.

Wenn man die vielen Berichte über ihn liest, könnte man meinen, sein Leben sei immer glücklich verlaufen. Dabei waren Kindheit und Jugendzeit überschattet von seinen Gewichtsproblemen und den daraus resultierenden Sticheleien und Ausgrenzungen. Er war schon immer vom Rugby fasziniert gewesen und wollte ein guter Spieler werden, musste aber erleben, wie viel schwerer ihm das Training fiel als seinen Schulkameraden. Noch heute verfolgen ihn Erlebnisse wie dieses: In der Mittelschule der 1970er Jahre bat ein recht taktloser Lehrer drei Jungen aufzustehen und nach vorn zu treten, damit sie von den anderen Schülern gezeichnet werden können. Einer der drei war Sean Fitzpatrick. Der Lehrer begann, ihn zu hänseln, und sagte: „Seht mal, wie rund Sean ist. Es gibt keine Lücke zwischen seinen Beinen. Er sollte besser einen Cricket-Schläger in die Hand nehmen, um seiner Figur Charakter zu geben.“

Wenn ihm damals jemand gesagt hätte, dass er einmal ein weltbekannter Rugby-Spieler werden würde, er hätte es nicht glauben können. Im letzten Jahr der Mittelschule musste er aus der Rugby-Schulmannschaft ausscheiden, weil er zu viel auf die Waage brachte. Sein Vater, Brian, hatte von 1951 bis 1954 bei den *All Blacks* gespielt. Zwar hatte er seinen Sohn nie willentlich zu einer Rugby-Karriere ermutigt, aber Sean sah in ihm ein großes Vorbild und insofern schmerzte ihn der Abschied vom Rugby umso mehr.

Schließlich stieß er, nachdem er sich in Cricket und weiteren Sportarten versucht hatte, zu einer Rugby-Mannschaft in einer anderen Gewichtsklasse, die kaum Erfolge hatte und deren Coach kein Niveau in die Mannschaft brachte. Sean Fitzpatrick war damals 12 Jahre alt, die anderen bereits 17. Es wurde eine sehr harte Zeit für ihn, dennoch war er froh, überhaupt in einer Mannschaft spielen zu können. Das Team wollte erfolgreich sein, kam aber auf keinen grünen Zweig. Dennoch gab es (sich) nicht auf.

1981 wurden Aucklands *Secondary schoolboys*, also sein Team, völlig unerwartet zu den „Spielern des Jahres“ gewählt. Sean Fitzpatrick konnte es nicht glauben. Von da an wurde er immer zu Top-Spielen ausgewählt – obwohl er immer noch zu dick war.

An der Universität begann dann seine eigentliche Karriere. Er war damals 18, spielte Rugby sehr einfach und effizient und hatte so nie Probleme mit Verletzungen. Aber wenn er ein Spiel verlor, dann bedrückte ihn das außerordentlich.

Mit 19 wurde er mit dem Auckländer Rugby-Team auf Welt-Tournee geschickt. Schließlich wählte Trainer Colin Meads Fitzpatrick für die *All Blacks* aus. Das war 1986, zu einer Zeit, als etliche Stammspieler gesperrt waren. Somit hatten die Besten aus dem Nachwuchs eine Chance. Sean Fitzpatrick war dabei und bewährte sich in dem Match gegen Frankreich. Seit diesem Moment wusste er, dass er sich im Team durchsetzen würde, auch wenn er nach der Aufhebung der Sperre erst einmal auf die Reservebank musste.

Für seine Größe von 1,82 Meter und seinem Körpergewicht von 117 Kilogramm war er außerordentlich flink und geschickt. Er erfasste blitzartig neue Situationen und Chancen und war im Spiel sehr anpassungsfähig. Er spielte sehr hart und aggressiv, blieb aber immer fair. Mit seiner Power galt er als „Dampframme".

Sean Fitzpatrick spielte 12 Jahre lang bei den *All Blacks*. Er nahm an 121 internationalen Spielen teil, die er hauptsächlich im Rahmen von 92 internationalen Turnieren bestritt. Damit brach er alle Rekorde. 1992 stieg er zum Kapitän auf und blieb bis 1997 in dieser Funktion. Während dieser Zeit führte er sein Team durch eine Reihe von Siegen, schließlich 1995 zum *World Cup* nach Südafrika. Dort verloren sie zwar gegen die südafrikanische Rugby-Nationalmannschaft *Springboks*, aber ein Jahr später besiegten sie diese bei der Drei-Nationen-Meisterschaft.

Fitzpatricks herausragende Fähigkeiten als Kapitän waren: Überzeugungs- und Motivationsfähigkeit (einschließlich der Fähigkeit zur Selbstmotivation), Teamfähigkeit, Aufgeschlossenheit gegenüber Neuem und eigene Innovationsfähigkeit, Konzentrationsfähigkeit und ausgeprägte Umsetzungsfähigkeit. Im April 1998 zog er sich aufgrund einer schweren Knieverletzung aus dem aktiven Rugby-Sport zurück. Seitdem ist er „Rugbyberater" für die BBC und die *New Zealand Rugby Football Union* (NZRFU).

Sean Fitzpatrick ist verheiratet und hat zwei Kinder. Nach Beendigung seiner *All Blacks*-Karriere ist er umfassend gemeinnützig tätig. Bei seiner Tätigkeit als Vertriebs-Manager bei *Coca Cola* (seit 1994) zeigte er großes Organisations- und Akquisitionsgeschick, das er auf seine vielfältige gemeinnützige Arbeit übertragen konnte. So ist er im *Fundraising* aktiv und organisiert jährlich das Golf-Turnier „Fitzy's Forward Classic" zu gemeinnützigen Zwecken. Das Turnier bringt jedes Jahr 38.000 NZ$ für behinderte Kinder ein.

Sean Fitzpatrick schrieb außerdem zwei Bücher. Für seine sportlichen Erfolge als Spieler wie auch als Kapitän der *All Blacks* erhielt er viele internationale Auszeichnungen und hat u.a. einen Ehrenplatz in der *International Rugby Hall of Fame.*

3.1.6 Marina Sellers

Wenn die Maori-Frau Marina Sellers den Raum betritt, sind alle Blicke auf sie gerichtet. Sie strahlt ein großes Mana aus. Sie hat ein großes Herz für alle Gestrandeten und die Arbeit ist ihre Mission. Sie kümmert sich um Drogensüchtige und versucht, ihnen zu einem normalen Leben zu verhelfen. Dabei arbeitet sie mit der ebenfalls bekannten Betty Wark, die sogar die *Queen's Service Medal* erhielt, zusammen.

Marina Sellers hatte eine schwere Kindheit und Jugend. Ihre Mutter war Maori mit Tahiti-Vorfahren, ihr Vater kam aus England. Beide lebten zusammen in Australien, bevor sie nach Neuseeland zogen. Als Kind wuchs Marina in Masterdon auf. Schon mit vier Jahren musste sie die Babys der weitläufigen Verwandtschaft hüten. Sie wurde oft von ihren Eltern geschlagen, deshalb lief sie im Alter von fünf Jahren das erste Mal von zu Hause weg und später immer wieder. Sie vertraute keinem Menschen. Mit 14 Jahren riss sie endgültig aus und schloss sich für die nächsten Jahre Gangs von Straßenkindern an, bei denen sie eine Art Familienersatz suchte. In dieser Zeit kam sie mit Drogen in Kontakt, war im Drogenentzug und kam ins Gefängnis. Sie lernte alle Seiten einer Außenseiterexistenz kennen und bekannte später: „Ich war in der Hölle – und wurde zum Glück wieder zurückgeholt." Das hatte sie Betty Wark zu verdanken, die eines Tages ihre Gang aufsuchte. Sie wollte den Mitgliedern helfen und ihnen Arbeit beschaffen. Zu dieser Zeit betreute Betty Wark ein Haus für Obdachlose in Ponsonby, einem Stadtteil von Auckland. Marina Sellers kam mit 19 Jahren und schwanger dort an – ohne Arbeit und Geld.

In einem Wohnheim brachte sie ihr Baby zur Welt. Sie versuchte nun, ihr Leben in Ordnung zu bringen. Mit Hilfe des Ministeriums für Maori-Angelegenheiten erreichte sie schließlich, dass sie

Betreuerin von Teenagern wurde, die sich in einer ähnlichen Lebenssituation befanden, wie sie es selbst einmal gewesen war. Die Regierung versprach Arbeit für alle diese Jugendlichen, wenn Marina Sellers mit ihnen ein komplexes Wiedereingliederungs-Programm erfüllen würde: weg von Alkohol, Drogen und dem (Klebstoff-) Schnüffeln; generelle Hygiene, Selbstvertrauen etc. Alle von ihr betreuten Teenager erreichten dieses Ziel – doch aus den versprochenen Jobs wurde nichts. Marina Sellers aber setzte sich weiter für die Jugendlichen ein.
Außerdem begann sie ein Bachelor-Studium in einem Maori-Studiengang. Im dritten Studienjahr konnte sie noch immer nicht richtig lesen. Sie argwöhnte, dass sie nur deshalb weiter studieren durfte, weil sie eine Maori war, und das wollte sie nicht. Sie besprach ihre Probleme mit ihrem Freund Gary, Betty Warks Sohn. Er ermutigte sie, in die USA zu fliegen und dort an einem Spezialprogramm namens *Narcanon* zur Überwindung ihres Analphabetismus teilzunehmen. Das Programm enthielt aber auch Lebensbewältigungsstrategien und Antidrogenmaßnahmen. Marina Sellers nahm an diesem Programm teil und wusste bei ihrer Rückkehr nach Neuseeland, dass sie nun anderen wirksam helfen konnte.

Gegenwärtig leitet sie in Auckland ein Projekt, das mit diesem Programm arbeitet und qualifizierte Sozialarbeiter ausbildet. Um das Programm aber durchführen zu können, ist sie auf Spenden angewiesen. Inzwischen beherrscht sie auch das *Fundraising*. Ihr Leitspruch lautet: „Ich behaupte nicht, wir könnten über das Wasser gehen. Ich sage nur, dass wir mit dem *Narcanon*-Programm Resultate erzielen. Wer dem Programm zustimmt, wird Erfolg haben; wer nicht will, dem kann nicht geholfen werden." Ihre Grundorientierung für andere ist: „Folge deinem Herzen, bleib' dir treu, mach dir dein eigenes Bild, mach' etwas!"

Marina Sellers ist eine Frau mit viel Mut und Kraft, die mit großer Nächstenliebe das Leben anderer wieder zurechtrückt, obwohl (oder vielleicht gerade weil) sie selbst in einer lieblosen Umgebung aufgewachsen ist.

3.1.7 Stephen Tindall (*1951)

Stephen Tindall ist eine der schillerndsten Unternehmerpersönlichkeiten des heutigen Neuseelands. Er begann seine berufliche Laufbahn als Verkäufer in einem mittelgroßen Kaufhaus. 12 Jahre später nahm er sein gesamtes Geld und eröffnete ein eigenes Geschäft. Er nannte es *The*

Warehouse. Der Slogan „*Where everyone gets a bargain*" („Wo jeder ein Schnäppchen macht") ist Programm. Das Unternehmen ist heute die erfolgreichste Kaufhaus-Kette in Neuseeland und erwirtschaftet einen Jahresumsatz von über einer Milliarde Neuseeland-Dollar.

Was ist sein Erfolgsrezept? In der Schule war Stephen Tindall in den 1960er Jahren nicht gerade erfolgreich. Seit seiner Kindheit wollte er Arzt werden. Die schlechten schulischen Leistungen ließen ihn aber an sich zweifeln. Durch seine sportlichen Leistungen, insbesondere im Schwimmen, war er den anderen Klassenkameraden allerdings ebenbürtig, manchmal sogar überlegen. Das stärkte sein Selbstbewusstsein und führte zu einem guten Verhältnis zu den Mitschülern. Er dachte damals: „Wenn ich es im Schwimmen schaffe, dann schaffe ich es auch an anderer Stelle." Später wollte er Physiotherapeut werden, war aber in den Fächern Mathematik und Physik nicht gut genug. Ein Bekannter der Familie fand, dass er einen guten Sinn für den Handel habe und Physiotherapie nicht das Richtige für ihn sei.
Schließlich fing er in dem Kaufhaus in Auckland an zu arbeiten, das sein Urgroßvater gegründet hatte: im *George Court & Sons.* Dort verbrachte er die nächsten 12 Jahre und arbeitete sich hoch – ohne familiäre Vergünstigungen. Gleichzeitig bildete er sich in Abendkursen am *Auckland Institut of Technology* weiter. Was er abends dort lernte, konnte er am Tage auf der Arbeit ausprobieren. Noch heute legt er großen Wert darauf, dass in seinem Unternehmen das Lernen *on the job* groß geschrieben wird.
Mit 27 Jahren war er *Associate Director* mit 30 unterstellten Personen. In den letzten drei Jahren seiner Tätigkeit bei *George Court* konnte er umfangreiche Erfahrungen im Importgeschäft sammeln. Er war viel im Ausland unterwegs und hatte ein gutes Händchen für alles, was sich gut verkaufen ließ.
Sein erstes eigenes Geschäft eröffnete Stephen Tindall kurz vor Weihnachten 1982 in Takapuna. Nachdem er in der Vorweihnachtszeit zeitweilig acht Angestellte gehabt hatte, konnte er nach Weihnachten nur sich und einen Angestellten für die nächsten Monate beschäftigen. Trotzdem eröffnete er ein Jahr später mit großem Risiko das zweite Geschäft in Takapuna, so sehr war er von seinen zukünftigen Erfolgen überzeugt. 1983 kaufte er für die Geschäfte einen gebrauchten Caravan. Dann musste er seine Pensionskasse in Zahlung geben, um die 40.000 NZ$ zusammenzubekommen, damit er das erste *Warehouse*, den Vorläufer seiner heutigen Kette, eröffnen konnte.
Er investierte viel Geld in ein Computersystem, mit dem er die Lagerbestände anderer Händler managte, bevor er selbst etwas kaufte. Das waren Dinge, die sich in den anderen Läden schlecht verkauften, aber er platzierte sie gut und bot sie geschickt an (etwa wie der Sonderposten-Verkauf in Deutschland). Als sich Ende der 1980er Jahre die Import-Lizenzbedingungen für Neu-

seeland lockerten, konnte er mehr Artikel frei importieren. Das *Warehouse* betrieb daraufhin einen freien Direktimport – lange bevor die anderen Warenhäuser dazu übergingen. Stephen Tindall nutzte also schneller als andere die wirtschaftlichen Vorteile und hatte eine großartige Idee mit dem Motto: „Jeder bekommt etwas zu einem guten Preis“ bzw. „Einkaufen zum kleinen Preis für alle“. Sein Erfolgsprinzip war und ist: Aufkauf von riesigen Mengen, Verkauf mit knappen Gewinnen. Damit sind die Waren für jedermann erschwinglich. Zusätzlich bietet er eine „Geld-zurück-Garantie“. Gegenwärtig kaufen pro Woche rund 1,5 Millionen Menschen bei *The Warehouse* ein.

Weitere Prinzipien von Stephen Tindall sind zum Beispiel: Im *Warehouse* werden weder Zigaretten noch Alkohol verkauft! Vor der Eröffnung einer neuen Filliale gibt es stets Rücksprachen mit den lokalen Behörden, ob sie überhaupt ein *Warehouse* unterstützen wollen. Immerhin wird jedes Mal mit der Eröffnung eines seiner Geschäfte ein Verdrängungswettbewerb ausgelöst. Konsensorientiert geht Stephen Tindall auch nach innen vor. Die Kommunikation ist sehr offen und es gibt viele soziale Unterstützungen für die Angestellten. Diese erhalten zum Beispiel an ihrem Geburtstag einen freien Tag bei voller Bezahlung. Dadurch haben die Beschäftigten auch kein Interesse an einer gewerkschaftlichen Organisation, da sie ihnen keine (zusätzlichen) Vorteile bringen würde.

31 | Stephen Tindall

Stephen Tindall betreibt heute 121 Geschäfte: 85 Großlager und 36 Papier- und Schreibwarengeschäfte. Gegenwärtig expandiert er nach Australien. Im Jahre 2004 zog er sich aus dem operativen Management zurück und beschäftigt sich seitdem mit privaten Investments, mit der Entwicklung neuer innovativer Geschäftsideen und natürlich mit der Tindall-Stiftung.
Letztere wurde von ihm und seiner Familie 1995 ins Leben ge-

rufen. Damit konnten sie Tausenden von Neuseeländern helfen und bedeutende Umweltschutzprojekte fördern. Die Stiftung hat ihre Wurzeln in einer Organisation namens *Alay Buhay* („Eine Zukunft bieten"), die von Stephen Tindall und seiner Frau Margaret auf den Philippinen gegründet wurde. Die Tindalls wollten dem Land etwas von ihrem Erfolg zurückgeben, den sie unter anderem durch philippinische Importgüter erzielen konnten. Anfangs wurden einzelne Kinder unterrichtet und ausgebildet, heutzutage sind es rund 2.000 Kinder pro Jahr.

Die Stiftung besitzt inzwischen gut 20 Prozent der Anteile der *Warehouse*-Gruppe. Im Jahr 2003 erhielt und verteilte sie rund 14,5 Millionen Neuseeland-Dollar. Das Ziel des Ehepaares Tindall ist es, Menschen Hilfe zur Selbsthilfe anzubieten und Neuseeländer zu befähigen, für sich, ihre Familie und ihre Gemeinde zu sorgen. Ihr Motto lautet dementsprechend, nicht die Probleme anderer zu lösen, sondern Hilfestellungen zu geben, damit die Betroffenen sie allein bewältigen können. So vergibt die Stiftung Mittel in drei Richtungen: an Familien, zur Förderung von Auszubildenden und für Umweltprojekte.
Inzwischen wird die Stiftung von vielen Neuseeländern unterstützt. Bei der Gründung mussten Stephen und Margaret Tindall circa 50 Prozent ihrer Zeit für Fundraising und Sponsoring einsetzen. Heute übernehmen das die vielen Freiwilligen. So versetzten die Tindalls andere in die Lage, wiederum anderen Menschen zu helfen – ein schönes Beispiel für initiierte Selbstorganisationsprozesse.

Stephen Tindall hatte in den letzten Jahren weitere wichtige (Ehren-)Ämter inne:

- von 1995 bis 2000 war er Mitglied im *Prime Minister's Enterprise Council for P.M. Bolger & P.M. Shipley*
- von 2000 bis 2002 Mitglied im *New Zealand Science and Innovation Council*
- von 2000 bis 2004 Vorsitzender des *New Zealand Business Council for Sustainable Development*, welches er auch mitgegründet hatte
- seit 2002 ist er Mitglied im *Growth & Innovation Advisory Board*, seit 2007 sogar Vorsitzender
- ebenfalls seit 2002 ist er Mitglied des *World Business Council for Sustainable Development*
- seit 2004 ist er Gründungsmitglied des *New Zealand Institute*
- seit 2006 Vorsitzender des *Climate Change Leadership Forum*
- seit 2007 Vorsitzender des *Broadband Leadership Forum*

Außerdem erhielt er verschiedene Auszeichnungen. So ernannte ihn zum Beispiel der *New Zealand Herald* 1997 zur *Business Person of the Year*. Im selben Jahr wurde er *Officer of the New*

Zealand Order of Merit. 2007 wurde Tindall schließlich laut Ehrenliste anlässlich des Geburtstages der britischen Königin zum *Distinguished Companion of the New Zealand Order of Merit* ernannt, in Anerkennung seiner Dienste für die Wirtschaft und die Gemeinschaft. Zwei Universitäten – die *Auckland University of Technology* (AUT) und die Massey-Universität – verliehen ihm im Jahr 2002 die Ehrendoktorwürde.

Die Tindalls haben fünf Kinder. Stephen Tindall ist ein kompromissloser Selbstmanager: Er geht täglich um 22.00 Uhr ins Bett und steht um 4.30 Uhr auf. Das ist noch eine Angewohnheit aus seiner aktiven Schwimmerzeit. Außerdem schwimmt er jeden Mittag. Seine Grundmaximen sind:

- Sei dir selbst treu und finde immer eine Balance im Leben. Wenn du außer Balance gerätst, dann suche etwas, das dir einen Halt gibt. Bei Stephen Tindall ist es die Familie.
- Sei stets ehrlich und vertrauenswürdig – auch in deinen Geschäften.
- Sei selbstlos. Das Wichtigste sind die Menschen.

Neben diesen und weiteren Persönlichkeiten, die in Neuseeland als Vorbilder gelten und die öffentliche Moral des Landes maßgeblich geformt haben, gibt es natürlich noch viele andere international bekannte Personen. Man denke zum Beispiel an Keisha Castle-Hughes, die mit ihrer Rolle als Maori-Mädchen in dem Film „Whale Rider“ zum Kinderstar aufstieg. Sie war im Alter von 13 Jahren diejüngste Oscar-Anwärterin aller Zeiten.

Keith Urban war als neuseeländischer Country-Sänger schon lange vor seiner Ehe mit Nicole Kidman international angesehen.

Die Erfinder John Britten und Richard Pearse wären genauso hervorzuheben wie die Schriftstellerinnen Elsie Locke, Katherine Mansfield und Gwenda Turner. Verschiedene Komponisten, Bühnenkünstler und viele Sportler könnten ebenfalls genannt werden.

Es wird klar, wie wenig wir über dieses junge, dynamische Land mit seinen wundervollen Menschen wissen.

3.2 Friedensreich Hundertwasser und „sein" Neuseeland

Wussten Sie, dass Friedensreich Hundertwasser das letzte Drittel seines 71 Jahre währenden Lebens in Neuseeland verbrachte? Schon in seiner Jugend hatte er viel Faszinierendes über dieses Land erfahren. Tiefe Kindheits- und Jugenderlebnisse wirken bei uns allen in der einen oder anderen Weise fort. Für Hundertwasser waren es insbesondere die Reisebeschreibungen von Andreas Reischek, der sich im 19. Jahrhundert in Neuseeland aufhielt. Hundertwasser war von der unberührten Natur fasziniert und vor allem von dem Umstand, dass das Land aufgrund seiner geografischen Lage weitgehend unzerstört erhalten war. Er träumte von einem Leben in Neuseeland und fand sich auch als Maler in diesem Lande wieder: in der großen Naturliebe der Einheimischen, in der stets gesuchten Stille und in den immer wiederkehrenden Spiralmotiven, die er auch in den maorischen Ornamenten und Tätowierungen fand. Hundertwasser soll einmal gesagt haben: „Neuseeland ist für mich eine Art gelobtes Land, wo man zurückfinden kann zu den Ursprüngen. Was für die Juden Israel, ist für mich Neuseeland." Und tatsächlich war Neuseeland für ihn die „Insel der verlorenen Wünsche", wie ein gleichnamiges Bild, das hier entstand, nahelegt.

Der Kunstkritiker Pierre Restany erinnerte sich, dass das Jahr 1974 Auslöser für Hundertwassers Entscheidung war, neben der österreichischen auch die neuseeländische Staatsangehörigkeit anzunehmen, in Neuseeland feste Wurzeln zu schlagen und sich von dort aus international in Sachen Ökologie zu engagieren: „Nach der Eröffnung einer Wanderausstellung seines grafischen Werkes in Melbourne kehrt er nach Neuseeland zurück. Das Land findet er mitten in den Vorbereitungen für eine Naturschutzkampagne. Begeistert macht er mit und entwirft das Plakat ‚Conservation Week'. Damit startet er seine erste Plakatkampagne zugunsten des Naturschutzes. Das Plakat ist ein großer Erfolg. Die beispielhafte Resonanz auf seine Arbeit stimmt Hundertwasser nachdenklich. Sie bestätigt ihm die Wirksamkeit der Aufsehen erregenden Tat eines einzelnen für seine Reformstrategie." Hundertwasser fühlte sich in den letzten zwanzig Jahren seines Lebens quasi als Weltbürger in Neuseeland und als Europäer in Wien.

Im Jahre 1974 erwarb Hundertwasser günstig 190 Hektar Boden, zum großen Teil abgeholztes Waldgebiet, Reste von Dschungel, mit vielen Hügeln, Sümpfen und Meeresbuchten. Mit seinem Nachbarn und Freund Dough Shepard machte er dieses ursprüngliche Farmland wieder urbar und gestaltete es gleichzeitig zu einer einmaligen Waldlandschaft um. Beide pflanzten rund 140.000 Baumsetzlinge.

Das Anwesen liegt im Kaurinui-Tal an der *Waikino Road*, circa 20 Autominuten von Kawakawa, einer 2.000 Einwohner zählenden Stadt im Norden der Nordinsel, entfernt. Auf seiner Farm bewohnte Hundertwasser vier Häuser, die in den 26 Jahren seines Lebens in Neuseeland entstanden bzw. erweitert wurden: das ursprüngliche Farmer-Holzhaus; das *Bottle*-Haus, dessen Fenster aus eingemauerten Flaschen bestehen; den *Pigsty*, ein um einen Kauristamm herum gebautes Baumhaus, sowie den *Mountain Hut*, ein sehr kleines Haus, das in einen Berghang hinein gebaut war.

32 | Bottle-Haus von Hundertwasser

Bis auf das Farmerhaus sind alle Gebäude mit üppigen Grasdächern versehen. Damit verwirklichte Hundertwasser eine für ihn fundamentale architektonische Forderung an natur- und menschengerechtes Wohnen. Eine seiner Maximen war: „Wenn man die Dächer begrünt, dann braucht man keine Angst zu haben vor der sogenannten Zersiedelung der Landschaft: Dann werden die Häuser selbst zu Landschaften werden. Wir sind Gast der Natur." Und: „Ein Haus soll wirklich eine dritte Haut für die Bewohner sein, eine Haut, die sich ständig wandelt und organisch wächst, wie die Körperhaut."[15] Nach diesem Motto lebte er in Neuseeland völlig widerspruchsfrei und konsequent. Hundertwasser ließ einen schmalen Kanal ausheben, der in der Nähe seines (Farmer-)Hauses begann und durch den Mangrovensumpf führte. So konnte er während der Flut mit einem Motorboot auf den Flüssen Karetu und Kawaka bis zur Bucht von Opua fahren. In dieser Bucht lag sein in Venedig umgebautes Schiff „Regentag" vor Anker, das von seiner Nachbarfamilie Fagan gewartet wurde.

3.2.1 Baumarchitekt

Hundertwasser realisierte auf seinem Besitz eine Wildnis; er gab das Land seiner ursprünglichen, natürlichen Bestimmung zurück. Bäume waren für ihn das Leben schlechthin. Er brachte das auf den Punkt, als er betonte: „Ein Baum ist das beste Schönheitshindernis und der beste Garant gegen Elend und Tod. Einen Baum schneidet man in fünf Minuten um. Zum Wachsen braucht er aber fünfzig Jahre. Das ist das Verhältnis zwischen technokratischer Zerstörung und ökologischem Aufbau. Der Baum ist die beste Investition für die Zukunft. Überall dort, wo der Baum aus dem Zentrum des Lebens und Denkens entfernt wurde, ging auch das Leben der Menschen zugrunde. Überall dort, wo der Baum als Partner des Menschen mit uns lebt, geht es für den Menschen aufwärts."
Er pflanzte fast 150.000 Bäume selbst – über die ganze Welt verstreut. Welch einen „Kinder"-Reichtum, Lebensreichtum dieser Mann besaß! Georg Christoph Lichtenberg (1742-1799) schrieb in den *Sudelbüchern*: „Acht Bände hat er geschrieben. Er hätte gewiss besser getan, er hätte *acht Bäume* gepflanzt oder acht Kinder gezeugt."[16]
Besonders stolz war Hundertwasser auf seine Kauris, vor allem auf einen circa 1.000 Jahre alten Baum. Er verband die Kauris mit den Mythen der Maori. Nach seinen landschaftsgestalterischen Absichten befragt, sagte er einmal: „Ich möchte vielleicht bezeichnet werden als Magier der Vegetation."

3.2.2 Frühe Prägungen

Um Hundertwasser und sein ungewöhnliches Leben besser nachvollziehen zu können, muss man sich seiner frühen Prägungen bewusst sein: Er wurde am 15.12.1928 in Wien geboren, als Sohn einer jüdischen Mutter und eines „arischen" Vaters. Die Familie hieß eigentlich Stowasser. Er war das einzige Kind seiner Eltern. Der Vater starb wenige Monate nach seiner Geburt, seine Mutter heiratete nicht wieder und blieb ganz auf ihren Sohn fixiert; er war alles, was sie hatte. Nach dem „Anschluss" Österreichs an Deutschland kam es 1938 zur Zwangsumsiedlung in die Obere Donaustraße im II. Gemeindebezirk, in die als „jüdisch" abgestempelte Leopoldstadt. 1943 wurden 69 jüdische Familienangehörige mütterlicherseits, auch Tanten und die Großmutter, deportiert und im KZ ermordet. Die Existenz ihres Sohnes, der als Halbjude zeitweilig der Hitlerjugend angehören durfte, rettete das Leben Else Stowassers. Ihre Deportation war auf das

Datum seiner Volljährigkeit im Jahre 1946 verschoben worden. Dieses Aufeinander-Angewiesensein ließ eine starke Bindung entstehen, die bis zum Tode der Mutter im Jahr 1972 anhielt.

Die Hitlerzeit hinterließ unauslöschliche Spuren in der Psyche Hundertwassers. Er trug stets eine schmale Holzschachtel bei sich, eine Art Überlebensgepäck. Der Inhalt war nur den wenigen guten Freunden bekannt: ein gültiger Reisepass, verschiedene ausländische Währungen, Zahnbürste und -pasta, sein Miniaturmalzeug und farbige Reproduktionen seiner Lieblingsbilder. Das war sicher auch ein Ausdruck der seelischen Verletzung, die Hundertwasser in früher Kindheit erfahren hatte. Hinzu kamen die Einschärfungen seiner Mutter in der Zeit der Isolierung: „Sei immer und überall vorsichtig! Sei nicht vertrauensselig! Wir sind allein! Du bist ganz auf dich gestellt! Hör nicht auf andere, tu, was dir selbst richtig erscheint. Verlass dich auf niemanden." Vieles von dem war Hundertwasser zur zweiten Natur geworden und begründete unter anderem seine hohe Sensibilität, seine Halsstarrigkeit, die von vielen empfundene menschliche Unnahbarkeit und seine asketische Lebensweise.

3.2.3 Lebensreformer

Aufgrund seiner frühen Jugenderlebnisse hatte Hundertwasser als Sohn einer jüdischen Mutter und eines christlichen Vaters ein lebenslanges Identifikationsproblem, das sich auch in seinen Werken ausdrückt. Andererseits lebte er sein Halb-Judentum heiter und fühlte sich als Welt- und Natur-Verantwortlicher, engagierte sich für die Aussöhnung zwischen den Nationen wie zwischen den Menschen und der Natur. Er war Mittler, Brücke, Mahner.

Seine stillen, kräftigen Bilder zeigen uns den Kern von Hundertwassers Wesen: einen Märchen liebenden, naturgläubigen, höchst kreativen, die Lebensspirale beschreibenden Menschen. Die sich nach innen entwickelnde Spirale setzte er der Rückbesinnung gleich, die sich nach außen windende der Reform. Er fand die Spirale zum ersten Mal im Jahre 1953 auf dem über 3.500 Jahre alten und bislang nicht entschlüsselten „Diskos von Phaistos" im Museum von Heraklion auf Kreta: ein Gleichnis des Schicksals, eine Ausweitung ins Unendliche. Später sagte er: „Unsere Erde beschreibt den Verlauf der Spirale, das heißt also, wir gehen im Kreis, aber wir kommen nie wieder an den Ausgangspunkt zurück, der Kreis schließt sich nicht, wir kommen nur in die Nähe des Punktes, wo wir gewesen sind."

Hundertwasser galt in der europäischen Öffentlichkeit als Tausendsassa - durch die Presse, durch viele Jünger, durch verschiedene Provokationen. Selbst war er jedoch immer bescheiden und spendete sein Geld für internationale Umweltprojekte und Stiftungen.

Einige seiner Lebensmaximen, denen er überzeugend nachging, lauteten:

- „Das Paradies ist ja da, wir machen es nur kaputt." Er war stets ein Enthusiast natur- und menschengemäßer Architektur. Seine Architekturprojekte waren deshalb immer eine Brücke zwischen Kunst und Natur. „Natur, Kunst und Schöpfung sind eine Einheit. Wir haben sie nur auseinander gebracht. Wenn wir die Schöpfung der Natur vergewaltigen und wenn wir die Schöpfung in uns selbst vernichten, zerstören wir sie selbst. Nur die Natur kann uns Schöpfung, kann uns Kreativität lehren."
  Die privaten Wohnungen von Hundertwasser sind – gleich wo auf der Welt – wie seine Lebensspiralen. Sie folgen dem Wunsch, sich zurückzuziehen, sollen auch Schutz vor anderen geben. Und gleichermaßen sind sie nach außen zu öffnen und fließen quasi in die Natur hinein.
- Er bevorzugte das Arbeitsprinzip der Verlangsamung – und machte alles „sehr langsam", und somit bewusst, besonnen, erlebend. Für die Anreise mit einem alten VW zu einer Tagung in Hamburg brauchte er von Wien bis Hamburg fünf Tage. Er stieg immer wieder aus, erlebte die Natur, Städte und Menschen.
- Er betonte immer wieder die Lebenskultur des Altwerdens, die Bereitschaft, alt zu werden, das Alter anzunehmen (auch das Dritter). So kaufte er stets alte Häuser mit Wildwuchs der Umgebung auf, baute sie bewahrend um und betonte die Spuren des Älterwerdens.
- Ein weiteres Arbeitsprinzip war auch das der Überblendung: Zwei Bilder in einem, von einer Realität in die andere schauend.

Je älter er wurde, desto mehr verließ er die Kunst und widmete sich intensiven Umweltbetrachtungen und -experimenten. In Neuseeland lebte er mit den Zyklen der Natur und baute seine Rolle als Naturschützer und Lebensreformer aus. Für ihn war die Natur viel wichtiger als die Kunst.

Ein wichtiges (Über-)Lebensprinzip in seinen verschiedenen Lebensrollen war: „Paradiese kann man nur selbst schaffen, mit eigener Kreativität, oder von der Natur machen lassen... Wir brauchen Schönheitshindernisse, damit die Welt größer wird. Wenn du und der Nachbar schöpferisch tätig seid, braucht man nicht weit zu reisen, nicht weit zu gehen, denn das Paradies ist um die Ecke."

33 | Wie Hundertwasser es sich immer wünschte: Auf seinem neuseeländischen Grab wächst ein Tulpenbaum

34 | Hundertwasser-Toilette in Kawakawa: ein Touristen-Magnet

Hundertwasser wollte schließlich in seinem Paradies begraben werden: „Ich freue mich schon darauf, selbst Humus zu werden, begraben, nackt und ohne Sarg unter einem Baum auf eigenem Land in *Ao Tea Roa*." Und so geschah es. Er wurde wunschgemäß auf seinem Grundstück in Neuseeland beigesetzt. Auf seinem Grab wächst seither ein Tulpenbaum.

3.2.4 Zeitzeugen

Als Autoren auf der Spurensuche waren wir erstaunt, dass es in der Stadt Kawakawa anscheinend kaum etwas gibt, das an Hundertwasser erinnert – außer der von ihm erbauten und der Kommune geschenkten öffentlichen Toilette und einer kleinen Ausstellung im städtischen Museum, die fast ausschließlich aus gesammelten Zeitungsberichten über Hundertwasser besteht.

Im Geschäft von Petty Meldrum gegenüber der von durchreisenden Touristen besuchten Hundertwasser-Toilette gibt es immerhin ein paar Hundertwasser-Souvenirs und einen englischsprachigen Film über einen Besuch auf seiner Farm. Erst durch die Interviews mit Personen, die ihn zu Lebzeiten kannten und ihm persönlich nahe standen, konnten wir die „Ruhe um die Person Friedensreich Hundertwasser" in Kawakawa und Umgebung verstehen:
Richard Smart, ein ehemals südafrikanischer Architekt, war mit seiner Frau und zwei Kindern 1992 mit einem Segelboot nach Neuseeland gekommen. Sie entschlossen sich, in diesem Land zu bleiben, und wurden in der Nähe von Kawakawa ansässig. Hundertwasser suchte damals jemanden, der ihn handwerklich unterstützen und ihm insbesondere bei der weiteren Arbeit an seinem Schiff „Regentag" behilflich sein konnte. So lernten

sich die beiden kennen, und Richard Smart arbeitete mit dem Künstler bis zu dessen Tod im Jahre 2000 zusammen.
Petty Meldrum und ihr Mann sind Geschäftsleute in Kawakawa und waren mit Hundertwasser enger bekannt. Sie unterstützten ihn maßgeblich beim Bau der öffentlichen Toilette in Kawakawa.
Faye Christian ist ehrenamtliche Leiterin des Heimatmuseums, ebenfalls in Kawakawa. Sie kannte zwar Hundertwasser nicht persönlich wie die anderen Interviewpartner, hat sich aber in den letzten Jahren sehr intensiv mit seiner Person befasst und auch die wenigen Menschen, die ihn etwas näher kannten, befragt.

35 | Richard Smart – ein Mitarbeiter und Partner von Hundertwasser in Neuseeland

Die Einzelinterviews werden nachfolgend als ein Interview wiedergegeben. Das ist möglich, da sich die Beobachtungen nicht widersprachen. Außerdem schließt diese Form Redundanzen weitgehend aus.

Wie ist Friedensreich Hundertwasser in der Öffentlichkeit in Erscheinung getreten und wie bekannt war er hier?

Petty: Er war ein sehr einfacher, bescheidener Mensch. Bis auf ganz wenige Menschen wusste keiner, was das für einer war. Er war für hiesige Verhältnisse recht eigenartig angezogen. Alle hielten seine Ideen für verrückt, und seine Ideen, was er bauen wollte, stießen auf keine Gegenliebe. Das Toilettenprojekt stieß anfangs genau auf die gleiche Ablehnung wie seine Bemühungen, das alte Postamt aus Holz zu erhalten.

Richard: Ja, er fuhr auch ein komisches Auto. Er war eine sehr private Person und kam selten in die Stadt. Wenn er jedoch hierher kam, dann setzte er sich gern in eine Bar, die heute nicht mehr betrieben wird, und trank seinen (neuseeländischen) Kaf-

fee. Er vermied jedoch Bekanntschaften und war im Umgang mit Leuten schwierig. Er galt bei den Einheimischen als komischer Vogel und war nie einer von ihnen.
Anfangs versuchte Frederick[17], einige alte Gebäude in der Stadt zu retten, was aber bei der Mehrzahl der Menschen hier auf keine Gegenliebe stieß. Er wurde missverstanden.

Faye: Für das Museum war es gut, dass Frederick hier lebte. Er unterstützte das Museum persönlich. Da das Museum auf völlig freiwilliger Basis und ohne jegliche finanzielle Unterstützung betrieben wird, war sein Interesse für uns sehr wichtig. Wichtig für die Stadt waren auch sein Schiff „Regentag“ und die neue Toilette, denn es kam etwas über unsere Stadt in die Presse, und das holte Touristen hierher.

Was charakterisierte ihn als Mensch?

Petty: Ihm gefiel es hier, weil ihn keiner kannte. Ihm gefielen die Menschen, das einfache Leben hier. Er kam einfach so nach Neuseeland, als Privatmann. Und solange er lebte, wusste hier keiner, wie berühmt er in Europa und darüber hinaus war.
Frederick war sehr großzügig, ein Idealist, sehr umweltbewusst und naturverbunden. Er vergaß nie seine Ideale und war ein genialer Geist.

Richard: Ja, er wollte allein sein. Er suchte die Einsamkeit und das einfache Leben. Da war nichts Aufgesetztes. Er war ein Mensch, der sehr auf seine Privatsphäre bedacht war, der hier in Neuseeland seine persönliche Lebensweise verwirklichen wollte und konnte.
Er hatte ein feines Gespür dafür, wann seine Ideen nicht ankamen. Er wandte sich dann ab, zog sich zurück, verfolgte jedoch seine Ideen – mitunter sehr störrisch – weiter. Persönlich hat er mich in der ihm eigenen und sehr konsequenten Umweltorientierung fasziniert. Und er beeinflusste meine Art, als Architekt zu bauen.
Frederick wollte hier seine Ruhe haben, und Neuseeland war für ihn ein Stück Paradies. Ihn begeisterte – wie heute viele Touristen – die Langsamkeit im Alltag, die Einfachheit, das Unkomplizierte.
Beim Bau der Toilette gab er zeitweilig seine Zurückgezogenheit auf. Er kam täglich zur Baustelle, änderte hier und da etwas, war immer dabei.
Frederick pflanzte unendlich viele Bäume. Er wollte zurück zur Natur.
Er konnte mit Geld nichts anfangen und hatte große Probleme, etwas zu organisieren. Dafür

brauchte er stets den Manager aus Wien. Die Wiener entscheiden auch jetzt alles. Und schon zu Lebzeiten trat er all seine Rechte an die von ihm gegründete Stiftung ab.

Sollte die Stadt mehr tun, um Frederick zu ehren?

Petty: Ja. Mein Mann und ich haben auch ein kleines Projekt, so etwas wie eine ständige Ausstellung, und wir arbeiten auch daran. Allerdings bekommen wir weder von der Stadt noch vom Wiener Kunsthaus irgendwelche finanzielle Unterstützung.
Andererseits wollte Frederick wohl auch keine Ausstellung oder etwas anderes über ihn. Als ich etwas von ihm verkaufen wollte, sagte er entrüstet: „Nein, nein, nicht in meiner Stadt!“

Faye: Wir informieren ja über Frederick in unserem Museum. Darüber hinaus muss eigentlich nicht viel mehr in Kawakawa geschehen. Seine öffentliche Bedeutung war hier nicht so groß. Auch würde mehr Engagement viel Geld kosten und das kann hier keiner bezahlen. Frederick hatte hier nur wenige Freunde. Wenn ein Museum oder eine größere Ausstellung jemanden interessieren würde, dann wären es höchstens Touristen aus Europa. Frederick wollte auch nicht, dass seine Farm nach seinem Tod einmal touristisch genutzt wird. Insofern bliebe nur unsere kleine, recht unbedeutende Stadt für irgendwelche Projekte übrig.
Man muss auch realistisch sein: Die Stadt hat vor Frederick eine eigene Geschichte gehabt und hat diese auch nach seinem Tod. Er war ein zweifellos interessanter Gast, ein Durchreisender, der die Stadt jedoch nicht bemerkenswert beeinflusst hat.

Richard: Wir sollten hier nichts institutionalisieren. Vielleicht wird es später einmal ein kleines Zentrum geben, das seine Philosophie, seine Ideen verbreitet. Es kann irgendwo in Neuseeland sein. Die architektonischen Ideen von Frederick sollten mehr bekannt gemacht werden. Noch wird er in Neuseeland belächelt, obwohl er die neuseeländische Architektur außerordentlich inspirieren könnte: durch seine Naturverbundenheit, die Einheit von Natur und Bauen. Wäre Frederick als Neuseeländer in dieser Richtung aktiv geworden, dann hätte er sicher hier einen großen Einfluss gehabt; so aber kam er als Exot nach Neuseeland, sprach nicht die Sprache der Hiesigen und zog sich zurück. Hinzu kommt, dass er in seiner speziellen Art von keinem hier beerbt werden kann. Er war ein einmaliges Individuum. Persönlich bin ich außerordentlich inspiriert worden von der Idee, dass es keine geraden Linien gibt, dass die Natur und viel Farbe in die Architektur integriert werden sollten. Die kleine Stadt Kawakawa jedoch war und ist mit seiner Persönlichkeit völlig überfordert.

3.3 Sport und Freizeit werden groß geschrieben

Sport gehört zum alltäglichen Leben eines Neuseeländers. Nicht selten steht die Angelrute oder das Surfbrett neben dem Schreibtisch. Sobald Feierabend ist (oder auch etwas früher), geht es ab ans nächste Ufer. Andere joggen oder sehen sich im Fernsehen eines der aufregenden Cricket- oder Rugby-Spiele an. Menschen, die in einem Job, der es nicht erfordert, Überstunden machen, werden schräg angesehen.
So sieht man auch auf dem Lande nach der Arbeit viele sportlich Aktive. Wo immer man hinkommt, gibt es ein breites Angebot an Sportstätten und Menschen aller Altersgruppen nutzen dieses mit großer Selbstverständlichkeit.

36 | Sport war in Neuseeland schon immer groß geschrieben

Dieser große Drang zum Sport hat verschiedene Ursachen: Zum einen spielt das geringe Durchschnittsalter sicherlich eine Rolle. Außerdem sind die einmalige Landschaft, das milde Klima, die saubere, unbelastete Umwelt und die stete Nähe zum Wasser oder zu den Bergen Quellen der Sportbegeisterung und ziehen auch viele sportlich aktive Menschen aus aller Herren Länder an. Und schließlich hat der Sport – als eine der wenigen Freizeitvergnügungen der einst armen Siedler –schon seit Siedlungsbeginn der Europäer Tradition. Dieser enge Bezug zum Sport schwappte mit der Masse der britischen Einwanderer nach Neuseeland über – und damit auch die in Großbritannien bevorzugten Sportarten.

Typische neuseeländische Sportarten sind: Angeln, Joggen, Golfen, Wandern, Windsurfen und Segeln, Paddeln, Skifahren, Ausdauerlaufen, Bowling. Ein beliebter Zuschauersport ist Cricket. Darin gibt es viele internationale Wettbewerbe mit Ländern aus dem *Commonwealth*. Hinzu kommen Tennis, Pferderennen, Motorsportrennen, Softball, Segelmeisterschaften und natürlich Rugby und Football.

Auch den internationalen Touristen erschließen sich viele sportliche Möglichkeiten, von denen man sonst nur sehnsüchtig träumt: Surfen und Windsurfen an einem der zauberhaften Strände, Kajak-, Kanu- und Paddelbootfahren, Jetboating (rasantes Fahren in einem großen Motorboot), Tauchen, Whitewater Rafting, Segeln, aber auch Bungeejumping, Fallschirmspringen (einzeln und im Tandem), Paragliding, Mountainbiking, Klettern und Höhlenklettern. Die alpine Landschaft der Südinsel bietet außerdem vielfältige Möglichkeiten zum Skifahren und Snowboarden. Die besten Skigebiete sind *Coronet Peak, The Remarkables* und *Mt Hutt*.

Wussten Sie schon, dass das Bungeejumping in Neuseeland von A. J. Hackett erfunden wurde und eben von hier aus den Siegeszug um die ganze Welt antrat? Das war im Jahre 1988. Der Betreiber der ersten Bungy[18]-Plattform in der Nähe von Queenstown, Henry van Asch, ist heute Multimillionär, ebenso der ehemalige Speed-Skimeister und Bungy-Erfinder A. J. Hackett. Heute kommen jährlich rund 500.000 (Abenteuer-) Touristen zur Plattform. Selbstverständlich springen nicht alle. Aber Tag für Tag wagen alle fünf bis zehn Minuten Menschen den Absprung aus der Kabine in 134 Metern Höhe. Nur etwa jeder hundertste Interessierte macht einen Rückzieher. Man kommt mit der Angst und möchte sie hier überwinden. In den gut zwanzig Jahren des Bestehens dieser Anlage gab es keinen tödlichen und kaum einen kleinen Unfall.

Queenstown nennt sich „Welt-Hauptstadt des Abenteuer-Tourismus“ – und das nicht zu Unrecht. Man kann in der Stadt und

37 | Jeder findet seine sportlichen Herausforderungen (Beispiele)

38 | Bungeejumping bei Queenstown

deren Umgebung fast alle Abenteuersportarten Neuseelands betreiben. In den Bergen nahe Queenstown wurde übrigens ein Teil der „Herr der Ringe"-Trilogie gedreht.

3.3.1 Rugby – ein neuseeländischer Mythos

Die neuseeländischen *All Blacks* sind unter 160 international registrierten Rugby-Nationalmannschaften die Nummer Eins. Sie sind zum nationalen Mythos geworden, gehören zum festen Bestandteil von Kultur und Wirtschaft und sind zur sichtbaren Brücke zwischen den Maori und den Nachfahren der weißen Einwanderer geworden.

Neuseeland war in den letzten Jahrzehnten meist führend, d.h. auf dem ersten bis dritten Platz, sowohl bei den Rugby-Weltmeisterschaften der Männer als auch der Frauen, bei den *Rugby World Cups*, beim *Tri-Nations Cup* und bei den Super-12-Serien vertreten. Im Jahr 2007 allerdings erreichten die *All Blacks* leider nicht einmal das Halbfinale der Rugby-Weltmeisterschaft in Frankreich.

Rugby-Geschichte kurz erzählt

Rugby wurde im Jahr 1823 von dem englischen Schüler William Webb Ellis in einer spontanen Eingebung „erfunden". Er nahm – so will es die Legende – während eines Fußballspiels den Ball in die Hand und lief mit ihm über das Spielfeld. Seine Mitspieler verfolgten ihn und so entwickelte sich daraus eine völlig neue Ballspielart. Das alles geschah in der mittelenglischen Stadt Rugby, die später dieser neuen Sportart ihren Namen verlieh. Im Volksmund sprach man damals noch von der „Jagd nach dem Ei".

1863 wurde zur Vereinheitlichung der Fußballregeln der Fußballverband FA (*Football Association*) gegründet. Aufgrund erheblicher interner Dissonanzen im Zusammenhang mit Regeländerungen zogen sich einige Vereine wieder aus dem Verband zurück und gründeten 1871 die *Rugby Football Union* (RFU). 1895 gab es nochmals eine Abspaltung und die Gründung der *Northern Rugby Union* (heute: *Rugby League*). Auch heute noch existieren beide Verbände und damit auch beide Rugby-Varianten nebeneinander. Es gibt internationale Wettkämpfe nach beiden Regeln[19].

Rugby ist vor allem auf den britischen Inseln und in Teilen des *Commonwealth* (Neuseeland, Australien, Südafrika und einige Pazifikinseln) zu Hause. Darüber hinaus ist es besonders in Frankreich, Italien und Argentinien zum Volkssport geworden. Neuseeland aber ist beim Rugby das, was Brasilien beim Fußball ist: Vorbild und Lehrmeister.

Die neuseeländischen Nationalspieler tragen die schwarze Spielkleidung und es wird oft gesagt, sie werden deshalb „All Blacks" genannt. Der Name ging aber aus einem Missverständnis hervor: Zu Beginn des 20. Jahrhunderts unternahm das neuseeländische Nationalteam seine erste Tour durch England. In einem Sportbericht mokierte sich ein Journalist darüber, dass die Neuseeländer zu defensiv agierten. Er schrieb, die Spieler seien *all backs* – sie seien alle Verteidiger. In seiner Zeitung stand jedoch am nächsten Tag fälschlicherweise „All Blacks". So war der legendäre Name geboren.

39 | Die „All Blacks" um 1905

Übrigens war Rugby zwischen 1900 und 1924 viermal Disziplin der Olympischen Spiele. Nun gibt es wieder große Anstrengungen, Rugby in die olympische Familie zurückzuführen.

In Deutschland führt Rugby eher ein Schattendasein. Aber wussten Sie, dass die Vorläufer des 1. FC Nürnberg und der Stuttgarter Kickers Rugby-Vereine waren und dass Deutschland mit dem SC 1880 Frankfurt im Jahre 1900 sogar im olympischen Finale stand und den 2. Platz errang? Wussten Sie außerdem, dass es in fast allen Rugby-Nationen auch Frauenmannschaften gibt?[20]

Und sie tanzten einen *Haka*

Die neuseeländische Rugby-Nationalmannschaft *All Blacks* spielt nicht nur ausgezeichnet, sondern ist auch für ihren eigenartigen Tanz vor Beginn eines jeden Spiels weltbekannt, den *Haka*. Dabei klopfen sich die Spieler auf die Oberschenkel, ihre Sehnen sind gespannt, die Zunge weit herausgestreckt und sie rollen mit den groß aufgerissenen Augen. Dieser uralte Maori-Tanz wurde früher vom Stammeshäuptling vor einem Kampf aufgeführt und sollte die Kampfeslust der eigenen Krieger stärken und dem Gegner Angst einflößen.

Heute führt die gemischte Mannschaft, in der Maori, Pakehas, Tonganer und Fidschianer zusammenspielen, diesen Tanz auf, der zu ihrem Markenzeichen geworden ist. Die psychologischen Effekte dürfen aber auch heutzutage nicht unterschätzt werden: das Aufpeitschen der eigenen Mannschaft und die Einschüchterung des Gegners. Der Text des ursprünglichen Kriegstanzes lautet:

Schlag mit den Händen auf die Oberschenkel.
Strecke die Brust heraus.
Beuge die Knie.
Lass die Hüfte folgen.
Stampfe mit den Füßen so fest du kannst.

AH!
Das ist der Tod.
Das ist der Tod.
Das ist das Leben.
Das ist das Leben.
Das ist der behaarte Mann,
der sich die Sonne griff und sie scheinen ließ.

Ein Schritt nach oben
und noch einer.
Die Sonne scheint.

Anfang der 1820er Jahre soll der bekannte Maori-Krieger und Häuptling Te Rauparaha diesen „Ka Mate!"-*Haka* auf der Flucht vor Feinden, die ihn töten wollten, komponiert haben.

Zum ersten Mal zelebrierten die *All Blacks* einen *Haka* anlässlich ihrer Überseetour im Jahre 1905. Seitdem werden beide in einem Atemzug genannt.

Haka ist der generelle Begriff für alle Arten von Maori-(Kriegs-)Tänzen. Viele Schulteams haben ihren eigenen *Haka*, der dann mit der akustischen Unterstützung der ganzen Schule getanzt wird. Heutzutage wird *Haka* auch mit der Variante des Maori-Tanzes in Verbindung gebracht, bei der Männer vor einer Gruppe von Maori stehen und mit kraftvollen Bewegungen etwas vorführen und singen, während die Frauen als Background-Sängerinnen fungieren.

Haka – so sagt man – ist viel mehr als nur irgendein Tanz. Er war ursprünglich ein integraler Bestandteil der Begrüßung und Unterhaltung von Gästen. Er sollte denen Mut machen, die in den Kampf zogen, und gleichzeitig dem Feind Angst einjagen.
Er ist eine Art Symphonie der unterschiedlichsten Körperteile, die die verschiedenen Instrumente darstellen. Jedes Gefühl kann mit einem Körperteil ausgedrückt werden: mit Händen, Armen, Beinen, Füßen, Zunge und Augen. Vor allem darf die Stimme nicht fehlen. *Haka* ist Ausdruck der Seele, die durch die körperlichen Elemente verdeutlicht wird.

Wenngleich der *Haka* als Kriegstanz am bekanntesten ist, gibt es in der Maori-Kultur Tänze für die unterschiedlichsten Anlässe – bis hin zu Tänzen bei Beerdigungen. Bei Kriegstänzen trägt man Waffen, bei den anderen Tänzen nicht. Auf einen speziellen Tanz sei hingewiesen, da er einen wichtigen Aspekt des Maori-Glaubens zu erkennen gibt. Es ist der „Kaioraora"-*Haka*, der eigens dem Zwecke dienen soll, Hass zu demonstrieren. Jeder Stamm entwickelte solch einen Hass-Tanz für den Einsatz gegen einen anderen Stamm. Insofern ist es für den betroffenen Stamm eine Ehre, dass für ihn ein solcher Hass-*Haka* kreiert wurde.

In der ursprünglichen Maori-Kultur spielten die Frauen eine große Rolle bei den *Haka*-Dar-

40 | Dreizehn Haka-Figuren

bietungen im Rahmen von Zeremonien oder Alltagsunterhaltungen. Im modernen *Haka* wirken die Frauen meist unterstützend, indem sie in der zweiten Reihe singen, während die Männer in der vordersten Reihe tanzen. So kommt es zu einer harmonischen Balance. Aber es ist nicht ungewöhnlich, dass auch Frauen in der vorderen Reihe tanzen, besonders bei spontanen *Hakas* im Alltagsleben oder bei Tournee-Vorstellungen im Ausland.

Eine Darstellung der wichtigsten 13 *Haka*-Figuren stammt aus der Hocken-Bibliothek der Universität von Otago und zeigt die ungeheure körperliche Vielfalt und Kraft, die zum Einsatz kommt.

3.3.2 Der „New Zealand's Cup"

Der *America's Cup* ist für die Neuseeländer das, was für die Deutschen die Fußballweltmeisterschaft ist. Neuseeland gewann den *Cup* in den Jahren 1995 und 2000. 2003 musste das neuseeländische Team wegen Mastbruch aufgeben; der *Cup* ging an die Schweizer Herausforderer von der Yacht *Alinghi* und damit zum ersten Mal nach Europa.

Die Neuseeländer werden quasi am Ufer geboren und das Meer ist ihr Elixier. Die Küste der beiden Hauptinseln Neuseelands zusammen hat eine Länge von sage und schreibe 15.134 Kilometern; dabei sind die unzähligen nah und fern liegenden kleinen Inseln nicht einmal berücksichtigt Deshalb verwundert es nicht, wenn sich ein großer Teil der Freizeit am oder im Meer abspielt: Angeln, Segeln, Surfen, Motorbootfahren. In Auckland hat – so sagt man – jeder Dritte der 1,1 Millionen Einwohner ein Boot, und wenn es nur ein Tretboot ist. So ist die *Cup*-Euphorie der Neuseeländer durchaus nahe liegend.

Im Jahr 2007 wollte das neuseeländische Team die Schmach von 2003 ausbügeln und den *Cup* wieder nach Neuseeland holen. Die einzelnen Syndicate (d.h. Teams) gaben zwischen 2004 und 2007 für Bootsentwicklung, Bootsbau, Training und Wettkampf zwischen 14 und 150 Millionen Euro aus. Die Yachten wurden eigens für die Teilnahme am *Cup* konstruiert und gebaut. Namhafte Forscher und Entwickler aus aller Welt tragen zur Einmaligkeit jedes einzelnen Bootes bei und die Entwicklung verläuft unter höchster Geheimhaltungsstufe.
Im Vergleich zu den ernsthaften Favoriten Schweiz (120 Millionen Euro) und USA (150 Millionen Euro) traten die Neuseeländer als *Emirates Team New Zealand* mit einem deutlich niedrigeren Etat von „nur" 80 Millionen Euro an. Der Skipper Dean Barker kommentiert das so: „Wir müssen mit weniger Geld professioneller arbeiten, dann können wir den *Cup* zurückholen."

Doch warum herrscht solch ein Rummel um den *Cup*? Der *America's Cup* ist das internationale Groß-Sportereignis. Im Jahre 2007 gab es zum ersten Mal in der Geschichte dieser Regatta reelle Chancen auf einen europäischen Sieg in europäischen Gewässern. Mehr als vier Milliarden Fernseh-Zuschauer verfolgten das Spektakel bei Direktübertragungen von insgesamt rund 60 Stunden Länge. Der *Cup* vereint also einerseits Tradition, technische Innovation und Lifestyle; andererseits ist er ein gigantisches Wirtschaftsunternehmen. 2007 wurden von den 11 Teams insgesamt 706 Millionen Euro für den erhofften Sieg ausgegeben. Das Ganze ist eine einmalige Symbiose von schwimmender High-Tech und innovativem Materialeinsatz, von kreativem Design, von höchstem seglerischen Können und einem medialen Massenereignis. Der *Cup* hat inzwischen die Formel I als Publikumsliebling abgelöst.

Die Geschichte des *America's Cup*

Der *America's Cup* ist übrigens auch der älteste regelmäßig durchgeführte sportliche Wettkampf der Welt in der Neuzeit. Alles begann 1851 mit einem Wettrennen vor der südenglischen Isle of Wight um den *Hundred Guinea Cup*. Das war eigentlich eine Clubregatta, an der nur englische Segler teilnehmen durften. Kurz zuvor jedoch hatte eine Gruppe prominenter Amerikaner die britische Regattaflotte herausgefordert, war aber mit ihrem Anliegen arrogant zurückgewiesen worden. Erst als sich die englische Presse darüber lustig machte, wurde der amerikanische Schoner *America* anlässlich der ersten Weltausstellung in London zur Teilnahme an der Clubregatta eingeladen.

Schließlich gewannen die Amerikaner haushoch und ließen die 15 britischen Schiffe hinter sich. Es wird berichtet, dass die Queen einen Offizier nach dem Namen des zweiten Bootes fragte und dieser lakonisch antwortete: „My Lady, es gibt keinen Zweiten."
Damals waren die großen Lotsen-Schoner die schnellsten Boote. Die Lotsen segelten, wenn Schiffe in den Hafen einliefen, um die Wette und der erste erhielt den Lotsenauftrag. Seit 1881 segeln Boote mit einem Mast mit Gaffelrigg und mehreren Vorsegeln.

Der renommierte *New York Yachting Club* (NYYC) mit dem eindrucksvollen Schoner *America* organisierte einige Jahre später erstmalig die von da an regelmäßig stattfindende, international offene Regatta mit dem Titel *America's Cup*. Die gleichnamige, heiß begehrte Trophäe war anfangs eine aus reinem Sterling-Silber gegossene Kanne. Sie war ursprünglich 68 Zentimeter hoch und wog 533 Gramm. Heute ist *The Cup* 109,5 Zentimeter hoch und 17,7 Kilogramm schwer.

41 | Legendärer Pokal und „Sieges"-Briefmarke 1995

Das Besondere an diesem Pokal ist neben der nun über 150 Jahre alten Tradition auch die Tatsache, dass es mehr als 130 Jahre lang immer nur einen Sieger gab: den NYYC! Seit den 1960er und 1970er Jahren engagierten sich jedoch auch australische und neuseeländische Teams und 1983 gewann endlich die Yacht *Australia II*. Dann aber holten die Neuseeländer zwei Mal die „silberne Kanne": 1995 und 2000.

Der zweite Sieg versetzte die Segler-Nation in einen Freudentaumel. Über 70.000 Fans feierten ihre Mannschaft *Black Magic* mit Hupen, Sirenen, Feuerwerk und – so wird berichtet – mit ganzen LKW-Ladungen Sekt. Das Team hatte alle Chancen, 2003 noch einmal zu gewinnen – wenn es nicht zu dem Mastbruch und damit zum Aus vor der heimischen Küste gekommen wäre. Dabei hatten die Neuseeländer den großen Heimvorteil und somit einen wichtigen Vorsprung aufgrund der Vertrautheit mit den Küstengewässern, speziell mit dem Hauraki-Golf vor Auckland. Dieser hat zwei Tücken: bei schwacher Brise die oft drehenden Winde und bei starkem Wind die kurze, steile Welle.

2003 sollte erstmals mit dem Düsseldorfer Yachtclub und der *Illbruck* ein deutsches Team ins Rennen geschickt werden. Finanzierungsprobleme vereitelten jedoch den Start in letzter Minute. 2007 gehörte das *United Internet Team Germany* schließlich zu den zwölf Teams, die sich vor der Küste Valencias mit der Schweizer Yacht *Alinghi* messen wollten, welche 2003 unter dem deutschen Sportdirektor Jochen Schümann den *Cup* gewonnen hatte.

Rückkehr nach Europa

Im Jahr 2003 fand also der *America's Cup* vor der Nordküste Neuseelands statt und führte gleich zu drei früher unvorstellbaren Ereignissen: zum ersten Mal kam kein US-Team ins Finale, zum ersten Mal gewann mit den Schweizern ein Binnenland und nach 152 Jahren wurde der *Cup* endlich nach Europa geholt, wo alles begonnen hatte. Mit ihm kam eine Welle der Begeisterung nach Europa – und dem Reglement gemäß auch die nächste Regatta im Jahre 2007. Die Schweizer wählten als Austragungsort die Küste vor der spanischen Mittelmeerstadt Valencia.

Bei diesem 32. Match forderten 12 Teams die Schweizer *Alinghi*-Mannschaft heraus, darunter auch das *Emirates Team New Zealand*, das sich gute Hoffnung auf den *Cup* machte. Bis zum Schluss hatte das neuseeländische Team tatsächlich auch sehr gute Chancen auf einen erneuten Sieg. Das Finale wurde zum engsten Rennen aller Zeiten. In der Schlussphase drehte der Wind um sage und schreibe 110 Grad und sorgte auf der *Alinghi* für Chaos mit dem Spinnakerbaum; das *Team New Zealand* ging in Führung. Der Höhepunkt war jedoch das Manöver vor der letzten Wendemarke. Die Schweizer stellten eine Falle, aus der die „Kiwis" nicht mehr entkommen konnten, ohne das Wegerecht zu verletzen. Dadurch handelten sich die Neuseeländer ein *Penalty*, ein Strafmanöver, ein, das sie nicht mehr rechtzeitig zu Ende brachten. Mit gerade einmal einer Sekunde Vorsprung sicherte sich der Titelverteidiger den entscheidenden Sieg über das *Team New Zealand*.

Der Sieg der „Kiwis"

Zwar hatte das *Team New Zealand* mit einer Schicksals-Sekunde Rückstand gegenüber den Schweizern den Sieg verpasst. Ein Blick hinter die Kulissen zeigt jedoch, dass es vor allem neuseeländische Profis waren, die in den stärksten Mannschaften das Sagen hatten: die Skipper auf den Booten der Schweizer (Brad Butterworth), der Neuseeländer (Dean Barker) und der US-Amerikaner (Chris Dickson) waren alle Neuseeländer. Und im *Alinghi*-Team mit seinen 107 Mitarbeitern, von denen nur 17 einen Schweizer Pass besaßen, arbeiteten allein 26 Neuseeländer – das entspricht einem Anteil von über 24 Prozent! Also war es alles in allem doch ein Sieg der „Kiwis".

Einen Tag nach der Regatta bekannte sich der *Alinghi*-Skipper Brad Butterworth zu seinem Team und wies darauf hin, dass für den 33. *Cup* mit ihm auch vier weitere neuseeländische Profis für die Schweiz bereitstünden, die nun schon vier Siege im *America's Cup* in Serie errungen haben (zwei für Neuseeland, zwei für die Schweiz). Und die *Down Under*-Nation ist auch darauf stolz und glücklich über „ihre Jungens".

Für die Zukunft ist das *Team New Zealand* gut vorbereitet. Bereits 2007 haben Toyota als einer der Hauptsponsoren sowie eine Gruppe namhafter Geschäftsleute aus Auckland ihre finanzielle Unterstützung zugesagt. Auch der neuseeländische Minister für Sport und Freizeit wird wieder Zuschüsse gewähren.

Wussten Sie übrigens, dass das neuseeländische Team in Vorbereitung auf den 32. *America's Cup* vom deutschen SAP-Mitbegründer Hasso Plattner mit rund zehn Millionen Euro unterstützt wurde?

3.4 Frauen regieren Neuseeland

In Neuseeland haben Frauen die wichtigsten politischen Schalthebel in der Hand. Eine solche Machtkonzentration ist international einmalig.

Bevor wir darauf näher eingehen, soll die Staats- und Regierungsform kurz umrissen werden: Neuseeland ist eine Parlamentarische Monarchie im *Commonwealth*. Staatschefin ist die Königin von England. Sie führt seit 1953 die Staatsgeschäfte - allerdings nicht als Königin von Großbritannien, sondern als Königin von Neuseeland. Sie übt ihre Funktion nicht direkt aus, sondern über einen Generalgouverneur, den sie auf Empfehlung des neuseeländischen Premierministers ernennt.
Die exekutive Macht wird von einem zwanzigköpfigen Kabinett ausgeübt, dessen Mitglieder zugleich Parlamentsmitglieder sein müssen. Der Premierminister als Oberhaupt der mehrheitsbildenden Partei ist Vorsitzender des Kabinetts.
Das im Gegensatz zum englischen Mutterland nur aus einer Kammer bestehende Parlament (*House of Representatives*) hat etwa 120 Mitglieder – abhängig von möglichen Überhangmandaten – und wird alle drei Jahre gewählt. Die letzte Wahl fand am 17. September 2005 statt; die nächste ist auf den 15. November 2008 datiert. Das Wahlrecht hat jeder neuseeländische Bürger ab 18 Jahren.
Seit 1996 gibt es bei den Wahlen eine Mischung aus Personen- und Verhältniswahl – vergleichbar mit den Wahlen zum Deutschen Bundestag.
Schon im Jahre 1893 wurde den Frauen das Wahlrecht zugesprochen.

Neuseeland ist seit dem 26. September 1907 de facto und seit dem 25. November 1947 –nach dem Westminster-Statut – auch nominell unabhängig. Als Gründungsjahr gilt 1907.

Kommen wir nun zurück zu der Behauptung, in Neuseeland hätten vorwiegend Frauen die Schlüssel zur Macht in der Hand:
Da ist einerseits die Staatschefin, zurzeit Elizabeth II. Silvia Cartwright fungierte als Generalgouverneurin bis August 2006 als deren Vertreterin und war in diesem Amt zugleich Oberkommandierende der neuseeländischen Streitkräfte. Zuvor war sie Richterin des Obersten Gerichtshofes gewesen.
In der Regierung, die bis November 2008 an der Macht war, wurden viele Funktionen von Frau-

en ausgeführt. Premierministerin war, nun schon zum dritten Mal hintereinander, Helen Clark. Frauen standen in ihrem Kabinet folgenden Ministerien vor: dem Wirtschaftsministerium, Bauministerium, Kultusministerium, Ministerium für Berufsgenossenschaften (ACC), Ministerium für Verbraucherangelegenheiten, Ministerium für Senioren, Ministerium für Frauenangelegenheiten, Ministerium für Nahrungsmittelkontrollen, Arbeitsministerium, Gesundheitsministerium sowie dem Ministerium für Maori-Angelegenheiten.
Sian Elias ist Präsidentin des Obersten Gerichtshofes. Das größte an der Börse notierte neuseeländische Unternehmen *Telecom Corporation* hat eine Vorstandsvorsitzende. Auch die ständige Vertretung Neuseelands bei der UN wird von einer Frau geleitet. Und von 1966 bis zu ihrem Tod 2006 war auch das Oberhaupt der Maori eine Frau: die Königin Dame Te Ata.

Die Australier spötteln gelegentlich über den starken Einfluss der Frauen in Neuseeland und sprechen von einem „Petticoat Government".

3.5 Mit den Augen neuseeländischer Teenager

Der Zustand eines Landes, die Widersprüche und die Lebenssituation werden besonders Einheimischen deutlich, die nach Jahren eines Auslandsaufenthaltes wieder in ihr Ursprungsland zurückkehren und frühere Zustände und Entwicklungen mit heutigen vergleichen. Ebenso interessante Einblicke erhalten wir, wenn wir eine Gesellschaft mit den Augen von Jugendlichen betrachten und bewerten. Dies soll im Folgenden geschehen.

Stephanie Weaver, Mutter von fünf Kindern und Lehrerin in Wellington, führte im Zeitraum von 2000 bis 2001 zwei Studien zu den Einstellungen von 13 bis 18 Jahre alten neuseeländischen Jugendlichen durch. Sie befragte 50 weibliche und 50 männliche Teenager in umfassenden mündlichen Interviews nach ihren Ansichten zu den Eltern, den Lehrern und der Schule, dem sozialen Zusammenleben, zu eigenen Entscheidungen, zu gesellschaftlichen Werten und zum Teenagerleben allgemein.
Auch wenn das keine repräsentativen Befragungen waren und die vielen ethnischen Minderheiten nicht berücksichtigt wurden, so geben diese Pilotuntersuchungen doch einen guten ersten Einblick in die Wahrnehmungs- und Beziehungswelt von neuseeländischen Teenagern, in ihre Probleme und Sehnsüchte. Viele Meinungen könnten auch von deutschen Jugendlichen stammen – so nah sind wir uns geistig, obwohl geografisch so fern. Andere sind eher Neuseeland-spezifisch, zeigen uns aber interessante Aspekte des dortigen Alltags.

Hier wollen wir vor allem der Frage nachgehen: Wo liegen die meisten Übereinstimmungen und wo die größten Unterschiede zwischen den Meinungen von Jungen und Mädchen?

3.5.1 Individuelle Werte (Gemeinsamkeiten und Unterschiede)

Gemeinsam war Jungen wie Mädchen:

- Sie haben vielfache Vorstellungen darüber, wie die Gesellschaft verbessert werden könnte. Im Mittelpunkt solcher Betrachtungen stehen Werte wie Gerechtigkeit und Gleichheit (in einer multikulturellen Gesellschaft) sowie Schutz der natürlichen Umwelt.
- Sie haben wenig Interesse an den traditionellen Religionen, aber vergleichsweise viel an spirituellen Glaubensrichtungen und -gemeinschaften.

- Sie haben manchmal Angst vor Gewalt auf der Straße und massive Angst vor einem persönlichen Versagen in ihrer Ausbildung.
- Sie kennen in ihrem Umfeld Menschen, die für sie als Vorbilder fungieren, legen aber großen Wert auf Selbstverwirklichung und Selbstvertrauen.
- Sie möchten mehr kommunale Anerkennung durch das Bereitstellen von Kommunikationsmöglichkeiten und Räumen für Jugendliche in der Freizeit.
- Ein wichtiges Zukunftsziel für alle sind das Reisen und das Erkunden sowohl in Neuseeland als auch in Übersee.
- Diejenigen, die erfolgreich eine oder mehrere Krise(n) überwunden haben, scheinen einen Sinn gefunden zu haben – im Gegensatz zu den anderen. Krisen können sein: der Verlust eines oder beider Elternteile, Probleme mit der eigenen Gesundheit, Schikanen Dritter oder eine Identitätskrise.

Unterschiede zwischen den Geschlechtern deuten sich insbesondere in zwei Richtungen an:

- Mädchen thematisierten deutlich stärker als Jungen Fragen des Umwelt- und insbesondere des Tierschutzes.
- Mädchen beklagten intensiver und differenzierter das Fehlen von Gerechtigkeit, Freundlichkeit und Hilfsbereitschaft in der neuseeländischen Gesellschaft. Die zukünftige Entwicklung von Neuseeland sehen die Mädchen vor allem darin, dass es sauberer wird und umweltfreundlicher. Sie schlagen auch offensiver als die Jungen vor, systematisch auf die Verringerung von Machtmissbrauch, Rassismus und Ungleichheit hinzuwirken.
- Jungen ist enorm bewusst, dass Rassismus in Neuseeland sehr verbreitet ist. Gewalt und Wut werden als normaler Teil ihres Lebens gesehen, aber keiner der Jungen hält dies persönlich für gut.
- Viele Jungen kommen mit der Polizei in Kontakt. Sie verstehen, dass Gesetze da sein müssen, und sie akzeptieren, dass sie die Konsequenzen tragen müssen, wenn sie diese Gesetze brechen und festgenommen werden. Insgesamt verübeln die Jungen deutlich Unfairness und Ungleichheit in jeglicher Form (auch bei der Polizei und als Ergebnis von Rassismus).

3.5.2 Teenagerleben

Neuseeländische Teenager

- betonen den Vorzug, in Neuseeland zu leben, und sind stolz darauf.
- empfinden ungerechte Bewertungen ihres Verhaltens und Missverständnisse durch Erwachsene, angefangen in der eigenen Familie, als problematisch.
- wollen, dass man ihnen zuhört und mehr Verantwortung und Vertrauen überträgt. Dazu sei mehr echtes Interesse für die Kinder, mehr Sich-Kümmern-Wollen seitens der Erwachsenen notwendig; ebenso eine positive Einstellung und mehr Möglichkeiten und Zeit zum Zuhören.
- möchten ihre Individualität gewahrt sehen und möchten, dass die Erwachsenen niemals allein aufgrund des Elternhauses darauf schließen, welche Entwicklung der Teenager nimmt, was er denkt und fühlt.
- sehen die neuseeländische Gesellschaft in einem Umbruch, sehen sie differenzierter und für sich selbst schwieriger werden. Sie sind unsicher und fühlen sich häufig missverstanden, wollen aber gemeinsam für eine saubere, faire und sozial aufgeschlossene Gesellschaft hart arbeiten.

Die Mädchen entsprechen tendenziell heute mehr dem traditionellen Rollenbild der Jungen. Sie

- zeigen eine relativ hohe Bereitschaft zu größerer physischer Gewalt.
- konsumieren Alkohol, rauchen und nehmen Drogen.
- freuen sich, wenn sie das Elternhaus verlassen können.
- behalten die größeren Geheimnisse für sich, verschließen sie Dritten gegenüber.
- träumen von einer guten Arbeit und möchten später durch die Welt reisen.

3.5.3 Persönliche Entscheidungen

- Sowohl die Jungen als auch die Mädchen lehnen den Druck, der von Gleichaltrigen ausgeübt wird, ab und waren mindestens einmal davon betroffen.
- Sie waren bereits alle in hohem Maße der Gefahr von Alkohol und Marihuana ausgesetzt und hatten alle Erfahrungen damit. Sie beschreiben, wie einfach es ist, illegale Drogen jeder

Art zu beschaffen. Allerdings dominiere der Genuss von Marihuana und andere Drogen werden nur in geringem Ausmaß konsumiert.
- Sie zeigen große Wissenslücken bezüglich der Gefahren beim Sex, insbesondere in Zusammenhang mit Aids, und verbinden mit „safer sex" fast ausschließlich die Möglichkeit, eine Schwangerschaft zu verhindern.

Unterschiede zwischen den Geschlechtern deuten sich in der Studie mehrfach an:
- Jungen wissen mehr über Drogen und kennen die Risiken. Sie „ziehen" sich bewusster auf Marihuana „zurück".
- Mädchen sind toleranter gegenüber Homosexualität bei beiden Geschlechtern.
- Für Jungen ist es normal, mit 14 Jahren sexuell zu experimentieren.
- Mädchen waren aufgeklärter und dem Thema Sex gegenüber offener. Das Thema „Sicherheit beim Sex" wurde von Mädchen ebenfalls deutlicher akzentuiert.
- Jungen, die sehr zeitaufwändige Hobbys haben (einschließlich Sport und bezahlte Arbeit), neigen deutlich weniger zum Alkohol- und Drogenkonsum.

3.5.4 Soziales Zusammenleben, Probleme, Gefühle

Beide Gruppen von Teenagern gaben an, dass
- sie Sehnsucht nach engeren Beziehungen haben, aber das Vertrauen eher missbraucht als bestätigt wurde.
- sie persönliche Probleme in der Regel für sich behalten und nicht mit Dritten darüber sprechen.
- ernsthafte Gespräche nur selten mit Erwachsenen geführt werden und diese sich auch kaum gegenüber den Kindern öffneten.
- sie sich häufig als „depressiv" einschätzen und das Leben als „sehr schwer" bis hin zu „nicht lebenswert" empfinden.

Unterschiede zwischen den Geschlechtern waren dagegen:
- Mädchen betonten die Wichtigkeit von Freundschaften viel häufiger als Jungen.
- Nur Mädchen sprachen über das Anvertrauen von Geheimnissen und über die Reaktionen Dritter – bis hin zum Verrat von Geheimnissen und die damit verbundenen Enttäuschun-

gen. Jungen hingegen gingen auf dieses Thema überhaupt nicht ein.

- Wenn überhaupt über persönliche Probleme gesprochen wird, dann fällt die erste Wahl bei den Jungen auf die eigene Mutter, bei den Mädchen auf Freunde. Der Vater wird in der Regel nicht hinzugezogen.
- Bei den Mädchen ist der Prozentsatz derjenigen größer, die ernsthaft vorhatten, sich etwas anzutun: sich zu verletzen, aufzuhören zu essen oder gar sich umzubringen. So waren auch bedeutend mehr Mädchen bei irgendeiner Art offizieller Beratung als Jungen.
- Jungen haben eine positivere Sicht auf die Zukunft. Die Mädchen entwarfen hingegen Bilder von der Zukunft, die sich so zusammenfassen lassen: Ihr Blick ist auf einen Planeten gerichtet, der überbevölkert ist und dessen Ressourcen schwinden. Für die Menschen haben sie in diesem Zusammenhang wenig Hoffnung.
- Das Experimentieren mit verschiedenen Verhaltensmustern und Identitäten wird offensichtlich von den Jungen genutzt, um herauszufinden, wer sie sein wollen.
- Mädchen nennen viel häufiger Probleme ihres äußeren Erscheinungsbildes als Jungen und leiden viel mehr unter Essstörungen.

3.5.5 Das Verhältnis zu den Eltern

- Die Kommunikation in der Familie ist sehr gering ausgeprägt.
- Mädchen und Jungen verbringen gern Zeit mit den Eltern, beklagen sich jedoch darüber, dass sich diese zu wenig Zeit für die älteren Kinder nehmen.
- Sie beklagen sich außerdem darüber, dass sich die Eltern zu viele Sorgen um die Kinder machen und ihnen nicht genug zutrauen und erlauben.
- Sie mögen kein unfaires Verhalten in der Familie und erwähnen das Herumnörgeln der Mütter als deren Hauptproblem, was distanziertes Verhalten der Kinder zur Folge hat. Den Vätern gegenüber sind sie negativer eingestellt als gegenüber den Müttern, z.T. sogar ablehnend. Das begründet sich unter anderem dadurch, dass die Väter oft (tagelang) nicht zu Hause sind. Grundsätzlich suchen die Jugendlichen die kontinuierliche Kommunikation zu Hause und reagieren auf unregelmäßiges Ausfragen mit Aversion.
- Sie wünschen sich Väter, die ihr Wissen, ihre Erfahrungen und Informationen mit ihnen teilen, sie beachten, aber auch eine klare, begründete Führung in der Familie übernehmen.

Der Unterschied zwischen Jungen und Mädchen besteht darin, dass Mädchen weit mehr über die abwesenden Väter enttäuscht und verärgert sind. Sie zeigen auch mehr Unverständnis gegenüber dem, was sie als „Über-Beschützen" charakterisierten. Ferner wird deutlich:

- Ein zu hoher Druck im Elternhaus, gepaart mit fehlendem Interesse seitens der Eltern, insbesondere des Vaters, vertreibt die Jungen aus dem Elternhaus.
- Jungen bevorzugen bei den Erwachsenen lustige Ereignisse und Dinge, die Spaß machen. Für die Mädchen sind der Sinn für Humor, das Zuhören-Wollen und ein entspanntes Verhalten die am meisten geschätzten elterlichen Eigenschaften.

3.5.6 Lehrer und Schule

Sowohl Mädchen als auch Jungen

- haben die gleichen klaren Vorstellungen darüber, was einen guten Lehrer ausmacht. Sie bevorzugen Lehrer, die während der gesamten Unterrichtszeit körperlich präsent sind und ihre Lehrstile und -methoden ändern, damit ihr Fach interessant bleibt. Gute Lehrer sind durchaus streng, bleiben aber bei einer fairen Betreuung und verbreiten keine Angst. Sie sind geduldig, flexibel und zugänglich.
- drücken ein hohes Maß an Unzufriedenheit mit der Schule aus und begründen diese beispielhaft mit einem hohen Maß an Unfairness im Umgang mit den Schülern, im Umgang mit Kindern aus unterschiedlichen Elternhäusern und Ähnlichem. Sie beschweren sich über ständiges Hänseln und Schikanieren, meinen aber, dass das mit steigendem Alter nachlasse.

Unterschiede in den Meinungen sind:

- Jungen erleben anscheinend eine härtere Schulzeit, insbesondere wenn sie Privatschulen oder reine Jungenschulen besuchen.
- Jungen werden lockerer behandelt und weniger oft diszipliniert.
- Mädchen messen einer akademischen Entwicklung mehr Bedeutung bei und engagieren sich in analogen Fächern stärker.
- Mädchen sprechen mehr und differenzierter über den Stress bei verpatzten Prüfungen und nicht erreichten Leistungszielen, aber auch über den eigenen Stress im Verhältnis zu Eltern und Lehrern.
- Jungen bemängeln mehr, dass die sexuelle Aufklärung in der Regel zu spät und unzurei-

chend erfolge. Außerdem bestünden in der Schule keine Möglichkeiten zur Klärung ganz persönlicher Fragen. Die meisten Jungen sind zudem zu stolz (oder verdeckt ängstlich?), um Lehrer und Eltern in Sachen Sexualität zu befragen.

Interessant sind sicher die Gemeinsamkeiten und Unterschiede zwischen den weiblichen und männlichen Teenagern. Interessant ist auch der innere Vergleich beim Lesen zwischen den geschilderten Einstellungen und Verhaltensweisen und den beobachteten bei deutschen Jugendlichen.

In den Studien von Stephanie Weaver wird aber noch ein weiterer Unterschied deutlich, auf den wir zum Schluss dieses Abschnittes noch hinweisen wollen: extreme Unterschiede in den Wertvorstellungen, Einstellungen und Verhaltensweisen der Jugendlichen weisen auf eine deutliche Spaltung der neuseeländischen Gesellschaft hin. Es gibt eine große Kluft zwischen denen, die sich lediglich entscheiden können, ihre Kumpel aufzusuchen oder nicht, und die kaum aus ihrer engeren Umgebung wegkommen und denen, die wählen können, mit ihren Freunden Ski zu fahren und eine größere Reise anzutreten. Eine andere Kluft besteht zwischen der Mehrheit derer, die sich auf die Schule, auf die Ausbildung, Prüfungen und auf Sport konzentrieren, und der Minderheit derer, die alkohol- und drogenabhängig sind und ständig versuchen, nicht ins Gefängnis zu kommen und den Umgang mit einer Gang zu lösen.
Es gibt sehr große sozio-ökonomische Unterschiede und Unterschiede im Bildungsniveau. Davon relativ unabhängig gibt es aber auch deutliche Unterschiede, was Eigenmotivation, Lebensenergie und Zukunftsoptimismus der Jugendlichen betrifft.

3.6 Das Leben der Senioren

„Im Alter nehme ich mir mehr Zeit für mich und die Gemeinschaft.“ Das scheint ein zentrales Motto für viele Neuseeländer zu sein.

Bei unserem ersten Neuseeland-Aufenthalt wunderten wir uns, dass auf den Straßen der großen Städte kaum ältere Menschen zu sehen waren. Auch schienen die Ampelschaltungen viel schneller zu sein als in Deutschland und ein langsames Überqueren der Straße kaum zuzulassen. Deshalb gingen wir der Frage nach, wo die Senioren zu finden sind.

Grundsätzlich müssen wir natürlich davon ausgehen, dass Neuseeland in mehrfachem Sinne eine „junge Nation“ ist. So beträgt zum Beispiel das Durchschnittsalter 34 Jahre (Stand 2006). Der Anteil der über 65-Jährigen an der Gesamtbevölkerung beträgt 11,8 Prozent (in Deutschland sind es 19,5 Prozent, in Australien immerhin noch 13,1 Prozent); Neuseeland liegt hierbei in der Alterstabelle weltweit an 55. Stelle (Deutschland an fünfter).

Das Rentenalter beginnt offiziell mit 65 Jahren. Allerdings verabschieden sich die Männer im Schnitt ein Jahr vor dem gesetzlichen Rentenalter – ähnlich wie in den USA und Irland.

Das geringe Durchschnittsalter erklärt zu einem Teil die geringe Präsenz von Rentnern im Straßenbild. Dabei muss sicher auch noch berücksichtigt werden, dass das Durchschnittslebensalter der Nicht-Pakeha niedriger ist.

3.6.1 Lebensmöglichkeiten im Alter

Fragt man nach dem Lebensumfeld der Älteren, zeigt sich eine Vielzahl von Möglichkeiten. Manche wohnen bei ihren Familien in einem Mehrgenerationen-Haushalt und machen sich hier irgendwie nützlich – im Haushalt, bei der Farmarbeit oder Enkelbetreuung. Oder sie sind in der Gemeinde tätig, zum Beispiel in der Altenbetreuung. In dieser Gruppe befinden sich vor allem Menschen, die in ländlichen Gegenden wohnen, und Nicht-Pakeha, zum Beispiel Maori. Ehepaare oder Einzelpersonen, die nicht mit ihren Kindern leben, wohnen überwiegend außerhalb der großen Städte in ihren eigenen Häusern und somit relativ kostengünstig. Sie treiben in

der Regel Sport und leisten vielfältige freiwillige Beiträge für die Gesellschaft. Sie akzeptieren das zunehmende Alter und widmen sich Dingen, die ihnen Spaß machen und zu ihrer Selbstverwirklichung beitragen. So sprießen zum Beispiel allerorts kleine Museen aus dem Boden, die größtenteils von Senioren betrieben und durch private Sammlungen bereichert werden. Rentner widmen sich ebenfalls vermehrt der Frage nach der eigenen Herkunft und erarbeiten Chroniken, zum Teil reisen sie in die Ursprungsländer ihrer Vorfahren.
Im höheren Alter werden auch gern mehrmonatige Reisen mit zum Teil recht altertümlich anmutenden Wohnmobilen durch Neuseeland oder Australien unternommen. Während der Berufstätigkeit sind viele Neuseeländer nie von ihrer Insel weggekommen. Nun lernt man in aller Ruhe das ganze Land kennen oder reist nach Übersee.

42 | Senioren ziehen mit kuriosen Wohnmobilen durch die Gegend

Andere Ehepaare oder Singles wohnen in eigens errichteten Seniorendörfern, so genannten *Retirement Villages*, in Seniorenheimen oder in altersgerechten Wohnungen mit umfassender Betreuung. Ferner gibt es eine wachsende Gruppe, der wohlhabende ausländische Senioren angehören, die in Neuseeland investieren, in guter Lage Häuser erwerben und diversen Hobbys nachgehen. Dazu zählen auch Australier, die im Alter die Beschaulichkeit und das gute Klima Neuseelands bevorzugen. Um sich nicht im Müßiggang zu verlieren, sind sie oft noch im Handel (zum Beispiel dem Weinhandel) oder in einer eigenen Pension tätig.

Die Kiwis erhalten vom Staat bei Erreichen des Rentenalters einen einheitlichen Rentensatz. Dieser liegt zurzeit bei monatlich circa 900 Neuseeland-Dollar für eine alleinstehende Person. Viele haben jedoch in der Regel private Zusatzrenten abgeschlossen; zum Teil wurden die Zusatzkosten vom Arbeitgeber mitgetragen. In den letzten zehn Jahren des Arbeitslebens legt man zudem Geld für die spätere Betreuung zurück, um sich damit zum Beispiel in ein Seniorendorf einkaufen zu können. Das Rentenniveau der Geringverdiener, gemessen am durchschnittlichen Bruttoeinkommen des Landes, blieb übrigens in Neuseeland aufgrund der Einheitsrente vor und nach entsprechenden Reformen gleich und ist höher als das in Deutschland. Das ist einmalig unter den OECD-Ländern. Bezogen auf den Anteil des Bruttolohnes, den ein Durchschnittsverdiener für private Vorsorge aufwenden muss, um die Rente nach OECD-Standard zu erreichen, liegen Deutschland und Neuseeland in etwa gleichauf.

43 | Strandwandern, Bowling und vieles andere hält bis ins hohe Alter gesund

3.6.2 Das Alter wird akzeptiert

Wenn nichts dazwischenkommt, ist Altwerden keine Kunst, dem Pensionsalter einen Sinn zu geben aber schon. Wer es dann noch schafft, möglichst lange unabhängig zu leben, kann sich glücklich schätzen.

Auffallend ist, dass den Kiwis anscheinend die Einstellung fremd ist: „Ich habe mein ganzes Leben lang gearbeitet und habe jetzt das Recht, versorgt zu werden." Viele sind ehrenamtliche Helfer, weil die freiwillige Arbeit ihnen Freude bereitet und das Ansehen hebt. Eigentlich ist es eher normal, dass man etwas Sinnvoles macht und fit bleibt. Fitsein wird auch aus Tradition bewusst als Lebensmaxime angesehen. Schon bei den ersten Siedlern war die Gesundheit bis ins hohe Alter in einer Zeit ohne Sozial- und Rentenversicherung Überlebensvoraussetzung.

Der britische Einfluss ist bei den Pakeha-Senioren unverkennbar, und egal in welchen Ort man kommt, man wird die „Alten“ beim Sport treffen. In fast jeder Siedlung gibt es Bowlingbahnen – in Hallen oder im Freien. Die Mitgliedschaft in Sportvereinen und Clubs für Tennis, Golf, Cricket, Segeln, Fischen oder andere Sportarten ist die normalste Sache der Welt – egal in welchem Alter. Schon im Berufsleben heißt Freizeit: Hobbys und Spaß am Sport. Die Arbeit ist nur die eine Seite des Lebens. Workaholics sind in Neuseeland nicht gut angesehen. Und was man ein Leben lang gemacht hat, setzt man natürlich auch im Alter fort, wenn mehr Zeit zur Verfügung steht.

3.6.3 Seniorendörfer

Der Trend zu Seniorendörfern nahm in den letzten zehn Jahren zu. Das mag auch daran liegen, dass diese sich meist in den landschaftlich schönsten Gegenden des Landes befinden. Am Beispiel der Seniorendorf-Kette „Summerset“ möchten wir herausstechende Merkmale und Vorteile dieser Lebensvariante darstellen. Dabei wird auf die Tagebucheintragung der Autorin zurückgegriffen:

„Wir staunten nicht schlecht, als wir am Lake Taupo auf eine Einfamilienhaus-Siedlung stießen, die herrlich begrünt und gepflegt vor uns lag. Das ist *Summerset*, eine relativ große Siedlung mit unterschiedlich großen Wohnhäusern, mit einem großen Stamm von Servicepersonal, der auf Wunsch die kleinen Gärten, die gemeinschaftlich genutzten Außenflächen und die vielen Freizeiträume instand hält und wartet. Hier gibt es Geschäfte wie in jedem Ort und alle Einrichtungen, die in einer anderen Gemeinde auch zu finden sind. Es ist nur sehr viel unproblematischer, Dienstleistungen im Bedarfsfall auf Zuruf zu ordern. Und die verschiedenen Sportanlagen, von denen man einfach begeistert sein muss, sind den ganzen Tag über gut besucht.
Die Familien mit den Enkelkindern kommen eigentlich eher zu Besuch in einen Freizeitpark mit Kinderspielplätzen als in das, was man in Deutschland unter einem Altersheim versteht. So werben die Seniorendörfer auch mit dem Slogan: „Not just retirement villages... more a way of life“ („Nicht nur Seniorendörfer, sondern ein Lebensstil“). Von *Summerset* aus können die Bewohner ihre Familien und Freunde jederzeit kostenlos anrufen, und Internetanschlüsse sind die normalste Sache der Welt. Für Besucher stehen komfortable Lounges zur Verfügung. Alle *Summerset Villages* verfügen über Spa-Pools, Barbecue-Plätze, Bowling- und Minigolf-Anlagen, Croquet- und Golfplätze, Shuttle-Services zu Einkaufszentren sowie eine eigene Event-Agentur.

Die Senioren können sich in den *Villages* auch in verschiedenen Arbeitsgemeinschaften betätigen – bis hin zu einem kleinen Hausorchester und einer Theatergruppe. Pflegeeinrichtungen und ärztliche Betreuung, wenn nötig auch in integrierten Krankenstationen, sind Selbstverständlichkeiten.
Zuerst hielten wir das vor uns liegende Objekt am Lake Taupo für total exklusiv und dachten, das wäre nur erschwinglich für sehr gut betuchte Neuseeländer – aber weit gefehlt. Neugierig geworden, erkundigten wir uns und stellten mit großer Verwunderung fest, dass das Leben hier durchaus erschwinglich ist. Die hier wohnenden Senioren gehören allen Bevölkerungsschichten an. Man muss, um hier leben zu können, nur zuvor in Neuseeland berufstätig gewesen sein. Ein *Retirement Guide*, der jährlich in großer Auflage erscheint, zeigt alle Möglichkeiten auf."

44 | Summerset liegt am wunderschönen Taupo-See

Die Kiwis sind – und das darf nicht vergessen werden – viel umzugsfreudiger als die Deutschen. In diesem Punkt sind sie eher mit den US-Amerikanern zu vergleichen. Insofern bedeutet für sie auch im Alter der Umzug in eine andere Gemeinde nichts Dramatisches.

In der von uns besuchten *Summerset*-Siedlung gab es folgende Angebote:

- Einzelhäuser zu 245.000 NZ$
- Reihenhäuser zu 240.000 NZ$
- betreute Apartments zu 105.000 NZ$

Die Häuser sind ebenerdig und haben rund 120 Quadratmeter umbauten Raum. Sie bestehen aus einem Wohnzimmer, einem großen Schlafzimmer, Küche und Badezimmer mit Toilette, außerdem gibt es eine Garage. Die Häuser haben eine einheitliche Ausstattung: regulierbare Fußbodenheizung in allen Räumen,

Kamin, Herd, Handtuchtrockner, Teppichböden, rutschfesten Boden im Bad, Dusche ohne Stufe, automatische Abfallentsorgung, versenkbare Wäschespinne, Leselicht und Telefon- sowie TV-Anschlüsse im Schlafzimmer, Notrufknöpfe in allen Räumen, Rauchmelder mit Direktanschluss zur Hauptwache und eine automatische Garagenöffnung.
Wie kann ein Haus oder eine Wohnung bei *Summerset* erworben werden? Neben dem Kaufpreis fallen eine einmalige Kaution in Höhe von 3.000 NZ$ an sowie eine Verwaltungs- und Instandhaltungsgebühr in Höhe von 70 NZ$ pro Woche. Letztere beinhaltet gleichzeitig die Kosten für den Gärtner. Darüber hinaus gilt es, eine für die ersten fünf Jahre befristete Managementgebühr in Höhe von 20 Prozent des Kaufpreises zu entrichten, die jährlich mit vier Prozent wieder gutgeschrieben wird.

Senioren-Dörfer und Senioren-Wohngemeinschaften oder Lebensgemeinschaften mehrerer Generationen sind in Deutschland noch eine Ausnahme. Rund 93 Prozent der Rentner wohnen hier zu Hause. Alternative Wohnformen außerhalb der eigenen vier Wände und außerhalb von Pflege- und Altersheimen bilden statistisch noch die Ausnahme und bleiben vorrangig „Besserbetuchten" und Intellektuellen in großen Städten vorbehalten. Demzufolge geht in Deutschland der Trend zu differenzierteren Dienstleistungen für Senioren, die dort bleiben, wo sie schon seit vielen Jahren wohnen.

3.6.4 Agil bis ins hohe Alter

Während in Deutschland darüber gestritten wird, ob das offizielle Rentenalter auf 65, 67 oder 70 Jahren festzulegen sei, schüttelt der Neuseeländer über solche Debatten nur den Kopf. Es gibt nicht wenige Kiwis, die über das Rentenalter hinaus arbeiten – und das nicht nur auf den Farmen. Wie wir erfahren haben, sind viele ältere Neuseeländer zumindest in den Familien, im Handel (zum Beispiel auf den Gemüse- und Flohmärkten), aber auch in ehrenamtlichen Aufgaben tätig.

Darüber hinaus gibt es zum Beispiel folgende Weltrekorde von arbeitsamen Kiwis:

- Sam Lewis praktizierte bis zu einem Alter von 95 Jahren als Rechtsanwalt in Cambridge auf der Nordinsel Neuseelands. Er war bis ins hohe Alter sehr agil, immer auf dem Laufenden und in der Bevölkerung hoch angesehen.

- Paki Withers aus Opotiki erneuerte noch mit 99 Jahren seinen Führerschein, den er für seine engagierte ehrenamtliche Arbeit benötigte. Er starb im Alter von 100 Jahren.
- F.W.W. Dawson aus Whangarei war mit 100 Jahren der älteste praktizierende Arzt der Welt.

3.7 Marton – ein Spiegelbild neuseeländischer Kleinstädte

Bei der Suche nach einer „typischen neuseeländischen Kleinstadt" stießen wir auf Marton, wo man eigentlich nur zufällig hinkommt, weil dort „nicht so richtig was los ist". Diese Stadt im Südwesten der Nordinsel ist für eine Darstellung aus verschiedenen Gründen interessant:

- In der Stadt leben rund 5.000, im gesamten *District* etwa 15.000 Menschen. Prägend sind die Landwirtschaft und kleine Gewerbeunternehmen.
- Die Stadt ist vor fast 130 Jahren und somit in der Hauptbesiedlungszeit gegründet worden. Für neuseeländische Verhältnisse ist sie damit schon ziemlich alt.
- Die Stadt wurde anfangs maßgeblich von deutschen Siedlern gestaltet.

Marton erschien uns auch aus folgendem Grund interessant: Die Stadt erlangte im Jahr 1998 traurige Berühmtheit, als sie in europäischen Zeitungen – ausgehend von einem Artikel in der „Zeit" – als „neuseeländische Hauptstadt der Jugend-Selbstmorde" bezeichnet wurde.

Um ein möglichst umfassendes Bild dieser Stadt zeichnen zu können, recherchierten wir im dortigen Museum, besuchten auf den Spuren der ersten Siedler den deutschen Friedhof und befragten den Bürgermeister sowie alte und junge Einwohner der Stadt.

3.7.1 Wie alles begann

Die ersten Siedler kamen 1877. Neben 12 deutschen Familien, die sich hier zunächst niederließen, siedelten sich in der Anfangszeit schottische Einwanderer an, danach Iren, Engländer, Skandinavier und 1906 auch ein polnischer Schneider. Armut, Landmangel und religiöse Auseinandersetzungen in der alten Heimat waren die häufigsten Auswanderungsgründe der damaligen Ankömmlinge. In Neuseeland gab es keine Klassenauseinandersetzungen – und Land war in Fülle da. Auf dem Friedhof kann man noch Namen finden wie Franke, Friedrich oder Meier – und diese auch noch auf neueren Grabsteinen. Auch der derzeitige evangelische Pfarrer trägt einen deutschen Namen. Allerdings gibt es heute keinen deutschen Club mehr und auch

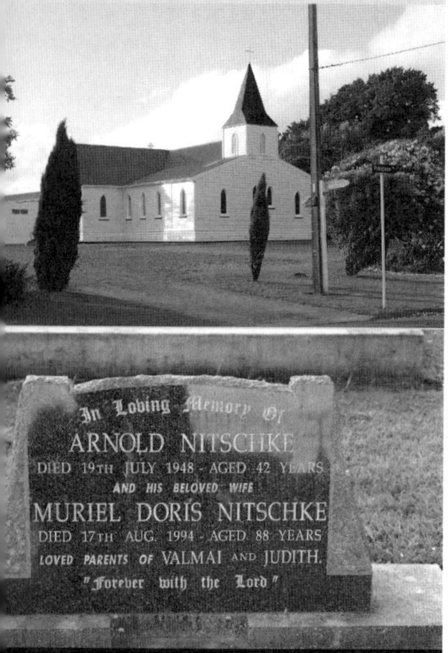

45 | Deutsche Kirche und deutschsprachige Grabsteine in Marton

keine anderen Begegnungsstätten deutscher Nachkömmlinge. Die deutschen Einwanderer hatten es im 20. Jahrhundert auch in Marton nicht leicht: Während des I. Weltkrieges wurden sie von der einheimischen Bevölkerung misstrauisch behandelt und trauten sich nicht mehr, in der Öffentlichkeit deutsch zu sprechen. In den 1920er Jahren wurde es dann ruhiger um die Deutschen und sie waren in Marton wohl gelitten. Das änderte sich aber während des II. Weltkrieges wieder und die Ausgrenzung nahm zum Teil drastische Züge an. Heute gibt es in Marton keinerlei Interesse mehr an der Pflege der deutschen Sprache und an einer Diskussion europäischer Abstammungen.

Marton hieß zunächst *Cook Village* und ist stolz auf ein Denkmal des Weltumseglers James Cook, das anlässlich der 125-Jahrfeier der Stadtgründung errichtet wurde. Später wurde die Stadt umbenannt und trägt nun den Namen von Cooks Geburtsort.

3.7.2 Gespräch mit Bob Buchanan, dem Bürgermeister von Marton

Bob Buchanan ist seit dem Jahr 2000 Bürgermeister. Er stammt aus einer vergleichbaren Stadt auf der Südinsel. In einem kleinen, aber modern eingerichteten Büro empfängt er uns zu einem Interview, nachdem wir nur eine Stunde zuvor bei seiner Sekretärin spontan vorgesprochen hatten. Ohne große Vorrede und ohne Protokoll kommt man in Neuseeland meist schnell auf den Punkt. Wir wollten in diesem Gespräch etwas über den Rhythmus der Stadt erfahren, das Typische, das Alltägliche. Im Folgenden sind die aussagekräftigsten Passagen wiedergegeben.

46 | Marton-Bürgermeister Bob Buchanan

Was zeichnet die Stadt für Bewohner und Besucher aus?

Bob Buchanan: Es ist eine sehr ruhige, liebenswerte Stadt. Wir haben keine Parkprobleme, wir benötigen keine Ampeln, es gibt hier keinen großen Verkehr. Zwei Kreisverkehre regeln im Prinzip alles. Im Vergleich zu Australien haben wir in Neuseeland kurze Entfernungen. Wer etwas Abwechslung braucht, kann in 20 Minuten in Wanganui und in 25 Minuten in Palmerston North sein. Viele Leute fahren hier importierte japanische Autos[21]. Damit sind sie schnell an jedem Ort.
Das Wetter hier ist zum Wohnen perfekt. Es gibt nicht viel Regen, nur 1.000 Millimeter pro Jahr. Die Stadt wurde zwar im Jahre 1950 überflutet, aber das war einmalig. Ansonsten erlauben die Witterungsverhältnisse hier ganzjährig ein gutes Leben. Keine Kälte, weder Eis noch Schnee, und im Sommer keine extreme Hitze.
Aufgrund dieser Vorzüge siedeln sich in unserer Stadt auch gern Rentner an. Grund und Boden ist noch billig; und das teuerste Wohnhaus kostet hier rund 300.000 NZ$[22]. Und das Leben ist hier auch nicht so kostspielig wie in den großen Städten.

Können Sie uns kurz etwas zur Entstehung der Stadt sagen?

Bob Buchanan: Die Stadt wurde bereits vor 125 Jahren gegründet, also nur 40 Jahre, nachdem die ersten Europäer nach Neuseeland gekommen waren. Die Besiedlung erfolgte damals die Küste entlang und dann entlang der Flüsse landeinwärts. Es gab davor kaum Maori in dieser Gegend und so wurden diese auch nicht von den deutschen, schottischen, englischen und holländischen Siedlern verdrängt.
Die Gegend, wo Marton heute liegt, hieß in der Maori-Sprache Tutaenui, was so viel heißt wie „Dungplatz". Die Siedler aber änderten den Namen in Marton. In der Regel wurden englische Namen vergeben, um zu demonstrieren: „Hier ist jetzt das neue England!"

Wovon leben hier die Einwohner?

Bob Buchanan: Vorwiegend von der Landwirtschaft und der Verarbeitung landwirtschaftlicher Produkte. Und – wie schon gesagt – von unseren Rentnern. Wir wollen auch Leute aus der weiteren Umgebung hierher holen, damit sie ansässig werden oder zu bestimmten Freizeitaktivitäten herkommen. Und wir überlegen uns, welche Freizeitanreize wir noch schaffen können. Angedacht ist zum Beispiel eine Pferderennbahn.

Wie hoch ist bei Ihnen die Arbeitslosigkeit?

Bob Buchanan: Zwischen vier und fünf Prozent. Der Landesdurchschnitt ist niedriger. Sie müssen aber wissen, dass es hier durchaus Arbeit für alle gäbe. Die hier arbeitslos sind, wollen auch nicht arbeiten. Es sind vor allem Aussteiger, vor allem Jugendliche. Die wenigen „normalen" Arbeitslosen müssen sich einmal in der Woche melden und erhalten dann Unterstützung. Die Aussteiger aber halten sich auch daran nicht.
Unter den Aussteigern sind mehrheitlich Maori. Wir haben hier einen Maori-Bevölkerungsanteil von rund 25 Prozent. Sie sind nicht arm und erhalten zum Teil umfassende finanzielle Unterstützungen. Das macht bequem.
Die genannte Arbeitslosenrate muss man also sehr vorsichtig interpretieren. Für uns ist sie kein Problem.
Insgesamt ist die Stadt ausgesprochen ruhig und friedlich. Es gibt keine sozialen Spannungen.

Sehen Sie als Bürgermeister Gebiete, auf denen es zukünftig Veränderungen geben sollte? Was könnte noch besser werden?

Bob Buchanan: Eigentlich nichts Wesentliches. Wir leben hier einfach und zufrieden. Außer der Überflutung vor über 50 Jahren gab es hier keine besonderen Ereignisse. Gewiss, es haben im Laufe der Zeit, insbesondere nach den 1980er Jahren, Betriebe geschlossen, aber andere sind entstanden. Sehen Sie sich unsere Häuser und Straßen an. Alles ist in Ordnung. In den Geschäften gibt es alles Notwendige. Wenn man etwas Besonderes haben will, dann fährt man in die nahen großen Städte – und ist am Abend wieder froh, in unserer ruhigen und sicheren Stadt zu sein.
Ich komme gerade von Jugendlichen, mit denen ich gesprochen habe. Sie möchten eine Skateboardbahn aus Beton errichtet haben. Ich glaube, wir kriegen das demnächst hin. Ich kenne fast alle Leute dieser Stadt mit Namen und spreche sie auch an. Und die Leute grüßen mich mit „Hallo Bob". So ist das hier.

In der deutschen Presse konnte man lesen, dass im Jahre 1998 die Selbstmordrate insbesondere bei Jugendlichen in Neuseeland sehr hoch gewesen sein soll. Dabei wurde als Beispiel Marton genannt. Was war damals hier los?

Bob Buchanan: Tatsächlich wuchs zeitweilig die Selbstmordziffer zu dieser Zeit in Neuseeland

an. Das Land hatte sehr große wirtschaftliche Probleme und die Reform wirbelte enorm viel auf. Das war ein nationales Problem, jedoch hinsichtlich der Selbstmorde kein spezifisches Problem dieser Stadt.
Ich kenne die Familie der Jane Dunnawhite. Sie und ihr Freund haben Selbstmord aus Liebeskummer verübt. Es gibt auch einen entsprechenden Abschiedsbrief.
Wissen Sie, in einer Zeit, als wir alle in der Talsohle standen, es uns allen in Neuseeland nicht gut ging, hat man das aufgeputscht und von einem – sehr bedauerlichen – Liebeskummerfall zu einem generellen neuseeländischen politisch-sozialen Fall gemacht. Das Entwicklungsproblem Neuseelands wurde auf Marton projeziert. Der Selbstmord fiel zufällig in diese Zeit und ein Journalist stürzte sich auf diese Nachricht und verband sie mit der allgemeinen wirtschaftlichen Lage des gesamten Landes. Weitere Reporter folgten seinem Beispiel: Endlich war etwas gefunden in diesem kleinen langweiligen Land und in dieser geruhsamen Stadt, wo anscheinend die Uhren still standen. Glauben Sie mir, so ist es gewesen. Wäre es anders, dann hätte ich es Ihnen auch gesagt. Fragen Sie irgendwelche älteren Leute auf der Straße, in der Kirche oder sonstwo – man wird es Ihnen bestätigen.

Das heißt, diese Geschichte gab es so gar nicht und sie ist schier erfunden?

Bob Buchanan: Genau so ist es!

Welche Visionen oder Wünsche für die Entwicklung Ihrer Stadt haben Sie persönlich?

Bob Buchanan: Ich habe drei Wünsche:
Erstens: Die Stadt soll nach außen noch attraktiver werden und noch mehr Menschen anziehen. Unser Lifestyle soll uns begehrenswert für andere machen. Damit meine ich einen vermehrten Zuzug, eine überschaubare Erhöhung der Bevölkerungszahl und auf keinen Fall einen Rückgang. Es darf aber niemals anonym werden und so menschlich kalt wie in vielen Großstädten, wie New York, London oder auch Berlin.
Zweitens: Wir müssen noch mehr für unsere alten Bewohner tun. Es gibt etliche Institutionen in der Stadt, die sich gerade diesem Thema widmen, und wir haben ebenfalls etliche Fundraising-Projekte. Wir erhalten zum Beispiel keine staatlichen Bauzuschüsse, sondern finanzieren alles privat. Aber die Fürsorge darf nicht begrenzt, sondern muss eher noch erweitert werden. Obenan steht für mich, das Wohlbefinden der alten Leute weiter zu erhöhen. Das schließt eben auch

Bauprojekte, die wir gerade beraten, ein.
Drittens: Es soll ruhig und friedlich bleiben wie bisher. Wir brauchen hier keine hektischen Veränderungen, sondern entwickeln die Stadt in kleinen Schritten. Meine Pflicht ist es, dafür zu sorgen, dass die Kontinuität gesichert wird.

47 | Historische Gebäude in Marton

Zum Abschluss des Gespräches bot uns Bob Buchanan an, zu weiteren politischen und wirtschaftlichen Fragen entsprechende neue Statistiken zusammenstellen zu lassen. Er lege Wert auf eine gläserne Verwaltung und habe keine Geheimnisse.

3.7.3 Stimmungen und Meinungen

Während der Mittagszeit liefen wir durch die scheinbar schlafende Stadt und befragten Passanten und einige Gewerbetreibende nach ihrer Meinung zu dieser Stadt.

Gespräch mit einem älteren Herrn (71 Jahre alt):

Was ist aus Ihrer Sicht das Gute an dieser Stadt?

Antwort: Die Leute sind hier sehr freundlich und hilfsbereit. Und es sind alle Geschäfte da. Man kann auch schnell einmal nach Wanganui oder Palmerston North fahren. Da bekommt man alles. Und schöne Frauen gibt es dort. *(zwinkert)*

Wie können Sie in Ihrem Alter hier Ihre Freizeit verbringen?

Antwort: Früher war ich im Tennisclub. Heute spiele ich regelmäßig Bowling und angele. Und ich unterhalte mich gern, so wie mit Ihnen gerade jetzt.

Und welche Probleme gibt es hier?

Antwort: Wir brauchen noch mehr Einwohner, dann wird das Leben noch interessanter. Werben Sie ruhig in Deutschland für Marton. Wir empfangen jeden mit Kusshand. Sehen Sie, wir haben hier so gut wie keine Arbeitslosigkeit!
Ja, ein Problem habe ich mit einigen Jugendlichen. Die sausen mit ihren Fahrzeugen zu schnell und zu laut durch die Straßen.

Fragen an einen Fleischer in der Hauptstraße:

Was ist aus Ihrer Sicht das Gute an dieser Stadt?

Antwort: Marton ist eine kleine Stadt und das ist o.k. Alle Leute haben hier Arbeit und jeder kennt jeden. Da fühlt man sich recht wohl. Auch der Bowlingclub ist gut.

Und welche Probleme gibt es hier?

Antwort: Marton braucht mehr Einwohner. Und auch mehr Bustouristen, die in meinen Laden kommen.

Fragen an einen Gastwirt:

Was ist aus Ihrer Sicht das Gute an dieser Stadt?

Antwort: Ich bin vor vier Jahren aus London hierher gekommen. Ja, ich fühle mich doch gut hier. Es ist hier unvergleichlich sicherer als in London. Marton ist eine liebenswürdige Stadt. Als ich hierher kam, habe ich dieses Lokal übernommen und auf Vordermann gebracht. Für hiesige Verhältnisse ist es sehr chic, nicht wahr?!
Ich werde hier überhaupt nicht als Zugezogener, als Fremder gesehen! Ich bin ganz schnell komplett akzeptiert worden.

Und welche Probleme gibt es hier?

Antwort: Ein städtisches Wachstum um 500 bis 1.000 Leute täte gut. Arbeitslosigkeit spielt hier überhaupt keine Rolle, genauso Kriminalität.
Ich könnte mir vorstellen, dass das Fleischwerk vergrößert und einiges an Kleinindustrie angesiedelt werden kann.

Wie verbringen Sie in Marton Ihre Freizeit?

Antwort: Hier gibt es gute Möglichkeiten für Western dancing, für Line-Dancing, wir haben einen guten Country Club und einen sehr aktiven Crocket-Club hier. Die jungen Leute können Fußball spielen. Außerdem sind sie in wenigen Minuten an den Ufern zweier Flüsse und bis zur Küste brauchen sie 15 Minuten. Wenn Sie Spaß mit Bungyjumping haben wollen, dann müssen Sie circa 40 Kilometer fahren. Wir liegen hier geographisch sehr gut.
Allerdings könnte zum Wohlfühlen noch einiges hinzukommen. Das passiert, wenn wir einen größeren Zuzug auch städtisch verwöhnter Leute bekommen.

Gespräch mit einem Fahrradfahrer (Mittzwanziger):

Was ist aus Ihrer Sicht das Gute an dieser Stadt?

Antwort: Es gibt hier viele Sportmöglichkeiten nach der Arbeit. Ich spiele aktiv Basketball und bin ein passionierter Radfahrer. Das Leben ist hier sehr billig und es macht den Leuten viel Spaß. Sie sind alle freundlich. Marton ist eine lockere, lächelnde Stadt, finden Sie nicht auch?

Was könnte besser sein?

Antwort: Ein paar mehr Läden wären schön. Und es könnten durchaus ein oder zwei Kinos hierher kommen. Ansonsten fällt mir nichts ein.

Gespräch mit drei Jungen (14 bis 15 Jahre alt):

Wie gefällt es euch in Marton?

Antwort: Ist nicht schlecht hier. Man kennt sich hier gut, alles ist überschaubar.

Was könnte noch besser sein? Habt ihr spezielle Wünsche?

Antwort: Wir wollen mehr Skater-Möglichkeiten, zum Beispiel einen Skater-Park. Überhaupt sollte es für junge Leute noch mehr Sportmöglichkeiten geben – und auch noch mehr Musik.

Was wollt ihr später einmal werden? Habt ihr klare Berufswünsche?

Antwort: Nein, noch nicht. An konkrete Jobs denken wir noch nicht. Aber sie müssen auf jeden Fall Spaß machen und gutes Geld bringen.

Gespräch mit vier 14-jährigen Mädchen (zwei Pakeha, zwei Maori), die von der Schule kamen:

Was gefällt euch an Marton?

Antwort: *(Kichern, verlegenes Wegschauen)*

Was könnte besser sein?

Antwort: Hier könnte mehr *action* sein.

Zwei der angesprochenen Mädchen wollen später nach Auckland, da es in Marton „zu langweilig“ sei.

Wir sehen an dieser Stadt sehr gut den Unterschied zu den hektischen Großstädten. Hier gehen die Uhren scheinbar sehr langsam; der Alltag verläuft weitgehend harmonisch und sehr überschaubar. Fast möchte man sagen: „Ihr in Europa habt moderne Uhren, wir aber haben die Zeit!“

3.8 Die stichelnden Nachbarn

Auf dem sportlichen Feld, insbesondere beim Rugby und Cricket, begegnen sich Neuseeländer und Australier seit gut einem Jahrhundert als „Erzfeinde" und zelebrieren diese unüberbrückbare Rivalität offen. Darüber hinaus sind die Unterschiede – mit Ausnahme der Behandlung ihrer Ureinwohner – eher marginal. Das Verhältnis beider Länder mit all ihren Sticheleien erinnert ein wenig an das von Deutschland und Österreich.

3.8.1 Gemeinsamkeiten von Australien und Neuseeland

- Beide Länder liegen *down under*, am anderen Ende der Erde, und damit weit entfernt von den politischen, wirtschaftlichen und kulturellen Zentren der Welt.

- Beide waren und sind *very british* aufgrund ihrer mehrheitlich britisch- und irisch-stämmigen Einwanderer. Beide sind Mitgliedstaaten des *Commonwealth* und unterstehen formal der britischen Krone – allerdings als unabhängige Staaten.

- Nicht wenige australische und neuseeländische Familien, die schon in der dritten bis fünften Generation *down under* leben, sind miteinander verwandt. Auch heute arbeiten nicht wenige Australier in Neuseeland als Busfahrer, Hotelangestellte, Manager etc. und gehen Partnerschaften mit Neuseeländern ein; in umgekehrter Richtung ist die Bereitschaft zum Ortswechsel noch ausgeprägter. Viele jüngere Neuseeländer ziehen nach Australien, da dort mehr berufliche Chancen und ein größerer Wohlstand zu erwarten sind als im eigenen Land.

- Die gemeinsame Geschichte, die eng an das Mutterland Großbritannien gebunden ist, gemeinsame kulturelle Prägungen und Gedenktage, die Dominanz britischer Kirchen und vieles andere mehr belegen die Verwandschaft beider Nationen. Es darf auch nicht vergessen werden, dass australische und neuseeländische Truppen für England in den Krieg zogen und dabei große Verluste erlitten. Der *ANZAC-Day* am 25. April jeden Jahres, der an den gemeinsamen, verlustreichen Einsatz in der Schlacht bei Gallipoli im I. Weltkrieg erinnert, zählt zu den wichtigsten staatlichen Feiertagen beider Länder.

3.8.2 Welche Unterschiede fallen andererseits auf?

- Neuseeland ist geologisch viel jünger als Australien; das zeigt sich auch an dem aktiven Vulkanismus, den Geysiren und Heißwasserseen.

- Australien ist das Land der Weite und der Extreme. Neuseeland ist hingegen kleiner, beschaulicher. Im Gegensatz zu Australien hat Neuseeland keinen tropischen Regenwald (es liegt weiter vom Äquator entfernt als Australien), keine eigentliche Wüste, kein unendliches *Outback*, kein Korallenriff in der Größe des *Great Barrier Reef*. Dafür bietet Neuseeland eine erstaunliche landschaftliche Vielfalt auf engstem Raum. An keinem Punkt auf beiden Inseln ist man weit von der Küste entfernt. Die herrlichen weiten Strände befinden sich unweit der Gebirge, der Gletscher, des subtropischen Regenwaldes. Wenn man Australien touristisch erkunden will, ist man wegen der weiten Entfernungen auf das Flugzeug angewiesen – es sei denn, man bleibt ein halbes Jahr oder länger. In Neuseeland kann man alles bequem mit dem PKW oder einem Van erreichen.

- Beide Länder haben ein hohes Schulniveau und international geachtete Universitäten. Dennoch ist es für neuseeländische Akademiker interessanter, zumindest zeitweilig an einer australischen Hochschule zu unterrichten und zu forschen: Diese sind in der Regel größer und internationaler ausgerichtet, besser ausgestattet, bezahlen bessere Gehälter, und ein erfolgreicher Einsatz in Australien ebnet den Weg für einen internationalen Karrieresprung und erst recht für einen in Neuseeland.

- Die australische Bevölkerung umfasst knapp 19 Millionen Menschen, die neuseeländische rund vier Millionen. Die australische Wirtschaft ist etwa sieben Mal größer als die neuseeländische; Konzerne in einer Größenordnung, wie sie in Australien oft anzutreffen ist, kennt Neuseeland (mit Ausnahme der Milchverarbeitung und der Forstwirtschaft) nicht. Nicht wenige Neuseeländer verdingen sich als Arbeitskräfte im benachbarten Land oder bauen sich dort als Selbständige Existenzen auf, um im Seniorenalter begütert nach Neuseeland zurückzukehren.

- Während die Aborigines vor 60.000 Jahren den australischen Kontinent besiedelten, kamen die ersten Menschen erst vor knapp 1.200 Jahren nach Neuseeland. Die Maori sind gegenwärtig ganz anders in den neuseeländischen Alltag integriert als die Aborigines in Australien. Auch aus ethnologischer Sicht sind die Maori nicht mit den Aborigines vergleichbar.

- Mitunter hört man den Vergleich zwischen dem „größeren“ und dem “kleineren Bruder“, zwischen dem „ärmeren“ und dem „reicheren Nachbarn“. Dabei kann man sich des Eindrucks nicht erwehren, dass seitens der Neuseeländer ein paar Minderwertigkeitsgefühle mitschwingen. Formal bauen sich die Kiwis in solchen Gesprächen mit Hinweisen auf das eigene wunderschöne Land, das gute Klima, den anderen Einwanderertypus[23], die relative Unbeeinflusstheit der eigenen Regierung[24] und das andere Verhältnis zu den Ureinwohnern wieder auf.

3.8.3 Nähe und Abgrenzung

Bei all den Diskussionen über Gemeinsamkeiten und Unterschiede darf man Folgendes nicht vergessen:

- die in der Geschichte mehrmalig gescheiterten Versuche, Neuseeland Australien ein- und unterzuordnen, und den Stolz der Kiwis auf ihre Eigenständigkeit
- die Angst vieler Neuseeländer (vor allem der Farmer) vor dem Aufkauf durch australische Unternehmen und Banken bzw. global agierende Unternehmen über eine australische Speerspitze
- Australien ist zwar für Neuseeland das nächstgelegene Nachbarland, aber dennoch über 2.500 Kilometer entfernt. Das entspricht in etwa einer Entfernung von Berlin bis Reykjavik (plus zweihundert Kilometer). Außerdem fühlen die Kiwis sich den 4.000 Kilometer entfernten Cookinseln, die mit Neuseeland assoziiert sind, eigentlich mental näher als Australien.

Sehr unterschiedliche Positionen und öffentliche Bewertungen gibt es auf außenpolitischem Gebiet. Während Neuseeland um außenpolitische und militärische Unabhängigkeit bemüht ist, greift die Politik der konservativen australischen Regierung aktiv in die Politik der polynesischen Nachbarländer ein, sei es in Osttimor, Papua Neuguinea oder Fidschi. Diese Politik der aktiven Intervention, eine „Politik mit der Waffe“, quasi in der Rolle eines „Hilfssheriffs“ der USA im pazifischen Raum, stößt bei vielen Neuseeländern auf Unverständnis bis hin zur lauten Ablehnung.

Nichtsdestotrotz bleiben Fragen der engen wirtschaftlichen und kulturellen Zusammenarbeit hochaktuell. Seit Jahren wird beispielsweise überlegt, eine eigene und vom US$ unabhängige Währung zu schaffen, den so genannten ANZAC-Dollar. Auch die weitere Förderung des bilateralen Handels sowie die Zusammenarbeit auf Drittmärkten sind wichtige Themen.

Auf privater Ebene lässt sich folgende interessante Beobachtung machen: Wer von Neuseeland kommend ein oder zwei Jahre in Australien war, wird bewundert. Vielleicht hat man dort gutes Geld verdient, und auf dem Nummernschild des Autos steht *Aussie* oder *Ozzie*. Man ist stolz darauf, dagewesen zu sein, und ist gut angesehen, weil man besser verdient und in einem Land war, wo alles größer ist als in Neuseeland. Dennoch kommen viele Rentner gern nach Neuseeland (zurück). Das Klima ist weitaus verträglicher. Und da sie finanziell gut dastehen, geht die Angst bei den Daheimgebliebenen um, aufgekauft zu werden.

Unter den Einwanderern deutscher Abstammung, mit denen wir in Neuseeland sprachen, waren übrigens einige, die in Neuseeland „hängen geblieben" sind. Sie wollten ursprünglich nach Australien auswandern, waren zum Teil auch schon als Touristen oder zeitweilige Arbeitskräfte dort, erhielten aber nicht die Einreiseerlaubnis. Sie blieben dann in Neuseeland, wo die Einreiseformalitäten einfacher sind, um später nach Australien zu ziehen. Eine Familie hat das auch weiterhin vor und sieht Neuseeland für sich nur als Durchgangsstation. Drei andere Familien haben sich nach einigen Jahren erfolgreicher Tätigkeit in Neuseeland entschlossen, dauerhaft zu bleiben.
Bei den europäischen Einwanderern der letzten Jahrzehnte werden anscheinend Fragen nach Gemeinsamkeiten und Unterschieden zwischen beiden neuseeländischen Inseln und Australien viel gleichmütiger beantwortet als von den Ur-Kiwis.

3.9 Der Brautzug nach Middlemarch

Middlemarch ist ein heutzutage eher stilles und unbedeutendes, etwa 70 Kilometer von Dunedin entferntes Städtchen in den fruchtbaren Taieri Plains der Südinsel. Seine Vergangenheit war turbulent – so, wie es sich für eine alte Goldgräberstadt gehört. In den Sommermonaten kommen ein paar Touristen in die Wander- und Mountainbike-Region. Einmal im Jahr aber ist hier richtig etwas los. Dann ist Middlemarch Schauplatz für ein Spektakel, das interessanter für die Singles der Südinsel Neuseelands als für Touristen ist.

Irgendwer in der Stadt hatte irgendwann die grandiose Idee, in Middlemarch eine Art Heiratsmarkt ins Leben zu rufen, Treffpunkt vieler alleinstehender Farmer von mehr oder weniger entlegenen Orten, die vielleicht eine Frau finden, aber zumindest die Gaudi als Erinnerung mit nach Hause nehmen wollen. Die unternehmungslustigen Frauen und Mädchen, die natürlich genau wissen, wann der Brautzug nach Middlemarch fährt, bereiten sich gut vor, überlegen sich genau, in welchem Outfit die Reise angetreten werden soll, obwohl jede sagt, dass es natürlich nur ein Spaß ist. Aber man weiß ja nie...

Wer nicht von vornherein mit einer Gruppe in den Zug steigt, lernt spätestens auf der Fahrt Gleichgesinnte kennen. Es geht lustig zu, und das nicht nur, weil die eine oder andere sich ein bisschen Mut antrinken muss.

In Middlemarch, wo inzwischen ein riesiges Partyzelt aufgebaut ist, sind die jungen Männer bereits zur Stelle und der Tanz beginnt sofort nach Ankunft des Zuges. Es heißt, die Zeit zu nutzen, denn nur wenige bleiben die ganze Nacht. Gegen Mitternacht geht es per Bahn wieder fort von Middlemarch, es sei denn, man hat „den" Partner gefunden oder glaubt das zumindest.

Manch eine der am Vortag angereisten Damen ist am nächsten Morgen auch dann noch zu finden, wenn sich kein Traummann mit Farm aufgabeln ließ. Denn es geht noch weiter. Die noch anwesenden Herren werden jetzt verlost und jede der Damen hat die Aufgabe, ein überzeugendes Lunch oder Brunch für den gezogenen Kandidaten auf den Tisch zu zaubern.

Die Gaudi setzt sich fort und das eine oder andere Paar hat sich jetzt mit Sicherheit gefunden. Die anderen kommen im nächsten Jahr wieder, denn das Ganze ist ja eigentlich ein Riesenspaß – und auch wenn man am Ende keinen Partner gefunden hat, so war es doch ein schöner Tag. Die Stadtväter von Middlemarch freuen sich jedenfalls nicht nur über ihre Einnahmen, sondern auch über die Publicity.

Einen analogen Brauch gibt es übrigens seit 22 Jahren in der spanischen Ortschaft Villafrechós in der spanischen Region Kastilien-León. Dort herrscht ein notorischer Frauenmangel. Die jungen Frauen ziehen auf der Suche nach Arbeit und Liebe eher in die Städte. Einmal im Jahr aber kommen mehrere Busse mit bis zu 100 Frauen aller Altersgruppen zum „Treffen der Liebe und Freundschaft". Die Single-Männer zahlen für die Gaudi je 100 Euro, die Frauen einen symbolischen Beitrag von fünf Euro, und der Bürgermeister gibt für Musik, Speisen und Getränke noch einmal 2.000 Euro dazu. Immerhin lag die Quote derer, die danach eine feste Beziehung eingingen, in den letzten Jahren zwischen zehn und zwölf Prozent.

Auch an einem dritten Ort konnte man etwas Ähnliches beobachten: 1985 zogen 120 Frauen in das Pyrenäendorf Plan. 1986 und 1987 wiederholte sich diese „Frauen-Karawane".

3.10 Typen im Alltag

Den Puls eines Landes spürt man an der Bewegung und dem Auftreten der Menschen. Einige fotografische Impressionen gehen dieser Behauptung nach.

48 | Typen im Alltag

48 | Typen im Alltag

Kapitel 4

Fundamente des Landes

4.1 Maori – die ersten Einwanderer

4.1.1 Wie die Maori nach Neuseeland kamen

Heute weiß man relativ genau, wann die ersten Maori nach Neuseeland kamen. Entgegen den früheren Vorstellungen, dass die ersten Maori vor 1.000 bis 1.300 Jahren die neuseeländische Nordinsel besiedelten, kann heute davon ausgegangen werden, dass dies erst etwa seit dem 14. Jahrhundert geschah. Michael King, ein begnadeter neuseeländischer Historiker, hat diese Geschichtskorrektur in seinem letzten großen Werk „The Penguin History of New Zealand", das im November 2003 in erster Ausgabe erschien und binnen weniger Tage vergriffen war, überzeugend begründet[25].

Radiokarbonmessungen datieren erste Siedlungen auf der Nordinsel – in Northland und an der Coromandelküste. Bei Ausgrabungen stieß man auf Schutzwälle, Feuerstellen, Knochen und Werkzeuge. Zu Tage geförderte Gefäße und Kunstgegenstände, die aus Materialien hergestellt sind, die im Umfeld der Siedlungen nicht zur Verfügung standen, lassen frühe Stammeswanderungen und Handel vermuten.

Niemand weiß genau, woher die Maori kamen. In jüngster Zeit verdichten sich jedoch wissenschaftliche Befunde, die einen interessanten Schluss zulassen: Einer DNA-Studie aus dem Jahr 1998 zufolge stammen die Vorfahren der Maori und der anderen polynesischen Ureinwohner aus dem chinesischen Raum. Dies legen auch vergleichende Sprachstudien nahe, die den Ursprung der Polynesier auf Taiwan vermuten lassen, denn dort sind alle zehn austronesischen Sprachfamilien zu Hause – gesprochen von der Minderheit der indigenen Völker. Dagegen wird nur eine dieser Familien, das Malayo-Polynesische, zu dem auch Maori gehört, in ganz Polynesien und auf vielen südostasiatischen Inseln gesprochen.
Die Polynesier kamen mit Auslegerkanus nach Hawaii, auf die Osterinsel und nach Neuseeland. Hawaii und die Osterinsel wurden schon frühzeitig zu Ausgangspunkten für Entdeckungsreisen an die süd- und mittelamerikanischen Küsten.

Das polynesische Dreieck zwischen Hawaii, der Osterinsel und Neuseeland ist – genauer betrachtet – der größte Kulturraum der Welt. Jeder Schenkel des Dreiecks ist circa 7.600 Kilometer lang; das entspricht der Entfernung von Düsseldorf bis Peking oder von Berlin bis Lesotho oder Brasilia.

Die Karte vermittelt uns einen guten Eindruck von den unendlichen Weiten des Meeres und der geringen Landmasse in dieser Großregion.

Die vielen Inseln im polynesischen Dreieck wurden anscheinend zwischen dem 5. und 14. Jahrhundert quasi von einer Insel zur anderen besiedelt. Wenn es auf einer Insel zu einer Überbevölkerung kam, zog ein Teil der Insulaner mit Booten weiter, um neues Land zu entdecken und zu bevölkern. Man stieß in unbekannte Welten vor, die 1.000 Kilometer oder sogar noch weiter entfernt waren.
Diese gefährlichen Reisen gründeten sich nicht auf Abenteuerlust oder Gier nach Reichtümern, sondern wurden notwendig wegen der Verarmung durch Überbevölkerung und damit Landknappheit und Hunger sowie durch kriegerische Auseinandersetzungen zwischen den Stämmen. Die Reisen waren offenbar gut organisiert und bezogen Frauen und Kinder ebenso ein wie selbst gezüchtete Pflanzen und Tiere. Es wurde an alles gedacht, was eine Neuansiedlung möglich machte.

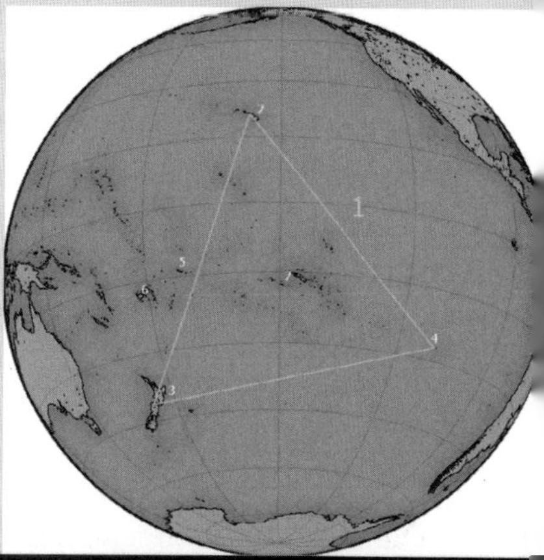

49 | Polynesisches Dreieck (1)
Hawaii (2), Neuseeland (3), Osterinsel (4)

Die erkundenden Polynesier waren hervorragende Seeleute. Ohne Kartenkunde und Kompass navigierten sie nach den Sternen, orientierten sich an Wärmegefällen und -strömungen im Meer sowie an den Bewegungen der Fischschwärme und der Fischjäger (Delphine, Haie, Vögel). Dadurch war es ihnen auch möglich, einzelne Inseln wiederzufinden. Heute weiß man außerdem, dass einzelne Boote zu den Ausgangspunkten der Auswanderung zurückkehrten.
Da sich die scheinbare Bahn der Sonne am Himmel auf einer weiten Bootsreise über viele Breitengrade ändert, bevorzugten

die Polynesier den verlässlich kreisenden Mond als Zeitmesser, und vertrauen auch heute noch dem Mondkalender.

Die mikronesischen und polynesischen Stämme brachten ihre hochentwickelte Pflanzenbau- und Megalithkultur aus Südostasien und Indonesien über diese großen Distanzen auch nach Neuseeland. Sie mussten ihre Gartenbaukultur den verschiedenen klimatischen Verhältnissen anpassen – und in Neuseeland vieles aufgeben. Dafür spezialisierten sie sich auf die subantarktische Jägerei.

Wir müssen uns einmal vor Augen halten, was damals geschah: Die Entdeckungsreisen von Vasco da Gama und Christoph Kolumbus fanden erst viel später statt und waren nur ein Bruchteil dessen, was die Polynesier viel früher geschafft hatten. Zu Kolumbus` Zeiten war schon der gesamte riesige pazifische Raum von mikronesischen und polynesischen Stämmen besiedelt.

Die Europäer kamen erst in der zweiten Hälfte des 18. Jahrhunderts auf die polynesischen Inseln. Durch Krankheit, Mord und Sklavenhandel wurde die dortige Bevölkerung auf circa 15 Prozent ihrer ursprünglichen Zahl dezimiert – ein kaum zu sühnendes Unrecht.
Die ersten Erschließungen und Besiedlungen durch Europäer in Neuseeland erfolgten durch Wahlfangstationen im nordöstlichen Teil der Nordinsel und im nordwestlichen und südlichen Teil der Südinsel. Beschleunigt wurde die Erschließung auf der Nordinsel durch den Holzschlag seit 1780.

4.2 Pakeha und andere Einwanderer

4.2.1 Kurzer Abriss der Einwanderungsgeschichte seit dem 18. Jahrhundert

Auswanderer, Einwanderer, Immigranten, Migranten. Allen diesen Begriffen liegt – unabhängig von der Richtung – der Begriff „wandern" (lat. migrare) zugrunde. Migration ist laut DUDEN die „Wanderung, Bewegung von Gruppen im geographischen oder sozialen Raum, die mit einem Wechsel des Wohnsitzes verbunden ist".

Schon in den 1920er Jahren bezeichnete der amerikanische Soziologe Robert E. Park die Migrationsbewegungen als historische Bewegungen, da sie einschneidende Veränderungen und Fortschritte in Zivilisation und Kultur brachten. Er betonte, dass solche Fortschritte ohne die „Wanderungen" der Menschen nicht denkbar wären.

Die Gründe für eine Auswanderung waren zu allen Zeiten vielgestaltig: Hungersnöte oder generelle Armut; Verfolgungen aus Glaubensgründen (in Europa zum Beispiel die Verfolgung der Hugenotten und Waldenser oder der Juden); Überbevölkerung oder Kriege und Kriegsfolgen. Aber auch nicht wenige Menschen wanderten aus, weil sie entweder schnellen Reichtum erwarteten (zum Beispiel Gold- und Diamantensucher) oder eine „bessere Welt an anderer Stelle" aufbauen wollten. Bei letzteren denken wir an die Mormonen oder die Hutterer und Bruderhöfer, die heute noch in festen sozialen Gemeinschaften versuchen, ihre Ideale und ihren Glauben zu leben; oder an die utopischen Sozialisten, die von England kommend versuchten, in Amerika einen reinen Sozialismus aufzubauen – und scheiterten.

Auch nach Neuseeland kamen Menschen mit den unterschiedlichsten Motiven, etliche mit der Hoffnung, irgendwann als „gemachter Mann" in die verlassene Heimat zurückkehren zu können. Die meisten jedoch ließen sich dauerhaft nieder – und das bessere Leben, das sie sich erhofft hatten, blieb eine Illusion.

Die noch sehr junge Geschichte der Einwanderung nach Neuseeland ist eng mit der jeweiligen Einwanderungspolitik Großbritanniens und später der neuseeländischen Regierung zu ver-

50 | Abschied der Auswanderer. Lithographie 1853

51 | Risikoreiche Überfahrt. Viele Schiffe kenterten vor Neuseeland

schiedenen Zeitpunkten und mit der jeweiligen ökonomischen Situation sowohl Neuseelands als auch der Herkunftsländer verbunden.

Nicht wenige Immigranten kamen und zogen dann weiter in ein anderes Land. Umgekehrt gab es auch Migranten, die beispielsweise in der ersten Hälfte des 19. Jahrhunderts von Schottland nach Kanada auswanderten und von dort wiederum nach Neuseeland.
Spätere Einwanderer, vor allem des 20. Jahrhunderts, wurden von schon ansässigen Europäern ganz unterschiedlich aufgenommen. Viele verbrachten die erste Zeit in Neuseeland in einer bleiernen Isolation, vor allem natürlich diejenigen, die des Englischen nicht mächtig waren und auch sonst keine Fremdsprachen beherrschten, alte Menschen und Frauen, die zu Hause blieben und dort ihre Arbeit verrichteten. Die Unterkünfte waren auf dem Land häufig sehr weit voneinander entfernt, öffentliche Verkehrsmittel gab es nicht, und die Umgebung war zum Teil von dichtem Urwald geprägt.

Im Folgenden sollen die Einwanderungsströme grob nachgezeichnet werden, um die charakteristischen Bewegungen und die Wurzeln eines großen Teils des heutigen neuseeländischen Gemeinwesens nachzuvollziehen. In einem zweiten Schritt wollen wir anhand einiger Chroniken individuelle Schicksale von deutschsprachigen und anderen Familien aufzeigen.

Europäer

Seit der Kolonialisierung Neuseelands durch die Britische Krone kamen die meisten Einwanderer aus England, Irland und vom europäischen Festland. Aber selbst im Jahre 1860 waren die Maori noch in der Mehrzahl.

Goldfunde führten zu einer weiteren großen Einwanderungswelle um 1860. Goldgräber kamen aus vieler Herren Länder, insbesondere aus den USA und Kanada. Ein großer Prozentsatz dieser Einwanderer wurde sesshaft.

Die internationale Werbung für öffentliche Arbeitsprojekte und die verbesserten Möglichkeiten der Landerschließung brachten ab 1870 eine weitere beachtliche Einwanderungswelle. Allein zwischen 1873 und 1876 kamen rund 63.000 Menschen ins Land, die Hälfte von ihnen aus England, die anderen vorwiegend aus Deutschland, der Schweiz, Polen und Skandinavien. Zu dieser Zeit waren die deutschsprachigen Immigranten die zweitgrößte „Landsmannschaft". Die Zahl europäischer Einwanderer nach Neuseeland war sehr hoch, besonders wenn man bedenkt, dass zu dieser Zeit die USA ein weitaus attraktiveres Auswanderungsziel war. Allein im 19. Jahrhundert emigrierten rund sechs Millionen Deutsche dorthin und waren damit zeitweilig die stärkste Zuwanderergruppe.

Aufgrund der wirtschaftlich sehr schwierigen Zeiten kamen bis Anfang des 20. Jahrhunderts viele junge Leute aus Dalmatien, Kroatien, Italien und Griechenland nach Neuseeland. Sie hatten oft die feste Absicht, später wieder in ihre Ursprungsländer zurückzukehren. Doch die wenigsten schafften das. Später folgten Verwandte und Freunde der früher Eingewanderten, die Post erhalten hatten, in der nur Gutes über die neue Heimat berichtet wurde. Außerdem kamen junge Frauen, die Familien gründeten. Prämien in Form von Grund und Boden seitens der neuseeländischen Verwaltung für jedes in Neuseeland geborene Einwandererkind beschleunigten und bestärkten diesen Prozess.

Zwischen 1887 und 1909 kamen allein aus der Küstenregion Kroatiens 4.000 junge Männer nach Neuseeland. Sie gingen mehrheitlich in die Gum-Felder Northlands. Später siedelten sie sich im Süden der Nordinsel als Farmer, Winzer oder auch in anderen Berufen an.
Zwischen 1910 und 1945 suchten viele Flüchtlinge aus den europäischen Kriegsgebieten in Neuseeland bessere wirtschaftliche Bedingungen und persönliche Sicherheit.

Eine aktive Immigrationspolitik wurde aber erst nach dem Zweiten Weltkrieg betrieben. 1951 wurde beispielsweise das *Netherlands Migration Scheme* realisiert, das 1.000 niederländischen Staatsangehörigen pro Jahr eine Aufenthaltserlaubnis gewähren sollte. So kamen zwischen 1952 und 1972 auch rund 30.000 Niederländer nach Neuseeland. Zurzeit leben mehr als 47.000 Men-

schen niederländischer Herkunft auf den Inseln. Sie sind heute nach den britischen Immigranten die zweitgrößte europäische Einwanderergruppe.
1976 endete dieses Einwanderungsprogramm. Ein anderes Programm – speziell für britische Einwanderungswillige – bestand zwischen 1947 und 1974. Ihm folgten mehr als 76.000 Menschen. Großbritannien blieb die Hauptquelle der Immigranten.

Inder

Die ersten Sikhs kamen um 1900 als Straßenhändler nach Neuseeland, blieben eine Weile und kehrten dann wieder nach Punjab zurück. Zwischen 1920 und 1930 wanderten dann die ersten Gruppen indischer Männer ein – vorwiegend aus Gujarat in Westindien –, die der Überbevölkerung und Armut in ihrer Heimat entflohen. Sie verdingten sich vorwiegend als Landarbeiter. In Neuseeland trafen sie anfangs auf viele Vorurteile und wurden ausgegrenzt.
Bis 1940 kamen nur wenige indische Frauen nach Neuseeland. Danach wurden die restriktiven Immigrationsvorschriften gelockert.
In der Zeit nach dem II. Weltkrieg, zwischen 1945 und 1966, wuchs die Bevölkerung indischer Herkunft schnell um das Fünffache. Viele Inder wurden in Gärtnereien tätig (besonders im Gebiet Pukekohe), in der Milchwirtschaft (in Waikato) oder im Kleinhandel (in Milchgeschäften oder als Obst- und Gemüsehändler). In den letzten Jahrzehnten erweiterte sich das Tätigkeitsspektrum durch diverse Ausbildungsberufe und Jobs in der Industrie.
Die Anzahl der Menschen indischer Herkunft wächst gegenwärtig durch zwei Entwicklungsströme stark: einmal durch kinderreiche Familien in Neuseeland selbst und zum anderen durch zunehmende Immigrantenzahlen aus Indien und von den Fidschi-Inseln.

Chinesen

Die ersten Chinesen trafen um 1860 als Goldminen-Arbeiter in Neuseeland ein. Sie kamen mehrheitlich aus der Region Kanton und waren verarmte Bauern, die den kriegerischen Auseinandersetzungen und der Hungersnot entkommen wollten. Es war die Zeit der Mandschu-Dynastie (1821-1894) und die des zweiten und dritten Krieges Englands gegen China.
Als der Goldboom vorbei war, gingen viele der eingewanderten Chinesen in die aufkommende Industrie oder gründeten kleine Straßengeschäfte, Restaurants, Gärtnereien, Wäschereien bzw. Reinigungsanstalten.

Auf die europäischen Immigranten wirkte die Kultur der chinesischen Einwanderer fremd. Diese waren sehr fleißig und sozial als eine Gemeinschaft organisiert, die sich mit anderen ethnischen Gruppen nicht vermischte. So kam es zu unverhohlenen feindseligen Aktionen gegen die Chinesen. Mittels einer diskriminierenden Gesetzgebung wurde die Anzahl der Chinesen mit Bleiberecht stark verringert. Im Jahre 1881 lebten in Neuseeland 5.000 und 1916 nur noch 2.147 Chinesen. Bis zum Zweiten Weltkrieg durften nur wenige Chinesen einreisen, und erst seit 1952 dürfen Chinesen eingebürgert werden. Inzwischen gibt es mehr in Neuseeland geborene „Chinesen“ als Neuankömmlinge aus China, Hongkong oder Taiwan. Die heutigen Immigranten sind sehr gut ausgebildete Fach- und Geschäftsleute mit einer guten finanziellen Ausgangsbasis.

Einwanderer von den Pazifik-Inseln

Vor dem II. Weltkrieg gab es in Neuseeland nur vereinzelt Einwanderer aus dem Pazifikraum. Seit den 1950er Jahren jedoch nahm ihre Zahl zu. Immigranten kamen hauptsächlich von den kleinen Inseln, wo die Bevölkerung explosionsartig gewachsen war und es nur wenige Arbeitsmöglichkeiten gab. Sie waren ungelernte oder gering qualifizierte Arbeitskräfte und wurden im Dienstleistungsgewerbe oder mit einfachen Tätigkeiten in der industriellen Fertigung beschäftigt. Im Jahre 1966 lebten in Neuseeland 26.271 Menschen, die von den pazifischen Inseln stammten, 30 Jahre später bereits rund 200.000.
Heute machen die Einwanderer aus dieser geografischen Region immerhin 5,6 Prozent der Gesamtbevölkerung aus. Einige Inseln haben mehr Neuseeland-Emigranten hervorgebracht, als sie selbst Einwohner haben. Die größte Konzentration dieser Einwanderer ist in und um Auckland zu finden. Ein nicht geringer Teil des Verdienstes dieser Menschen wird an die daheimgebliebenen Familien geschickt und ist inzwischen ein wichtiger Wirtschaftsfaktor für ihre Heimat-Inseln geworden.
Aufgrund ihrer früheren kolonialen Beziehungen zu Neuseeland haben Bürger der Cook-Inseln sowie von Niue und Tokelau freien Zugang nach Neuseeland. Für Samoa hingegen gibt es eine jährliche Zuwanderungsquote von 1.100 Menschen.

Internationale Flüchtlinge

Auf eine weitere Quelle der Einwanderung sei noch aufmerksam gemacht: die der Flüchtlinge, die aufgrund von Krieg oder persönlicher Verfolgung nach Neuseeland kommen und keine Chancen haben, in ihre Heimatländer zurückzukehren. Viele von ihnen haben schon mehrere Jahre in Flüchtlingslagern in einem anderen Asylland verbracht. Oft leiden diese Menschen unter einem Trauma.

Zwischen 1933 und 1940 wanderten Tausende von den Nazis verfolgte europäische Juden, insbesondere aus Deutschland und Österreich, ein – in der Regel Angehörige der Mittelschicht, die sehr gut qualifiziert waren. Im Jahr 1944 wurden 733 polnische Kinder aufgenommen. Es folgten 6.000 Menschen aus anderen osteuropäischen Ländern, die in den letzten Kriegsmonaten der Zerstörung, aber auch der nahenden Roten Armee entkommen wollten. Zwischen 1949 und 1951 wanderten – wiederum aus politischen Gründen – mehrere tausend Griechen ein. 1956 folgten Ungarn, nachdem der Volksaufstand durch sowjetische Panzer niedergeschlagen worden war, 1968 Tschechen und Slowaken, als auch der „Prager Frühling" durch die Sowjetarmee beendet wurde.

Zwischen 1974 und 1986 gab es eine größere Einwanderungswelle russischer Juden, die unter antisemitischen Tendenzen zu leiden hatten. 1973 kamen Asiaten, die zuvor gezwungen worden waren, Uganda zu verlassen; 1974 bis 1981 Chilenen, die vor dem Pinochet-Regime fliehen mussten. Die größte Flüchtlingszahl in wenigen Jahren erreichte Neuseeland jedoch während des Vietnam-Krieges: über 10.000 Vietnamesen und Kambodschaner kamen ab 1975.

Zu Recht kann man sagen: Die Einwanderungsgeschichte seit den 1930er Jahren spiegelt das Elend der Welt wider und Neuseeland wurde zur Hoffnung vieler Tausend Menschen. Dies setzte und setzt sich fort, auch wenn die durch Krieg, Vertreibung und persönliche Verfolgung gekennzeichneten Menschen nicht mehr in solch großen Anzahl einwanderten: Bahais aus dem Iran, assyrische Christen und Kurden aus dem Irak, Flüchtlinge aus dem ehemaligen Jugoslawien, aus China, Indonesien, Burundi, Somalia, Eritrea, Äthiopien, dem Sudan, Afghanistan, Pakistan und Sri Lanka.
Die Flüchtlinge gelangen auf zwei Wegen nach Neuseeland: entweder im Rahmen der jährlichen Flüchtlingsquote von 750 Personen oder als Asylsuchende.

4.2.2 Aktuelle Immigrationspolitik

Bis Mitte der 1950er Jahre kamen die Immigranten vorwiegend aus den traditionellen Herkunftsländern Großbritannien, Australien, einigen europäischen Ländern und von den pazifischen Inseln.
In den 1980er Jahren gab es in enger Verbindung mit den Wirtschaftsreformen große Veränderungen in der neuseeländischen Immigrationspolitik. Der Fokus wurde dabei stärker auf den asiatischen und pazifischen Raum gerichtet. Diskriminierungen wurden zurückgenommen, und mit dem Auswahlsystem seit 1987 wurde mehr Wert auf die Qualifikation sowie auf das mitgebrachte Kapital gelegt, das in Neuseeland investiert werden sollte. In diesem Zusammenhang wurden auch weitaus mehr Einwanderungsländer akzeptiert als zuvor.

Die Ergebnisse dieser Veränderung waren insbesondere:

- eine große Einwanderungswelle hoch qualifizierter Personen aus Asien und der Pazifik-Region
- eine hohe Konzentration auf die Städte
- ein deutliches Ansteigen der Zahl der Selbständigen und Firmenneugründungen

Andererseits fand eine erhebliche Anzahl dieser Immigranten in ihren ursprünglichen Berufen keine Arbeit, zumal es in den städtischen Ballungszentren zum Teil deutliche Überangebote gab. Das nachgebesserte Immigrationsgesetz berücksichtigt solche Tendenzen.

Seit den 1990er Jahren kamen aufgrund der politischen Unsicherheit und wachsenden Kriminalität in Südafrika circa 10.000 (vorwiegend weiße) Südafrikaner nach Neuseeland. Die meisten von ihnen waren sehr gut ausgebildet, sprachen Englisch und brachten Vermögen mit.
Im Jahre 2000 kamen die meisten Immigranten aus Großbritannien, Indien, China und Südafrika.

Die Einwanderung war schon immer integraler Bestandteil der neuseeländischen Geschichte. Neuseeland hat sich mit der Reform der 1980er Jahre mehr und mehr global und weltmarktorientiert aufgestellt. Das Land trägt diese Entwicklung durch die Heterogenität der eigenen Bevölkerung und den sich zunehmend einstellenden Nutzen der damit verbundenen Synergien.
Zuwanderung wird auch in Zukunft eine sehr große Bedeutung haben, haupsächlich aus zwei Gründen:

- Sie ist für das Bevölkerungswachstum notwendig und zielt vor allem auf junge Familien mit kleinen Kindern ab.
- Es werden international anerkannte Qualifikationen sowie Kapital gesucht, um Branchen und Sparten aufzubauen, die Neuseelands Markt- und Exportfähigkeit auch in Zukunft gewährleisten. Dabei wird zunehmend auch auf zukunftsorientierte innovative Branchen wie die Biotechnologie gesetzt.

4.3 Neuseeland lebt(e) von einem Baum

Diese Behauptung mag Ihnen erst einmal eigenartig erscheinen, doch sie stimmt auf verschiedene Weise:

- Der mächtige Kauribaum, der früher auf großen Teilen der Nordinsel wuchs, war zeitweilig wichtigstes Exportgut und Lebensgrundlage der Siedler. Das Holz dieser Bäume gehört zu den besten Hölzern der Welt. Heute sind allerdings nur noch vier Prozent der ehemaligen Kauri-Wälder übrig: 7.455 Hektar.
- Das Kauriharz ist quasi das Blut des Kauribaumes und könnte als neuseeländischer Bernstein bezeichnet werden. Da die Kauribäume gewaltigen Ausmaßes sind, konnte viel Harz gewonnen bzw. von Harzsammlern *(gum digger)* eingesammelt werden. Es wurde sowohl industriell als auch kunsthandwerklich verarbeitet.

Die neuseeländische Geschichte ist also engstens mit dem mächtigen Kauribaum verbunden.

4.3.1 Der Herr des Waldes

Der größte noch existierende Kauri ist der Tane Mahuta (auf Maori: „Herr des Waldes“). Er hat einen Durchmesser von 4,4 Metern, einen Umfang von 13 Metern und misst 17,7 Meter bis zum ersten Ast und 51 Meter bis zur Krone. Sein Holzvolumen umfasst 244 Kubikmeter. Er ist über 1.500 Jahre alt. Früher gab es Kauribäume noch viel mächtigeren Ausmaßes und höheren Alters. Verlässliche Berichte erzählen von zwei Riesen, die aber gefällt wurden: Zum einen gab es den „Kairaru“ mit einem Stammdurchmesser von 6,4 Metern, einer Nutzstamm-Höhe von 30,5 Metern, einer Gesamthöhe von 65 Metern und einem Holzvolumen von 453 Kubikmetern. Noch beeindruckender war der „General Sherman“ mit 9,7 Metern Stammdurchmesser, 39,6 Metern Nutzstamm-Höhe, 83 Metern Gesamthöhe und einem Alter von 3.500 Jahren! Ein Kauri braucht übrigens 300 bis 400 Jahre, um heranzuwachsen.

Der „Herr des Waldes“ steht im Waipoua Forest im Nordosten der Nordinsel. In einem weltweit einmaligen (Kauri-)Holzmuseum in Matakohe, circa 90 Kilometer vom Tane Mahuta entfernt, kann man die faszinierende Geschichte der ersten Siedler sowie der frühen Kauri- und Harzindustrie nacherleben.

Für interessierte Leser stellen wir nachfolgend einige spezielle Charakteristika dieses einmaligen Baumes zusammen. Weniger Interessierte können diesen Abschnitt gern überspringen.

52 | Der „Herr des Waldes"

Der Kauribaum, Agathis australis, ist der größte, berühmteste und am vielseitigsten verwendbare Baum Neuseelands. Er gehört zur Ordnung der Koniferen (Kiefernartigen)[26]. Die ersten Vorfahren des Kauri entwickelten sich in der Jurazeit vor 135 bis 190 Millionen Jahren. Die Kauriwälder gehören somit zu den ältesten der Welt.

Der junge Kauribaum hat einen schlanken, kegelförmigen Stamm mit Ästen, die sich über seine gesamte Länge verteilen. Mit zunehmender Höhe werden die unteren Äste nach und nach abgeworfen, während sich die obersten Äste zu einer dichten Krone ausbilden, die alle anderen Bäume überragt und den Wald dominiert. Der Stamm wächst zunehmend zu einer mächtigen, astlosen Säule heran. Die Rinde schält sich in dicken Flocken verschiedener Größe, sodass der Baum von Epiphyten[27] freigehalten wird.

Der Baumstamm besteht aus makellosem, gerade gemaserten Holz, das für vielfältige Verarbeitungen geeignet ist. So wurde es im 19. Jahrhundert vor allem für den Bau von Schiffen verwendet, besonders für Masten und Holme von Segelschiffen; ferner für Häuser, Möbel, Brücken, Gussformen, Dämme, Fässer, Eisenbahnschwellen, Stützbalken im Bergbau, große Walzen für die Textilindustrie, Drechselarbeiten und vieles mehr. Das Holz lässt sich leicht verarbeiten, ist sehr stabil, widerstandsfähig und kräftig.

Heute gibt es kaum noch Kauribäume und die letzten Restbestände dürfen nicht geschlagen werden. Eine Ausnahme der

Holzgewinnung und -verarbeitung bilden Sumpfkauris. Das ist Kauriholz, das aus der Erde, vorwiegend aus dem Sumpf, geborgen wird. Es stammt aus Wäldern, die vor circa 50.000 Jahren während einer Naturkatastrophe begraben wurden. Häufig wurden zusammen mit den Stämmen auch Blätter und Zapfen konserviert.

53 | Farnabdruck auf einem Sumpfkauri

Das Sumpfkauri-Holz wird vor allem in der Möbelindustrie und zur Herstellung von Schnitzereien und Drechselarbeiten verwendet, da ihm die Natur eine kräftige dunkelbraune und grüne Färbung verliehen hat, die die Maserung noch stärker hervortreten lässt.

54 | Riesenharzklumpen

Von großer wirtschaftlicher Bedeutung war über Generationen hinweg auch das Kauriharz. Wenn die Rinde – auch auf natürliche Weise – beschädigt wurde oder durch den Wind Äste abbrachen, trat Harz aus und verschloss die Wunde. So wurde verhindert, dass Wasser in den Baum eindrang und Fäulnis auftreten konnte. Während der Baum wuchs, schälte sich die Rinde ständig. Dadurch löste sich das alte Harz und fiel auf den Boden. Aufgrund der großen Anzahl von Kauribäumen und der Größe und des Alters der Bäume gab es riesige Mengen an Harz in Form von harten Klumpen sowohl auf als auch in der Erde.

4.3.2 Helden der Pionierzeit: Holzfäller und -transporteure

Zwischen 1800 und 1900 wurden drei Viertel des gesamten Kauri-Bestandes, damals eine Million Hektar, gefällt. Im 20. Jahrhundert wurde die Abholzung erheblich reduziert. Schließlich stellte man die Bäume 1986 unter Naturschutz. Heute gibt es nur noch wenige Abholzlizenzen, die sich eigentlich fast ausschließlich auf die Sumpfkauri-Gewinnung beschränken.

55 | Leben im Busch um 1860 und Ochsengespanne mit 12-24 Tieren zum Kauri-Transport um 1900

Das Fällen eines Kauri-Baumes war eine schwierige und gefährliche Arbeit. Im 19. Jahrhundert mussten die Baumfäller mannshohe Aussparungen in den Baum hacken, um von dort aus weiterarbeiten zu können. Später wurden Sägen verwendet, die mit Hilfe von Keilen durch den Baumstamm getrieben wurden. In der Regel mussten die dicken Stämme mit der Axt bearbeitet und so der Stammumfang reduziert werden, da sonst die Säge nicht von der einen zur anderen Seite reichte.

Die eingewanderten Holzfäller kamen fast ausschließlich aus Europa, vorwiegend aus Kroatien und Dalmatien. Sie lebten unter schwierigsten Bedingungen in spärlichen Behausungen und Erdhütten im Kauri-Urwald. In den Wäldern gab es kein jagbares Wild wie in Europa. Sie bekamen nur einen geringen Lohn und waren auf Fischfang und zusätzliche Einnahmen aus der Harzgewinnung angewiesen.
Der Urwald war oft unzugänglich und sehr morastig. Wer krank oder schwach wurde, war seinem Schicksal ausgeliefert; einen Arzt gab es kaum in der Nähe, Geld für eine Behandlung war meistens nicht vorhanden – und in die ursprüngliche Heimat konnte man nicht zurückkehren.

Bei all diesem Elend gab es aber auch im Kauri-Urwald kulturelle Lichtblicke. Nicht nur, dass sich die Pioniere ihre Heimatkultur (Lieder, Geschichten, Handwerk etc.) bewahrten; sie bauten beispielsweise kleine, einfache Gemeinschaftshäuser (mitunter nur Unterstände), in denen die Kinder unterrichtet wurden.

Wie das Fällen des Holzes war auch der Transport durch die

56 | Holzgewinnung und Transport im 19. Jh.

- Ein riesiger Kauribaum wird zersägt. Mercury Bay 1924
- Gewaltige Bäume werden im Team gefällt
- Essen ist fertig!
- Verunglückter Ochse beim Holztransport
- Bill Dennis und seine Transportochsen
- Holztransport mit der Dampflokomotive
- Holztransport zur Verschiffung in Maukan
- Holztransport zum Sägewerk

57 | Lichtblicke für die Urwaldbewohner

- Sonntägliches Bad
- Fahrt zur Kirche in Matakohe
- Im Feiertagsoutfit. Matakohe 1902

weiten Wälder sehr schwierig und gefährlich. Solange Wälder in der Küstenregion abgeholzt wurden, konnte man die zu Flößen verbundenen langen Stämme über das Wasser zum nächsten Sägewerk bringen. Je mehr man aber ins Landesinnere vordrang, desto öfter mussten die mächtigen Stämme durch den Wald und über unebenes Gelände befördert werden. Dazu wurden sie in Stücke von je drei Metern Länge zerlegt, mit Ochsen gezogen oder auf Wagen geladen, die man mit Ochsen, Pferden, dampfbetriebenen Winden oder Lokomotiven bewegte – auf eigens zu diesem Zweck aus Kauri-Stämmen gebauten Wegen und Eisenbahnschienen. Oder sie wurden – wie es auch in Europa bei der Trift üblich war – in Flüssen gesammelt. Um eine ausreichende Wasserführung der oft kleinen Wasserläufe sicherzustellen, legte man Stauwehre an, die man öffnete, wenn genügend Wasser zur Verfügung stand. Schließlich wurden die zerteilten Baumstämme an der Küste gesammelt und auf Segelschiffe für den Export nach Übersee oder für den Transport zum Sägewerk verfrachtet.

4.3.3 *Kauridigger* Ron Halliday

Wir suchten in Dargaville nach einem Kauri-Arbeiter, um etwas aus der Gegenwart zu Kauri-Transport und -Verarbeitung zu erfahren, und lernten im dortigen Museum Ron Halliday kennen. Er ist seit seiner Pensionierung vor einigen Jahren ehrenamtlicher Museumsmitarbeiter. Ron konnte uns etwas aus seinem Leben erzählen, das zugleich repräsentativ für viele seiner Altersgruppe (Jahrgang 1934) zu sein scheint. Er arbeitete zunächst an einer Tankstelle und als Lastwagenfahrer für Milchtransporte. Danach war er über drei Jahrzehnte lang *Kauridigger*. Er fuhr die aus den Sümpfen geborgenen Kauristämme zu einem Sägewerk, das sich auf die Kauriholz-Verarbeitung spezialisiert hatte. Die Bäume hatten bis zu 2.000 Jahre in den Sümpfen gelegen. Ihr Holz war sehr wertvoll und somit teuer, da es zu exklusiven Möbeln verarbeitet wurde, die vorwiegend nach Australien und England exportiert wurden. Heute kostet ein Kubikmeter Kauri-Rohholz circa 200 NZ$ (etwa 100 Euro).

Ron hob hervor, dass heutzutage nicht mehr das Be- und Entladen sowie der Transport des Holzes gefährlich seien, wenn man die Technik beherrsche, sondern die Bergung der mehrere Tonnen schweren Stämme aus den Sümpfen. Seiner Ansicht nach gab es Kauriholz, das schon seit rund 30 Millionen Jahren unter der Erde lag. Naturkatastrophen wie riesige Tsunamis hätten die Kauribäume in Massen begraben. Er schätzte, dass der „Natur-Vorrat" noch drei bis fünf Jahre reiche, dann sei die Kauri-Zeit endgültig vorbei. Stolz zeigte er uns seltene Fotos von Farn-Abdrücken auf Kauririnden, die er in den Jahren seiner Kauridigger-Tätigkeit selbst aufgenommen hatte.

58 | Ron Halliday

In seiner großen Familie war er der Einzige, der Kauridigger wurde. Seine Großeltern waren 1864 auf einem Segelschiff von Belfast in Nordirland nach Neuseeland gekommen und in Kawakawa auf der Nordinsel ansässig geworden. Der Großvater war Farmer, hatte zeitweilig einen kleinen Laden, arbeitete in einem Sägewerk und in einer Flachsmühle. Er tat also alles, um die immer größer werdende Familie zu ernähren. Immerhin waren 14 Kinder großzuziehen. Rons Vater wurde 1906 geboren, ging später zur Bahn und baute Bahnlinien mit auf. Nebenbei hatte er eine kleine Farm, auf der auch Ron als Kind mitarbeiten musste.
So packte Ron von klein auf mit an und ging keiner Aufgabe aus dem Weg. Früh ging er zur Arbeit und kam erst spät abends nach Hause. Für Politik hatte er sich nie interessiert, denn dazu

59 | Ron Halliday (rechts) bereitet den Abtransport der Kauri-Stämme vor (1990er Jahre)

50 | Die Stadt Taupor spendete den Holzfällern verschiedene Skulpturen (Beispiele)

hatte er einfach keine Zeit. Das kennzeichne auch die Mehrheit seiner Altersgruppe, meinte Ron.

Die besten Jahre waren für ihn die zwischen 1946 und 1970, also das Alter von 12 bis 36 Jahren. Das war seine Jugend – und der Zweite Weltkrieg mit all seinen Entbehrungen war vorbei. Außerdem war der Lebensstandard in Neuseeland zu dieser Zeit sehr hoch. Angeblich hätten sie in den siebziger Jahren sogar höhere Einkommen als die Schweizer gehabt – das hatte Ron zumindest gehört. Es gab damals viel Arbeit, eine gegen Null gehende Kriminalität, und man konnte billig zu einem eigenen Haus kommen. Eine kleine Farm konnte eine Familie gut ernähren, wenn man keine zu großen Ansprüche hatte. Deshalb waren diese Jahre für ihn persönlich also die besten.

Der Zukunft sah Ron mit Bedenken entgegen. Schon heute gebe es kaum noch kleine Farmen. Das Land werde durch die großen Farmen aufgekauft. Seit einigen Jahren kauften sich auch Ausländer in großem Stil ein, weil Neuseeland „für sie so schön und sicher" sei: Amerikaner, Südafrikaner, Australier, Italiener, Deutsche. Und er sah kein Ende. „Wir werden immer weniger frei entscheiden können", sagte er. Persönlich wolle er im Museum ehrenamtlich weiterarbeiten. Er sammelte alles zur Geschichte der Kauri-Pioniere und Gum-Digger. Außerdem studierte er in Kapitänsaufzeichnungen und anderen Unterlagen, wie befahren die Küsten der Nordinsel im 18. und 19. Jahrhundert waren und wie viele Wracks noch unentdeckt vor Dargaville lagen. Er schätzte sie auf weit über 200.

4.3.4 *Gumdigger* prägten das Land

Die Harzsammler *(Gumdigger)* waren gemeinsam mit den Holzfällern wohl diejenige Gruppe von Einwanderern, die die größten Strapazen auf sich nahmen, unter den schwierigsten Bedingungen lebten – und dem Land Reichtum bescherten.

61 | Gumdigger präsentieren ihre Funde

Anfangs sammelten diese Leute nur das Kauriharz auf, das aus dem Boden ragte. Als diese Quelle erschöpft war, suchten sie im Erdboden mit Spießen nach Harz, gruben es dann mit Spaten aus und reinigten es mit Wasser. Parallel wurden die Bäume nach Harz abgesucht; altes Harz wurde von Ästen und Kronen abgekratzt. Eine dritte Art, an Harz heranzukommen, war die Einkerbung der Stämme, um frisches Harz zu gewinnen. Dieses wurde eingesammelt, sobald es zu einem harten Klumpen getrocknet war. Die Harzsammler verwendeten dazu Spikes, die an den Schuhen und Händen befestigt wurden, um auf die Bäume zu klettern.
Als der Boden leergesucht und die Bäume gefällt waren, wurde um die Sumpfkauris herum nach Harz gesucht. Das war eine unendlich schwere und gesundheitsgefährdende Arbeit.

Kauriharz war im Zeitraum von 1870 bis 1920 die Haupteinnahmequelle der Siedler nördlich von Auckland. Stücke aus fossilem Harz, womöglich mit Inklusen, waren bei Sammlern sehr beliebt; gereinigt brachten sie einen guten Preis.

Die Maori verwendeten das Harz übrigens ursprünglich zum Feuermachen, denn es brennt leicht. Sie benutzten es auch für Fackeln, um damit nachts Fische anzulocken, ferner als Pigmentstoff für ihre Tätowierungen und sogar als Kaugummi.

Die Europäer nutzten das Kauriharz zur Herstellung von hoch-

62 | Alltag der Gumdigger

- Liza Tahi beim Gum-Suchen in Honhora
- Das Zuhause eines Gumdiggers

wertigen Lacken, Farben, Linoleumfußböden, Siegelwachs, Kerzen, Klebern für den Schiffbau, Formen für Zahnprothesen und für vieles andere mehr. Besonders schöne Kauriharz-Exemplare wurden geschnitzt und poliert. Sie sind sehr wertvoll. Das Kauri-Museum in Matakohe besitzt übrigens die größte und schönste Harzausstellung der Welt und ist auch aus diesem Grund einen Besuch wert.

Die größte Gruppe der Harzsucher waren die so genannten „Österreicher“ *(Austrians)*. Bei genauerem Hinsehen waren es vor allem Dalmatier[28], Leute aus Istrien und Kroatien sowie Einwanderer aus Bulgarien und Montenegro. In ihren Heimatländern waren sie vorwiegend Bauern, Winzer und einige auch Fischer gewesen. Die meisten waren sehr jung, 16 bis 18 Jahre alt. Ihr Auswanderungsmotiv war meist, der Einberufung zum Militär zu entfliehen. Nur sehr wenige hatten Frau und Kinder zurückgelassen. Anders verhielt es sich bei den älteren Auswanderern: sie hatten ihre Familien in Europa. Da nur diejenigen beim österreichischen Konsulat in Auckland gemeldet waren, die ihren Militärdienst abgeleistet hatten, gab es eine große Dunkelziffer an Einwanderern aus der k.u.k.-Monarchie. Sie sprachen bewusst nicht Deutsch, sondern einen slawischen Dialekt. Und noch einen Unterschied gab es bei diesen Immigranten: Die älteren Leute waren weniger gebildet. Die jüngeren konnten fast alle lesen und schreiben und hatten von dem guten Bildungssystem der Österreich-Ungarischen Monarchie profitiert.

Tränen aus Harz

Das entbehrungsreiche, harte und primitive Leben der *Gumdigger*, ihre Sehnsucht nach der alten Heimat zeigt sich in Liedern und Gedichten. Das folgende Lied besingt das Los der dalmatischen Einwanderer.

Feigenbäume und Weinreben
(Rundy Sunde)

Ich verließ mein Heimatland, die Feigenbäume und Weinreben.
Ich verließ meine lieben Eltern, ließ alles hinter mir.
Ich sah sie nie wieder, nie mehr den dunklen blauen See.
Ich segelte fort, um mein Glück zu suchen.

Refrain:
Zu den Gumfeldern – da ging ich hin,
um da mein Leben zu verbringen.
Ich stehe und grabe und sammle das Gum
auf den Gumfeldern.
Oh, warum bin ich gekommen
auf die Gumfelder, warum?

Mit sechzehn Jahren bin ich in Neuseeland gelandet,
als einsamer junger Mann, der Heimweh hatte.
Ich fuhr Richtung Norden mit dem Boot und dem Zug.
Ich fuhr zu den Gumfeldern in die windige Ebene.

Refrain: *Zu den Gumfeldern – da ging ich hin,...*

Das Leben dort war die Hölle und hart.
Ich hatte die Nase voll von den Sümpfen und vom kalten Wasser.
Jeden Tag graben und einsammeln
bei trübem Kerzenschein.

Refrain: *Zu den Gumfeldern – da ging ich hin,...*

Ich lebte in einer Hütte aus Lumpen und Blech,

62 | Alltag der Gumdigger

- Ein Kauri-Baum wird zur Harzgewinnung bestiegen
- Harzgewinnung am lebendem Baum

der Wind pfiff rein.
Mein Bett war ein Sack und genauso die Tür.
Eine Kiste mein Stuhl, der auf dem gestampften
Lehmboden stand.

Refrain: *Zu den Gumfeldern – da ging ich hin,...*

Viele Jahre lebte ich da und hoffte und träumte
davon, eines Tages weggehen zu können.
Ich träumte von meiner Heimat und den zurückgelassenen Freunden,
träumte von meiner Heimat, den Feigenbäumen und Weinreben.

Refrain: *Zu den Gumfeldern – da ging ich hin,...*

Kurzer Abriss der *Gumdigger*-Geschichte

Wie schon erwähnt, bedeckten vor Tausenden von Jahren riesige Kauri-Wälder den größten Teil der Nordinsel. An den hohen Stämmen bildeten sich immer wieder Risse in der Rinde, die durch austretendes Baumharz geschlossen wurden. Große Harzklumpen fielen nach dem Hartwerden auf die Erde und wurden im Laufe der Zeit Schicht um Schicht von Waldboden und Baumblättern bedeckt. Sie versanken quasi im Waldboden – und zwar bis zu einer Tiefe von 4,5 Metern.

Der erste Bericht über dieses bernsteinähnliche Material stammt aus dem Jahr 1769 von dem Weltumsegler James Cook. Sein Botaniker Joseph Banks fand an der Mercury-Bucht kleine Klumpen, die Harz enthielten. Beide meinten, dass das eine Absonderung der dort ebenfalls wachsenden Mangroven sei. Mit heutigen Kenntnissen kann eindeutig gesagt werden, dass es sich um fossiles Kauri-Harz gehandelt hat.

Im Jahre 1772 erreichte das Schiff *Marquis de Castries* Neuseeland. Dessen Kapitän, Marc-Joseph Marion du Fresne, fand heraus, dass die Kauri die Quelle dieses Harzes waren.

32 Jahre später, nach den ersten großen Zuwanderungsströmen und der Erkundung nutzbarer

Ressourcen durch die Siedler, wurde zum ersten Mal Harz nach Australien und England exportiert. Dies erfolgte von Russell aus, dem kleinen Hafen in der Bay of Islands mit ein paar hundert Einwohnern, der damals die Hauptstadt Neuseelands war und in dem zuvor schon James Cook vor Anker gegangen war.
Ab 1836 wurden auch aus anderen Häfen Schiffe mit Harz und Holz nach England und Amerika geschickt. Bis dahin war das Harz ausschließlich von Maori gesammelt und im Tausch gegen andere Waren oder Geld abgegeben worden.

1841 vermerkte Kapitän und Gouverneur Hobson in seinen Aufzeichnungen: „Die einzigen Exportgüter aus Neuseeland sind Holz, Harz, Flachs, Schweinefleisch, Kartoffeln, Mais, Schwefel und Öl. Mir scheint, dass noch nichts anderes in Neuseeland gefunden worden ist, das man exportieren könnte."
Vier Jahre später notierte er: „Es hat sich ein sprunghaft ansteigender Handel mit Kauri-Harz entwickelt, das mit Mineralien, Holz und Flax zusammen jedes Schiff füllt, das heimische Produkte transportieren will. Der Vorrat an Harz wird aber nicht für viele Jahre reichen."

Zwischen 1847 und 1853 etablierte sich das Kauri-Harz auf dem englischen Markt – anfangs mit größeren Widerständen und Missverständnissen. So wurden um 1850 20 Tonnen guten Harzes in die Themse gekippt, da man es als schlechte Bernsteinimitation und somit als wertlos eingestuft hatte.

Um 1850 war der größte Teil der Harzklumpen von der Erdoberfläche abgesammelt. Von da an verlegte man sich auf das mühseligere Ausgraben. Das lag nahe, da Farmer zuvor schon beim Pflügen Harzklumpen gefunden hatten.

Die *Gumdigger* und alle, die an der Harzverarbeitung vor Ort beteiligt waren, lebten unter armseligen Bedingungen. Umso erstaunlicher mutet es an, dass von den Gemeinschaften dort, wo Familien mit Kindern primitiv im Busch leben mussten, Pianos oder andere Musikinstrumente angeschafft wurden und die Kinder in eigens dazu gebauten Holzhütten Musikunterricht erhielten. Unter schwierigsten materiellen und häuslichen Bedingungen wurden neben anderen Lehrern auch Musiklehrer angeworben und bezahlt. Die Passagierlisten der Jahre 1850 bis 1880 wiesen circa 1.000 Musiker und Musiklehrer aus, die nach Neuseeland auswanderten. Die meisten blieben in den Städten und stadtnahen Gebieten und verdingten sich offenbar bei dem schnell wachsenden Bürgertum; andere zogen in den Busch und unterrichteten an unwirtlichen Orten. Diese Art der Migration mit hohem kulturellen Anspruch scheint einmalig zu sein.

1856 war der Exporthandel mit Harz fest etabliert und es gehörte zu den wichtigsten Exportgütern. Noch lag die Harzgewinnung bei den Maori, obwohl auch schon einzelne weiße Farmer Harz vertrieben. 1865 zählte man schon die ersten europäischen Siedler, die ausschließlich von der Harzgewinnung lebten.

1881 gab es eine erste Harz verarbeitende Industrie und man beschäftigte in dieser neuen Branche bereits 1.160 Arbeiter. 1884 führte eine tiefere ökonomische Krise in vielen Teilen des Landes zeitweilig zu einer größeren Verelendung. Die Harz-Ausgrabung und -Verarbeitung in der Provinz Auckland war damals die einzige sichere Erwerbsquelle.

Im Jahre 1885 kamen die ersten dalmatischen und kroatischen Immigranten auf die Harz-Felder in Northland. Im selben Jahr gab es auch das erste dunkle, fast schwarze Harz auf dem Markt, das Höchstpreise erzielte.

1887 wollte man für das Graben in den Staatswäldern Lizenzen vergeben. Das Lizenzsystem kam aber nicht recht zum Tragen, da es sich als äußerst schwierig erwies, die Gebühren in den weit entfernten und oft unzugänglichen Gebieten einzutreiben. 1896 zahlten nur 54, 1906 immerhin 241 Dalmatier Gebühren, obwohl man 1889 die Anzahl der in der Bay of Islands lebenden Dalmatier auf rund 2.000 geschätzt hatte. 1891 ergab eine Zählung insgesamt 2.558 *Gumdigger*, darunter 564 „Österreicher“. Dies deutet auf die enorme Dunkelziffer heimlich tätiger Dalmatier, Kroaten und anderer k.u.k.-Österreicher hin. Auseinandersetzungen zwischen den lizenzierten *Gumdiggern* und den „Heimlichen“ *(Aliens)* häuften sich, und es wurde öffentlich diskutiert, die Grab-Lizenzen restriktiver zu vergeben.

Eine weitere Statistik aus dieser Zeit weist die Anzahl der *Gumdigger* mit 6.897 aus:

Engländer:	4.303
Maori:	1.244
Farmer, die auch graben:	416
Österreicher:	519
Andere Ausländer:	415

Unabhängig von der Dunkelziffer ist diese Gesamtzahl – bezogen auf die damalige Bevölkerungszahl – schon sehr hoch.

Mit Beginn der Wirtschaftskrise im Jahre 1894 sanken die Harzpreise drastisch. Die Gewerkschaft der Harzsammler wandte sich daraufhin schriftlich an die Regierung und forderte:

- die Verbesserung der Arbeits- und Lebensverhältnisse auf den Harz-Feldern
- die Auflösung des unfairen Händlersystems
- härtere Vorgehensweisen gegen die illegalen österreichischen Immigranten

Daraufhin kam es zu einzelnen Verbesserungen, zum Beispiel wurde ein staatlicher *Inspector of Weights and Scales* eingesetzt. Im selben Jahr verließen die ersten Dalmatier Neuseeland wieder.

Mitte der 1890er Jahre erfand John Ivan Botica einen speziellen Suchstab, der das Harzsuchen in größeren Tiefen und auch das Ziehen von Harzproben erlaubte. Das war zur damaligen Zeit eine große Arbeitserleichterung und führte zu Produktivitätssteigerungen.

1898 wurde ein Gesetz verabschiedet, das die Harzgewinnung in einem festgelegten Kauri-Reservat regeln sollte und vorgab, dass nur noch Maori und Immigranten englischer Herkunft dort graben dürften. *Aliens* (in diesem Falle Österreicher) wurden explizit ausgeschlossen.
Im Jahre 1905 folgte ein Verbot des Einritzens der Kauri-Bäume zur Harzgewinnung in allen Staatswäldern.

1914, zu Beginn des I. Weltkrieges, waren die Märkte in England, Amerika und Deutschland übersättigt. Ein neues Gesetz bevollmächtigte die Regierung zu direkten Eingriffen und Regulierungen sowie dazu, das Harz zum halben Vorkriegspreis mit der Vorgabe zu verkaufen, den Rest in wirtschaftlich besseren Zeiten nachzuzahlen. Zusätzlich wurde ein „Kauriharz-Ministerium" gebildet.
Zur gleichen Zeit ging die Harzproduktion zurück; viele junge Männer wurden eingezogen und mussten in den Krieg. Für österreichische und deutsche Einwanderer wurde das Leben hart, da man sie verdächtigte, mit ihren Heimatländern zusammenzuarbeiten. So jagte man in Folge politischer Verdächtigungen eine Reihe österreichischer *Gumdigger* von den Harzfeldern und stellte sie unter Beobachtung.
Auch hier begegnen wir wieder der mehrfach angesprochenen Dunkelziffer: Offiziell waren Ende 1914 rund 1.000 *Gumdigger* gemeldet. Man schätzte jedoch, dass es tatsächlich rund 6.000

waren. Viele hatten Angst, eingezogen zu werden oder in ihre Heimatländer ausgewiesen und dann dort zum Militärdienst gezwungen zu werden.

1916 startete die neuseeländische Regierung ein umfangreiches Programm zur Nutzung vorhandener Ressourcen. Sie stellte *Gumdigger* ein, um in streng festgelegten Gebieten weiter Harz zu suchen, Wald zu pflanzen und einstiges, durch die *Gumdigger* verwüstetes Waldgebiet in Farmland umzuwandeln. In den Jahren darauf wurden auch zwei Anlagen gebaut, mit denen man aus Kauri-Torf Öl destillieren konnte.

In den 1930er Jahren lief das Geschäft mit Kauri-Harz aus. Es wurden weltweit synthetische Alternativen entwickelt. 1950 gab es nur noch rund 250 *Gumdigger*; die meisten arbeiteten inzwischen an mechanischen Such-, Wasch- und Sortieranlagen und waren Angestellte. Der Kauriharz-Export ging auf ganze 300 Tonnen pro Jahr zurück, seit 1980 auf weniger als eine Tonne. Dieser Spezialexport wurde für Qualitätslacke im Geigenbau und für die Herstellung von Zahnprothesen genutzt.

Kauriholz und Kauriharz waren einst eine wichtige Enstehungsgrundlage des Staates Neuseeland. An sie waren viele Entbehrungen gebunden; Tausende von Schicksalen waren mit ihnen verknüpft. Heute gibt es quasi nur noch museale Fingerzeige auf diese Zeit. In vielen Orten aber leben die Erinnerungen durch kleine Gemeinde-Ausstellungen, Familienchroniken und Traditionsverbände weiter. Im Jahre 1997 wurde zum Beispiel in Dargaville eine Bronze-Statue zu Ehren der ersten *Gumdigger* in dieser Region aufgestellt. Wir sollten nicht vergessen: der Harzaufschwung liegt eigentlich erst rund 170 Jahre zurück.

Kapitel 5

Das Verhältnis von Pakeha und Maori

5.1 Der Vertrag von Waitangi

Wer Neuseeland verstehen möchte, insbesondere das Verhältnis von Pakeha und Maori, kommt um den Vertrag von Waitangi nicht herum. Dieser war zu seiner Zeit eine enorme politische Errungenschaft, ein neuer Schritt in der Behandlung der britischen Kronkolonien, und in der Folgezeit Auslöser vieler politischer und tätlicher Auseinandersetzungen. Er ist heute quasi der schmale Grat der gegenseitigen Anerkennung und der Annäherungen unterschiedlicher Kulturen – Chance und Gefahr zugleich. Deshalb sollen hier einige Hintergrundinformationen zum besseren Verständnis dieser „Geburtsurkunde" der neuseeländischen Nation beitragen.

Eine sehr gute Analyse des Zustandekommens des Vertrages legten Dora Alves (1999) und Sandra Baudis (2000) vor. Sie soll hier verkürzt wiedergegeben werden.

Gründe für den Vertrag von Waitangi

Anfang des 19. Jahrhunderts wurde Neuseeland von Australien aus verwaltet. Doch die große Entfernung und das zunehmende Wirken unseriöser Geschäftemacher wie der Wakefield Company und entflohene Sträflinge veranlassten London, eine Verwaltung vor Ort aufzubauen. Berichte über anarchische Zustände, zum Beispiel über den Handel mit Maori-Schrumpfköpfen, erreichten London 1837. Es zeichnete sich die Gefahr ab, dass bald der letzte Maori durch Krankheiten oder kriminelle Siedler ausgerottet sein würde. Außer weißen Siedlern stellten auch zunehmend Maori-Häuptlinge Hilfegesuche an die Britische Krone.

Im Jahre 1839 sandte die britische Regierung schließlich den Kapitän William Hobson nach Neuseeland. Er erhielt von Kolonialminister Lord Normanby den Auftrag, zunächst unter den Siedlern für Recht und Ordnung zu sorgen. Danach sollte er die Maori mittels eines Vertrages vor Übergriffen der Siedler und vor Landraub schützen, sie zugleich aber voll an das britische Recht binden. In London erwartete man von ihm, dass er faire Verhandlungen führen, einen Vertreter der Maori-Interessen ernennen und die Landrechte der Maori garantieren würde.
Wie in dieser Zeit für die Vertreter der Krone in den Kolonien typisch, wollte Hobson durchaus Humanismus und Gerechtigkeit vertreten, war aber selbst in der Anschauung befangen, Maori seien Wilde, unzivilisierte Wesen, die der einseitigen Assimilation bedürften.

Nach seiner Ankunft am 29. Januar 1840 in Neuseeland begann William Hobson als Vizegouverneur, seine Aufträge in die Tat umzusetzen. Dabei wurde er von James Busby unterstützt, der selbst britischer Siedler war und 1837 London unermüdlich auf die alarmierenden Zustände aufmerksam gemacht hatte. Busby half unter anderem, ein Treffen mit den Häuptlingen der nördlichen Regionen zu organisieren und den Vertrag von Waitangi aufzusetzen.

Hobson hatte zum Vertragsinhalt keine weiteren Anweisungen als Neuseeland und damit auch die Maori unter britisches Recht zu stellen. Die Bedingungen des Vertrages basierten auf Notizen, die durch Busby, Hobson und dessen Sekretär zusammengestellt wurden. Keiner von ihnen war juristisch vorbelastet und es standen ihnen auch keine Juristen zur Seite. So gesehen war es eine große Leistung zweier Männer. Allerdings – und das war typisch für alle britischen Protektionsverträge – war der spätere Vertrag nur zwischen Großbritannien und den Maori gültig, nicht aber auf innerrechtlicher Ebene. Dazu hätte er als Statut in das neuseeländische Rechtssystem aufgenommen werden müssen. All dies wussten die Maori jedoch nicht, und es ist nicht mehr nachzuvollziehen, ob Hobson sich darüber und über die Folgen im Klaren war.

Während dieser Vertrag also nach britischem Rechtsverständnis rechtskräftig und bindend war, sahen das die Maori für sich nur mit großen Einschränkungen. Verträge dieser Art hatte es in der Maori-Kultur bis dahin nicht gegeben. Verträge im übertragenen Sinne wurden durch andere Riten gestützt. Des Weiteren erkannten die Maori nicht die Bedeutung, die die Briten dem geschriebenen Wort beimaßen. Andererseits ignorierten die Briten das Rechtsverständnis der Maori und erwarteten deren einseitige Anpassung. Stillschweigend wurde vorausgesetzt, dass sie den Vertrag nebst allen späteren Konsequenzen verstehen bzw. überschauen würden. Niemand hatte ihnen den Vertrag und dessen bindende Folgen erklärt. Auch Hobson überging diesen Umstand, obwohl er zur Aufklärung verpflichtet war. Er war es schließlich auch, der bei der Unterzeichnung des Vertrages versuchte, den Inhalt abzuschwächen, und die Häuptlinge zur Unterschrift bewegte, indem er an ihr Vertrauen in die Person der Queen appellierte. Er schilderte sie als sehr daran interessiert, freundschaftliche Beziehungen zu den Maori zu pflegen, und sprach von einem „Akt der Liebe“ sowie davon, dass „nun alle ein Volk“ seien.

Henry Williams von der *Church Missionary Society* (CMS) übersetzte gemeinsam mit seinem Sohn Edward den Vertragstext aus dem Englischen ins Maori. Sie verwendeten hierbei das „missionary Maori“, also auch spezielle Redewendungen, die sie bei der Übersetzung der Bibel und des Gebetsbuches benutzt hatten. Damit erhielten einzelne Worte vor allem für die schon glaubenskonvertierten Häuptlinge besonders positive Konnotationen. Diese Häuptlinge waren es auch, die anderen die Unbedenklichkeit des Vertrages bescheinigten und sie zum Unterzeichnen drängten. Es ist nicht bekannt, ob sich die Missionare der unterschiedlichen Wortbedeutungen für christliche und nichtchristliche Maori bewusst waren. Eine Kontrolle dieser Übersetzung durch Hobson gab es nicht.

Die diversen Missverständnisse, die später zu Landkriegen führten und noch heute nachklingen, sind vor allem auf folgende Umstände zurückzuführen:

- Die Herausstellung der angeblichen persönlichen Interessen der Queen an „einem Volk" und an einer unerschütterlichen Freundschaft zwischen ihr und den Maori interpretierten letztere im Sinne ihres Rechtsverständnisses dahingehend, dass ein Häuptling mit einem anderen auf der gleichen Ebene verhandele.

- Sowohl Hobson als auch die britische Regierung nahmen an, dass mit der Unterzeichnung einer repräsentativen Anzahl von Stammeshäuptlingen der Vertrag auch für alle übrigen gelten würde. Die Entscheidung der britischen Königin galt für ihr gesamtes Volk und dies folgerte man fälschlicherweise auch für die Maori. Diese hatten aber keinen Zusammenhalt und die einzelnen Häuptlinge keine verbindlichen Rechte über die Stämme hinaus.

- Das Hauptproblem war die unterschiedliche Auffassung und Übersetzung von „Souveränität" bzw. „Regierung". Williams verwendete für beide Begriffe das Maori-Wort „Kawanatanga". Für die Maori steht dieser Begriff aber mehr für eine abstrakte als für eine konkrete Autorität. Für die Christen unter ihnen stand das Wort wiederum in enger Verbindung mit Pontius Pilatus. In der englischen Vertragsversion ist davon die Rede, dass die Maori ihre Souveränität an die Queen abgeben und auch das Vorkaufsrecht für ihr Land einräumen sollten, solange jedoch ihre bisherigen Land- und Waldgebiete sowie Fischereigründe kontrollieren durften. In der Maori-Version wurde der Queen nur die abstrakte Regierungsgewalt in Form von Kawanatanga übergeben und es konnte gefolgert werden, dass die Maori die vollständige Kontrolle über ihr Land und die Küsten behielten. Ferner war in dieser Version nur davon die Rede, dass die Maori die Möglichkeit hätten, freiwillig ihr Land zu verkaufen. Eine Vorkaufsklausel gab es nicht.

Dieser Vertrag hat für die Maori eine sehr hohe Bedeutung; er ist für sie ein Garant für *Mana* und Teil ihres kulturellen und politischen Erbes geworden.

Auch wenn der Vertrag der innerrechtlichen Grundlage entbehrte, diente er schon im 19. Jahrhundert als Ausgangspunkt für das Inkraftsetzen einiger Gesetze und kontrollierender Instanzen. Vieles davon erübrigt sich heute durch die UN-Menschenrechtskonvention. Auch ist der damalige Vertrag – schon aufgrund seiner Kürze und Allgemeinheit – nicht in der Lage, alle heutigen Probleme der Maori zu lösen – wie zum Beispiel die hohe Arbeitslosenquote. Der Vertrag bleibt dennoch die zentrale, wenn auch rechtlich umstrittene Grundlage des Zusammenlebens, die 1975 mit der Gründung des Waitangi-Tribunals eine Institution der Auslegung und Rechtsempfehlung erhielt. Dies ist zum Beispiel zur Schlichtung von Landrückgabe-Forderungen und staatlichen Entschädigungen der Maori wichtig.
Der Vertrag ist ein Symbol für die notwendige stete Konsenssuche geworden.

Religiöse und rechtliche Missverständnisse zwischen Pakeha und Maori

Neuseeland war und blieb bei der Kolonialisierung durch die Briten im Vergleich zu ihren anderen Kolonien stets ein Sonderfall. Das hatte verschiedene Ursachen. So war unter anderem das Interesse Großbritanniens an Neuseeland nach den ersten Erkundungen von James Cook nicht sonderlich groß, da das Land so weit entfernt war und anscheinend auch keine absehbaren wirtschaftlichen Vorteile aufwies. Nachdem aber Frankreich und die USA ihrerseits Interesse an Neuseeland zeigten, entschied sich Großbritannien doch für die Kolonialisierung.

Zu diesem Zeitpunkt, insbesondere in der ersten Hälfte des 19. Jahrhunderts, wandelte sich die politische und teils auch ethische Haltung im Mutterland gegenüber den Kolonien. Die Orientierung auf Dezimierung und Isolierung der Eingeborenen wich Bestrebungen zur Assimilation – wenn auch einseitig und ausschließlich nach englischen Vorstellungen und englischem Recht. Im Falle Neuseelands kam hinzu, dass die Maori – im Gegensatz beispielsweise zu den Aborigines – nicht nur erfahrene Sammler und Jäger waren, sondern darüber hinaus versierte Seeleute, Fischer und Ackerbauern. Sie verfügten über eine ausgeprägte eigene Kultur und Geschichtsbewusstsein. Auch dieser Umstand legte eine besondere Politik seitens der Krone gegenüber Neuseeland nahe und schlug sich in einer Reihe von Ver- und Anordnungen nieder, die aber in Neuseeland selbst durch die Siedler, insbesondere durch unlautere Geschäftemacher, aufgrund unterschiedlichster Interessen unterlaufen wurden. So lassen sich im 19. und in der ersten Hälfte des 20. Jahrhunderts immer wieder deutliche Widersprüche zwischen der Politik Londons und der Politik vor Ort gegenüber den Maori aufzeigen. Englische Gesetze wurden einfach nicht, oder erst nach bitteren Auseinandersetzungen verspätet, in die Gesetzgebung Neuseelands überführt. Es konnte u.a. deshalb immer wieder zu diesen Widersprüchen kommen, weil einerseits die Anerkennung der Maori dem strikten ethnologischen Verständnis der Briten und den damit verbundenen hartnäckigen Assimilationsversuchen folgte. Andererseits standen in nicht unerheblichem Maße die Missionare, die vor allem aus England und Deutschland kamen, einer Anerkennung der Maori entgegen. In arroganter Verkennung der tiefen, aber andersartigen kulturellen Wurzeln und in Verteufelung der für die Maori lebensnotwendigen Tabus und Rituale wurden die Ureinwohner immer wieder als „unzivilisiert", „abartig" und als „Gotteslästerer" gegeißelt. Mit dieser Belegung waren sie eine Art Freiwild für die Pakeha und ein gewaltsames Vorgehen, zum Beispiel im Rahmen der widerrechtlichen Landaneignung, konnte – analog den Praktiken der Kreuzzüge – als Voraussetzung einer Christianisierung ausgewiesen werden.

63 | Maori-Versammlungs- und Gerichtsgebäude in Maungapohatui

Das Schicksal der Ureinwohner Australiens, Nordamerikas und Feuerlands vor Augen, setzten sowohl die Verantwortlichen in London als auch die Siedler vor Ort schließlich auf die Assimilation der Maori; deren Autonomie war allerdings undenkbar. Die Pakeha verstanden nicht, dass kriegerische Auseinandersetzungen seitens der Maori darauf gerichtet waren, ihre kosmische Ordnung wiederherzustellen. Die Maori wiederum verstanden nicht, dass sie mit der britischen Assimilationspolitik gerettet werden sollten. Und so kam es in der kurzen Geschichte des Zusammenlebens immer wieder zu gewaltsamen Auseinandersetzungen zwischen Maori und Pakeha.

Die Einsicht, dass die Kultur der Maori nebst ihrem Rechtsverständnis eine Bereicherung für Neuseeland ist, setzte sich erst in der zweiten Hälfte des 20. Jahrhunderts durch. Parallel dazu wuchsen auch bei den Maori nach den vielen Jahren der Unterdrückung das ethnische Selbstverständnis und der Stolz auf die eigene Kultur.

Heute sind die Maori rechtlich gleichgestellt. Dennoch gibt es weiterhin Missverständnisse und Trennendes, das immer wieder zu politischen Auseinandersetzungen der unterschiedlichen Interessengruppen führt. Es sind die alten religiösen und juristischen Missverständnisse, die mit dem Vertrag von Waitangi zementiert wurden und immer wieder aufgeschlossene Vermittler benötigen. Die folgende Übersicht hebt einige grundsätzliche Widersprüche in den Anschauungen bzw. Traditionen der beiden Seiten hervor.

	Pakeha	**Maori**
Weltanschauliche und moralische Grundlagen	Christentum. Gesetze und Moral basieren auf den Zehn Geboten. Die Gesetze liegen schriftlich und für alle verbindlich vor. Es gibt Auslegungen und Musterfälle.	Maori-Tradition. Es gab keine Schriftsprache und keine allgemeingültigen Gesetze. Gesetze und Moral drücken sich in Form von Tabus (Verboten) aus, die die Stabilität des Kosmos garantieren, indem sie für ein Gleichgewicht zwischen Tapu (dem kosmisch männlichen Aspekt) und Noa (dem kosmisch weiblichen Aspekt) sorgen.

	Pakeha	**Maori**
Bedeutung von Land	Christliches Verständnis: Gott gab seinem auserwählten Volk Land, das es sich untertan machen und als Lebensgrundlage nutzen konnte.	Land ist für die Maori ein spiritueller Energieträger, der weder besessen noch veräußert werden kann und der untrennbar mit dem Volk verbunden ist.
Landbesitznahme	Im Sinne der Urbarmachung und der produktiven Nutzung erlaubt. „Nur bebautes Land ist gutes, brauchbares Land."	Landbesitznahme durch die Pakeha führte zum Verlust von heiligen Stätten und von *Mana*. Ganze Stämme verloren den Zugang zu ihren heiligen Plätzen und damit die Möglichkeit, ihre lebens- und energieerneuernden Rituale auszuführen.
Bestrafung	Gesetzesvergehen können mit Gefängnisaufenthalten geahndet werden.	Maori kannten keine Gefängnisse. Aufenthalte in Pakeha-Gefängnissen bedeuteten, *Mana* zu verlieren und mit Sklaven auf eine Stufe gestellt zu werden. Die Maori versuchen, ihre heiligen Stätten zu retten, um so die Stabilität ihres Kosmos, das Gleichgewicht zwischen Tapu und Noa, wiederherzustellen.

	Pakeha	Maori
Individualismus	Typisch für die nord- und mitteleuropäischen Siedler, insbesondere für die Protestanten. Privateigentum, weitgehende Autonomie und Selbstverwirklichung spielen eine große Rolle.	Maori sind gruppenorientiert, das Einzelindividuum spielt kaum eine Rolle. Die Familien- und Stammeszugehörigkeiten und die jeweiligen Verhaltensnormen regulieren alles. Es gibt kein Privateigentum und keine Sehnsucht danach. Maori sind in fünf soziale Ebenen organisiert und integriert. Ein Ausbrechen aus diesen war nicht vorstellbar und tödlich.
Verträge in Schriftform	Voraussetzung für voll rechtskräftige, bindende, einklagbare Abmachungen.	Völlig unbekannt, da es keine Maori-Schriftsprache gab. Übereinkünfte zwischen zwei Stämmen wurden in der Regel durch Heirat oder ein Geschenk besiegelt. Letzteres war unverbindlicher; die mit der Heirat verbundene Abmachung durfte jedoch nie gebrochen werden.

Wie tief die Missverständnisse waren und welche Deutungen es seit Abschluss des Waitangi-Vertrages gab, zeigt diese Gegenüberstellung.

Mit den Augen der Pakeha gesehen	**Mit den Augen der Maori gesehen**
Beginn einer legalen Beziehung zwischen der Britischen Krone und den Maori-Häuptlingen	Beginn einer spirituellen Beziehung zwischen der Königin Victoria und den Maori-Häuptlingen
Das britische Recht soll für alle angewandt werden: für die Pakeha *und* die Maori.	Die Königin nutzt ihr Rechtssystem dazu, die rechtlosen Übergriffe der Pakeha gegenüber den Maori zu stoppen.
Die Britische Krone vertritt alle Neuseeländer, also alle Pakeha und alle Maori.	Die Königin fungiert als Gouverneur, die Maori-Häuptlinge bleiben autark und behalten ihr *Mana*.
Der Vertrag ist ein formales Stück Papier mit einigen Unterschriften.	Der Vertrag ist mit Leben gefüllt und mit ganz besonderen Namen versehen, die dafür bürgen.
Der Vertrag gilt als allgemeinste Grundlage für weitere Einwanderergenerationen.	Der Vertrag bezieht sich auf die derzeitige Anzahl britischer Siedler und es werden kaum noch weitere Siedler nachkommen. Dafür wird Königin Victoria einstehen.
Es ist davon auszugehen, dass die Pakeha billig Land kaufen können und Neuseeland in ein Klein-England verwandeln: ein Gebiet mit Farmen und Städten.	Es ist davon auszugehen, dass die Maori ihr gesamtes Land behalten, dieses geschützt wird und es an ihnen liegt, Land zu vergeben. Das bezieht sich auf Grund und Boden, Wälder, Berge, Küsten und Fischereigebiete.
Die Pakeha können nun ihre Kultur, ihre Sprache und Lebensgewohnheiten ungehindert verbreiten und weiterentwickeln.	Die Kultur der Maori wird von den Pakeha respektiert. Die Pakeha schützen diese Kultur.

Die unterschiedlichen Betrachtungs- und Deutungsweisen des Vertrages werden in der Gegenüberstellung offensichtlich. Das erklärt, warum es zu den immer währenden Spannungen, die noch bis heute anhalten, kommen musste.

Zunehmende Maori-Demonstrationen

Im Zeitraum von 2003 bis 2007 nahmen Proteste und Demonstrationen von Maori gegenüber der neuseeländischen Regierung zu. Es ging stets um die Unverkäuflichkeit der Küstengebiete (Strände und Flachwassergebiete) sowie um die Nutzung der großen Gewässer, insbesondere des Waikato River, des größten Flusses Neuseelands –vergleichbar mit dem Rhein in Deutschland. Zu diesen Themen gibt es verhärtete Fronten und tiefe Vorurteile auf beiden Seiten, und das Misstrauen der Maori gegenüber Verlautbarungen der Regierung wird durch die eigenen Vertreter, seien es die Stammeshäuptlinge oder die Maori-Politiker, noch geschürt.

In diesem Zusammenhang wird immer wieder auf das Jahr 1847 verwiesen. Damals kaufte die *New Zealand Company* den Maori für wenig Geld große Flächen Land am Whanganui ab: 40.000 *acres*[29] Land für nur 1.000£. Dieser Kauf war zusätzlich verbunden mit umfassenden Wassernutzungsrechten. Wie sich schnell herausstellte, beschränkten sich die Siedler nicht auf die 40.000 *acres* Land, sondern beanspruchten 86.000 *acres*. 1847 lehnten sich Maori-Stämme teils gewaltsam dagegen auf und zerstörten Dörfer der Siedler. Während einer scheinbaren Beruhigung versetzten Siedler den für die Maori bestimmten Weizen mit Arsen und töteten dadurch eine größere Anzahl von ihnen. Dieses Vorgehen hat sich stark im Gedächtnis der Maori verankert. Sie beklagen den ehrlosen Betrug um Land und Wasser – ein Verlust, der für sie besonders schmerzlich ist, zumal die nicht-städtischen Maori nach wie vor in dem Bewusstsein leben, dass sie mit Fluss und Boden eins seien.

Einen jüngeren Streitfall gab es in den 1970er Jahren. Damals wurde mittels des „Tongariro Hydropower"-Systems viel Wasser aus dem Lake Taupo und dem Waikato River abgezogen, um einen Stausee zu füllen, mit dessen Hilfe Wasserkraftwerke betrieben werden sollten. Zweifelsohne war das im Zusammenhang mit dem ständigen Mangel an Elektrizität notwendig, traf jedoch die Maori empfindlich, zumal sie nicht im Vorhinein in den Kommunikations- und Entscheidungsprozess einbezogen wurden. Die Veränderungen des Flusses trafen die Maori-Fischer hart. Der Abbau von Flusskies und die Nutzung des Waikato River für touristische Zwecke, speziell für

Jetboot-Fahrten, machten nach Meinung der Maori das Maß voll und führten zunehmend zu öffentlichen Protesten.

Viele Pakeha stellen sich bei der Forderung nach der Nichtverkäuflichkeit der Küstenlandstriche zumindest mental auf die Seite der Maori, insbesondere wenn die Kaufinteressenten ausländische Unternehmen und reiche Privatpersonen sind. So zielt das Ganze auf eine politische Pattsituation. Mit dem langsamen Herausbilden einer übergreifenden Nationalidentität in den kommenden Jahren wird sicher auch diese tiefe Kluft nach und nach überwindbar.

Die folgende Gegenüberstellung von Eingeständnissen und Forderungen zeigt die gegenwärtigen Diskrepanzen und Widerstände.

	Grundsätzliche Eingeständnisse bzw. Vorschläge der Regierung	**Grundsätzliche Forderungen der Maori**
Zugang	Küsten und Flachwassergebiete sollen öffentlich und allen Neuseeländern zugänglich sein.	Küsten und Flachwassergebiete sind Eigentum der Maori.
Vorschriften	Die Krone ist verantwortlich für die Sicherung der Küsten und Flachwassergebiete sowie für den Umgang mit diesen.	Aufgrund der Besitzrechte der Maori (siehe oben) sind Ufer und Flachwassergebiete unveräußerlich – so wie Grund und Boden der Maori.
Schutz	Die Rechte der einzelnen Maori-Stämme sollen geschützt werden.	Alle Maori sollen sich gegen Bestrebungen wehren, die gegen die Gewohnheitsrechte der Maori gerichtet sind.

	Grundsätzliche Eingeständnisse bzw. Vorschläge der Regierung	**Grundsätzliche Forderungen der Maori**
Sicherheit	Es soll Sicherheit für jene geben, die den Strand und die Küstengewässer nutzen – bis zu der Größenordnung, die für ihre Arbeit relevant ist.	Alle Maori, die vor Gericht ihre Rechte bestätigt haben wollen, werden unterstützt.

Die Regierungszusagen sind nie richtig bei den Maori angekommen, mehr noch: bei ihnen überwiegt eine misstrauische Ablehnung. Die Maori unterstellen der Regierung seit Jahren, dass diese mit ihren Zusagen nur formale Wahlpropaganda betreibe, um an Maori-Stimmen zu kommen.

5.2 Das Leben der Maori

5.2.1 Die Könige der Maori

Im Jahre 1856 wählten die Maori Te Koote zum ersten stammesübergreifenden Oberhaupt. Diese Wahl brüskierte die Engländer und wurde als Angriff auf die britische Souveränität gesehen. Te Koote wurde verhaftet, konnte aber 1865 fliehen und führte bis 1872 eine Art Guerillakrieg. Die Engländer rächten sich, indem sie umfangreiches Land der Maori beschlagnahmten.

Nachfolgende Maori-Könige waren:

Potatau Te Wherowhero	(1858-1860)
Tāwhiao	(1860-1894)
Mahuta	(1894-1912)
Te Rata	(1912-1933)
Koroki	(1933-1966)
Dame Te Atairangikaahu (Piki Paki)	(1966-2006)
Tuheitia Paki	(seit 2006)

Alle diese Könige gehörten dem gleichen Waikato-Stamm – dem Ngāti Mahuta – an und wurden von der Mehrheit der Maori-Stämme, die der Kingitanga-Bewegung angehörten, gewählt.

Einen besonders großen Einfluss unter den Maori hatten die bisher einzige Königin Dame Te Ata und ihr Vater Koroki. Auf diese 2006 verstorbene Königin soll hier näher eingegangen werden.

Von Mai 1966 bis August 2006 regierte die Tochter des fünften Maori-Königs, der mit vollem Namen *Koroki of Ngati Mahuta of Waikato and of Ngati Koroki of Maungatautari* hieß, als Maori-Königin. Koroki wurde König, als seine Tochter zwei Jahre alt war. Sein Vater wiederum war der vierte König. Dieser bestimmte, dass seine Enkelin den Namen *Piki* tragen sollte.[30] Unter diesem Namen war die spätere Königin bis zum Tode ihres Vaters im Jahr 1966 bekannt. Ihr offizieller Name lautete *Te Arikinui Dame Te Atairangikaahu*; oft wurde auch die kürzere Form *Dame Te Ata* verwendet.

Als Königin kam sie mit vielen internationalen Persönlichkeiten aus aller Welt zusammen – unter anderem mehrfach mit Königin Elisabeth II, Nelson Mandela, Bill Clinton und mit anderen Staatsoberhäuptern. Gleichzeitig wurde sie mit vielen Orden ausgezeichnet. Dennoch verlor sie nie die tiefe Verwurzelung in der Maori-Kultur und -Geschichte und die Demut vor dem einfachen Leben.

Anhand der Biografie von Piki können die Lebensverhältnisse der Maori im Wandel der Zeit recht gut nachvollzogen werden.
Ihre Eltern lebten sehr einfach, in einem kleinen Haus mit gestampftem Boden. Als sich die Gemeinde Waahi Pa in Erwartung ihrer Geburt vor dem Haus versammelte, machten sie in Kerosin-Tonnen Feuer, um Licht und Wärme zu haben. Musik in der Nähe sollte eine gute Geburt bewirken. Doch es war eine lange und so schwere Geburt, dass die Eltern erklärten, es werde keine weiteren Kinder geben. Die Geburt von Piki aber wurde wie die Geburt eines Sterns gefeiert. Da bei den Maori nicht ausdrücklich ein männlicher Thronfolger gefordert wird, war von Anfang an klar, dass Piki einmal Königin würde.

Piki wuchs mit anderen Kindern der Großfamilie auf und ging mit ihnen in die ländliche Schule. Als sie später in die Diocesan-Schule in Hamilton kam, war das für sie eine sehr große Umstellung. In ihrer Klasse war sie die einzige Maori. Erst nach der Schule kam sie im Internat Te Rahui mit anderen Maori-Kindern zusammen.
Pikis Mitschüler wussten lange nichts von ihrem Status, bis sie plötzlich auf eine dreiwöchige Safari in den Pazifik verschwand. Das beeindruckte ihre Schulkameraden, und auch die Tatsache, dass Piki früher einen Führerschein als sie machte. Insgesamt aber hob sich die spätere Königin nicht durch Äußerlichkeiten von den anderen ab und ihr Status spielte keine Rolle.

Barbara Jolly, eine Mitschülerin, die später noch Kontakt zu Piki hatte, beschrieb sie als stilles, freundliches Mädchen. Selbst nach ihrer Schulzeit befragt, erinnerte sich Piki vor allem daran, dass sie Poesie und Religion als Fächer besonders interessant fand und sehr gern Basketball und Tennis spielte. Eine Gelenkverletzung bedeutete aber das Ende dieser sportlichen Aktivitäten und sie stieg auf Fechten um.

Seit ihrer Schulzeit in Hamilton kam Piki mit Lebensumständen in Kontakt, die für die ländlichen Maori eigentlich unvorstellbar waren; sie wurde schon damals zu einer menschlichen Brücke zwischen europäischer und Maori-Kultur, was sie für ihr ganzes Leben prägte. Ihre neuen

Erfahrungen wirkten sich auch auf andere aus, zum Beispiel auf ihren Vater, den fünften Maori-König. Dieser war lange Zeit Analphabet gewesen und lernte erst durch seine Kinder Piki und eine uneheliche Halbschwester sowie deren Kinder Lesen und Schreiben. Trotzdem war er eine Persönlichkeit mit einem großen Taburaum: So durfte niemand durch seinen Schatten treten, seine persönlichen Textilien wurden gesondert gewaschen, normale Menschen durften weder seinen Kopf berühren noch sein Kopfkissen, seinen Kamm oder einzelne Haare.

Piki arbeitete nach der Schule in einem Kaufhaus in Hamilton. Dort lernte sie ihren späteren Mann Whatumoana Paki kennen. Beide heirateten heimlich. Aus dieser Ehe gingen später sieben Kinder hervor.
Als Prinzessin hätte sie nun theoretisch auf Hilfen zurückgreifen können, beispielsweise auf eine Haushälterin, aber sie wollte ihr Leben lieber unabhängig und selbständig in den Griff bekommen. Hier zeichnete sich bereits eine deutliche europäische Prägung ab.

In den 1960er Jahren verschlechterte sich der Gesundheitszustand ihres Vaters und sie kam häufiger in ihr Dorf zurück. Im April 1965 starb ihre Mutter, drei Wochen später dann ihr Vater im Alter von nur 59 Jahren. Daraufhin musste ein Nachfolger benannt werden. In einer Versammlung von Stammeshäuptlingen aus allen Teilen Neuseelands und sogar aus Samoa wurde schließlich Piki zur Königin ernannt. Sie erhielt den Namen Te Arikinui Kuini Te Atairangikaahu. 2006 war ihr 40. Jubiläumsjahr als Königin. So lange war vor ihr noch kein Maori-König an der Macht gewesen.

Am 15. August 2006 starb sie im Alter von 75 Jahren sehr geschwächt infolge eines schweren Nierenleidens, unter dem sie seit 2005 gelitten hatte. Ihr Leichnam war fünf Tage lang im Besucherhaus ihrer Residenz in Ngaruawahia auf der Nordinsel aufgebahrt. Es kamen fast 100.000 Trauergäste, meist ältere Maori-Frauen, um von ihr Abschied zu nehmen.
Der Nachfolger der Königin musste noch vor der Beerdigung bestimmt sein – so will es der alte Maori-Brauch. Die Krönung findet stets unmittelbar vor der Beerdigung statt.
Sechs Tage nach ihrem Tod wurde ihr Sohn Tuheitia Paki als König bestätigt. Auf die Rolle als Thronfolger war er schon einige Jahre lang von den Stammesälteren vorbereitet worden. Tuheitia Paki war zu diesem Zeitpunkt 52 Jahre alt und arbeitete als Führungskraft an der Maori-Bildungseinrichtung Te Wananga o Aotearoa. Zuvor war er lange Zeit als Kraftfahrer tätig gewesen.
Das folgende Interview wurde Anfang 2003 von Derek Tini Fox mit Dame Te Ata geführt und wird hier gekürzt wiedergegeben.

Die Königin erinnert sich

Woran denken Sie, wenn Sie sich an Ihre Eltern und Ihre frühe Kindheit in Waahi erinnern?

Ich kann weitaus mehr machen als sie. Meine Eltern hatten nicht die Freiheit, die ich heute habe, und das tut mir sehr leid. Sie waren Restriktionen und vielen formellen Zwängen ausgesetzt. Sie konnten zum Beispiel nicht im Land dahin gehen, wohin sie gern wollten. Ich kann das. Sie konnten nirgendwohin, außer sie waren eingeladen. Sie gingen nur in Ortschaften in der näheren Umgebung.

Stimmt es, dass Ihr Vater gern Autos reparierte?

Ja, und das bis zu seinem Ende. Es gab damals noch nicht so viele Autos. Er kümmerte sich ansonsten um alle Farmgeräte und reparierte alles selbst.

Wie lief es für Sie in der Schule?

Von der reinen Maori-Schule in Raukaumanga auf die Pakeha-Schule in Hamilton zu wechseln war für mich traumatisch. Ich war es nicht gewöhnt, nur unter Pakeha zu sein. Zu Hause waren alle Maori, außer unser Lehrer. Ich brauchte ein paar Jahre, um mich heimisch zu fühlen. Zum Glück gründete die Methodistische Kirche ein Mädcheninternat in Hamilton. Es war eines der ersten in Te Rahui. So war ich zwar in der Schule nur mit Pakehas zusammen, danach aber hatte ich die Maori-Umgebung.

Hat Ihnen die Schule Spaß gemacht?

Manchmal hatte ich Spaß. Die Schule war schon in Ordnung. Ich gehe heute zu den Jahrgangstreffen und freue mich, die Mitschülerinnen von damals wiederzusehen.

Was machte Ihr Vater während dieser Zeit?

Als ich heranwuchs, wurde er krank. Manchmal konnte er überhaupt nicht mehr gehen.

Hat Sie die Beraterin Te Puea zur formalen Ausbildung gedrängt?

Ja, es war Te Puea[31], die mich nach Hamilton schickte, damit ich dort unter der Obhut von Pfarrer Arthur Seamer in Te Rahui sein konnte. Ich war acht oder neun Jahre lang dort.
Te Puea bestimmte über meine Eltern und über mich. Sie war eine sehr starke Dame und sehr streng. Heute verstehe ich das alles.

Damals müssen Sie gedacht haben, sie sei ein alter Drachen?

Das stimmt. Sie war oft verärgert, wenn jemand nicht das tat, was sie gefordert hatte. Es hatte aber immer einen Grund. Sie hatte viel Einfluss.
Sie wohnte sehr beengt und wollte es so. Sie wollte sich um niemanden kümmern müssen. Und wenn sie Besuch hatte, den sie wirklich einmal haben wollte, dann hatte sie einen Caravan. Auch ich war einmal dort.
Ich glaube, es war gut, auch einmal diese Seite an ihr zu beobachten, denn sie arbeitete körperlich ausgesprochen hart – draußen auf den Feldern und in den Gärten.

Sie hatte die große Aufgabe, eine Königin zu formen, stimmt das? Überlegen Sie manchmal, wenn Sie vor einem Problem stehen, wie sie dieses Problem gemeistert hätte?

Ja. Ich weiß nicht, ob es damals leichter war oder heute. Ich glaube heute, dass es sehr viel Ignoranz gegenüber dem *Kingitanga*[32] in Waikato gibt. Ich nehme an, das hängt mit dem Tempo des Lebens von heute zusammen. Keiner nimmt sich Zeit, darüber zu reden. Die Menschen denken nicht in größeren Zusammenhängen. Es gab die Hoffnung in unserer damaligen Siedlung, dass wir über die Werterhaltung und die Verbesserung der Menschen sprechen. Weil die Welt durch die Globalisierung kleiner zu werden scheint, müssen wir als Maori globaler denken. Und wir müssen über uns als Maori nachdenken, wegen der vielen Einflüsse des Lebens aller anderen Menschen in unserem Land.
Dessen müssen wir uns immer bewusst sein, denn schließlich können wir ja nicht irgendwo anders hingehen. So ist das mit uns. Wir müssen selbst unerschütterlich sein und unser Tun auch. Wir müssen stolz sein auf unsere Kultur.

Als Ihr Vater starb, was änderte sich da für Sie?

In den letzten Jahren wirkte er jung, obwohl er fast 60 war.
Damals war ich 36, als ich sein Amt übernahm – mit all meinen Kindern. Ich habe sieben Kinder. In den Jahren vor seinem Tod hatte ich schon einen Teil seiner Aufgaben übernommen. So war es dann nicht eine totale Veränderung. Aber da zu sein, um etwas zu tun, ist etwas anderes als die volle Verantwortung zu tragen. Und das besonders, wenn jemand Rat sucht. Man muss sich mit einer Sache befassen und beide Seiten hören. Man ist Richter und Jury zugleich.

Sie haben viele berühmte Leute getroffen. Wen fanden Sie besonders beeindruckend?

Zuerst einmal Nelson Mandela. Er war toll. Als er kam, konnten wir die riesigen Menschenmassen nicht unter Kontrolle bringen. Sie wollten da sein, ihn berühren. Sein Ruhm war ihm vorausgeeilt. Er ist mit Sicherheit ein wunderbarer Mann. Wir versuchten, ihn zum Essen zu bitten, aber die Menschen wollten immer noch mit ihm reden. Er war sehr bewegt von dem Umstand, dass alle um ihn sein und ihn berühren wollten.

Wie entspannen Sie sich?

Ich bin gern im Garten. Nicht, dass ich dort hart arbeite, sondern ich freue mich über die Farben, pflanze und topfe um. Und wenn ich kann, fahre ich gern an den Strand – entweder nach Coromandel oder nach Kawhia.

Sehen Sie TV?

Ja, manchmal. Die Enkelkinder haben dafür gesorgt, dass in meinem Haus ein Fernseher steht. Persönlich habe ich ihn nicht vermisst, weil ich früher keinen besaß.

Sie sind ja viel gereist. Wie fanden Sie die Kontakte mit Menschen aus dem Pazifik-Raum?

Ja. Ich hatte lange Zeit Beziehungen zur königlichen Familie von Tonga. Te Puea nahm mich dahin mit, als ich 16 war. Das war meine erste Reise von Insel zu Insel. Ich war später auf den Cook-Inseln, Neu Kaledonien, Fidschi. Nach Hawaii kam ich bei meiner ersten Rückkehr aus England im Jahre 1974. Bis dahin wusste ich über Hawaii nur das, was man aus Filmen erfahren hat. Aber seit dieser Zeit sind wir sehr eng mit der königlichen Familie von Hawaii verbunden.

Sind die polynesischen Kontakte wichtig?

Oh, ja. Sie kommen auch zu unseren Feiern. Ich lade sie ein.
Te Puea hat sie immer als Teil von uns gesehen. Sie hat sich immer um sie gekümmert, wenn Hurrikane oder ähnliche Katastrophen über sie hereinbrachen.
Ich halte es für äußerst wichtig, mit diesen Mitgliedern unserer „erweiterten Familie" im Pazifik in Kontakt zu bleiben.

Was hoffen Sie für Kingitanga?

Wir dürfen unsere Geschichte nicht in Vergessenheit geraten lassen. In Waikato gibt es eine gute Basis dafür, dass alles wachgehalten wird. Ich hoffe, allen unseren Leuten unseren Weg von den Anfängen bis heute bewusst machen zu können. Viele junge Leute wissen nicht, wie alles in Beschlag genommen wurde. Die weiße Regierung wollte uns loswerden; sie bekam aber das Land nicht. Dann fielen sie in Waikato ein. Und sie wollten *Kingitanga* auslöschen. Die jungen Leute müssen begreifen, dass die heutigen Ereignisse und Entwicklungen immer Waikato und *Kingitanga* einschließen werden.

Haben Sie Berater?

Ich bin jetzt älter als alle anderen, 72 Jahre alt. Die letzten zehn Jahre hatte ich die Geschicke in meiner Hand.

Wer wird Ihr Nachfolger?

Es sollte ein männlicher Nachfolger sein. Aber ich habe mir noch keine abschließenden Gedanken gemacht.

Hinterließ Piki Pakis Tod ein Vakuum?

Nein, sicher nicht. Ihre Rolle in der Öffentlichkeit war widersprüchlich. Sie hatte zweifelsohne eine wichtige repräsentative Funktion für eine große Anzahl von Maori-Stämmen, setzte sich persönlich sehr stark für die Bildung der Maori-Kinder ein und machte im Ausland auf das Leben der Maori aufmerksam. Sicher sind viele Rechte der Maori der letzten drei Jahrzehnte zumindest indirekt auf ihr beständiges vermittelndes Eintreten für ihr Volk im In- und Ausland zurückzuführen.

Die Krönung des ersten Maori-Königs war das Resultat eines Zweckbündnisses gegen die Landnahme britischer Siedler. Dieses Zweckbündnis entsprang der *Kingitanga*-Bewegung, der 22 besonders einflussreiche Stämme angehörten. Allerdings schlossen sich damals bei weitem nicht alle Stämme dieser Bewegung an, und auch heute noch wehren sich einige, die Maori-Könige als politische, geistige und kulturelle Oberhäupter anzuerkennen. Hinzu kommt, dass das Amt eines Maori-Königs nicht erblich ist, alle bisherigen Könige jedoch dem Stamm Tainui entstammen. Diese Tatsache wird von anderen Stämmen durchaus kritisch gesehen. Viele eingewanderte Neuseeländer kannten Piki Paki nicht oder interessierten sich nur am Rande für die Maori-Geschicke und die Königin. Sie hinterließ auch kein Vermächtnis, das die Maori in die Zukunft leiten könnte oder sogar für die gesamte Nation von Bedeutung wäre.

Andererseits erhielt sie durch die Medien und die Abschiedskommentare der Premierministerin Helen Clark eine ungeheure öffentliche Aufwertung. Letztere waren nicht nur eine Geste, sondern entsprangen sicher auch einem Hunger nach nationalen Werten und nach Spiritualität. Und tatsächlich hatte ja die Königin viel dazu beigetragen, die Kultur der Maori zu bewahren und öffentlich aufzuwerten, ihre Sprache wiederzubeleben und ihren Zusammenhalt zu fördern. Im Inland und bei etlichen internationalen Konferenzen, die die Anliegen indigener Völker thematisierten, war sie sehr engagiert. Und nicht zu vergessen: Sie war es, die die vergangenheitsorientieren Maori-Stämme in das 21. Jahrhundert führte.

Persönlich war sie immer bescheiden und zurückhaltend und behielt ihre ebenfalls bescheidene Residenz in einer der ärmsten Gegenden der Nordinsel. Der stellvertretende Chefredakteur des Nachrichtenmagazins *Listener* sprach in diesem Zusammenhang von „dem Gefühl für etwas Größeres in unserem Leben“. Einige Kommentatoren verstiegen sich sogar zu der Behauptung, die verstorbene Königin sei eine Art Symbiose von Mutter Teresa und Lady Diana gewesen.

5.2.2 Tabus der Maori

Der Begriff „Tabu“ wurde Mitte des 19. Jahrhunderts von Ethnologen entdeckt. Er kommt aus dem Polynesischen und bedeutet „Verbot“. Mit diesem Begriff ist eine große Anzahl von Regeln im Rahmen eines magischen Weltverständnisses verbunden, das die Ethnologen nicht nur bei Polynesiern vorfanden, sondern auch bei den Ureinwohnern Amerikas, Afrikas, Australiens und Asiens.

Damals hielt man Tabus für ein Charakteristikum primitiver Zivilisationen. Vor allem Sigmund Freud ist es zu verdanken, dass mit dieser arroganten Interpretation gebrochen wurde. In seiner bekannten Untersuchung „Totem und Tabu“ arbeitete er die Rolle von Tabus im Zusammenhang mit dem seelischen Gleichgewicht des Menschen heraus und stellte die Mechanismen und die Wirksamkeit von Tabus auch in differenzierten Sozialsystemen dar. Soziale Führungssysteme der Gegenwart bedienen sich ebenfalls bestimmter Tabus.

Freud wies darauf hin, dass Tabus nicht nur einfach Verbote sind, sondern einen persönlichen Spannungszustand, für den Einzelnen unerklärbare Anziehungs- und Vermeidungsgefühle umfassen. Das Verbotene ist mit einer Atmosphäre der Vermeidung lange vor einem Tabubruch verbunden.
Tabus sind engstens mit der Vorstellung verknüpft, dass den Menschen ein bestimmtes magisches Potenzial innewohnt, eine übernatürliche Kraft namens *Mana*, die durch Tabubruch zerstört wird. Man muss also zum Schutze seiner selbst wie auch des Stammes alles vermeiden, was zur Zerstörung dieser Kraft beiträgt.

Trotz der Missionierung und der relativ schnellen Christianisierung großer Teile der Maoristämme im 19. Jahrhundert bestimmen die vielfältigen Tabus noch heute den Alltag der Maori in starkem Maße.

In einem Internet-Reisebericht[33] schildert ein Neuseeland-Besucher sehr anschaulich seine Beobachtungen und Recherchen:
„Bis zum heutigen Tag [dürfen] Viktualien nicht mit dem menschlichen Körper in Berührung kommen. Die Maori-Frau, die sich ihrer Tradition noch bewusst war, trocknete daher die Tischwäsche und Kleider nicht an derselben Wäscheleine. Das gehörte zum strengen Gesetz des *tapu*

[Tabu] – der Inbegriff für unantastbar, heilig und für die Maori, insbesondere für die Männer, zudem eine innere Lebenskraft. Unzählige solcher *tapus* bildeten die Grundlage des täglichen und religiösen Lebens der Maori; sie konnten sich auf Dinge, Personen und Orte beziehen, für immer oder nur für eine begrenzte Zeit. [...] Eine Übertretung wurde häufig mit dem Tode bestraft. Um ein *tapu* wieder aufzuheben, mussten komplizierte Rituale, *whaka noa*, abgehalten werden."

Den Tabus waren nicht nur die Massen statusniedriger Maori, sondern in speziellen Formen auch die Häuptlinge, Adligen und die *Tohungas* (Priester) unterworfen. Auf letztere bezieht sich ein alter Bericht, auf den auf der Internetseite ebenfalls eingegangen wird:

„Der Ruhm, *Tohunga* zu sein, war zwar groß, aber das Priestertabu brachte [...] auch bedeutsame Eingriffe in das Leben mit sich, die es recht schwierig gestalteten So wurden alle Häuser, die er betrat, tabu, und deshalb durfte er nie das Versammlungshaus betreten, sondern aus Rücksicht auf seine Stammesgenossen nur davor sitzen. Nicht nur im *Wharekura*, sondern auch im Wohnhaus des *Tohunga* war gekochte Nahrung tabu, und er durfte weder irgendetwas kochen noch etwas, das ihm gebracht wurde, mit den Händen berühren. [Somit] musste er alle Nahrung im Freien zu sich nehmen und sie sich auf Farnblattstäbchen gespießt in den Mund schieben lassen. Besonders wichtig war es, dass er vermied, seinen Schatten jemals auf einen Lebensmittelspeicher fallen zu lassen, denn sonst wurde dessen Inhalt tabu und musste mit dem Hause vernichtet werden. Mit den *Ariki* [den Adligen] gemeinschaftlich unterlag er dem Verbot, seine Haare berühren zu lassen – es sei denn, dass besondere tabuierte Gehilfen ihm die Haare schnitten – und seine abgeschnittenen Fingernägel und Körperausscheidungen mussten auf das Sorgfältigste verborgen werden. [Das alles war etwas zutiefst Persönliches und gegenüber Dritten zu schützen.] Aber es gab auch schon für den gemeinen Mann das Tabu, sein Haar von einem weiblichen Wesen berühren zu lassen, auch nicht von der eigenen Frau."

Noch im 19. und sogar 20. Jahrhundert war es tabu, über den Kopf eines Häuptlings hinwegzuschreiten.
Die Maori erklärten das Tätowieren durch Nichtadlige für tabu. Die Sklaven der Maori besaßen jedoch kein *Mana* mehr und konnten deshalb problemlos zum Tätowieren herangezogen werden; wer im Grunde nicht existiert, weil er kein *Mana* hat, kann auch das Tabu nicht verletzen.

Auch heute noch regeln Tabus das Leben der Maori, insbesondere in Dorfgemeinschaften. Wer engere Kontakte sucht, sollte Tabus ernst nehmen und das eigene Verhalten gegenüber Maori auch danach ausrichten. Das fängt übrigens schon im Hotelzimmer an. Die Zimmermädchen sind überwiegend Maori-Frauen. Das unbeabsichtigte Liegenlassen einer Haarbürste mit Haaren zum Beispiel kann zu Entsetzen und Vermeidungsreaktionen führen, vor allem in ländlichen Gegenden. So etwas muss man nicht provozieren, zumal dann nicht, wenn man die Tabus kennt.

5.2.3 Das Geheimnis der Tätowierung

Dem Seefahrer James Cook, der im Jahre 1774 den später in Europa bekanntesten Polynesier namens Omai nach Europa brachte, wurde nachgesagt, auch den polynesischen Begriff „tatau“ importiert zu haben, aus dem sich später die Wörter „Tatuierung“ und dann „Tätowierung“ ableiteten. Allerdings hatte der erste französische Weltumsegler Louis Antoine de Bougainville die Kunst des „tatau“ bereits einige Jahre zuvor in seinen Reisetagebüchern erwähnt.

Durch die Zurschaustellung der mitgebrachten Südseeinsulaner mit ihren vielen Körperbemalungen und Tätowierungen verstärkte sich das Interesse unterschiedlichster Kreise für diese Körperkunst der „Wilden“. Bis weit in das 19. Jahrhundert wurden nun neben exotischen Tieren auch Polynesier mit Tätowierungen öffentlich ausgestellt und „vermarktet“ – menschenverachtende Auswüchse des Kolonialismus.

Ein anderes Bild, nämlich das des „edlen Wilden“, prägte im Vorfeld der Französischen Revolution Jean Jacques Rousseau, der in den fremdartig Tätowierten ein Idealbild des von der Zivilisation unverdorbenen Naturmenschen sah.

Später wurden Tätowierungen in Europa tabuisiert und in Zusammenhang mit Kriminellen, Prostituierten und heimatlosen Seeleuten gebracht. So wertete Lombroso in seiner These „L’uomo delinquente“ die Tätowierungen als ein sicheres Indiz für die Rückentwicklung eines vormals zivilisierten Bürgers zum Wilden und somit als Kriterium für die Einordnung in eine gerichtsmedizinisch relevante Verbrecherkaste. Er behauptete sogar, dass ein tätowierter Verstorbener, der sich bis zu seinem Tode keines Verbrechens schuldig gemacht hatte, sicher zum Verbrecher geworden wäre, wenn er weitergelebt hätte.
Im russischen Zarenreich wurden bis ins 20. Jahrhundert die nach Sibirien verbannten Strafge-

fangenen tätowiert. Man stach bestimmte Symbole mit eingefärbten, in einem Brett verankerten Nägeln in die Stirn.

Solche Entwicklungen im „aufgeklärten" Europa führten folgerichtig zu drastischen Reaktionen der Missionare auf den Südseeinseln. Peter Mesenhöller machte anlässlich der Kölner Museumsausstellung „Tatau – Tätowierungen aus Polynesien" im Internet auf diese Zeit aufmerksam: „Bedingt durch den Einfluss der Missionen, verschwanden im Laufe des 19. Jahrhunderts die Tatoos auf den Südseeinseln. Mit dem Bibelzitat ‚Ihr sollt keine Male an euren Leib reißen noch Buchstaben an euch ätzen, denn ich bin der Herr' (3. Mose 19,28) nahmen die protestantischen Missionare den Kampf gegen die Tätowierung auf, die für sie das schändlichste Zeichen des Heidentums war.
Drakonische Strafen, verbunden mit einer Zerstörung der eigenen Kultur der Samoaner, Maoris oder Tahitianer, ließen Tätowierungen als Relikte einer vergangenen Zeit erscheinen."

Bei den Missionierungen wurde das Fehlen von Tätowierungen gegenüber den tätowierten „Wilden" als Beweis für die Zivilisiertheit der Europäer, für eine hohe menschliche Kultur geltend gemacht.

Dabei spielte die Tätowierung im Christentum eine nicht unbedeutende Rolle als Instrument der Kennzeichnung; ihr Bedeutungswandel lässt sich von der Verfolgung christlicher Gemeinden bis zur Etablierung der römischen Staatskirche recht gut verfolgen:

- Die Römer tätowierten den Christen ein Kreuz oder die Anfangsbuchstaben des Namens Jesus Christus auf die Stirn oder auf die Innenseite des Handgelenks, also auf gut sichtbare Körperteile, um sie öffentlich zu diffamieren.
- Daraus wurde – in Umkehrung der ursprünglichen Bedeutung – das öffentliche Bekenntnis der Christen zu ihrer Religion mit allen Folgen. Später ließen sich Kreuzritter ein Kreuz tätowieren, um sich eine angemessene christliche Bestattung in der Fremde zu sichern. Ihrem Beispiel folgten die Seefahrer.
- Noch bis zum Ende des 19. Jahrhunderts wurden katholische Mädchen in Bosnien mit einem Kreuz tätowiert, um damit einem Übertritt zum Islam vorzubauen. Koptische Christen tragen in Ägypten zum Teil bis heute ein tätowiertes Kreuz.

Allerdings wurde von der Kirche später, als sie ihre Vormachtsstellung gefestigt hatte, die Tätowierung meist sehr schnell verworfen und gar verfolgt.

Unabhängig von den Tätowierungen Polynesiens entwickelten sich auch bei anderen Völkern verschiedene Arten des Hautschmuckes und der kultischen Signale, zum Beispiel *Mehndi* und *Saumer* als Henna-Tattoos auf Zeit. Diese Form der Körperbemalung gibt es schon seit etwa 5.000 Jahren.

Der Begriff „tatau", eigentlich „ta tatau", bedeutet „richtig schlagen" und bezeichnet Werkzeug und Technik der Tätowierung: Gezähnte Klingen aus Knochen, die am Ende von etwa 30 Zentimeter langen Holzstielen befestigt waren, wurden in Mischungen aus Ruß, (Haifisch-)Öl und Wasser getaucht und mit einem Holzschlegel in die gefäßlose Oberhaut „geschlagen".

Die typischen Tätowierungsmuster der Maori enthielten krummlinige Motive. Diese kamen analog bei vielen Holzschnitzwerken zur Anwendung. Bestimmte Tätowierungen jedoch blieben den Ranghöchsten eines Stammes vorbehalten.
Die Tätowierungen dienten nicht nur als Körperschmuck, sondern machten zugleich auch unempfindlicher gegen Kälte. Wegen der damit verbundenen Schmerzen durften nur Erwachsene tätowiert werden. Männer hatten in der Regel erheblich mehr Tätowierungen als Frauen und waren mit vielen Motiven auf dem ganzen Körper, besonders auffallend jedoch auf dem Gesicht, dem Gesäß und den Schenkeln bedeckt. Frauen ließen sich am Kinn und an den Lippen tätowieren, sehr selten auch an den Fuß- und Handgelenken, an der Stirn oder an den Brüsten.

Dass die kunstvollen Tätowierungen bezahlt werden mussten, schränkte ihre allgemeine Anwendung deutlich ein.

Eine Art einfacher und kaum kunstvoller Tätowierungen kann man beim Abschiednehmen von Verstorbenen entdecken. Früher schnitt man sich die Haut mit Muscheln auf. Das Blut, das dabei floss, war ein Zeichen tiefer Liebe und Verbundenheit mit dem Toten. Aber auch zu anderen Gelegenheiten zeigte man anscheinend tiefe Zuneigung durch Hautverletzungen mit scharfen Gegenständen.

Der frühere Handel mit tätowierten Köpfen machte übrigens auch vor Neuseeland nicht Halt

und hinterließ auf beiden Seiten unangenehme Spuren. Im 18. und 19. Jahrhundert gelangten etliche Maori-Mumien und Kultgegenstände nach Europa und gingen in Privatbesitz oder in den von Museen über. Insbesondere reichlich tätowierte Köpfe waren gefragt. Reisende und Seeleute brachten diese nach Europa und Amerika.
Heute setzen sich die Maori weltweit für die Rückgabe dieser „Souvenirs" der Pakeha ein und verurteilen die Pietätlosigkeit der damaligen Händler und Sammler. Dabei wird oft vergessen, dass ein nicht unerheblicher Teil dieser „Souvenirs" von den Maori selbst verschachert wurde. Sie raubten einerseits präparierte Köpfe von anderen Stämmen und erschlugen andererseits Kriegsgefangene mit interessanten Tätowierungen. In Einzelfällen wurden sogar Sklaven gehalten, um sie zu tätowieren – entgegen der Norm, Tätowierungen als Statussymbole zu wahren. Reisende Händler konnten unter den Sklaven den gewünschten Kopf aussuchen und erhielten das „Handelsobjekt" einige Tage später. Das führte schließlich dazu, dass die englische Kolonialverwaltung den Handel mit Menschenköpfen gesetzlich untersagte und sanktionierte.

In den 1970er Jahren begannen die Maori, die alten Stammeszeichen als politische Symbole, als Zeichen ihrer Identität und eines neuen kulturellen Selbstverständnisses wiederzuentdecken und zu beleben. Parallel zu dieser Renaissance in Polynesien wurden Tattoos (ständige und zeitweilige) auch in Europa modern. Und auf der Suche nach einer neuseeländischen Identität übernahmen selbst die Pakeha die Tätowierung mit maorischen Motiven mehr und mehr als identitätsstiftendes Symbol.

5.2.4 Die Sprache der Maori

M*aori* ist die Sprache der ethnischen Gruppe der Maori. Neben Englisch ist sie die zweite Amtssprache.

Die polynesischen Einwanderer brachten ihre Sprache von ihren Heimatinseln mit. Sie ist mit der samoanischen und hawaiischen Sprache verwandt und war ursprünglich auf den mündlichen Gebrauch beschränkt. Da man keine Schrift kannte, musste alles Wichtige überliefert werden, indem es auswendig gelernt, in Liedern und Tänzen konserviert oder mit bestimmten Symbolen in Schnitzwerken, Tätowierungen u. a. bildhaft dargestellt wurde. Insbesondere die Häuptlinge und Priester waren die Gralshüter der mündlich überlieferten Geschichte ihrer Stämme. Jeder

Maori-Stamm konnte die eigene Herkunft auf eine der Schiffsbesatzungen zurückführen, die im Zeitraum vom 8. bis 14. Jahrhundert nach Neuseeland gekommen waren.

Die europäischen Einwanderer schufen schließlich eine Maori-Schriftsprache. Die lateinische Schrift ermöglichte es ihnen, Vergleiche mit anderen Sprachen anzustellen und das Maori zu erlernen.

Maori ist eine offene Sprache. In den zurückliegenden Jahren kamen circa 20.000 neue Wörter hinzu, und so wurde die Sprache im wahrsten Sinne des Wortes modern. Maori wird heute in den Schulen gelehrt; es gibt eigene Zeitungen und die Zeitschrift *Mana*, eigene Rundfunk- und Fernsehsender. Die Universitäten haben eigene Lehrstühle für Maori, und es gibt sogar eine Maori-Universität.

In den einzelnen Landesteilen des großen neuseeländischen Gebietes bildeten sich verschiedene Stammes-Dialekte heraus. Die ursprüngliche Maori-Sprache, die der frühen Schiffsbesatzungen, ist bis heute im Tuhoe-Stamm im Osten der Nordinsel am besten erhalten.
Die Maori-Sprachkommission *Te Komihana Mo Te Reo Māori* entwickelte schließlich eine einheitliche Hochsprache, die heute als offizielle Sprache anerkannt ist. Man schätzt die Anzahl der aktiv Maori Sprechenden auf zurzeit 50.000 bis 70.000. Insgesamt können wohl rund 100.000 Menschen Maori verstehen, aber nicht unbedingt auch sprechen.

Auf der Suche nach den kulturellen Wurzeln des Landes interessierten sich in den letzten zehn Jahren auch immer mehr Kiwis europäischer und asiatischer Abstammung für die Maori-Sprache. Heute kennen alle Neuseeländer ein paar Maori-Begriffe und die Sprache des Alltags ist mit Maori-Wörtern durchsetzt. So sind zum Beispiel für Pflanzen, Früchte oder Tiere viele der „alten", von den ersten Bewohnern der Inseln geprägten Ausdrücke erhalten geblieben. Auch die meisten Orte oder Regionen haben ihre ursprünglich von den Maori gegebene Bezeichnung beibehalten. Das Kartenlesen und Sichzurechtfinden ist also nicht immer ganz einfach.
Weiterhin betrifft es Begriffe, die die Kulturgeschichte berühren, und natürlich heißt es, dass die *Pakeha* – ursprünglich ein nur für die weißen Siedler verwendeter Ausdruck – keine Ahnung davon hätten. Das Wort der Maori für ihre Kultur, ihren *way of life* und auch ihr neues Selbstverständnis ist *maoritanga*.
Allgegenwärtig ist auch *kia ora*, die allgemeine Begrüßungsformel. In dem Zusammenhang gibt

es außerdem *haere mai* – „Willkommen", *haere ra* – „Lebewohl" und *hongi* – ein Begrüßungsritual, bei dem die Nasen aneinander gerieben werden.
Der *Haka*, der berühmte Kriegstanz, der mit der neuseeländischen Rugby-Nationalmannschaft um die Welt geht, wurde schon in einem früheren Kapitel vorgestellt. Ein weiterer bekannter Tanz, bei dem kleine weiße Bälle an Fäden kunstvoll geschwungen werden, heißt *poi*.
Der Name der englischsprachigen, wenngleich mit vielen Maoriwörtern durchsetzten Zeitschrift *Mana* bedeutet soviel wie Ansehen, spirituelle Macht, Prestige, Autorität oder besondere Fähigkeit. Ein geradezu programmatischer Titel für das „Maori news magazine for all New Zealanders".
Marae ist das Versammlungshaus, und man kann zu einem *Hangi*-Essen eingeladen werden. Dabei werden zum Beispiel *ika* (Fisch), *hua whenua* (Gemüse) oder *kumara* (Süßkartoffeln) in Blätter gewickelt und in einem Erdofen zubereitet.
Geografische Bezeichnungen sind – wie oben bereits erwähnt – häufig aus dem Maori übernommen worden. *Ruapehu* ist beispielsweise die „rauchende Grube". Gemeint ist der Vulkan auf der Nordinsel, von dem wir in unserem Kapitel über Katastrophen berichten.
Reinga heißt „Absprung" oder „Totenwelt". Der nördlichste Punkt der Nordinsel ist das *Cape Reinga*. Der Sage nach gleiten die Seelen der toten Maori an den Wurzeln eines dort stehenden uralten Pohutukawa-Baumes, der übrigens an Weihnachten flammend rot blüht, ins Meer und beginnen ihre Heimreise.
Roto heißt „See" und *rua* ist die „Höhle". *Rotorua* ist die Region der heißen Quellen rund um den gleichnamigen See und auch die Bezeichnung der dortigen Stadt.
Ao heißt „Wolke", *tea* bedeutet „weiß" und *roa* ist „lang". *Ao tea roa* – „Land der langen weißen Wolke" ist der Name, den die Maori Neuseeland gaben.

Nachfolgend sind weitere Begriffe aufgeführt, die vielen Pakeha geläufig sind:

papa	– Erde
tai	– Küste
ngahere	– Wald
motu	– Insel
moana	– Meer, Ozean
manga	– Bach
kohatu, pohatu	– Fels, Stein
hau	– Wind

rangi – Himmel
marangai – Regen
maunga – Berg
awha – Sturm
marama – Mond, Monat
awa – Fluß
rakau – Baum, Holz
kirikiri – Sand
manu – Vogel
rimu – Kiefer

5.2.5 Spiele der Maori-Kinder

Zu jeder Zeit und an jedem Ort der Welt spielten und spielen Kinder – so auch bei den Maori. Schauen wir uns die geschichtlichen Überlieferungen zur Maori-Kultur an, finden wir viele Geschicklichkeitsspiele und Aktivitäten, die das Leben der Erwachsenen spielerisch widerspiegeln. Wir begegnen Ritualen, die den Kampf nachvollziehen, aber auch strategischen Übungen. Viele der alten Maori-Spiele waren denen ähnlich, die Kinder anderer Völker seit Urgedenken spielten. Schwimmen, Laufen, Springen, Boxen und Ringkämpfe waren üblich, aber auch Musizieren, Singen und Tanzen.

Früher spielten die Maori-Kinder mit ganz einfach und schnell herzustellenden Spielsachen wie kleinen, zerbrechlichen Kanus aus Flachsblättern mit einem Stock als Mast, an dem ein weiteres Blatt als Segel befestigt wurde. Damit konnten Ziel- und Schnelligkeitsregatten veranstaltet werden.

Zu den strategischen Spielen zählt das *Mū tōrere*. Gespielt wird auf einem achteckigen, sternförmigen Spielbrett. Jeder Mitspieler erhält vier Steine, die sich von denen der Mitspieler unterscheiden. Ziel des Spiels ist es, den Gegner zu blockieren. Kann dieser seine Steine nicht mehr weiter schieben, hat man gewonnen. Das Spiel ähnelt einerseits ein wenig dem Damespiel und andererseits dem weitaus komplexeren Brettspiel „Go“.

Drachenfliegen (*manu tukutuku; pākau, kāhu*)

Wie bei uns war und ist das Drachenfliegen ein beliebtes Spiel von Kindern und Erwachsenen. Mit viel Kreativität und Fleiß wurden bei den Maori früher vor allem Vogel-Drachen mit ausgebreiteten Flügeln angefertigt. Der Rahmen bestand aus Schilfrohr oder dünnen Zweigen und die Bespannung wurde aus Blättern hergestellt. Flachs war das Basismaterial für die Schnüre. Besonders wertvolle Drachen der Erwachsenen wurden mit Federn, Hundehaar oder aufgefädelten Muscheln dekoriert, die sogar Klappergeräusche verursachten. Zum Ausgleich des Gewichtes – und um bessere aerodynamische Flugeigenschaften zu erzielen – dienten Federn an der Spitze und am Schwanz.

Solche hochwertigen Drachen benutzte man auch zum Überbringen von Nachrichten an Freunde oder im Rahmen von Weissagungsriten, zum Beispiel um sich Klarheit darüber zu verschaffen, ob man eine feindliche Festung angreifen sollte oder nicht.

Weiterhin ist überliefert, dass große Drachenwettbewerbe stattfanden. Dabei wurden ganz bestimmte Zauberformeln gesprochen und gesungen, die helfen sollten, dass der Drachen an Höhe gewinnt bzw. wohlbehalten zur Erde zurückkehrt.

Größere Drachen konnten durchaus eine Spannweite von vier bis fünf Metern haben. Für diese waren Helfer erforderlich, die Erderhebungen für den Start nutzten und den Drachen rasch anzogen. Andere Helfer dirigierten vom Boden aus die Flugobjekte per Seil. Das Herunterholen der Drachen mit dem Seil galt allerdings als Unheil bringend.

Bei den Drachenspielen der Kinder war natürlich alles viel kleiner, weniger kompliziert und aufwändig. Die grundsätzliche Herangehensweise und die rituelle Bedeutung waren jedoch vergleichbar.

Schlittenfahren (*reti, hōrua*)

Größere geglättete Holzstücke oder Teile der Baumrinde, die mitunter mit Haifischöl eingerieben wurden, dienten den Kindern als „Schlitten“. An Abhängen wurden Rutschbahnen angelegt und mit viel Wasser begossen, damit die Schlitten gut rutschen konnten. Auf einen solchen

Schlitten passten je nach Größe zwei bis drei Kinder oder auch Erwachsene. Man veranstaltete Wettfahrten, die von Rufen, Gesängen und dem Klingeln aneinanderschlagender Muscheln begleitet wurden.

Schnurspiele (*whai*)

Ein beliebter Zeitvertreib, mit dem man gleichzeitig Geschicklichkeit und Fingerbeweglichkeit beweisen konnte, waren die sogenannten Schnur- oder Fadenspiele, die wir auch kennen. Derartige Geschicklichkeit war eine wesentliche Voraussetzung für die traditionellen Web- und Blätterverarbeitungs-Arbeiten.

Ein Faden mit einer vorgeschriebenen Länge wurde nach einem vorgegebenen System um die Finger beider Hände geschlungen. Anschließend konnten durch Aufnehmen und Fallenlassen der Schnur, meist mit dem Zeige- oder Mittelfinger der jeweils anderen Hand, Figuren und Muster gebildet werden, die eine bestimmte Bezeichnung und einen Punktwert hatten.

Das Spiel konnte als Wettbewerb zweier Personen, die Rücken an Rücken standen, gespielt werden oder aber kooperativ zu zweit, wobei die Kunst das Übernehmen der Schnur des Mitspielers war. Ausgangspunkt war jeweils eine Grundkombination, aus der andere, kompliziertere entwickelt wurden.

Stabspiele (*tī rākau*)

Diese Spiele, bei denen die Spieler meist in jeder Hand einen leichten Stab hielten, konnten von einer Gruppe im Kreis, von zwei sich gegenüberstehenden Kindern oder aber von in zwei Reihen einander zugewandten Kindern gespielt werden. Es waren sehr rhythmische Spiele, zu denen in der Regel gesungen wurde. Wesentlich war, gleichzeitig dem Mitspieler einen Stab zuzuwerfen und den Stab des anderen aufzufangen. Früher waren das ernste Kriegsübungen, die viel Training erforderten.

Wurfpfeile und -speere (*niti, teka*)

Wurfspeere, lange Stöcke oder Farnstiele waren auch Spielzeuge. Wie viele der uralten Sportarten

diente auch der Umgang mit diesen dazu, die angehenden Krieger im Werfen und gleichzeitig im geschickten Ausweichen zu trainieren.
Die Maori kannten zwei Wurftechniken. Bei der einen warf man den Speer mit einer Hand, bei der anderen schleuderte man ihn mittels eines Wurfstabes und einer gespannten Schnur. In Kriegszeiten verwendeten die Maori diese Techniken, um brennende Speere auf die mit Stroh gedeckten Häuser feindlicher Dörfer zu werfen und diese anzuzünden.

Handspiele (*mahi ringaringa*)

Mit Handspielen wurden die Geschicklichkeit sowie die Konzentrationsfähigkeit trainiert. Die Schnelligkeit der Handbewegungen und das sekundenschnelle Erfassen der Bewegungen des Gegners waren Grundvoraussetzungen, wenn man später in kriegerischen Auseinandersetzungen bestehen wollte.
Diese Art der Handspiele ist bei den Maori-Kindern immer noch sehr beliebt und in etwa vergleichbar mit dem, was europäische Kinder als „Tsching-Tschang-Tschong“ kennen („Schere, Stein, Papier“). Mahi ringaringa basiert auf vier Grundstellungen. Eine davon gibt der Spieler, der an der Reihe ist, nach einem bestimmten Kommando seinem gegenüber stehenden Mitspieler vor. Ist dieser in der Lage, die nächste Position zu erahnen und gleichzeitig mit dem anderen Spieler einzunehmen, erzielt er einen Punkt. Es existiert eine Vielzahl von Varianten – je nachdem, ob nach Runden oder nach Punkten unterschieden wird.

Bewegliche Figuren (*karetao; kararī*)

In den neuseeländischen Museen kann man kunstvoll geschnitzte Holzfiguren mit reichhaltigen Gesichtstätowierungen bestaunen. In der Regel sind das circa 40 bis 50 Zentimeter große menschliche Gestalten (in Ausnahmefällen auch menschengroße), die unten einen Griff haben. Da die Arme mit Hilfe von Schnüren im Schulterbereich befestigt sind, kann man durch Schütteln der Figur dem Haka-Tanz ähnliche Bewegungen nachahmen.
Diese Figuren erinnern an unsere Hampelmänner.

Kreisel drehen (*pōtaka*)

Den Maori waren, wie auch uns, zwei Typen von Spielzeugkreiseln bekannt.

Zum einen gab es aus Holz oder Stein gefertigte Kreisel mit Rillen, in die man das aus Flachs hergestellte Peitschenband wickelte. Durch rasches Wegziehen des Peitschenbandes wurde der Kreisel zum Drehen gebracht.

Zum anderen wurde mit einem hölzernen Brummkreisel gespielt, auf dessen oberer Fläche eine Welle angebracht war, um die zwei Schnüre gegenläufig, also in entgegengesetzte Richtungen, gewickelt wurden. Zogen zwei Kinder gleichzeitig an jeweils einem Schnurende, drehte sich der Kreisel und erzeugte einen Brummton.
Viel lautere Brummtöne erzielten Kreisel aus Flaschenkürbissen. Dazu wurde ein Stab durch den Kürbis geschoben, dessen eines Ende die Drehspitze war. Schnitzereien sowie zusätzlich angebrachte Muscheln konnten den Klangeffekt und die optische Freude am Spiel steigern.

Knöchelspiele (*kōruru*)

Dieses traditionelle Maori-Spiel war nicht nur bei Kindern beliebt. Familien oder gar ganze Dörfer veranstalteten *kōruru*-Wettbewerbe.
Zu diesem Geschicklichkeitsspiel wurden in der Regel fünf kleine Steine oder Beeren benötigt. Es gab aber auch Spiele mit bis zu fünfzehn Steinen. Zuerst lagen die Steine auf dem Boden. Sie wurden dann mit einer Hand aufgegriffen und in die Luft geworfen, um anschließend mit dem Handrücken aufgefangen zu werden. Gewonnen hatte derjenige, der die meisten Steine sicher aufgefangen hatte.

5.3 Ein Maori-Märchen

Kahukura und die Feennetze

Das folgende Märchen erzählte Häuptling Te Wherowhero in den 1840er Jahren dem damaligen Gouverneur von Neuseeland, Sir George Grey. Es wurde 1855 in Greys „Polynesian Mythology" veröffentlicht.

Vor langer Zeit fingen die Menschen die Fische einzeln mit Angelschnüren und Haken. Das war mühselig, langwierig, und oft wurden sie nicht satt.

Eines Tages wanderte ein kluger, junger Mann mit dem Namen Kahukura am Strand entlang. Er kam an eine Stelle, an der eine große Menge Fische lag. Es waren Hunderte von Fischen. Erstaunlicherweise sah er im Sand aber nur einige wenige Fußspuren. Sofort war ihm klar, dass dieser riesige Fang den Elfen (patupaiarehe oder tūrehu) gehören musste. Und er rätselte: Wie hatten die Elfen aber so viele Fische auf einmal fangen können und zum Trocknen ausgelegt?
Die Neugier ließ ihn nicht mehr los, und so versteckte er sich nahe dem Strand, um die Lösung dieses Rätsels zu erfahren.

Die Nacht brach an. Da hörte er draußen auf dem Meer einen immer lauter werdenden Gesang. Er konnte deutlich die Worte vernehmen:

> *„Holt ein das Netz! Mit aller Kraft!*
> *Die Ernte des Meeres zappelt mit Macht!*
> *Holt ein das Netz! Mit aller Kraft!"*

Zuerst verstand Kahukura überhaupt nicht den Sinn dieses Gesanges. Was waren Netze? Er kannte so etwas nicht.

Da sah er auf einmal die Körper einiger Patupaiarehe im fahlen Mondlicht aufleuchten. Sie begannen, an einem Seil zu ziehen, das an der Seite ihres Kanus herunterhing. Dabei sangen sie immer wieder ihr Lied.
Die Patupaiarehe waren fröhliche Wesen und in dieser Nacht anscheinend besonders gut gelaunt.

Durch den Mondenschein war Kahukura ebenso bleich und hellhäutig wie die Patupaiarehe. Und als sie das Netz auf den Strand hinaufzogen, half er, ihnen dabei unerkannt, denn in der Dunkelheit fiel er unter ihnen nicht auf. Und er schwieg wohlweislich.
Er arbeitete die ganze Nacht, und die Patupaiarehe fingen mehrere tausend Fische.
Als die Dämmerung nahte, teilten die Patupaiarehe ihren gesamten Fang auf. Auch Kahukura erhielt seinen Anteil an Fischen. Der Anführer der Patupaiarehe mahnte: „Beeilt euch! Wir müssen vor Sonnenaufgang fertig sein." Denn wenn die ersten Sonnenstrahlen die bleichen Elfenkörper berührten, mussten sie sterben.
Kahukura versuchte, seinen Anteil ebenso wie die anderen auf eine Schnur aufzufädeln, aber der Endknoten ging immer wieder auf und die Fische rutschten herunter. Dadurch verzögerte er den Aufbruch der Patupaiarehe. Im Morgengrauen sahen sie voller Schrecken, dass er ein Mensch war. Schreiend flohen sie ins Meer und ließen nicht nur ihren reichhaltigen Fang zurück, sondern auch ihr kostbares Netz. Und Kahukura sah, dass ihre Kanus nur Tauenden waren.
So konnte Kahukura seinem Stamm das Geheimnis des Fischfanges der Patupaiarehe erzählen und dem Hunger und der Mühsal der bisherigen Fischerei ein Ende bereiten.

5.4 Spruchweisheiten der Maori

Gib', soviel du empfängst, und alles wird zum Besten stehen.

Benimm dich nicht wie ein Europäer. (also: unglaubwürdig, arrogant, ungerecht, egoistisch etc.)

Der Lehm haftet nicht am Eisen. (Mit anderen Worten: Was Fremde der Maori-Kultur auferlegt und hinzugefügt haben, wird wieder von dieser abfallen.)

Wenn ein Krieger stirbt, dann erwächst ein nächster. Wenn ein Silberfarn stirbt, dann erwächst ein nächster.

Berg und Tal kommen nicht zu zusammen, aber die Menschen.

Berate langsam und vollziehe schnell.

Zur Zeit des Säens arbeitet man allein; zur Erntezeit sind die Freunde überall.

Kehre nie um, weil deine Füße straucheln, sondern, wenn überhaupt, weil dein Schädel zerbrochen wurde.

Bemühe niemals die Sorge, bevor die Sorge dich bemüht.

Beratschlagt draußen auf See, wer das Schiff führen soll. (Denn dort zeigt sich der Erfahrene.)

Kehrt die Flunder in den Schlamm zurück, den sie aufgewirbelt hat? (Diese Frage impliziert, dass man sich von der Vergangenheit lösen soll.)

Bemüh' dich, nicht auf einen Teller guten Fleisches, der vor dir steht, zu schauen. Aber sieh immer auf das Gesicht, das du liebst.

Wenn du kannst, sei klüger als andere, aber sag es ihnen nicht.

5.5 Entwicklungstrends der Maori-Gemeinschaft

Natürlich kann man an dieser Stelle keine Prognosen zu der Frage „Quo vadis Maori?" aufstellen, jedoch lassen einige deutliche Entwicklungstrends zukünftige soziale Zuspitzungen innerhalb der Gemeinschaft und gewisse Auflösungserscheinungen der Gemeinschaft selbst vermuten. Veränderungen werden insbesondere aufgrund der Lockerung des individuellen Verhältnisses zu Grund und Boden, der zunehmenden sozialen Widersprüche unter den Maori und der weiter voranschreitenden ethnischen Vermischung eintreten. Diese Entwicklungstrends sollen nachfolgend etwas eingehender beschrieben werden.

Lockerung des individuellen Verhältnisses zu Grund und Boden

Gegenwärtig lockert sich die traditionelle Bindung der Maori an ihr Land, an Grund und Boden, und ursprünglich sinnvolle Regelungen zu dessen Schutz erweisen sich heute als starr und erneuerungsbedürftig.

Da Maori-Land auf dem freien Markt nicht verkauft werden darf, gibt es eigene Vermögensverwalter, die einerseits für die Bewirtschaftung des Landes sorgen und andererseits Landanteile von Maori-Familien ankaufen, die das Land nicht nutzen wollen oder können, weil sie in der Stadt wohnen oder ihr Landanteil durch vielfache Erbteilungen so klein wurde, dass er allein nicht mehr wirtschaftlich genutzt werden kann.
Nehmen wir ein Beispiel: Eine Maori-Frau vererbte ihren angestammten Landanteil an ihre vier Kinder. Einer ihrer Söhne hat wiederum einen Sohn und drei Töchter. Eine dieser Töchter hat 14 Kinder und eine andere ist Mutter von drei Kindern, die wiederum zusammen acht Kinder haben. Man stelle sich nun vor, wie zerstückelt das ursprüngliche Familienland innerhalb dieser Erbfolge über die Generationen wird. Es ist abzusehen, dass das Maori-Land bei der weiteren Zerteilung durch Vererbung für niemanden mehr nutzbar sein wird.
In den nächsten drei Generationen wird in Vergessenheit geraten, wo noch familiärer Landbesitz von bedeutungsloser Größe existiert. Heute leben rund 530.000 Maori in Neuseeland. Schätzungen zufolge können es im Jahre 2010 etwa 650.000 sein. Außerdem weiß jetzt schon niemand mehr genau, wie man „Maori" definieren soll. Zurzeit versucht man noch, den erkennbaren Trend zu ignorieren, dass in ein paar Generationen kaum noch ein Neuseeländer übrig sein wird, der *keinen* Maori in seiner Ahnenreihe nachweisen kann und demzufolge einen Anspruch auf Landanteile hat.

Unter den derzeitigen rechtlichen Einschränkungen ist für die Maori kaum eine Entwicklung zu mehr Wohlstand möglich. Die Ursache liegt in den Festlegungen des Vertrages von Waitangi, der den öffentlichen Verkauf von Maori-Land verbietet.

Zunahme der sozialen Widersprüche unter den Maori

Innerhalb der Maori-Gemeinschaft, die immer mehr in eine Unter- und Oberschicht gespalten wird, gibt es deutliche Zerreißproben.
Einerseits sind Maori in der sozialen Unterschicht überproportional stark vertreten und die (zum Teil individuell bevorzugte) Arbeitslosigkeit ist bei dieser Gruppe im Landesdurchschnitt am höchsten. Diese Maori stehen häufiger wegen Gewalttaten vor Gericht und haben im Verhältnis zur Gesamtbevölkerung einen größeren Anteil an Alkoholikern. Hinzu kommt der starke Einfluss der westlichen Kultur vor allem auf die jungen, städtischen Maori und die damit einhergehende Aushöhlung der eigenen Identität.
Andererseits gibt es zunehmend überdurchschnittlich gebildete und reiche Maori, angefangen bei den Häuptlingen, Intellektuellen und Sportlern. Zugleich gibt es zunehmend sogenannte „Mode-Maori“ mit einer anderen Sozialisation und keiner traditionellen Maori-Familienbindung, die aber – bei aller Fremdheit – durchaus als Chance für die Verstärkung der Maori-Kultur gesehen werden, wenn sie diese öffentlich einfordern.

Voranschreiten der ethnischen Vermischung

Die Maori repräsentieren gegenwärtig etwa 14 Prozent der Gesamtbevölkerung. Schaut man jedoch genauer hin, dann sieht man, dass der überwiegende Teil dieser Menschen von jeweils mehreren Ethnien abstammt, deren Ursprünge in Neuseeland, Europa, Asien oder auch anderen Regionen liegen. Wenn heute beispielsweise ein Pakeha eine junge Frau heiratet, die sich der ethnischen Gruppe der Inder zugehörig fühlt, dann kann es durchaus sein, dass durch Einheirat in der Vergangenheit mehrere Maori-Familien mit ihrer Familie verbunden sind. Ist die junge Frau nun indischer Herkunft oder gar maorischer? Wie sieht es mit den Kindern dieser neuen Familie aus?
Mit dem deutlichen Übergang zu einer neuseeländisch-polynesischen Nationalidentität wird natürlich auch die Zahl der sogenannten Mischehen weiter zunehmen. Die Maori-Gemeinschaft öffnet sich also gegenwärtig zwangsläufig: *Als Maori gilt heute zunehmend derjenige, der sich*

öffentlich mit der Kultur der Maori identifiziert und sie in den eigenen Lebensstil integriert.

Dies birgt allerdings auch Gefahren: Parallel zur steigenden Anerkennung, ja Wertschätzung der Maori-Kultur in der Gesellschaft wuchs auch die Anzahl derer, die sich als Maori ausgeben. Neben Idealisten sind das auch Menschen, die die Privilegien der Maori geschickt für sich nutzen wollen: Besonderheiten im Wahlrecht, stärkere Ausbildungsförderung, finanzielle Unterstützung u.a.

Interview mit Derek Tini Fox

64 | Chefredakteur Derek Tini Fox (rechts) mit Mitgliedern der MANA-Redaktion Auckland

Wir wollten Entwicklungstrends und Widersprüche „aus erster Hand" erfahren und befragten dazu Derek Tini Fox, den Gründer und Chefredakteur der Maori-Zeitschrift *Mana (The Maori news magazine for all New Zealanders).*

Wie lange sind Sie schon Chefredakteur von Mana?

Von Anfang an. Ich habe die Zeitschrift gegründet. Das war 1990, zur gleichen Zeit als mit eigenen Radio-und TV-Sendungen für die Maori begonnen wurde.

Wie viele Leser hat Mana heute?

140.000 Abonnenten. Aber die Zeitschrift wird vielfach von den Lesern weitergegeben und so kommen wir auf etwa die dreifache Leserzahl.

Gibt es für die Maori auch Tageszeitungen?

Nein. Aber die Radio- und TV-Sendungen sind sehr aktuell und auch in der Sprache der Maori.

Ist Mana speziell für die Maori gedacht? Wen wollen Sie erreichen?

Nicht nur für Maori. *Mana* soll eine Art Schaufenster für die Welt sein und von allen Interessierten in Neuseeland und im Ausland gelesen werden. Die Anzahl ausländischer Leser nimmt deutlich zu.
Wir werden auch viel an den Schulen und Universitäten gelesen. Wir bringen viele interessante Reportagen aus Kultur, Wissenschaft, Sport, aber auch aus dem Alltagsleben – und das mit sehr guter Druckqualität! Unsere Reportagen über erfolgreiche Maori im Beruf, über Maori mit einem akademischen Abschluss, über unsere Künstler sollen anderen ein Ansporn sein.

Wer ist eigentlich heute noch ein wirklicher, reinblütiger Maori?

Das ist nicht eindeutig zu beantworten. Ich habe zum Beispiel einerseits richtige Maori-Vorfahren mit Stammbaum, aber auch irische. Wahrscheinlich gibt es heute in fast jeder Maori-Familie verwandtschaftliche „Fremdeinflüsse“. Jeder hat andere in seiner Verwandtenkette. Das Wesentliche ist, wozu und zu welcher Gruppe ich mich bekenne! Mit dem Aussehen und der Hautfarbe hat das nichts zu tun.
Ich bekenne mich zu den Maori, da sie als erste hier waren. Dadurch haben sie eine andere Ausgangsposition als alle anderen und zu Recht besondere politische und kulturelle Forderungen. Diese vertrete ich.

Wie wichtig ist in diesem Zusammenhang die Maori-Partei?

Ich halte die Rolle der Maori-Partei für sehr wichtig, ebenso wie die *Mana*-Zeitschrift und die Sendungen für die Maori. Das alles ist schon deshalb wichtig, weil alles aus der Sicht der Maori betrachtet und kommentiert werden kann. Es gibt im Parlament Maori-Vertreter, die sich für die ureigensten Belange der Maori einsetzen. Die Pakeha haben davor Angst, dass die Maori zu viel Einfluss gewinnen können.

Haben Sie persönlich schon einmal damit geliebäugelt, in die Politik zu gehen?

1999 kandidierte ich als Unabhängiger für das Neuseeländische Parlament, blieb aber leider knapp hinter einem Labour-Abgeordneten, der das Rennen machte. Er ist einer meiner Cou-

sins und heute Minister für Maori-Angelegenheiten. Meiner Meinung nach brauchen die Maori keine formale Instanz in Form eines Ministers; die Maori sollten für sich stehen. Und da ist eine Maori-Partei wichtig.
Wäre ich damals Sieger gewesen, hätte es zu Maori-Fragen keine Entscheidung im Parlament ohne die Maori-Partei gegeben. Das war meine angestrebte Position als Unabhängiger.

Ist die sehr heftig geführte sea belt-Diskussion, die die Unveräußerlichkeit der Küsten und küstennahen Gewässer zum Inhalt hat, mehr ein Symbol für unterschiedliche Meinungen oder tatsächliche Notwendigkeit?

Es ist für die Maori der Punkt, wo sie sagen: „Es reicht!“ Ich war dafür auch schon auf der Straße, habe an Demonstrationen teilgenommen.
Die Frage des freien Zugangs aller zum Meer ist aber nicht die eigentliche Frage. Die Gefahr des Verkaufs an ausländische Personen und Firmen ist sehr groß! Grund und Boden, die Küste und die Flüsse müssen in neuseeländischer Hand bleiben. Ich würde mein Land nie verkaufen, sondern an meine Kinder weitergeben. Aber das ist ein großes Problem in Neuseeland. Wenn es darum geht, wer hier grundsätzliche Entscheidungen trifft, dann gewinnen immer die Pakeha.

Welche Änderungen in der Politik gegenüber den Maori sehen Sie seit der Reform in den 1980er Jahren?

Da gibt es einiges, zumindest auf dem Papier. Jedoch Absichtserklärungen und kleine Veränderungsversuche sind das eine; das andere ist das, was daraus gemacht wurde. Und da bestimmt nach wie vor die Übermacht der Pakeha das tägliche Leben.

Sind aber nicht zunehmend kritische Stimmen aus dem Kreis der Pakeha zu hören – und unterstützende für grundsätzliche Ziele der Maori?

Die Masse der Pakeha ist durchaus aufgeschlossen. Bei entscheidenden Schritten ziehen sie sich aber zurück, ganz nach dem Motto: „My home is my castle.“

Wie wird die Zukunft aussehen? Bleibt die Unvereinbarkeit zweier Welten oder wachsen Pakeha und Maori irgendwann einmal zusammen?

Ein Zusammenwachsen sehe ich nicht. Die Pakeha verfolgen eine Ausschließlichkeit ihrer Kultur. Es kommt nicht zu der Partnerschaft, wie sie im *Treaty* vereinbart wurde. Die Pakeha sagen: „Das war damals; heute gilt etwas anderes." Das ist ein großes Unrecht und stiftet Spannungen.

Können Sie uns kurz den wirklichen Unterschied zwischen Pakeha und Maori erklären?

Uns Maori verbinden der deutlich sichtbare kulturelle Unterschied und die lange Tradition. Wir haben einen großen Bezug zu unseren Vorfahren und detailliertes Wissen über sie. Obwohl es keine schriftlichen Unterlagen gab, kenne ich die vor mir auf der Welt gewesenen Verwandten und kann sie zehn Generationen zurückverfolgen.
Auch ist die Verbindung untereinander viel enger, ebenso unsere Identifikation mit unseren Familien und Stämmen.
Vieles machen die Maori eben anders. Wir haben ganz andere und reichhaltige Zeremonien, wir sind sehr stark landverbunden und achten es für heute und mit Blick auf die Zukunft. Wir haben untereinander großen Respekt. Von uns käme niemand auf die Idee, die Schuhe auf den Tisch zu legen. Da gäbe es noch sehr viel mehr zu nennen.

Kapitel 6

Umwelt und Umweltschutz

6.1 Katastrophen, die das Land erschütterten

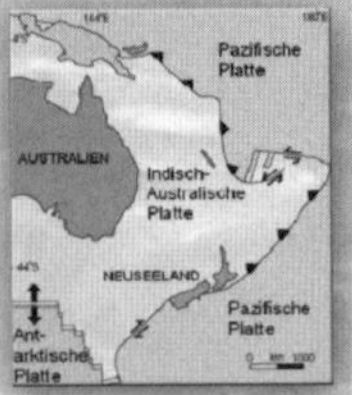

65 | Die Indisch-Australische Platte

66 | „Blubbernde Erde" in Rotorua

Neuseeland liegt geologisch gesehen auf der Grenze zwischen der Pazifischen und Australischen Platte und ist somit Teil der als „Pazifischer Feuerring" bekannten Region an den Rändern des Pazifiks, die durch hohe vulkanische Aktivität und häufige Erdbeben gekennzeichnet ist. Hier taucht die Pazifische Platte entlang von Tiefseerinnen unter die angrenzenden Krustenplatten ab. Dass ein solcher Prozess nicht „reibungslos" vonstatten gehen kann, scheint offensichtlich. Die Subduktion, d.h. eine Unterschiebung einer Platte unter die andere, führt einerseits dazu, dass sich in den Krustenplatten Spannungen aufbauen, die sich ab und an in Form von Erdbeben entladen, andererseits zur Bildung von Magmen aus dem aufgeschmolzenen Material der subduzierten Platte, die entlang von Verwerfungen bis in die obere Kruste aufsteigen und eindrucksvolle Vulkane entstehen lassen, wie man sie beispielsweise in Japan (Fujiyama), den Rocky Mountains (Mount St Hellens), den Anden (Chimborazo) und auf der Nordinsel Neuseelands (Mount Ngauruhoe) findet.

Die Geologie der Nordinsel ist geprägt durch die *Taupo Vulcanic Zone,* in der sich einige der aktivsten Vulkane der Erde befinden und geothermale Phänomene zahlreiche Touristen anziehen.
Wie lebensfeindlich diese Region sein kann, können die Besucher in Rotorua erkunden. Die Natur zeigt sich hier mit einer gewaltigen Vielfalt blubbernder Erdlöcher, kochender Krater und dampfender Geysire. Kleinere Beben sind keine Seltenheit und die sogenannte Holzständerbauweise fast aller Gebäude ist dem gut angepasst. Keller haben die Häuser in der Regel nicht, und so führen die kleinen Wackler zu keinen dramatischen Schäden.

Rund 840 Kilometer von Auckland entfernt, in der nördlichen Fortsetzung der Subduktionszone, gibt es eine kleine, zu der Kermadec-Gruppe gehörende, hochgiftige Insel namens *Curtis Island*, auf der fast alles Leben zerstört ist. Neuseeländische Wissenschaftler beschrieben dort im Jahr 2002 ätzende Schlammmassen, die säurehaltiger sind als Batterien, kochend heiße Quellen und giftige Gasströme.

Auf der Südinsel geht es etwas ruhiger zu als im Norden, denn hier wechselt die Plattengrenze von der Subduktion zu kontinentaler Kollision und lateraler Verschiebung. Entlang der *Alpine Fault* (der „alpinen Verwerfung“), einer sogenannten Transformstörung, gleiten die beiden Platten mit einer zusätzlich konvergierenden Komponente aneinander entlang. Dieser tektonische Vorgang führte – und führt noch immer – zur Erhebung der *Southern Alps* und zu Spannungen in der Erdkruste, die auch hier Erdbeben zur Folge haben.

6.1.1 Vulkanausbrüche

Größere Vulkanausbrüche kamen immer wieder vor. Der Mount Tarawera, knapp 30 Kilometer von Rotorua entfernt, war am 10. Juni 1886 Ursache einer großen Katastrophe. Seine Eruption verschüttete eine ganze Region mit gewaltigen Mengen von Schlamm, Geröll und Asche. Dieses Gebiet war zu der damaligen Zeit touristisch recht gut erschlossen. Die Touristen kamen aus aller Welt, insbesondere aus England.

Es heißt, „ein Naturwunder“ bzw. eine Art „Weltwunder“ sei zu bestaunen gewesen. In der Tat müssen die rosafarbenen und weißen Sinterterrassen, die von einem in regelmäßigen Abständen wasserspeienden Geysir überspült wurden, einmalig schön gewesen sein. *Te Weiroa* soll *die* Top-Adresse im Rotorua-Wunderland gewesen sein.
Die Dörfer der näheren Umgebung waren über die florierenden Geschäfte mit den vielen Besuchern froh, und die Warnungen der Wissenschaftler wollten sie nicht gelten lassen. Kleinere Erdstöße, die immer wieder auftraten, wurden verharmlost oder trugen gar zur Attraktivität der geschwungenen und wie Alabaster glänzenden, stufenartigen Wasserbecken bei.

Verglichen mit den katastrophalen Vulkanausbrüchen des Krakatau oder mit dem Beben von San Francisco, Ereignissen, bei denen viel mehr Menschen umkamen, war die Tarawera-Eruption zwar für neuseeländische Verhältnisse bedeutsam, international jedoch vergleichsweise unbedeutend. Dennoch zerstörte der Ausbruch ein von der Natur in vielen Tausenden von Jahren geschaffenes Landschaftswunder in nur einer Nacht. Die Asche begrub drei Dörfer und fast alle Einwohner. Die weißen Terrassen, die die Reisenden mitunter mit den Hängenden Gärten von Babylon verglichen hatten, verschwanden in dieser Nacht für alle Zeit. Ihr Name *Te Tarata* – die bogenförmigen Terrassen – war übrigens dem Maori-Wort für Tätowieren entlehnt.

67 | Restgegenstände aus verschütteten Dörfern

Die Spuren dieser Katastrophe von 1886 sind heute noch auffindbar und in einem speziellen Museum umfassend dokumentiert. Eines der damals zerstörten Dörfer mit dem Namen *Te Wairoa* (heute *Buried Village*) wurde teilweise freigelegt – wie eine Art kleines Pompeji in Neuseeland.

6.1.2 Geröllawinen

Der höchste Berg der Nordinsel – der Mt. Ruapehu – gehört zu den Vulkanen, die zwar selten, aber dennoch aktiv sind. Ausgerechnet am Weihnachtsabend des Jahres 1953, gegen 22.30 Uhr, verursachte eine Eruption das Wegbrechen einer Kratersee-Flanke. Eine Schlamm- und Geröllflut von Tausenden von Tonnen, ein sogenannter Lahar, führte durch das unglückliche Zusammentreffen verschiedener Ereignisse zu einem schweren Zugunglück.

Kurz vor dem Eintreffen des Abendzuges von Wellington nach Auckland waren mehrere Pfeiler der *Tangiwai*-Eisenbahnbrücke über den *Whangaehu River* von der sechs Meter hohen Geröll-Lawine weggedrückt worden. Der Zug raste mit etwa 70 Kilometer pro Stunde auf die Unglücksstelle zu und konnte weder gewarnt noch gestoppt werden. Es heißt, die 145 Tonnen schwere Lokomotive sei rund 35 Meter durch die Luft geschleudert worden und am anderen Ufer des Flusses aufgekommen. Die ersten sechs Wagen landeten im Wasser. Von den 285 Menschen an Bord kamen 151 ums Leben.

Der Geologe James Healy vertrat am 9. März 1954 vor einer Regierungskommission die Meinung, dass in diesem Katastrophenfall vulkanische Aktivitäten keine direkte Rolle gespielt hätten, sondern eine Barriere aus Asche an der Kratersee-Wand aufgrund des gestiegenen Wasserstandes im See und des enormen Drucks abgerutscht sei. Einen vergleichbar großen Erdrutsch hatte es an fast gleicher Stelle im Jahr 1925 schon einmal gegeben – und davor auch schon einmal im Jahre 1859.

Am 23. September 1995 konnte wenige Monate vor dem Abgang einer weiteren Schlamm- und Geröll-Lawine, die vom Mt. Ruapehu kam, noch rechtzeitig ein Skigebiet gesperrt werden.
Der Mt. Ruapehu ist einer der drei Vulkanberge des Tongariro-Nationalparks und im Winter eines der attraktivsten und am stärksten besuchten Skigebiete – wenn er ruhig bleibt. *Ruapehu* ist bezeichnenderweise das Maori-Wort für „Rauchende Grube". Diese Bezeichnung erwies sich unter anderem 1996 als gerechtfertigt, als ein Ascheregen im Umkreis von 100 Kilometern das öffentliche Leben lahm legte.

Am 18. März 2007 wiederholte sich ein Naturereignis an fast derselben Stelle, wo im Jahre 1953 die Flutwelle aus dem geborstenen Vulkankratersee die Eisenbahnbrücke einstürzen und einige Minuten darauf den Zug entgleisen ließ.
In dem Kratersee auf dem Vulkan Ruapehu hatte sich seit 1996 ständig Wasser gesammelt. Nach heftigem Regen und der Schneeschmelze stand das Wasser schließlich bis zur Kante des Kraterrandes. Schon Wochen zuvor war allen Beobachtern klar gewesen, dass der Kraterrand dem Druck nicht mehr lange standhalten würde. Am 18.3.2007 donnerten dann Tausende Tonnen Wasser, Schlamm und Geröll den Hang hinab. Wissenschaftler hatten jedoch den Bruch der Kraterwand auf einige Stunden genau vorausberechnet. Und so kamen keine Personen zu Schaden. Allerdings musste die Hauptverkehrsroute zwischen Auckland und Wellington für einen halben Tag unterbrochen werden – es ging nichts mehr über Straße und Schiene.

6.1.3 Erdbeben

Unter der Nordinsel Neuseelands schiebt sich die Pazifische Platte langsam unter die Australische. Das führt immer wieder zu mehr oder weniger starken Erschütterungen. Die Subduktionsgeschwindigkeit entlang der südöstlichen Seite der Nordinsel beträgt circa sieben Zentimeter im Jahr. Rund 14.000 registrierte (meist kleinere) Erdbeben pro Jahr haben Neuseeland längst den Spitznamen „Shaky Islands“ eingebracht.

1855 wurde die Küste bei Wellington an mehreren Stellen bis zu 1,50 Meter nach oben gedrückt. Damals maß man eine Intensität von 8,3 auf der Richterskala.

Im Februar 1931 ereignete sich in Hawke`s Bay das bislang schlimmste Erdbeben, in dessen Folge die Städte der Region – darunter auch Napier – komplett zerstört wurden. Damals starben 256 Menschen. Was nicht durch das Beben zerstört worden war, ging in Flammen auf.
Im Nachhinein bewirkte diese Katastrophe auch etwas Gutes, denn das Beben förderte 3.300 Hektar Land aus dem Meer zutage. Darauf wurde die Stadt Napier neu erbaut – und zwar vollständig im Art-Déco-Stil. So sind heute fast alle wesentlichen Gebäude der Stadt touristische Sehenswürdigkeiten. Das Masonic Hotel veranstaltet sogar jährlich in der dritten Februarwoche ein Art-Déco-Wochenende mit Jazz und Oldtimertreffen. Angezogen nach der Mode der 1920er und 1930er Jahre flaniert man durch die Stadt – „gesehen werden“ heißt die Devise.

Weitere größere Beben können in Neuseeland jederzeit auftreten und alle wissen um die Gefahr. Die Kiwis gehen mit dieser Tatsache im Alltag recht gelassen um. Die Bauvorschriften jedoch gehören im Hinblick auf die Erdbebensicherheit zu den schärfsten der Welt. Und schon die Kinder trainieren das Verhalten im Notfall in Schule und Kindergarten.
Wissenschaftler, die der Erdbeben-Kommission angehören, erstellten vor einiger Zeit eine Studie, die die verschiedenen Regionen Neuseelands erfasste und die Wahrscheinlichkeit des Auftretens weiterer größerer Erdbeben an den markantesten Punkten (wie in Napier) mit acht bis 11 Prozent angaben. Dennoch hat die Tsunami-Katastrophe rund um den Indischen Ozean im Dezember 2004 die Gelassenheit der Neuseeländer gegenüber den Geschehnissen tief unter ihren Füßen deutlich eingeschränkt. Die Angst vor einem Riesenbeben – *The Big One* – ist da. Übrigens beteiligte sich Neuseeland sofort und professionell an der Eingrenzung der Folgeschäden des Tsunamis.

6.1.4 Überschwemmungen

Unglücke, Katastrophen werden in Neuseeland nicht in jedem Fall durch Erdbeben oder Vulkanausbrüche hervorgerufen. Allein solche Naturgewalten wie Sturm, Schnee und Regen können verheerende Folgen haben. Wir dürfen nicht vergessen, dass die durchschnittliche Breite der Nordinsel 240 Kilometer und die der Südinsel 220 Kilometer umfasst. Orkane können relativ schnell über die Inseln hinwegfegen und sich mit großer Kraft an den Gebirgsmassiven brechen, Rinnsale werden in kurzer Zeit zu reißenden Flüssen mit großen Wasser- und Geröllmassen usw. Wenn man die gelegentlich trockenen Flussbetten in ihren ungeheuren Dimensionen wahrnimmt und sich vor Augen hält, dass sie zeitweilig in dieser gigantischen Breite meterhoch mit zu Tal stürzendem Wasser gefüllt sind, kann man sich die Ausmaße einer solchen Flut gut vorstellen.

Der *Road Master* der 119 Kilometer langen Milford Road, Wayne Carran, kann stundenlang von seinem Kampf gegen die immer wieder auftretenden Gefahren auf der Straße berichten, die sich von der kleinen Stadt Te Anau zum großartigen Milford Sound schlängelt. Diese Straße wird von Scharen von Touristen befahren und muss deshalb besonders gesichert sein. Lawinen, sintflutartige Regenfälle, Erdrutsche, Beben und Stürme können die Idylle der Südalpen von einem Moment zum anderen in ein Katastrophenszenario verwandeln.
Etwa 400 Mal im Jahr, so Wayne, löst sich an irgendeiner Stelle der bis zu 2.000 Meter hohen Steilwände eine Lawine, die auf die Straße zurollt – so wie im Oktober 1996. Der Schnee türmte sich danach 30 Meter hoch auf der Straße und versperrte den Zugang zum Homer-Tunnel.

Auch enorme Regenfälle gehören zu den Tücken der Milford Road. Im Januar 1994 gab es einen Sturzregen, der sich binnen kürzester Zeit in eine regelrechte Wasserwand verwandelte, die mit einem so ungeheuren Druck vom Himmel kam, dass Autodächer verbeult wurden – was wir sonst nur bei starkem Hagel erleben. Als Folge dieses gewaltigen Niederschlags traten Flüsse über die Ufer; Bäche wurden zu Wasserläufen, die alles mit sich rissen. So spülten die Wassermassen zum Beispiel das Hotelrestaurant am Elinton River einfach weg.

Im Winter kreist Wayne Carran im Einsatz für die Sicherheit der Milford Road mit dem Hubschrauber über die schneebedeckten Gefahrengebiete und beobachtet seine *hot spots*, prüft die Schneetemperatur und löst in gefährdeten Gebieten prophylaktisch Schneeabgänge aus. Auch auf einen anderen Aspekt im Milford Sound machte er aufmerksam: die Gefahr von Baumlawinen, die jederzeit an den steilen Hängen im Fjord niedergehen können. Doch trotz aller Gefahren schwärmt Wayne von den paradiesisch anmutenden Bergen und Wasserfällen bei Sonnenschein.

Schwere Unwetter sind keine Seltenheit in Neuseeland. Lang anhaltender Regen führte beispielsweise im Februar 2004 in der Region um Palmerston North auf der Nordinsel durch das gewaltige Anschwellen der Flüsse zu verheerenden Überschwemmungen.
Die Schüler und Lehrer der *Westmount School* brachten daraufhin eine Flut-Publikation heraus, mit deren Verkauf die Flutopfer später unterstützt wurden.

Im Nationalmuseum *Te Papa Tongarewa* in Wellington gibt es nicht nur zahlreiche Dokumentationen über Naturkatastrophen. Schon den Schülern wird mit Hilfe einer weltweit einmaligen Multimedia-Show das naturwissenschaftliche Verständnis für die neuseeländischen Naturereignisse und -gewalten vermittelt. So wachsen die Kinder mit einem breiten Wissen darüber auf und entwickeln einen Instinkt für mögliche Gefahren.

6.2 Die Vernichtung der Riesen

Wenn vor 50 Jahren jemand in einer wissenschaftlichen Publikation behauptet hätte, dass in Neuseeland einst Dinosaurier gelebt hätten, dann wäre er wohl maßlos verspottet worden und seines guten Rufes entledigt gewesen. Ach, selbst vor 20 Jahren noch! In der Zwischenzeit ist man sehr vorsichtig geworden mit vorschnellen Urteilen. Warum? Nun, man hat unwiderlegbare Beweise für das Vorkommen riesiger Lebewesen gefunden, die sogar aus heutiger Sicht einmalig auf der Welt zu sein scheinen.

6.2.1 Paläontologische Sensationen

Eine Weltsensation waren die versteinerten Überreste eines Mosasaurus, die die Biologin Joan Wiffen am Fluss Mangahouanga an der Ostküste der Nordinsel fand. Die bis zu zwölf Meter lange Raubechse lebte vor circa 65 bis 135 Millionen Jahren in der oberen Kreidezeit. Sie schlängelte sich mit Hilfe der vorderen Flossen auf der Jagd nach Meerestieren durch das Wasser und folgte auch Flussläufen. 2003 berichteten neuseeländische Geologen von fossilen Ablagerungen an sechs verschiedenen Fundstellen des Landes und erhärteten somit die Theorie von Joan Wiffen.

68 | Kopf eines Mosasaurus

Auch urtümliche Pflanzen, die kein Wissenschaftler in Neuseeland vermutet hätte, gab es hier vor mehr als 65 Millionen Jahren. Fossile Pollen und Sporen, die in den letzten zehn Jahren gefunden und analysiert wurden, brachten den Beweis.

Dinosaurier und viele andere Tier- und Pflanzenarten verschwanden offenbar vor etwa 65 Millionen Jahren. Paläonto-

logen finden inzwischen immer mehr Belege für die Annahme, ein Meteoriteneinschlag habe zum Aussterben eines Großteils der damaligen Flora und Fauna geführt. Berechnungen zufolge soll ein Meteorit mit zehn Kilometern Durchmesser und einer Geschwindigkeit von rund 90.000 Stundenkilometern auf dem Gebiet der heutigen mexikanischen Halbinsel Yucatan eingeschlagen sein und eine Wucht von etwa 100 Millionen Megatonnen Sprengstoff entfaltet haben. Dem Einschlag folgten anscheinend große Flächenbrände, die zu einer Verdunklung der Atmosphäre führten. Nicht nur die nördliche, sondern auch die südliche Hemisphäre habe sich verdunkelt, was zum Massenaussterben vieler Arten geführt habe.
Erst durch die interdisziplinäre Forschung von Paläontologen, Klimatologen, Geophysikern und Vertretern anderer Fachdisziplinen können bisher isoliert betrachtete und deshalb unverstandene Phänomene erklärt werden.

6.2.2 Die Giganten Moa und Harpagornis

In Neuseeland ausgestorben sind auch der flugunfähige Riesenvogel Moa und ein Riesenadler der Art Harpagornis moorei, auch Haast-Adler genannt. Allerdings war für deren Aussterben keine Naturkatastrophe verantwortlich, sondern der Mensch.

Der Moa lebte während des Eiszeitalters, einzelne Exemplare gab es jedoch noch bis ins 19. Jahrhundert in Neuseeland. Noch heute können Moa-Knochen in sumpfigen Gegenden gefunden werden.
Schon im 19. Jahrhundert rekonstruierte der britische Naturwissenschaftler Richard Owen (1804-1892) aus Knochenfunden, die ihm englische Missionare aus Neuseeland zugestellt hatten, einen riesigen flugunfähigen Vogel, den er *Dinornis novaezealandiae*, also „neuseeländischer Schreckensvogel“ nannte (*deinos* ist das griechische Wort für „schrecklich“, *ornis* bedeutet Vogel). Er rief die neuseeländischen Farmer und *Gum Digger* auf, ihm seltsame Knochenfunde zu melden, und konnte so eine große Menge an Moa-Knochen sammeln und untersuchen. Da Owen der erste Direktor des „British Museum of Natural History“ in London war, wurden seine Funde und Erkenntnisse sehr schnell bekannt – und das nicht nur in der Fachwelt.

Bis zum Eintreffen der Maori gab es nach heutigen Erkenntnissen 11 Moa-Arten in Neuseeland. Die Tiere hatten einen kleinen Kopf mit großen Augen, einen dreieckigen Schnabel, einen langen Hals, einen plumpen Körper, lange und kräftige Beine, große Füße und brachten es auf ein Gewicht von bis zu 250 Kilogramm.

Die größten Moas waren wohl drei bis vier Meter hoch. Damit war dies der größte Vogel, der je auf der Welt gelebt hat; bei einigen Arten waren die Weibchen sogar größer als die Männchen. Um Nahrung auf dem Boden zu suchen, liefen die Tiere aber eher gebückt. Sie ernährten sich vorwiegend von Blättern und Samen. Mit ihren scharfkantigen Schnäbeln zertrennnten sie ganze Äste, um an die Blätter heranzukommen. Sie schluckten sogar Steine, die im Magen die Verdauung förderten.

69 | Rekonstrunktion eines Moa nach Skelettfunden. Aufnahme von 1904 im BotanischenGarten von Dunedin

Die Moas vermehrten sich nur langsam. Sie legten nur ein Ei pro Jahr; ein Küken brauchte sieben Jahre bis zur Geschlechtsreife. Dies war bis zum Eintreffen des Menschen in Neuseeland jedoch kein Problem, da der Vogel nur einen natürlichen Feind hatte, der aber nie für die gesamte Population gefährlich werden konnte. Es war der schon erwähnte Riesenadler Harpagornis mit einer Flügelspannweite von drei Metern. Mit einer Geschwindigkeit von bis zu 80 Kilometern pro Stunde konnte er auf seine Beute herabsausen. Er wurde bis zu 14 Kilogramm schwer und ernährte sich vor allem von Moa-Küken.

Dennoch begann die Ausrottung der Moas und auch der Riesenadler[34] erst mit der Besiedlung Neuseelands durch die Maori. Und das kam so:
Die ersten Wellen der polynesischen Einwanderer fanden ein für ihre Verhältnisse unwirtliches Gebiet vor. Viele der Pflanzen, die sie mitgebracht hatten, wuchsen nicht oder nur spärlich in Neuseeland. Sie hatten nicht mit den steinigen Böden, dem rauen Klima und insbesondere nicht mit dem Winter gerechnet, den sie von ihren Heimatinseln am Äquator nicht kannten.

Sie mussten sich also den vorgefundenen Bedingungen anpassen, um zu überleben. Dabei nutzten sie natürlich ihre Erfahrungen beim Fischfang, entdeckten in den Wäldern eine Reihe von zutraulichen, flugunfähigen Vögeln und schließlich den Moa. Dieses für den Menschen völlig ungefährliche Tier konnte gut gejagt werden. Es wurde in Gruben gefangen oder mit Speeren erlegt und die Eier wurden aus den Nestern geraubt. Man muss sich die Ausbeute einmal vergegenwärtigen: ein einziges Moa-Ei entsprach etwa 100 Hühnereiern, der Schenkel eines ausgewachsenen Vogels war so groß wie eine Rinderhüfte. Die Maori lebten fortan wie im Schlaraffenland und deckten ihren Bedarf an tierischen Eiweißen vorwiegend durch die erlegten Moas. Am Rande der Maori-Ansiedlungen türmten sich die Moa-Knochen. Nach einem anfänglich schwierigen Start im neuen Land ging es den Einwohnern nun sehr gut und es entwickelte sich eine reichhaltige Maori-Kultur. Bis dahin gab es auch nur wenige ernsthafte kriegerische Auseinandersetzungen zwischen den einzelnen Stämmen.
Aber schon wenige Jahrhunderte nach der Ankunft der ersten Maori ging der Bestand der Moas bedrohlich zurück. Bereits im 15. Jahrhundert gab es nur noch so wenige Moas, dass die Maori nach Alternativen für ihre Ernährung suchen mussten. Inzwischen hatten sich die Einwohner selbst stark vermehrt und es bestand die Gefahr von Hungersnöten. So ergriffen die Maori eine Notmaßnahme, indem sie flächendeckend Wälder anzündeten und durch Brandrodung zum Ackerbau übergingen. Damit zerstörten sie aber auch die Rückzugsmöglichkeiten der letzten Moas. Man muss sich das einmal vorstellen: Ungefähr die Hälfte aller Wälder auf der Südinsel wurde abgebrannt!
Getrieben von Hunger, nahmen auch die Streitigkeiten zwischen den Stämmen um die verbleibenden fruchtbaren Flächen und um Nahrung zu. Die Maori entwickelten sich immer mehr von ehemals friedfertigen Siedlern zu aggressiven Buschkriegern. Es wurden nun Angriffs- und Abwehrstrategien entwickelt, die ersten *Pa* (dörfliche Forts) entstanden, ebenso der *Haka* – der Kriegstanz, der den Feinden Furcht einflößen sollte.

Die zerstörerische Kraft des Menschen brachte nicht nur den Moas und Riesenadlern Verderben: Die ersten Maori, die in Neuseeland eintrafen, führten als wichtige Nahrungsergänzung Ratten und Hunde mit sich. Während die „gemeine“ Ratte Fleischquelle für alle und durch ihren kurzen Vermehrungszyklus immer ausreichend vorhanden war, galten die heilige Kiori-Ratte sowie Hunde als ausschließlich den rangobersten Maori vorbehalten. Die pazifischen Ratten vermehrten sich – einmal freigelassen – rapide. Sie hatten keine natürlichen Feinde und fanden reichhaltige Nahrung: Insekten, Frösche, Echsen, kleine flugunfähige Vögel. Letztere waren aber auch die Nahrungsgrundlage vieler anderer Vögel, die wiederum zur Nahrungsgrundlage der Maori gehörten. In Neuseeland hatten die einheimischen Tierarten rund 400 Millionen Jahre gelebt. In nur 500 Jahren löschten die Menschen – direkt und indirekt – die meisten von ihnen aus. Neuseeland war ursprünglich ein Vogelland, Landsäugetiere waren nur mit drei Fledermausarten vertreten. Mit der polynesischen Ratte kam ein vierbeiniges Ungeheuer auf die Inseln.

Mit der Ankunft der Europäer im 18. und vor allem im 19. Jahrhundert ging die Vernichtung seltener Tierarten weiter: Große Waldgebiete wurden zur Holzgewinnung gerodet, Brandrodungen als Voraussetzung für die Schafzucht folgten. So wurde der Lebensraum der einheimischen Tiere nochmals stark eingeschränkt. Viele leicht zu fangende Vogelarten wurden vernichtet. Jetzt stand nicht mehr der Verzehr von Vogelfleisch im Vordergrund, sondern die Jagd als Zeitvertreib und der Handel mit seltenen Federn und ausgestopften Vögeln, denn im 19. Jahrhundert war es bei reichen Familien in Europa in Mode, Präparate exotischer Tiere im Wohnzimmer auszustellen und sich daran zu erfreuen. Erinnern wir uns an die Zeit, als Straußenfedern und Federboas absolut „in" waren. So verschwand der einst für Neuseeland typische Papageienvogel Huia ganz von der Bildfläche; der letzte wurde 1924 gesichtet, obwohl diese Art schon seit 1907 als ausgestorben galt.

Mit den vielen Einwanderern des 19. Jahrhunderts kamen nochmals bis dato fremde Tiere ins Land, die selbst keine natürlichen Feinde vorfanden, sich dadurch ungeheuer schnell vermehren und zu einer Plage werden konnten: Possums (genauer: Fuchskusus; nicht zu verwechseln mit Opossums, den amerikanischen Beutelratten), Katzen, Hunde, Kaninchen, Hirsche etc. Zusätzlich veränderten viele der mitgebrachten Pflanzen die einheimische Flora nachhaltig. Man kann demnach mit Recht behaupten, dass die Briten als einflussreichste und zahlenmäßig stärkste Einwanderergruppe die beiden neuseeländischen Inseln in kurzer Zeit durchgreifender, planmäßiger und unumkehrbarer veränderten als die Maori es in Jahrhunderten vermocht hatten.

Die im 19. Jahrhundert zunehmende Besiedlung durch die Europäer führte also zu starken landschaftlichen Veränderungen. Der Wald galt für die Farmer nicht als Existenzgrundlage. Deshalb wurde er im Flachland und in den Niederungen großflächig zugunsten von Weideland gerodet. Da es bis dato in Neuseeland keine Pflanzen fressenden Säugetiere gab, kannte man auch keine verbissresistenten Weidepflanzen; es wurden deshalb ausschließlich geeignete britische Arten ausgesät. Dadurch gibt es heute keine botanischen Unterschiede zwischen den europäischen und neuseeländischen Weiden.

Erste Gegenbewegungen zu der Vernichtung einheimischer Tier- und Pflanzenarten gab es bereits bei den Maori: Als es kaum noch Moas gab, erklärten Maori-Priester Waldgebiete, in denen Vögel nisteten, für „von Menschenhand unberührbar". Da war es für viele Vogelarten, insbesondere den Moa, jedoch schon fünf Minuten nach zwölf. Während der großen Landkäufe durch die weißen Siedler im 19. Jahrhundert ließen Maori-Häuptlinge außerdem große Waldgebiete zu Stiftungsvermögen erklären und bedienten sich dabei internationalen Rechtschutzes. Das waren aus heutiger Sicht erste Naturschutz-Versuche der Maori.

Heute ist Neuseeland sehr bemüht, die verbliebenen Tierarten zu schützen. So konnte zum Beispiel der Bestand des stark gefährdeten *Kakapo*, des einzigen nachtaktiven Papageis, von 54 Exemplaren in den 1990er Jahren auf inzwischen über 80 erhöht werden.

Die einstigen Giganten Moa und Harpagornis aber sind unwiderruflich verloren.

6.3 Der Apfel des Anstoßes

Wir alle kennen die biblische Geschichte von Adam und Eva, die aufgrund eines unerlaubt verspeisten Apfels aus dem Paradies verstoßen wurden.
Auch in Neuseeland gibt es „verbotene Früchte", allerdings ist hier der Sachverhalt ein wenig anders: Versucht man, beispielsweise einen Apfel in das „Paradies am anderen Ende der Welt" mitzunehmen, muss man dafür – egal wie groß der Apfel ist – ganze 200,00 NZ$ (etwa 100,00 €) Strafe zahlen.

Es scheint fast so, als hätten die deutschen Reiseveranstalter einen stillen Vertrag mit dem neuseeländischen Zoll abgeschlossen, denn der Prozentsatz deutscher Touristen, die diese „Paradies-Dollar" entrichten müssen, ist relativ hoch. Beide Autoren mussten wegen eines Apfels, der unbedacht und vergessen in ihrem Rucksack lag, den eben genannten Betrag entrichten und waren nicht geistesgegenwärtig genug, das Obst beim Auffinden sofort zu verspeisen. Stattdessen wurde es von einem freundlich schwanzwedelnden Zoll-Spürhund aufgefunden, vom Zoll konfisziert, vakuumverpackt und in einen großen Container gelegt.
Während der 15-minütigen Prozedur konnten wir ähnliches bei weiteren Personen beobachten: Vier Deutsche unserer Reisegruppe mussten Äpfel und eine Banane abgeben, eine südkoreanische Stewardess eine kleine Schmelzkäseecke (original in Goldpapier verpackt) und zwei Amerikaner ein Brötchen und ein Tütchen Trockenobst. Ein Engländer musste seine auf den Rucksack gebundenen Wanderschuhe abschnallen und zwecks Desinfektion in einen Bottich mit Lauge tauchen.

Im März 2005 wurde in der internationalen Presse über Hilary Swank, die Schauspielerin und zweifache Oskar-Preisträgerin, berichtet: Swank musste sich vor Gericht verantworten, weil sie im Januar 2005 unrechtmäßig einen Apfel und eine Orange in das Land eingeführt hatte. Anstatt sofort eine Strafe von 200,00 NZ$ zu bezahlen, zog sie es vor, den Fall vor Gericht auszutragen. Die Richter wiesen den Einspruch der Schauspielerin jedoch zurück.
Jährlich werden rund 3.000 Besucher bei solchen Verstößen gegen die strengen Einfuhrbedingungen für Obst und andere unbehandelte Lebensmittel ertappt. Den wenigsten ist der Verstoß bewusst gewesen, obwohl bereits im Flugzeug mit der Ausgabe der Zollformulare auf das Verbot der Einfuhr von Lebensmitteln hingewiesen wird.

Was steht nun aber an plausiblen Argumenten hinter dieser drastischen Maßnahme des neuseeländischen Zolls?

Noch ist Neuseeland trotz der oben genannten herben Verluste ein Land mit einer einzigartigen, wenigstens teilweise von äußeren Einflüssen verschont gebliebenen Flora und Fauna. Um sie zu erhalten, sind drastische Maßnahmen notwendig, die die ungewollte Einfuhr von fremden Insekten, Mikroben, Pilzen u.a. zumindest erschweren. Völlig verhütet werden kann so etwas natürlich im Zeitalter der Globalisierung nicht.

Aufgrund der isolierten Lage war man in Neuseeland von vielen Tierkrankheiten bislang (noch) nicht betroffen. So ist zum Beispiel die 2001 und 2007 in Großbritannien ausgebrochene verheerende Maul- und Klauenseuche zum Glück bisher nur aus Erzählungen bekannt. Der MKS-Ausbruch im Jahre 2001 kostete nach britischen Angaben rund 12,6 Milliarden Euro. In Neuseeland würde eine solche Seuche bei einem Bestand von rund 40 Millionen Schafen und fünf Millionen Rindern einen unvorstellbaren Schaden anrichten. Rund 40 Prozent des Exporthandels sind mit der Tierzucht verbunden. Im Jahre 2005 war Neuseeland in Aufruhr, als ein Unbekannter versuchte, die Regierung mit der Drohung zu erpressen, er würde MKS-Viren auf Waiheke Island nahe Auckland freisetzen und schrittweise auch in anderen Landesteilen, wenn die Regierung nicht das Steuersystem ändere. Zum Glück war es nur ein Bluff, der Schock sitzt aber nach wie vor tief.

Die einzigartige Natur Neuseelands ist ein wichtiges Kapital für das Land und seine Menschen. Die zunehmende Anzahl internationaler Touristen sichert viele Arbeitsplätze. Der Tourismus mit jährlich rund 2.421.000 Einreisenden erwirtschaftete im Jahr 2006 immerhin rund 3,5 Milliarden NZ$. Aus den deutschsprachigen Ländern reisten 2006 übrigens insgesamt 80.106 Besucher ein.

6.3.1 Unkraut und Ungeziefer

Bleiben wir noch kurz bei den Ursachen unserer „Paradies-Dollar".
Heute werden alle von den Einwanderern der letzten 150 Jahre eingeführten – also nicht ursprünglich neuseeländischen – Pflanzen als „Unkraut" betitelt. Analog spricht man von den

„fremden" Tieren als „Ungeziefer". In beiden Fällen möchte man alles zurückdrängen, was die ursprüngliche Pflanzen- und Tierwelt gefährden kann – mit einer Ausnahme: Man lässt etwas zu, wenn damit gute Geschäfte auf dem Weltmarkt zu machen sind. Aber darauf kommen wir noch zurück. Zunächst einige grundsätzliche Gedanken zur biologischen Gefährdung Neuseelands.

Neuseeland ist geografisch seit mehr als 80 Millionen Jahren vom Rest der Welt isoliert. Dadurch konnten sich Lebewesen mit ihren Lebensgewohnheiten in einer unglaublich urtümlichen Form erhalten. Dies trifft unter anderem auf Echsen, Frösche, aber auch auf viele Pflanzen zu. Vögel blieben aufgrund fehlender Feinde auf dem Boden, ihre Flügel verkümmerten im Laufe der Zeit, und sie bewegten sich nur noch per pedes. Beispiele hierfür sind der Eulenpapagei Kakapo, die Takahe-Ralle und der Kiwi, das Wappentier der Neuseeländer.

70 | Ein Possum am Straßenrand

Die eingeführten polynesischen Ratten, Possums[35], Hermeline, Frettchen (ursprünglich zur Bekämpfung eingeschleppter Kaninchen ausgesetzt), Rotwild, Himalaya-Ziegen, Katzen und Wespen, die keine natürlichen Feinde vorfanden, konnten sich sehr schnell ausbreiten. Sie raubten den Vögeln einerseits die Nahrungsgrundlage und wurden andererseits selbst zu deren ärgsten Feinden.

Außerdem sind sie eine Bedrohung für die Wälder und deren Mikroorganismen. Allein in den fünf Sommer- und Herbstmonaten fressen zum Beispiel die nach Neuseeland vorgedrungenen Wespen in den Honigtauwäldern im Norden der Südinsel etwa so viele Insekten, einschließlich Schildläuse, wie die einheimischen Vögel im ganzen Jahr. So verlieren nicht nur die Vögel ihre Nahrungsgrundlage – eine ganze Nahrungskette wird zerstört: In den Südbuchenwäldern zapfen Schildläuse die Buchen an und scheiden Honigtau, einen zuckrigen Saft, aus. Von diesem Saft ernähren sich wiederum Bodenorganismen, Insekten und Vögel.

Zusätzlich zerstörte der Mensch den Lebensraum der tierischen Ureinwohner oder rottete sie durch Jagd aus.

Gegenwärtig versucht die neuseeländische Regierung mit zum Teil drastischen Mitteln, die vom Aussterben bedrohten Tierarten zu retten. So wurden beispielsweise gefährdete Vögel der beiden Hauptinseln auf isolierten Inseln vor Neuseelands Küsten ausgesetzt. In den Jahren 2001 bis 2003 wurden zunächst 20 Kammerjäger vom neuseeländischen Umweltministerium auf die größte Rattenjagd in der Geschichte des Landes geschickt. Auf der 700 Kilometer entfernten Campbell-Insel sollten sie die auf 200.000 Exemplare geschätzten Ratten ausrotten. Dazu wurden 120 Tonnen giftige Köder ausgelegt. Die zweijährige Aktion kostete umgerechnet etwa 1,5 Millionen Euro. Doch das Resultat kann sich sehen lassen: Auf Campbell Island und 12 weiteren Inseln ist es dadurch gelungen, die eingeschleppte norwegische Ratte auszurotten. So konnten danach ohne Bedenken die vom Aussterben bedrohten Vögel angesiedelt werden, die hier nun vor ihren früheren Feinden sicher sind.

Eine andere Art der Rattenbekämpfung besteht darin, rattendichte Zäune um die Häfen bestimmter Inseln zu ziehen, um zu verhindern, dass die Nager auf Schiffen eingeschleppt werden. Das geschah zum Beispiel in den letzten Jahren auf Inseln der neuseeländischen Seychellen.

Ungefähr 45 einheimische Vogelarten sind bereits ausgerottet. Der jährliche Gesamtschaden durch die eingeführten Pflanzen und Tiere beträgt umgerechnet mehr als 500 Millionen Euro. Die größte Jagd gilt den Possums. Die Mehrheit der Bevölkerung ist für eine völlige Ausrottung dieser Spezies, deren gegenwärtige Anzahl man auf bis zu 70 Millionen schätzt. Sie werden mit Gift, Fallen und speziell abgerichteten Hunden getötet; nicht wenige werden beim Wechsel der Wälder und Überqueren der Straßen überfahren.

In Neuseeland wird sehr viel Gift eingesetzt, das man versprüht oder als Giftköder auslegt. Über zehn Prozent der Fläche des Landes werden jährlich so „bereinigt“. Aufgrund der guten Vorbereitung leiden Menschen und Nutztiere kaum darunter. Es wird aber auch viel Geld in die Forschung gesteckt, um biologische Bekämpfungsmethoden zu entwickeln. Seit geraumer Zeit versucht man auch, natürliche Feinde der einzudämmenden Tierarten einzuführen – allerdings möglicherweise mit unvorhersehbaren Spätfolgen, an die heute noch keiner denkt.

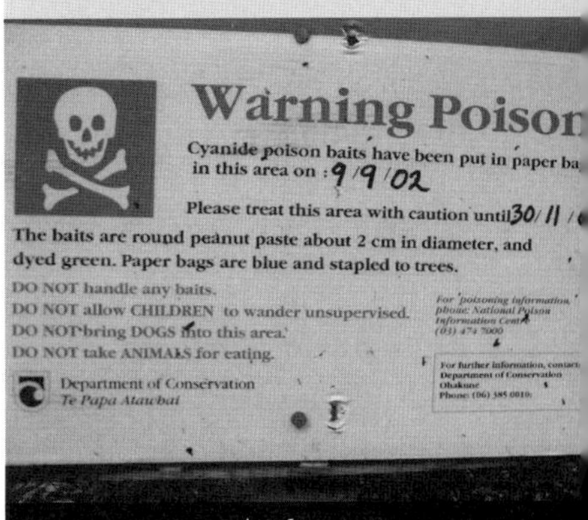

71 | Giftwarnung

Eine andere Gefahr für die seltenen einheimischen Tiere hat in den letzten Jahren zugenommen: die illegale Ausfuhr. Die begehrten Geckos zum Beispiel gelten heute als ein lukratives Schmugglergut und lassen Neuseeland zu einem der unrühmlichen Zentren des Echsen-Schmuggels werden. Die Tiere werden von Käufern in Europa, Japan und den USA mit rund 2.500 € pro Paar bezahlt. Die neuseeländische Regierung versucht, diesen Schmuggel durch fünfstellige Geldstrafen und spätere Einreiseverbote zu unterbinden.

An vier Beispielen soll nun kurz demonstriert werden, wie schwierig und auch widersprüchlich der Kampf gegen das sogenannte Unkraut und die Schädlinge ist.

Ginster

Als frühere schottische Einwanderergenerationen die neue Umgebung heimatlich-vertraut gestalten wollten und Ginsterhecken um ihre Grundstücke pflanzten, konnten sie nicht wissen, dass sich der Ginster mangels natürlicher Feinde enorm schnell ausbreiten würde. Heutzutage ist er zu einer wahren Landplage geworden. Nun versuchen die Ministerien für Umwelt und für Landwirtschaft, den Ginster biologisch zu bekämpfen. Es wurde ein Pilz eingeführt, der den Schädling eindämmen sollte. Das gelang für eine gewisse Zeit, dann jedoch wurde der Ginster immun gegenüber diesem Pilz, der sich eine neue Nahrungsgrundlage suchte und in Buchenwäldern prächtig verbreitete.

Heute gibt es große Teile der Buchenwälder auf der Nordinsel, deren tote Bäume schwarz überzogen sind und wie verbrannt aussehen. Inzwischen ist die Suche nach einer neuen biologischen Bekämpfungsmethode in vollem Gange – und zwar gegen Ginster *und* Pilz.

Forelle

Einwanderer fanden in Neuseeland große fischlose Seen sowie saubere Bäche und Flüsse vor und ließen über nachkommende Immigranten aus ihrer Heimat Forellen mitbringen, die sie erfolgreich aussetzten. Auch in puncto Forelle gilt: Sie fand keine natürlichen Feinde vor und vermehrte sich rasant. Dadurch wurde sie schnell zu einer Gefahr für die einheimischen Saumschnabelenten, da sie deren Nahrungsgrundlage zu ihrer eigenen machte.

Bei der öffentlichen Besinnung auf die ursprüngliche Flora und Fauna fiel die Forelle in die Kategorie „Ungeziefer" und damit unter das Verbot, mit ihr zu handeln und sie in Restaurants anzubieten. Angler durften sie fangen (also helfen, sie „auszumerzen") und an Ort und Stelle verzehren, aber nicht weiter als 150 Meter vom jeweiligen See oder Bach transportieren – so wird berichtet.

Heute hat sich das Bild geändert. Forellen und auch Lachse werden im Rahmen der Tourismuswirtschaft als nützliche Tiere und „Edelfische" deklariert und es gibt diverse attraktive Angebote für ausländische Angelurlauber.

Rotwild und andere Wildarten[36]

Wie kamen das Rotwild und andere untypische Wildarten nach Neuseeland? In Gesprächen mit neuseeländischen Jägern erfährt man sowohl die Widersprüche als auch den praktischen Sinn der „Kiwis": Die europäischen Siedler fanden in den Wäldern Neuseelands kein jagdbares Wild vor, wollten jedoch nicht auf die Jagd und das Wildbret verzichten. So führten sie Hirsche, Rehe, Ziegen, Gemsen, Kaninchen, das australische Possum sowie weitere Wildarten ein. Später sah man den Schaden, den diese Tiere anrichteten: Das Possum beispielsweise hat sich an die australischen Baumarten angepasst und frisst auch in Neuseeland die Myrtaceae (Myrtengewächse) bis auf das letzte Blatt ab. Da die Myrtaceae *Metrosideros lucida* im Westen der Südinsel die Baumgrenze bildet, sind im Hochgebirge die Bannwälder massiv gefährdet. Zugleich tötet das Possum die meisten Vögel, da diese in Neuseeland oft flugunfähig sind, allen voran den Kiwi.

Die Gemsen, ein Geschenk des österreichischen Kaisers Franz Josef an seine ausgewanderten Landsleute, sind für die neuseeländischen Jäger inzwischen völlig wertlos geworden. Durch Überweidung fördern sie sogar noch die Bodenerosion im Hochgebirge.

Dramatisch war auch die starke Verbreitung der Rothirsche in den schwer zugänglichen Wäldern im Süden der Nordinsel und auf der Südinsel. Der Rothirsch stellte sich schnell von den europäischen Rotbuchenwäldern auf die neuseeländischen Südbuchenwälder um. Durch den starken Verbiss der Jungbuchen war die notwendige Verjüngung der Wälder zunehmend bedroht. Auch diese Tiere fanden in Neuseeland keine natürlichen Feinde vor und vermehrten sich dadurch in unvorhersehbarem Ausmaß.

In den 1920er Jahren begann man mit der systematischen Dezimierung der Tiere durch Abschießen, Vergiften und Fallenstellen. Anfang der 1930er Jahre betrug die Zahl der abgeschossenen Rothirsche schon rund 21.000. Da die Hirsche sich jedoch sehr stark vermehrten, ging man dazu über, aus Flugzeugen Möhren, die mit Strychnin versetzt waren, über den Wäldern abzuwerfen. Für Hirschschwänze wurde staatlicherseits eine Prämie gezahlt und das Töten der Hirsche wurde zum ländlichen Massensport.
In den 1960er Jahren kam man darauf, aus der Not eine Tugend zu machen. Es zeigte sich, dass das neuseeländische Hirschfleisch eine besonders hohe Qualität besaß und die Hirsche von sonst typischen Krankheiten weitestgehend verschont blieben. Eine systematische Zucht der Rothirsche mit dem Ziel eines hochwertigen Fleischexportes lag nahe. Nun begann man, Hirsche einzufangen und in eigene Zuchtgehege zu bringen. In Neuseeland wurden das Betäubungsgewehr sowie das Netzschuss-Gewehr erfunden. Beide erleichterten den Fang der Hirsche aus Hubschraubern und bei der Pirsch.

Diese Entwicklung zeigt einerseits die verheerenden Folgen menschlicher Eingriffe in die Natur und andererseits die sprichwörtliche Improvisationskunst und das Erfindertum der Neuseeländer.

Kiwi-Frucht

In der Zeit des Kalten Krieges und des Handelsembargos der USA gegenüber China wurde auch die Einfuhr der chinesischen Stachelbeere in die USA eingestellt. Dort war diese Frucht aber außerordentlich beliebt. Und so kam ein cleverer Neuseeländer auf die Idee, diese Stachelbeere in Neuseeland anzubauen. Dies geschah in der Zeit der Reformen, als in der Landwirtschaft grundsätzliche Veränderungen notwendig waren, die auch eine Neuorientierung auf den Weltmarkt umfassten.

Das neuseeländische Klima war für den Anbau der Frucht sehr günstig, außerdem waren Grund und Boden sowie Arbeitskräfte in ausreichendem Maß vorhanden. Um sich von dem Herkunftsland der Beere zu distanzieren, nannte man sie „Kiwi". Sie wurde in der Folgezeit ein wahrer Exportschlager und heute kennt kaum jemand außerhalb Chinas die ursprüngliche Bezeichnung. Allerdings hat Italien seit 2005 Neuseeland von Platz 1 der Kiwi-Exporteure verdrängt.

72 | Kiwi-Plantage

Die Neuseeländer ärgern sich inzwischen, dass sie den Namen „Kiwi" nicht warenrechtlich schützen und als neuseeländisches Qualitätsprodukt anerkennen ließen, da mittlerweile nicht nur Italien, sondern auch andere Länder wie zum Beispiel Israel ebenfalls erfolgreich Kiwianbau betreiben.

Auch hier wurde – wie beim Rotwild – das wirtschaftliche Nützlichkeitsprinzip über den Schutz der einheimischen Flora und Fauna gestellt.

Kommen wir zurück zu unserem teuren Apfel. Im Jahre 1996 tauchten erstmals Fruchtfliegen in Neuseeland auf, die anscheinend mit Obst eingeführt worden waren. Da es diese Fliegen zuvor in Neuseeland nicht gegeben hatte, hatten die Obstfarmer bis dahin einen deutlichen Produktions- und Qualitätsvorteil gehabt. Die Invasion wurde erfolgreich bekämpft, aber seit dieser Zeit gibt es eine deutliche (Über-)Sensibilität gegenüber eingeführten Nahrungsmitteln gleich welcher Art.
Seither durchschnüffeln speziell ausgebildete Hunde die Post,

werden Wanderschuhe in Lauge getaucht, Schiffs- und Flugzeugladungen penibel nach nicht einheimischen Pflanzen und Tieren abgesucht. In Anbetracht der vielen ausgestorbenen und gefährdeten Arten sind diese Vorsichtsmaßnahmen jedoch auch verständlich.

Die immensen Bemühungen Neuseelands zur Verhinderung der gewollten und auch nicht gewollten Einfuhr neuer fremder Lebewesen auf der einen Seite und der Erhalt der Regenwälder, Seen und Küsten auf der anderen Seite wird vor diesem Hintergrund durchaus plausibel. Hier spielen die religiöse und kulturelle Bedeutung der Natur für die Maori ebenso wie der Wirtschaftsfaktor „Touristik in der einmaligen Natur Neuseelands" eine dominante Rolle für die gegenwärtige große öffentliche Aufmerksamkeit.

Andererseits ist heute schon so viel verändert, dass man in weiten Teilen des Landes kaum noch von der Ursprünglichkeit und Einmaligkeit der neuseeländischen Flora und Fauna sprechen kann. Das trifft übrigens auf alle Gebiete zu, in denen im Laufe der Geschichte Einwanderer ansässig wurden. Insofern lebt Neuseeland mit einem tiefen inneren Widerspruch.

Ferner vermag kein Mensch vorherzusagen, welche „eingeschleppten" Pflanzen sich dauerhaft an die neuen Bedingungen anpassen und welche gegenwärtig noch harmlos erscheinenden Pflanzen irgendwann zur Plage werden und der menschlichen Kontrolle entgleiten. Es kann durchaus über 100 Jahre dauern, bis solche Entwicklungen zutage treten.

Der Berliner Biologe Bernhard Kegel verweist darauf, dass es immer nur wenigen fremden Arten gelingt, sich dauerhaft zu etablieren. Offenbar gilt eine Zehnerregel, die besagt, dass sich von 1.000 „zugewanderten" Arten nur circa 100 halten können und sich von diesen wiederum kaum mehr als zehn zu Problemarten entwickeln werden. Die Crux besteht jedoch darin, dass niemand voraussagen kann, welche die 90 harmlosen und welche die zehn gefährlichen sind.

Insofern ist das einseitige Verteufeln fremder Arten – besonders im Nachhinein – aus den genannten Gründen zwar verständlich, aber zugleich auch gefährlich, lenkt es doch von dem wichtigsten Veränderungsfaktor ab: dem Menschen. Er ist es, der die höchst sensiblen Inseln verändert hat und immer weiter beeinflusst – nicht etwa die bösartige Natur der eingeführten oder in seinem Gefolge „zugewanderten" Arten.

Reumütig versucht man heute, das einst Typische unter Aufwendung von viel Zeit und Geld zu retten. So kostete zum Beispiel die Umsiedlung der einzigartigen faustgroßen Riesenschnecke – auch „Sumo-Ringer unter den Schnecken" genannt –, den staatlichen Bergwerkkonzern in den Jahren 2006 und 2007 rund 3.000 NZ$ pro Exemplar.

6.4 Schrumpft der Regenwald?

Weltweit schrumpft der Regenwald. Es sind vor allem Viehzüchter und Tropenholz-Händler, die Rodungen in Auftrag geben. So hat allein Brasilien zwischen August 2003 und August 2004 mehr als 26.000 Quadratkilometer Regenwald zerstört. Das entspricht etwa der Größe des zentralamerikanischen Landes El Salvador.

Ganz anders ist es in Neuseeland. Zwar gibt es dort keine tropischen, aber subtropische Regenwälder, die große Gebiete bedecken. Heute sind es noch 53.812 Quadratkilometer und diese Wälder werden mittlerweile wie ein Augapfel gehütet.

Neuseeland ist aufgrund des ganzjährig humiden Klimas mit wenigen kleineren Ausnahmen von Natur aus ein Waldland. Die Waldentwicklung war sehr dynamisch und ist in jüngerer Zeit (seit dem 19. Jahrhundert) gekennzeichnet durch eine enorme Waldvernichtung und spätere Aufforstung mit nicht-heimischen Baumarten. Die schon in der Kreidezeit einsetzende eigenständige pflanzengeschichtliche Entwicklung hängt mit der Loslösung der neuseeländischen Landmasse vom Gondwana-Land zusammen.

Das Land lebt und stirbt mit seinem Holzreichtum. Auf beiden Inseln können Sie umfangreiche und oft ganz junge Aufforstungen auf ehemaligem Kulturland beobachten. Gleichzeitig sehen Sie immer wieder große Holztransporter mit frisch gesägten Stämmen. Heutzutage wird sehr konsequent zwischen dem sogenannten Industriewald und dem zu schonenden Regenwald unterschieden. Mitunter trennt nur eine Straße beide Welten: die der Nutz- und die der Schutzforste. Und sobald der Industriewald gerodet ist, wird schon wieder an die Aufforstung gedacht.

In Neuseeland wachsen die eingeführten Kiefern aufgrund des milden und feuchten Klimas besonders gut. Nach circa 20 Jahren können sie gefällt und weiterverarbeitet werden (in Deutschland nach etwa 40 Jahren). Da alle Bäume zur gleichen Zeit die erforderliche Größe haben, sagt man, dass der Wald „geerntet" wird. Die Holzqualität ist sehr gut – bei weitem besser als beispielsweise in Südafrika, wo die Wachstumszeit ähnlich ist.

In dem stark steigenden Holzbedarf pazifischer Anrainerstaaten und insbesondere auch Chinas sieht Neuseeland zu Recht einen großen Markt, und die Aufforstung erschließt neue, zukunfts-

trächtige Austausch- und Produktionsmöglichkeiten. Die Ministerpräsidentin Helen Clark setzte sich persönlich sehr stark für eine enge wirtschaftliche Zusammenarbeit mit China ein. Immerhin kann der künftige Großverbraucher seinen Bedarf an Holz (vor allem für Papier, Möbel und den Hausbau) aus eigener Aufforstung nicht decken. Von besonderem Interesse sind Spezialhölzer sowie hochwertige Ausstattungshölzer und Verarbeitungsprodukte.
Generell ist zusätzlich mit kurzfristigem Holzbedarf im asiatisch-pazifistischen Raum zu rechnen, besonders für den Wiederaufbau nach Naturkatastrophen wie Erdbeben, Tsunamis oder Taifune.

Die seit 1984 wirksame Liberalisierung ermöglicht, dass unrentabel gewordenes Kulturland wie Schafweiden oder Ackerland heute zur Aufforstung genutzt werden kann, die sich nicht auf Grenzertragsstandorte beschränkt. Das Land ist im wahrsten Sinne des Wortes im Umbruch. Von dieser Entwicklung profitiert nicht nur die Forstwirtschaft und Holzverarbeitungsindustrie, sondern es entwickelt sich nun auch eine eigene Möbelindustrie – allerdings nicht in Form von Großunternehmen wie in Deutschland, sondern von kleineren und mittleren Betrieben.

Wie an anderer Stelle schon erläutert wurde, hat die gegenwärtige forstwirtschaftliche Entwicklung neben den jüngeren wirtschaftlichen Ursachen auch tiefe historische Wurzeln im 19. Jahrhundert.

6.4.1 Entwaldung und Aufforstung – kein Gegensatz

Wenn man an Neuseeland denkt, dann assoziiert man das Land mit „grün“, „riesigen Weideflächen“, „der Vernichtung der einst riesigen Kauri-Wälder“ und ähnlichem. Tatsächlich dominieren die großflächigen Weiden und der Export wird hauptsächlich durch landwirtschaftliche Produkte bestimmt. Andererseits geht man davon aus, dass schon im Jahre 2010 die forstwirtschaftlichen Erzeugnisse den neuseeländischen Export dominieren werden. Nur zu einem kleinen Teil werden diese von den einheimischen Primär- und Sekundärwäldern stammen, die rund 23 Prozent der Landesfläche ausmachen. Vielmehr werden sie aus den Industriewäldern bzw. Nutzforsten stammen, die heute mit 1,6 Millionen Hektar fünf Prozent der Fläche einnehmen.

Verglichen mit den großen Holzexporteuren der Welt (USA, Kanada und Russland) ist Neuseeland noch ein Zwerg. Das Land besaß 1993 nur rund 1,3 Millionen von weltweit auf 100 Millionen Hektar geschätzten Nutzholzflächen. Doch es zeigt sich eine deutliche Ausdehnung der neuseeländischen Forstflächen (1996: 1,5 Millionen Hektar, 1997: 1,6 Millionen Hektar, 2004: 2,1 Millionen Hektar) bei gleichzeitig weltweit anwachsendem Bedarf. Vorhersagen der Welternährungsorganisation FAO zufolge wird der weltweite Holzbedarf bei etwa gleichbleibenden Wachstumsraten bis zum Jahr 2010 um jährlich mehr als 40 Prozent auf über 5.000Millionen Kubikmeter ansteigen. Im Jahre 2040 könnte Neuseeland durchaus den Platz 5 der Holz exportierenden Länder einnehmen.

73 | Abholzung und Aufforstung gehen Hand in Hand

So sieht Neuseeland in einer innovativ geprägten Forstindustrie, die nicht im Widerspruch zum Naturschutz steht, eine große wirtschaftliche Chance. Gleichzeitig kann der Zuwachs an Holzprodukten den wahrscheinlichen Rückgang der Nachfrage von Agrarprodukten auffangen und ausgleichen.

Wie schon erwähnt, existiert ein Zusammenhang zwischen der flächendeckenden Entwaldung im 19. Jahrhundert und der späteren Aufforstung. Schon mit der polynesischen Einwanderung vor 1.200 Jahren begann die Vernichtung von Wäldern. Sie wurde im ausgehenden 18. Jahrhundert durch die europäischen Einwanderer noch stärker forciert. Das Holz wurde zum Teil exportiert, diente aber hauptsächlich dem Eigenbedarf. Neuseeland entwickelte sich in den ersten 100 Jahren der europäischen Besiedlung zum großen „Bauernhof Großbritanniens“. Allerdings ahnte man schon 1900, dass es zu einem Holzmangel in der damaligen Kolonie kommen könnte, wenn weiterhin so exzessiv Wald vernichtet würde. Deshalb wurde 1920 ein staatliches Aufforstungsprogramm, vor allem mit schnell wachsenden Nadelbäumen, beschlossen. Es dauerte aber nochmals über 60 Jahre, bis Naturschutzreservate – insbesondere in Kauri-Regionen – geschaffen wurden.

Die Waldlandschaften Neuseelands und Australiens sind nicht miteinander vergleichbar, obwohl beide Länder einmal eine geologische Einheit bildeten (s.o.). In Neuseeland spielt der warmtemperierte Wald eine bedeutend größere Rolle. Im Norden der Nordinsel gibt es noch umfangreiche subtropische Wälder mit Kauri-Bäumen, Palmen und vielen melanesisch-tropischen Gewächsen. Sie sind völlig verschieden von denen in Australien.
Die immergrünen Regenwälder mit Podocarpus[37]-Arten reichen fast bis zum Südzipfel der langgezogenen Südinsel – trotz des dort schon vorherrschenden feuchttemperierten Klimas. Sie treffen dort mit den temperierten Südbuchen-Wäldern zusammen.

Bei der Wiederbewaldung spielen die durch die Vögel verbreiteten Podocarpaceen eine wichtige Rolle – und natürlich die zunehmenden Aufforstungen. So wurden beispielsweise schon im Ersten Weltkrieg große Pinus radiata[38]-Plantagen von deutschen Kriegsgefangenen zur Bauholz-Gewinnung angelegt.

6.4.2 Die Zukunft Holz

Neuseeland hat gute wirtschaftliche Möglichkeiten als „Holzspezialist". Dafür gibt es folgende Gründe:

- Das Land entwickelt ein innovatives forstwirtschaftliches Milieu auf der Basis seiner speziellen Tradition.
- Es hat Vorteile durch die lange Küste und die damit verbundenen billigeren Umschlag- und Schifffahrtsmöglichkeiten.
- Neuseeländische Unternehmen exportieren forstwirtschaftliches und forstwissenschaftliches Know-how in andere Länder und statten diese technisch aus; außerdem betreuen und bewirtschaften sie großflächige Forstgebiete im asiatisch-pazifischen Raum.
- Neuseeländische Unternehmen gehen internationale Verflechtungen ein. So expandierte zum Beispiel die neuseeländische Gesellschaft *Fletcher Challenge* in den 1980er Jahren außerordentlich und verfügte Ende der 1990er Jahre über Einschlagrechte für 3,4 Millionen Hektar Wald bzw. Forste in Australien, Brasilien, Kanada und Chile. Die Gesellschaft war

zeitweise zugleich weltgrößter Zellstoffproduzent, zweitgrößter Hersteller von Zeitungen und drittgrößter Erzeuger von Bau- und Nutzholz[39].

- Holz wird für Neuseeland künftig zum Hauptexportgut.

6.5 Offensiver Naturschutz

6.5.1 Alles begann und endet mit einem Wal

Neuseeland ist seit 1.000 Jahren vielfach mit den Walen verbunden. Eine alte Legende des in der Gegend von Kaikoura ansässigen Maoristammes der Ngai Tahu berichtet von seinem Vorfahren Paikea, der auf dem Rücken eines Wales reitend Neuseeland erreichte.

Die Maori hielten den Wal für heilig und jagten ihn nicht. Angespülte Wale allerdings waren Geschenke des Meeresgottes Tangaroa und durften nicht verrotten. Dies wäre eine Beleidigung des Gottes gewesen. Erst nachdem die weißen Walfänger nach 1820 nach Kaikoura kamen, gingen auch Maori mit ihnen auf die Jagd.

Später wurde der Wal gnadenlos gejagt. Lange Zeit war die Nordinsel Anlaufpunkt der europäischen Walfangschiffe. Die erste Hauptstadt Russell war anfangs eine Walfangstation und Siedlung für die Walfänger, die hier auch überwinterten. Über Russell kamen auch die ersten Missionare ins Land.
Eine Reihe von Buchten, in die die Wale getrieben und dann erlegt wurden, schienen rotes Meereswasser zu haben; an der Küste gab es etliche Verarbeitungsstätten für Walfleisch und insbesondere für Tran. Später zogen die Walfänger auch auf die Südinsel.

Heute werden die Tiere hier nicht mehr gejagt. Im Gegenteil – Neuseeland tritt sehr energisch für den Erhalt der Arten ein.
Gegenwärtig nutzt das Land die Anwesenheit von Walen erfolgreich für den Tourismus. Zwischen Picton und Christchurch kann man das ganze Jahr über Wale von Spezialschiffen und von Flugzeugen aus beobachten. Der malerisch gelegene Ort Kaikoura an der beeindruckenden Küste – mit der Kulisse oft schneebedeckter Berge im Landesinneren – ist Ausgangspunkt solcher Touren, aber auch bekannt für eine aktive Künstlerszene und guten Wein.
Im Frühjahr der Südhalbkugel wandern viele Wale von den warmen tropischen Gewässern des Südpazifiks, wo sie ihre Jungen gebähren, in die kühleren und nahrungsreichen Gewässer der Antarktis. So kommen allein schätzungsweise 2.000 Buckelwale an Neuseelands Küste vorbei; weltweit gibt es nur noch etwa 15.000 Exemplare. In Jahren mit besonders viel Krillfischen und

Plankton kommen sie in größerer Anzahl besonders dicht an die Küste. Und noch ein weiterer Grund macht Kaikoura heute zu einem der interessantesten Walbeobachtungspunkte der Welt, wenn nicht zu dem interessantesten überhaupt: Wenige Seemeilen von der Küste entfernt senkt sich der Meeresboden von circa 200 Meter auf rund 3.000 Meter Tiefe. Hier finden die Wale besonders viel Nahrung. In den Tiefseegräben vor der Küste Neuseelands treffen sie auch auf sehr große Exemplare von Kraken – eine besonders begehrte Beute der Pottwale[40]. An den vielen Narben mancher Wale kann man die mörderischen Kämpfe dieser großen und intelligenten Meeresbewohner mit den Riesenkraken in unglaublichen Tiefen erahnen.

Diese Wale müssen für acht bis zehn Minuten zum Lufttanken an die Wasseroberfläche kommen und können während dieser Zeit beobachtet werden. Sie füllen ihre Muskeln mit Sauerstoff für die nächsten stundenlangen Tauchgänge zur Nahrungssuche.

Im Kaikoura-Canyon wirbeln zwei Strömungen mit unterschiedlichen Temperaturen ineinander. Dadurch kommt es zu einem hervorragenden Nährstoffnachschub durch Plankton, Fische und Langusten. Deshalb machen auch große Gruppen von Pott-, Buckel-, Blau-, Glatt- und Schwertwalen sowie Delfinen hier Wanderpausen. Außerdem werden in den Tiefen bis zu 20 Meter lange Tintenfische vermutet.

Unsere persönliche Reisebucheintragung zum *Whalewatching* gibt das wieder, was täglich über 1.000 Touristen erleben:

„Kaikoura, unseren Ausgangsort zum *Whalewatching*, erreichen wir vormittags, und die Sonne hat es noch nicht geschafft, den Nebel über dem Pazifik zu durchbrechen. Ob wir denn überhaupt einen Wal zu sehen bekommen? Eine Garantie gibt es nicht, und so verständigen wir uns beim Ablegen des Schnellbootes per Handzeichen mit den gerade zurückkommenden Touristen. Zwei Wale haben die gesehen, toll! Und nun wir.

Eine ganze Weile jagt unser Jetboot mit fast 50 Stundenkilometern durch die Wellenkämme. Wir erfreuen uns an einer großen Delfinschule und amüsieren uns über Albatrosse, die zum Flugstart anscheinend tollpatschig über das Wasser laufen. Der Tiefenmesser, der vorn beim Steuermann für alle gut einsehbar ist, zeigte vorerst kaum Veränderungen an. Dann aber überschlagen sich die Ziffern der Digitalanzeige fast: Wir haben den Rand des Tiefseegrabens erreicht, und schon

allein die enorme Meerestiefe unter uns lässt die Spannung steigen. Stille! Die Motoren sind abgestellt.Mit Hydrophonen versucht die Besatzung die typischen Klickgeräusche einzufangen, die so ein 18 Meter langer und etwa 40 Tonnen schwerer Wal im Sekundentakt aussendet.
Weil der Ton bis zu 165 Dezibel erreicht (zum Vergleich: ein Überschallflugzeug bringt es auf 112 Dezibel), kann man die Geräusche noch auf zehn Kilometer Entfernung hören.

Unser Kapitän und seine Crew kennen jedes der Tiere, das irgendwann ganz in unserer Nähe auftaucht, um benommen Sauerstoff zu tanken. Für uns sind das faszinierende Augenblicke. Die Crew signalisiert uns, dass die Kameras gezückt werden können, denn sie kennt den Zeitpunkt des Abtauchens der Kolosse und will uns den Anblick der gewaltigen Fluke nicht versäumen lassen. Auf dieser Fahrt haben wir großes Glück und können noch zwei weitere Wale beobachten.

74 | Fahrt zum Whalewatching

Inzwischen ist auch der Nebel weg, und wir werden auf der Rückfahrt mit einem weiteren grandiosen Anblick verwöhnt, denn hinter der Küste von Kaikoura erhebt sich der schneebedeckte 2.600 Meter hohe Gipfel des Manakao."

Im Jahre 2006 haben rund 450.000 Touristen aus aller Welt an Wal- und Delfinbeobachtungstouren in Kaikoura teilgenommen (1998 waren es noch 230.000 Touristen).

Die Regierung hat den Wert der Wale für Neuseelands Wirtschaft, besonders für den Tourismus, erkannt und Neuseeland zum stärksten Opponenten gegen die japanischen Walfanginteressen werden lassen. Neuseeland erklärte schon 1978 insgesamt 370 Kilometer um seine Küsten zur Walschutzzone.

Auf Walfang gingen übrigens als Erste die Basken, ihnen folgten Anfang des 17. Jahrhunderts Holländer und Briten. Während die Deutschen zunächst vor allem in der Nordsee Walfang betrieben (einige Gemeindewappen zeugen heute noch davon), schickten sie in den 1930er Jahren eine Walfangflotte sogar in die Arktis. Erst in den 1950er Jahren stieg die damalige Bundesrepublik aus dem Walfanggeschäft aus.

Es gibt jedoch auch eine andere Seite der Begegnung mit Walen. Immer wieder kommt es zu Massenstrandungen von Walen an der Küste Neuseelands wie auch Australiens. Wissenschaftler machen die klimatischen Bedingungen und insbesondere die starken Westwinde dafür verantwortlich. Die Walnahrung wird in Küstennähe getrieben, und die Wale stranden bei zurückgehender Flut. In der Nacht zum 11. November 2004 gab es eine Massenstrandung von 74 Pilotwalen bei Whangamata an der Pazifik-Küste der Coromandel-Halbinsel. Als Anwohner morgens die Katastrophe sahen, waren bereits 50 Wale verendet. Einen ganzen Tag kämpften 70 örtliche Freiwillige um das Leben der übrigen Meeressäuger. Sie zogen mit Baggern Gräben, benässten die Wale und konnten bei Flut mit Traktoren 18 Wale wieder in den Pazifik leiten.

Ein Pastor gab den 56 toten Pilotwalen den letzten Segen. Die Tiere wurden sodann an einer abgelegenen Stelle des Strandes vergraben.

Reinhard Nickel, einer der Ersten an diesem Morgen, schildert die intensive Mensch-Tier-Beziehung, die innerhalb weniger Stunden entstand: „Wenn man so ein Tier zwei bis drei Stunden in den Händen hält, herumschaukelt, um die Orientierung wieder aufzubauen, streichelt und hofft, dass es sich mehr und mehr bewegt, das Herz in der Hand fühlt, den Atem-Wasser-Spritzer ins Gesicht bekommt, weiter streichelt und schubst und dann die ersten zwei sich taumelnd ins tiefere Wasser begeben und alle sie anfeuern, johlen, singen und klatschen – dann hat man innerhalb von Stunden eine Beziehung aufgebaut. Und man ist so ‘happy’ wie ich jetzt, dabei gewesen zu sein, mitgeholfen und Gleichgesinnte getroffen zu haben, die sich wie ich im wahrsten Sinne ‘tierisch freuen’ “.

Übrigens sind auch die geretteten Wale nicht außer Lebensgefahr, denn die Rufe der am Strand zurückgebliebenen sterbenden Wale locken sie wieder an Land.

Nach offiziellen Angaben stranden in Neuseeland so viele Wale wie nirgendwo auf der Welt. Seit

Ankunft der europäischen Siedler um 1840 seien mehr als 5.000 Wale an Land gefunden worden. Die tragischste bekannte Massenstrandung von Walen ereignete sich 1918: Auf den Chatham-Inseln starben damals rund 1.000 Tiere. Das größte Ereignis dieser Art in jüngerer Vergangenheit spielte sich 1985 auf der Great-Barrier-Insel ab, als 450 Wale strandeten. Helfer konnten allerdings 324 von ihnen retten.

Neben der liebevollen Verehrung der Wale stehen die Delfine hoch in der Achtung der Kiwis und werden ebenfalls besonders geschützt. An der Ostküste sowohl der Nord- als auch der Südinsel Neuseelands sind viele Delfinarten heimisch. Besonders beliebt sind die Touren „Schwimmen mit Delfinen“ verschiedener Reiseveranstalter. So haben sich viele der Tiere an die Menschen gewöhnt.

Aus verschiedenen Ländern der südlichen Hemisphäre, die an Ozeanen liegen, hört man immer wieder, dass Delfine Menschen gerettet hätten. Das erhöht natürlich die Sympathie für diese Lebewesen. Ein eindrucksvolles Beispiel für dieses fürsorgliche Verhalten gab es im Dezember 2004 am *Ocean's Beach* bei Whangarei auf der Nordinsel:
Eine Gruppe von vier professionellen Rettungsschwimmern trainierte etwa 100 Meter vom Strand entfernt, als sie von sieben Delfinen in einem immer enger werdenden Kreis umschwommen wurden. Der leitende Rettungsschwimmer, Bob Howes, berichtete, dass sie in unmittelbarer Nähe einen weißen Killer-Hai von rund drei Metern Länge gesichtet hatten, den die Delfine jedoch von den Rettungsschwimmern fernhielten. Selbst als zwei Männer in Richtung Strand schwimmen wollten, „trieben“ zwei Delfine sie zurück zur Gruppe. Die Delfine blieben etwa 40 Minuten bei den Rettungsschwimmern, als wollten sie diese vor der drohenden Gefahr schützen. Und tatsächlich verschwand der weiße Killer-Hai.

6.5.2 Keine Angst vor Riesenkraken oder: Die neuen Riesen Neuseelands

Wie wir erfahren haben, sind mehrere Riesentiere in Neuseeland ausgestorben. Andererseits lernen wir in unseren Tagen Riesentiere kennen, von denen wir bislang nur in Sagen oder fantasievollen Reiseberichten etwas erfahren konnten.
So sind in den letzten Jahren an verschiedenen Stellen der Welt, auch in den Gewässern Neu-

seelands, Kraken und Kalmare[41] riesigen Ausmaßes gefunden worden. Eigentlich wurden diese Funde erst durch die Tiefseefischerei möglich, denn die Riesenkraken und -kalmare leben in einer Meerestiefe unterhalb von 700 Metern.

Seit ein paar Jahren häufen sich nun die Meldungen, in Neuseelands Gewässern seien Riesenkraken von bisher ungeahntem Ausmaß gefunden (und zum Teil auch konserviert) worden. Das bedeutet aber nicht, dass in der jüngeren Vergangenheit mehr Riesentintenfische aufgetaucht sind als sonst; früher wurde offenbar nur weniger darüber berichtet. Wahrscheinlich haben die (auch filmischen) Hinwendungen zu den Dinosauriern sowie das steigende Interesse an den Erkundungen „unter Wasser" inzwischen zu einer größeren Sensibilität der weltweiten Medien gegenüber solchen Meeresüberraschungen beigetragen.

Der weltbekannte neuseeländische Meeresbiologe und Forscher Steve O'Shea beschäftigt sich schon seit Jahrzehnten mit den Kraken und hat inzwischen 70 solcher Riesentiere konserviert. Im Jahre 2006 stellte er zum allgemeinen Erstaunen einen acht Meter langen männlichen Riesenkraken aus, der eineinhalb Jahre alt war und circa 100 Kilogramm wog. Dieser wurde an der Westküste der neuseeländischen Südinsel gefunden.
Allerdings sollte der Größenrekord bereits im Februar 2007 gebrochen werden:
Neuseeländische Fischer trafen am Rand der Antarktis auf das bisher größte Exemplar der Art *Mesonychoteuthis hamiltoni* (ein Kolosskalmar) mit einem Gewicht von 450 Kilogramm und einer Länge von zehn Metern. Da Kolosskalmare in einer Tiefe von eintausend bis zweitausend Metern leben, ist der Mensch ihnen nur sehr selten begegnet. Sie wurden erst 1925 entdeckt und sind noch viel schwerer als die Riesenkalmare, die schon bekannter sind.
Andererseits haben die Riesenkraken und kolossalen Kalmare schon seit Urgedenken in vielen Seemannsgeschichten einen festen Platz, ihre Existenz wurde aber viele Jahrhunderte lang angezweifelt und als „Seemannsgarn"[42] abgetan. Aus heutiger Sicht lagen jedoch auch solchen fantastischen Geschichten wahre, wenn auch seltene, Beobachtungen zugrunde. Wenn auf dem Wasser allein ein Kadaver eines Riesenkraken von zehn oder mehr Metern Länge gesichtet wurde, dann muss das zum fürchterlichen Erschrecken geführt haben. Bei den damaligen kleinen Schiffen und den vielen Geschichten über wie von Geisterhand verschwundene Segler oder die sogenannten Totenschiffe brauchte es nicht viel Fantasie, um sich einen furchtbaren und aussichtslosen Kampf der Besatzungen mit einem solchen Riesenkraken oder gar einer ganzen Gruppe solcher Tiere vorzustellen.

Bereits in der Antike kursierten sagenhafte Geschichten von vielarmigen Seeungeheuern.
Der römische Schriftsteller Plinius der Ältere (23-79 n. Chr.) hinterließ uns in der „Naturalis Historia“ folgenden kleinen Bericht über die Tiere, die er Polypen nannte: „Kein Tier im Wasser bringt den Menschen auf eine grausamere Art um als der Polyp. Wenn er Schiffbrüchige oder Taucher anfällt und mit ihnen kämpft, saugt er sich mit seinen vielen Saugnäpfen fest und zieht sie in die Tiefe hinab. Bei Carteja drang ein Polyp in die Behälter der Fischhändler ein, um sich über die eingesalzenen Fische herzumachen. Er kroch an einem Baum hoch und überstieg hohe Zäune. Die Hunde riefen die Fischer herbei. Diese waren entsetzt, denn der Polyp war von ungeheurer Größe. Er sah wie von Salzlake überzogen aus und verbreitete einen fürchterlichen Gestank. Das Ungeheuer trieb die Hunde mit schrecklichem Blasen von sich, peitschte sie mit den Armspitzen und schlug mit den stärkeren Armen wie mit Keulen auf sie ein. Viele Dreizacke bohrten sich in seinen Leib und das Tier wurde schließlich getötet. Der Polypenkopf war so groß wie ein Fass. Seine keulendicken Arme waren von einem Mann kaum zu umspannen und 30 Fuß lang.“
Vielleicht verbirgt sich auch hinter Homers Schilderung der Seefahrer verspeisenden sechsköpfigen Skylla, der in der Meerenge von Messina sechs Gefährten des Odysseus zum Opfer fielen, die Vorstellung von einem Riesenkraken.

Wenn auch der Sprung von der Antike in unsere heutige Welt ein riesengroßer ist, so bleiben die Schilderungen, vor allem aus Unkenntnis, doch ähnlich fantastisch. Wie auch schon in dem Film „Fluch der Karibik 1“ wurden im Nachfolger „Fluch der Karibik 2“ aus dem Jahre 2006 mit großem computerbasierten Aufwand furchtbare Krakenszenen inszeniert. Der dargestellte Riesenkrake zieht mit seinen zahlreichen Fangarmen ganze Schiffe in die ewig währende Umarmung der Tiefsee. Auf Befehl von Davy Jones kann der Krake auf jedes Schiff angesetzt werden – mit der fast hunderprozentigen Sicherheit, dass kein Mitglied der Besatzung überlebt (eine Art Wunderwaffe).
Die Krakenangriffe im Film sind eine Kombination aus traditionellen Effekten und Stunts sowie Computeranimationen und -effekten. Es wurden dabei zum Teil Einstellungen des Filmklassikers „20.000 Meilen unter dem Meer“ übernommen, der den Krakenkampf mit der *Nautilus*[43] detailliert schildert.
Jules Verne beschreibt, dass der schwedische Bischof Olaus Magnus von Uppsala viele Berichte nordischer Fischer über ihre Beobachtungen von Meeresungeheuern sammelte und einen „eine Meile langen“ Kopffüßer beschrieb[44]. Natürlich erscheint diese Längenangabe auch aus heutiger Sicht maßlos übertrieben.

Auch in den Mythen der Maori kommen Riesenkraken vor. Der polynesische Seefahrer und erste Ankömmling in Neuseeland, Kupe, war einem Tintenfisch riesigen Ausmaßes gefolgt, erlegte ihn schließlich und verspeiste ihn mit seinen Begleitern am Strand des neuen Landes.

Im Jahre 2005 ging neuseeländischen Meeresforschern in 920 Metern Tiefe nahe den Chatham-Inseln ein Krake mit einem Gewicht von 61 Kilogramm ins Netz. Er musste es zu Lebzeiten auf eine Länge von vier Metern gebracht haben. Sein Kopf allein war 69 Zentimeter lang. Die Meeresbiologen ordneten das Tier vorläufig der Art *Haliphron atlanticus* zu.

Allein um Neuseeland herum gibt es 42 (hauptsächlich kleine) Arten von Kraken, und seit dem letzten spektakulären Krakenfund im Jahr 1999 wurden zwei weitere Arten entdeckt.
Im Jahr 2003 zogen neuseeländische Fischer aus antarktischen Gewässern einen fünf Meter langen Riesenkraken mit einem Gewicht von rund 150 Kilogramm.
Viel ist noch nicht über diese Riesen bekannt, außer dass sie von bis zu 30 Meter langen Pottwalen als Delikatesse bevorzugt werden, selbst sehr aggressiv sind und bis zu zwei Meter große Thunfische verschlingen. Seit der ersten bekannten wissenschaftlichen Beschreibung von Riesenkraken im Jahre 1854 sind gerade einmal 154 Jahre vergangen und es bleiben noch viele ihrer Merkmale unerforscht. Nur wenige vereinzelte Versuche, lebende Riesenkraken in ihrer gewohnten Umgebung zu beobachten, sind gelungen. Auch dabei haben neuseeländische Forscher eine herausragende Rolle gespielt.

Weltweit gibt es gegenwärtig nur wenige ausgestellte Riesentintenfische. Seit Januar 2005 ist erstmals auch in Deutschland ein Riesenkalmar[45] zu sehen – im Meereskundemuseum Stralsund. Er stammt aus Neuseeland.
Im Februar desselben Jahres wurden zwei Riesenkraken aus Neuseeland an Gunther von Hagens` Institut für Plastination in Heidelberg geschickt. Steve O'Shea vom *National Institut of Water and Atmospheric Research* in Wellington sagte zu dem Plastinations-Projekt dieser größten bekannten, aber noch nie ausgestellten Weichtiere: „Es wird nicht einfach sein, die Kraken zu plastinieren. Die Tiere sind so schwer, dass sie an Land schier unter ihrem Eigengewicht zusammenbrechen. Der Plastinationsprozess eines Riesenkraken kann bis zu einem Jahr dauern, und es wird sicherlich ein Gestell zur Stabilisierung benötigt, um das Tier auszustellen. Aber ich bin zuversichtlich, dass Gunther von Hagens das schaffen wird."

Abschließend noch ein paar interessante Daten zu diesen ungewöhnlichen Meeresgeschöpfen: Sie haben die größten Augen in der gesamten Tierwelt (bis zu 25 Zentimeter), können mit ihren bis zu 1.800 zwei bis fünf Zentimeter großen Saugnäpfen vier PKW auf einmal ansaugen und durch einen jetartigen Antrieb eine Geschwindigkeit von bis zu 39 Kilometern pro Stunde erreichen.

Sicherlich wird es spannend werden, die Entdeckungen der Zukunft zu erleben. Es gibt vielfältige Hypothesen, die bisher nicht bewiesen werden konnten. Sie lassen aber erahnen, dass wir noch viele Überraschungen erwarten können. Rund 150 Seemeilen von der neuseeländischen Ostküste entfernt wurden zum Beispiel mehrere kleine Jungtiere entdeckt. Nach der DNA-Analyse kann angenommen werden, dass diese 18 Monate alten Tiere später einmal 20 Meter lang und 20 Zentner schwer werden. Die Augen werden groß wie Fußbälle.

6.5.3 Eine neue Ethik der Ozeane

Seit geraumer Zeit wird die maßlose Überfischung der Meere nun auch in unseren Medien zunehmend kritisch diskutiert.
Weltweit ernähren sich circa 2,6 Milliarden Menschen von Fisch, und die Nachfrage nimmt weiter zu. Jährlich werden 130 Millionen Tonnen Fisch durch die Meeres- und Binnenfischerei verarbeitet. Drei Viertel davon kommen aus den Weltozeanen. Dabei sind die als „unbrauchbar" eingestuften Fische noch nicht einmal mitgezählt. Etwa jeder dritte gefangene Fisch wird wieder ins Meer zurückgeworfen. Greenpeace schätzt den jährlichen Beifang auf über 40 Millionen Tonnen. 70 bis 100 Prozent dieser Fische sterben beim Fangvorgang oder danach. Und je nach Fischart sind 30 bis 80 Prozent der gehandelten Fische Jungtiere, die sich noch nicht fortpflanzen und damit den Artbestand nicht sichern konnten.
Es scheint, als kämen wir aus diesem weltweiten Dilemma nicht mehr heraus, zumal sehr unterschiedliche Interessengruppen und Länder sich notwendigen drastischen Maßnahmen schon im Vorfeld möglicher Vereinbarungen widersetzen.

Das alles ist für Neuseeland nicht neu. Schon vor viereinhalb Jahrzehnten gab es alarmierende Hinweise auf die starke Überfischung der Küstengewässer. Da die Fischereiindustrie und der Tourismus (speziell die Bereiche Sporttauchen, Schnorcheln und Glasbodenboot-Rundfahrten) dadurch in hohem Maße gefährdet wurden, musste etwas unternommen werden. Schließlich ist Neuseeland mit einer Küstenlänge, die die der USA (ohne Alaska) noch übertrifft, das am stärksten meerorientierte Land.

Insbesondere ist es Bill Ballantine, einem 1964 aus England zugereisten Biologen, zu verdanken, dass die neuseeländische Öffentlichkeit für diese Probleme sensibilisiert wurde. Trotz massiver Anfeindungen seitens starker Fischerei-Interessengruppen konnten er und die zunehmend größer werdende Schar Gleichgesinnter sich durchsetzen. Heute gibt es rund um Neuseeland 31 gesetzlich gesicherte Fischereiverbotszonen – das sind schon acht Prozent der küstennahen Gewässer, und bis 2010 sollen zehn Prozent geschützt sein. Allein über 90 Prozent der geschützten Flächen gehören zu zwei Schutzzonen, die mehrere Hundert Kilometer vom Festland entfernt sind.
Interessant ist die Erfahrung, dass sich in den Schutzgebieten in relativ kurzer Zeit bislang für dort ausgerottet gehaltene Meerestierarten wieder ansiedeln und schneller vermehren als in anderen Gebieten. Sie werden quasi zu den Kinderstuben der später aus den Schutzgebieten abwandernden Tiere, die außerhalb der Schutzzonen gefangen werden können. Es sind natürliche Zuchtfarmen. Zudem entwickelten sie sich inzwischen zu den schönsten subtropischen Tauchrevieren, die Sporttaucher aus aller Welt anziehen.

Bill Ballantine setzt sich für eine neue Ethik der Ozeane ein und vertritt die Ansicht, dass das Meer kein Selbstbedienungsladen für die Menschen sein kann, sondern eine Lebensgemeinschaft ist, zu der auch der Mensch gehört. Das Meer muss also geschützt werden.
Ideal wäre weltweit ein dichtes Netz von Fischereiverbotszonen und Gebieten mit Ankerungsverbot. Gegenwärtig sind aber nur 0,1 Prozent der Weltmeere fischereifreie Zonen. Um die kommerziell nutzbaren Bestände vieler Arten zu garantieren und ohne die Zerstörung des Lebens unter Wasser fortzusetzen, wären jedoch 40 bis 50 Prozent der Meeresflächen zu schützen.

Inzwischen gibt es in Neuseeland weltweit einmalige Schulinitiativen, bei denen die Lehrer verschiedener Fächer multidisziplinär mit den Schülern Umwelt- und Meeresschutz-Projekte bearbeiten und diese von Jahrgang zu Jahrgang zur Fortsetzung der Arbeit weiterreichen. So werden die heutigen Jugendlichen auf ein umweltbewusstes Leben als Erwachsene vorbereitet; einige ehemalige Schüler arbeiten auch schon als Ökologen, Biologen und Meeresforscher an verschiedenen neuseeländischen und australischen Hochschulen und Forschungsinstituten.
Auch an einer anderen international heiß diskutierten Umweltfront ist Neuseeland führend.

Während beispielsweise in der EU über 30 Prozent aller gefangenen Fische als weniger wertvoll wieder über Bord geworfen und damit große Mengen Speisefisch absichtlich verschwendet werden, legt in Neuseeland die Regierung die Fangquoten fest und besteht darauf, alle gefangenen Fische zur Verwertung an Land zu bringen. Die Quoten werden aber nicht nach Mengen zugeteilt, sondern frei gehandelt. Bestandskontrollen, Förderprogramme und Kontrolleure für die Einhaltung der verbindlichen Regeln sind wichtige flankierende Maßnahmen. Der Quotenhandel hat sich als sehr effizient erwiesen, zumal er nachgewiesenermaßen die Bestände schont.

Kapitel 7

Der Einfluss der Religionen

7. Der Einfluss der Religionen

Wussten Sie, dass 65 Prozent der neuseeländischen Bevölkerung einer Religionsgemeinschaft angehören, jedoch 73 Prozent der Jugendlichen keine Person benennen können, die ein Christ ist? Und wussten Sie, dass Neuseeland weltweit an vierter Stelle der Missionarsausbildung und -aussendung steht (gemessen in Prozent der Gesamtbevölkerung)? Gegenwärtig sind 1.836 neuseeländische Missionare über 84 Missionsgesellschaften in 114 Ländern verteilt.

Kommen wir noch einmal auf den 65-prozentigen Anteil an Religionszugehörigen zurück und spitzen wir zu, dann können wir feststellen: Die neuseeländische Gesellschaft ist stark verweltlicht. Circa 35 Prozent der Bevölkerung sind nicht religiös, und auch unter den Gläubigen gibt es sehr unterschiedliche Grade der Glaubenszuwendung.
Zugleich haben die Gemeinden in der Gesellschaft eine wichtige soziale Funktion und einen entsprechend hohen Status. Sie unterstützen Bedürftige und ältere Menschen im Haushalt und Garten, sammeln Geld für notwendige Krankenhausaufenthalte u.v.a.m.

In Neuseeland gibt es keine Staatskirche und es herrscht Religionsfreiheit. Die Gläubigen verteilen sich auf folgende Religionsgemeinschaften (Stand 2007):

Freikirchlich Evangelikale, Charismatiker, Pfingstkirchen u.a.:	34,10 %
Reformierte:	20,60 %
Katholiken:	12,17 %
Buddhisten/Chinesische Religion:	1,13 %
Hinduisten:	0,95 %
Muslime:	0,44 %
Juden:	0,40 %
Baha'i:	0,09 %
Sikhs:	0,09 %

So gesehen ist Neuseeland ein vorwiegend christliches Land, in dem die evangelischen Christen dominieren.

7.1 Glaubensrichtungen der Minderheiten

Im Folgenden sollen fünf Glaubensrichtungen hervorhoben werden, die zwar, wie wir sehen, in Neuseeland keine großen Glaubensgruppen repräsentieren, aber doch für die vielen europäisch geprägten Neuseeländer und Touristen relativ unbekannt sind und respektiert werden sollten.

Bahaismus

Bahaismus ist eine monotheistische Religion, die einen persönlichen, unerkennbaren, unerreichbaren, allwissenden, allgegenwärtigen und allmächtigen Gott verehrt. Dem Religionsverständnis liegt eine dreifache Einheit zugrunde: Die Einheit Gottes, die der Menschen und die mystische Einheit der Offenbarer aller großen Religionen, die allesamt als Stiftungen ein und desselben Gottes betrachtet werden. Die unterschiedliche äußere Form der offenbarten göttlichen Botschaft trägt der Fortentwicklung der Menschheit Rechnung: Neue Situationen erfordern religiöse Erneuerung, und so sieht sich der Gründer des Bahaismus, Mirza Husayn Ali Nuri (genannt Bahá'u'lláh – „die Herrlichkeit Gottes", 1817-1892) als jüngster in einer Reihe von Religionsstiftern, die vor ihm gewirkt haben (Moses, Christus, Mohammed). Dies hat eine große Offenheit gegenüber anderen Religionen zur Folge. Sie äußert sich u.a. darin, dass in Andachten Schriften aller Offenbarungsreligionen gelesen werden. Einen Klerus gibt es nicht; Gremien werden demokratisch gewählt.

Weil er in seinem Heimatland Iran (Persien) nach Meinung der Mullahs ketzerische Thesen verkündete, wurde Bahá'u'lláh in Teheran eingekerkert und dann verbannt: zuerst wandte er sich nach Bagdad, wurde dann auf Drängen iranischer Kräfte nach Istanbul beordert, nach Edirne geschickt und schließlich von den Osmanen in die Festungsstadt Akka in der Bucht von Haifa verbannt. Bis zu seinem Tod im Jahre 1892 lebte er unweit von Akka. Alle Bemühungen von Regierung und Geistlichkeit seines Heimatlandes, seine Lehre zu unterdrücken, schlugen fehl: Sein Glaube verbreitete sich über die ganze Welt. Heute bekennen sich über fünf Millionen Menschen zu Bahá'u'lláh. Auch rund 20 Prozent der in Neuseeland lebenden etwa 2.000 Bürger iranischer Herkunft sind Baha'i-Anhänger.

Buddhismus

Der Buddhismus, zu dem sich weltweit etwa 300 bis 400 Millionen Menschen bekennen, geht auf den Buddha Siddhattha Gotama (Pali) – oder: Siddharta Gautama (Sanskrit) – zurück, der
im 6. Jahrhundert v. Chr. in Indien wirkte. In den „Vier Edlen Wahrheiten", die Kern und Grundlage des erkannten und verkündeten Daseinsgesetzes – des Dharma – bilden, lehrte Siddhattha Gotama die Einsicht in die Ursache menschlichen Leidens und wies mit dem „Achtfachen Pfad" einen Weg zu dessen Überwindung auf. Er wurde damit zum „Buddha", zum „Erwachten". Seine Lehren wurden über einen langen Zeitraum hinweg gesammelt und in den drei großen Schulen des Hinayana („Kleines Fahrzeug", dazu gehört auch Theravada – „Rat der Älteren"), des Mahayana („Großes Fahrzeug") und des Vajrayana („Diamantfahrzeug", auch als Lamaismus bekannt) weitergegeben. Da der Buddhismus weder einen allmächtigen Gott noch eine ewige Seele benennt, wird er manchmal eher als Denksystem oder Philosophie, denn als Religion bezeichnet. Und so verwundert es nicht, dass er sich durch hohe Toleranz gegenüber anderen Denk- und Glaubenstraditionen auszeichnet, die in den Verbreitungsländern auf ihn zurückwirkten. Mit dem Hinduismus hat er nicht nur den Begriff des Dharma (der Kosmischen Ordnung), sondern auch den des Karma (des sowohl physischen als auch geistigen Ursache-Wirkungs-Prinzips) gemein, das eng mit der Vorstellung des Kreislaufs von Wiedergeburten verknüpft ist.

75 | Buddha und Gebetsmühlen

Mit der Verbreitung des Buddhismus in der Kamakura-Zeit begann auch sein Einfluss auf die Kunst. Zunächst flossen Gedanken der (esoterischen) Shingon-Sekte in die Musik ein, die vornehmlich die Gedanken des Geheimen widerspiegelten.

Beispiele hierfür sind die beiden Schriften „Taigenshô“ und „Kyôkunshô“. Der Einfluss der Zen-Sekte kam wesentlich später, doch ist er von allen der stärkste. Der Geist der Schulung und die Idee des „Ishin denshin“, der indirekten, impliziten Kommunikation bzw. des Verständnisses „ohne Worte“, fanden Eingang in die Musik. Diese wurde zum Kunstweg, zu einer Praxis, und trat in Beziehung zu Moral und Religion.

Der Buddhismus kam mit den chinesischen Goldgräbern in den 60er und 70er Jahren des 19. Jahrhunderts nach Neuseeland. In den 50er und 60er Jahren des 20. Jahrhunderts wuchs das Interesse der Neuseeländer am Buddhismus und die Anzahl der Bekennenden. Seit der Gründung der Buddhistischen Gesellschaft Neuseelands im Jahre 1956 verfügen die Gläubigen auch über eine Reihe von Zentren und Tempeln.

Die größten buddhistischen Gruppen kommen aus China, Kambodscha, Sri Lanka und Thailand. 90 Prozent der Einwanderer aus diesen Ländern bekennen sich zum Buddhismus.

Hinduismus

Der Hinduismus kennt keinen Stifter. Der Ursprung dieser Religion, der heute etwa 900 Millionen Menschen anhängen, liegt wahrscheinlich in der Vermischung verschiedener altindischer Traditionen mit denen der vermutlich im 20. Jahrhundert v. Chr. von Norden her zugewanderten Arier.
Die für alle Hindus gültigen heiligen Schriften sind die zwischen 1200 und 500 v. Chr. entstandenen Veden (Sanskrit: „Wissen“) und vor allem die Bhagavad-Gita (der „Gesang Gottes“); darüber hinaus hat jede Glaubensrichtung – und davon gibt es einige – ihre eigenen verbindlichen Schriften. Die drei Hauptrichtungen hinduistischer Tradition – Vishnuismus, Shivaismus und Shaktismus – sind von ganz unterschiedlichen Gottesbildern geprägt, was jedoch nicht ausschließt, dass Gläubige mehr als eine dieser Gottheiten verehren oder die Gottesvorstellungen miteinander verschmelzen – wie beispielsweise Vishnu („Bewahrung“) und Shiva („Zerstörung“), die zusammen mit dem Brahma („Schöpfergeist“) zur Dreiheit „Trimurti“ werden; Shakti stellt die weibliche Urkraft des Universums dar. Daneben gibt es viele andere Gottheiten, die aber alle von Vishnu oder Shiva, dem höchsten göttlichen Prinzip, hervorgebracht wurden.
Dem immer noch sozial relevanten Kastenwesen liegt die Vorstellung zugrunde, dass alle Lebewesen von Geburt an nach Aufgaben, Rechten, Pflichten und Fähigkeiten streng voneinander ge-

trennt sind. Einer unteren Kaste entkommen kann man nur durch die Reinkarnation gemäß der sittlichen Weltordung (Dharma) – vorausgesetzt, die Taten der vorangegangenen Existenz(en) „qualifizieren“ gemäß dem Ursache-Wirkungs-Prinzip (Karma) für eine „bessere“ Wiedergeburt (auch als Tier): „Wie einer handelt, wie einer wandelt, ein solcher wird er“, lehrten die Upanishaden, eine Sammlung philosophischer Schriften.

Ende des 19. Jahrhunderts erreichten hinduistische Inder Neuseeland. Sie behielten ihren Glauben, praktizierten weiter Puja (religiöse Rituale) und bauten Tempel in den Hauptzentren ihrer Besiedlung.

90 Prozent aller Neuseeländer indischer Herkunft bekennen sich zum Hinduismus.

Islam

Der Islam verkündet die reinste Form des Monotheismus. Gott ist der eine Gott – Er ist unteilbar und hat niemanden neben sich. Er ist unvergleichlich und nichts ist ihm auch nur ähnlich. Nichts geschieht ohne seinen Willen. Er ist der Erste, der Letzte, der Ewige, der Unendliche, der Allmächtige, der Allwissende. Er ist der Schöpfer und Erhalter aller Dinge. Er ist der Gerechte, der Allerbarmer, der Gnädige, der Liebende, der Gütige, der Erhabene, der Preiswürdige, der Wahrhaftige. Er verfügt über alle vollkommenen Eigenschaften.
All diese und noch andere im Koran erwähnten Eigenschaften Gottes müssen in ausgewogener Weise betrachtet werden, ohne dass die eine Eigenschaft zugunsten einer anderen vernachlässigt wird oder zum Nachteil einer anderen überbetont wird; denn Gott allein hat sich mit all diesen Namen benannt.
Islam heißt „Unterwerfung“ unter den Willen Gottes. Der Islam ist die Botschaft des Propheten Muhammad, die von seinen Begleitern und Anhängern im Koran niedergeschrieben wurde. Die „Fünf Säulen“ des Islam sind der unbedingte Glaube an Gott und dessen letzten Propheten Muhammad, das tägliche Ritualgebet, das Almosengeben an Hilfsbedürftige, der jährliche Fastenmonat Ramadan und die Wallfahrt nach Mekka, die möglichst einmal im Leben persönlich oder durch einen Vertreter durchgeführt werden sollte.
Der Islam ist nicht allein eine Religion, sondern zugleich ein in sich geschlossenes rechtlich-politisches Wertesystem; eine Trennung von Religion und Staat ist deshalb nach islamischem Verständnis nicht vorgesehen.

Heute gibt es weltweit etwa 1,2 Milliarden Muslime, die drei Glaubensrichtungen angehören: Sunniten, Schiiten und Charidjiten.
In den letzten 15 Jahren kamen viele Muslime aus Ländern wie Indien, Pakistan, Malaysia, den Fidschi-Inseln und dem Mittleren Osten nach Neuseeland. Moscheen gibt es in Auckland, Christchurch, Hamilton, Palmerston North und Wellington.

Mit Ausnahme der Inder bekennen sich 94 Prozent aller Einwanderer aus den oben genannten Ländern zum Islam.

Sikhismus

Die Religion der etwa 20 Millionen Sikhs (wörtlich: „Schüler") ist relativ jung. Sie wurde um die Wende vom 15. zum 16. Jahrhundert von dem im heutigen Pakistan geborenen Guru Nanak Dev begründet, der die herrschenden religiösen Dogmen und Traditionen von Hinduismus, Islam und Buddhismus kritisierte. Ein zentrales Thema der Lehre, die er und seine neun Nachfolger verbreiteten, ist die Überwindung des Egoismus, der als wesentliches Hemmnis für inneren und sozialen Frieden angesehen wird. Man betont die Einheit der für den Menschen unergründlichen Schöpfung, lehnt eine durch Geschlecht, Herkunft und Religion bedingte Hierarchisierung ab und versucht, religiöse Weisheit im Alltag zu leben. Der Schöpfer – oder die Schöpferin – wird als geschlechtslos, namenlos, unfassbar und bedingungslos liebend geschildert. Da jeder Mensch für fähig gehalten wird, „Gott" (der Sikhismus ist monotheistisch) in sich selbst oder in der Gemeinschaft mit anderen zu erfahren, bedarf es keiner Vermittlung durch Priester oder Gelehrte und keines zur „Erleuchtung" führenden Verzichts (Fasten, Zölibat u. Ä.). Bindend für den Sikh ist die heilige Schrift, das sogenannte Guru Granth Sahib, in dem die Lehren der zehn Gurus

76 | Das heilige Bad

festgehalten sind – übrigens verschiedenen religiösen Ursprungs und in mehreren Sprachen (u.a. Panjabi, Hindi und Braj). Mit dem Hinduismus hat der Sikhismus den Glauben an die Reinkarnation gemein.
Das äußere Erscheinungsbild der Sikhs ist durch den kunstvoll gebundenen Turban geprägt.

Die ersten Sikhs wanderten 1890 in Neuseeland ein. 1964 wurde die neuseeländische Sikh-Gesellschaft gegründet. 1977 wurde in Hamilton ein Gurdwara Sahib (ein Sikh-Tempel) eröffnet, ein weiterer 1986 in Otahuhu.

76 Prozent der Neuseeländer indischer Herkunft bekennen sich zum Sikhismus, einer speziellen Form des Hinduismus.

7.2 Eine besondere Maori-Religion

In der Geschichte Neuseelands gab es zeitweilig auch eine Religion namens *Pai-marire*. Sie entstand in den 1860er Jahren und nahm in der damaligen Freiheitsbewegung der Maori eine wichtige Stellung ein. Zur gleichen Zeit wie die Baha'i-Religion entstanden und anfangs mit einem ähnlichen Konglomerat unterschiedlichster Vorbilder, wurde *Pai-marire* jedoch schnell zu einer politischen und kriegerischen Bewegung. Entgegen ihrem Namen – die beiden Wörter bedeuten „gut" und „friedfertig" – nahm sie jedoch eine höchst grausame Entwicklung. Ihr zweiter Name lautete *Hau-Hau*. Dies war der heilige, kurz und fast bellend vorgetragene Ausruf ihrer Anhänger, der bei kriegerischen Auseinandersetzungen mit den Engländern Gefahren abwenden sollte, indem er die Engel mit dem Wind herbeirief (*hau* bedeutet „Wind").
Der Gründer dieser Religion war allem Anschein nach als Priester in der alten Maori-Religion ausgebildet. Er hieß Te Ua. In seiner neuen Religion verband er alte Maori-Vorstellungen mit christlichen. Er behauptete schließlich, dass das Volk der Maori das auserwählte sei, und er der Messias. Im Kampf mit den Engländern stünde ihnen der Erzengel Gabriel bei.
Die grausame Seite dieser Religion wurde offenbar, als *Pai-marire*-Anhänger eine englische Abteilung überfielen und den Hauptmann Lloyd töteten. Sie tranken das Blut des getöteten Offiziers und präparierten seinen Kopf nach angeblichen Anweisungen des Erzengels Gabriel auf heidnische Weise, damit der göttliche Wille ihnen durch den Kopf mitgeteilt würde. Danach vollzogen sie eine Art Taufritus mit dem Wasser, in das Lloyds Kopf zuvor getaucht worden war. Durch eine Offenbarung, die angeblich von dem Kopf kam, wurde Te Ua zum Oberpriester der Religion ernannt. Er verkündete, dass alle Anhänger unter dem Schutze der Jungfrau Maria stünden, die genau wie Gabriel und eine Schar Engel selbst erscheinen werde. Diese würden die Weißen ein für alle Mal vertreiben und den Maori alle Erkenntnisse und Erfahrungen der Engländer vermitteln.
Die politische und kriegerische Seite der Religion wurde im Laufe der Zeit immer dominanter und erreichte unter Te Uas Nachfolger Te Kooti ihren grausamen Höhepunkt.

Bis 1871 konnte sich diese Religion auf der Nordinsel ausbreiten. Danach wurde die Bewegung seitens der Engländer gewaltsam aufgelöst. Gleichzeitig kehrten viele Maori aufgrund der brutal-kriegerischen Seite der Bewegung den Rücken. Später gab es keine Anzeichen einer Wiederbelebung.

7.3 Dialog zwischen Muslimen und Juden

Wir wurden immer wieder gefragt, wie viel Muslime in Neuseeland leben und ob es dort Anzeichen für terroristische Tendenzen gebe, wie das Verhältnis zwischen Muslimen und Juden als Bürger desselben Staates sei und ob sich Muslime überhaupt in eine westliche Demokratie integrieren ließen. Diese Fragen zu beantworten, könnte Aufgabe einer anspruchsvollen Doktorarbeit sein. Ohne zu sehr auszuholen, möchten wir das von uns Recherchierte hier in kurzer Form wiedergeben.

Muslime bilden bis heute in Neuseeland eine sehr kleine Minderheit, auch wenn diese in den letzten 20 Jahren anwuchs. Im Jahre 1991 wurden 5.772 Muslime gezählt – ganze 0,15 Prozent der Bevölkerung. 1996 waren es schon 13.545 (0,37 Prozent). Der allergrößte Teil dieser Gruppe lebt in Auckland; die rund 1.000 Muslime, die zum Studium nach Neuseeland kommen und das Land später wieder verlassen, verteilen sich auf alle Universitäten.

Die meisten neuseeländischen Muslime stammen von den Fidschi-Inseln. Sie sind Nachkommen indischer Familien, die nach Fidschi ausgewandert waren, um dort auf den Plantagen zu arbeiten (die sogenannten „Blaumann-Inder"). Zwischen 1879 und 1916 waren so rund 60.000 Inder auf die Fidschi-Inseln gekommen; etwa 12,6 Prozent von ihnen waren Muslime. Später kamen Muslime auch direkt aus Indien nach Neuseeland, ebenso aus Pakistan, Bangladesch, Malaysia und eine kleine Gruppe aus Indonesien. In den letzten Jahren wurden außerdem politische Flüchtlinge aus dem Irak und Afghanistan aufgenommen. Auch sei eine – wenn auch sehr kleine – Gruppe von Maori genannt, die zumeist in Gefängnissen zum Islam konvertierten.

Insgesamt spielt die *Muslim Community*, die aus verschiedenen nationalen Gruppen besteht, in Neuseeland eine untergeordnete Rolle. Sie engagiert sich zunehmend bei verschiedenen Aktivitäten im Land. Beispielsweise veranstaltete sie 2005 und 2006 in Wellington „Mosque Open Days".
Die Gemeinschaft wird in Neuseeland seit 1979 durch die Organisation FIANZ *(Federation of Islamic Associations of New Zealand)* repräsentiert, geführt von dem liberalen Javed Kahn, der ebenfalls von Fidschi kam und Richter in Auckland ist.

Im Jahre 2006 gab es eine Protest-Demonstration von circa 700 Muslimen auf der Hauptstraße in

Auckland gegen die Veröffentlichung der dänischen Muhammad-Karikaturen in vier neuseeländischen Zeitungen. Zu der Kundgebung kamen islamische Würdenträger aus dem ganzen Land, aber auch die Herausgeber von drei der vier Zeitungen sowie die Nachrichten-Direktoren der zwei TV-Sender, die die Karikaturen in Neuseeland veröffentlicht hatten. Javed Kahn übte hierbei einen beruhigenden Einfluss aus, als beide Parteien – quasi wie Schiffe in der Nacht, die still aneinander vorbeigleiten – für ihre Sache eintraten. Beide Seiten verhielten sich friedlich und sachlich. Kahns Bemühungen führten schließlich zu einem Statement, das allgemein akzeptiert wurde. Es enthielt eine klare Entschuldigung gegenüber den Muslimen sowie eine Bekräftigung der Pressefreiheit der Medien.

Die Mehrzahl der neuseeländischen Muslime hängt an der Demokratie und versucht, ihren Glauben in Einklang mit der polynesischen Kultur zu bringen. Im Vordergrund steht deshalb die Frage nach der Stärkung der gemäßigten Muslime als Staatsbürger und nach der Entwicklung eines „neuseeländischen Islam", der an den Wertvorstellungen der Zivilgesellschaft orientiert und mit den individuellen Menschenrechten, dem Pluralismus und der Suche nach einer gemeinsamen polynesischen Identität und Kultur vereinbar ist. Damit verbunden ist auch die Überlegung, Imame in Neuseeland auszubilden und so zu wichtigen Kulturträgern zu machen.
Analog postuliert übrigens auch der Frankfurter Jesuitenpater und Islamfachmann Prof. Dr. Christian Troll, dass Imame konsequenter in Europa ausgebildet werden sollten. Denn die vielen Imame in Europa, die aus islamischen Ländern „eingeflogen" wurden, seien weder sprachlich noch von ihrer Mentalität her in der Lage, die Muslime der zweiten oder dritten Generation wirklich zu verstehen und das europäische Umfeld zu berücksichtigen.

Im Jahre 2004 setzte ein neuseeländisches Gericht durch, dass in den Gerichtsräumen keine Burka (eigentlich Burqa: ein großes Dreiecktuch oder ein Ganzkörperschleier) getragen werden darf. Andererseits wurden in einigen Universitäten Beträume für die muslimischen Studenten eingerichtet, und das Tragen der Hijab-Kleidung ist nicht verboten.
Bei der Wahl 2005 wurde in der *National Party* auch darüber diskutiert, die *Immigration Card* nur denjenigen zuzugestehen, die die neuseeländischen Werte akzeptieren und nachweisbar leben. Das war besonders an die asiatischen und muslimischen Einwanderer gerichtet. Einer der führenden Rundfunkreporter, Paul Holmes, beendete seine Sendungen zur leidigen Burka-Diskussion mit den Worten: „Wir sind hier in Neuseeland. Legt Eure Burka ab – oder verschwindet von hier!"

Seitens des Staates werden vorbeugende Maßnahmen gegen extremistische Handlungen ergriffen. Die Angst vor potenziellen muslimischen Terroristen wächst. Der Zoll wird bei Ein- und Ausreise aktiver und die Medien nehmen das Extremisten-Thema (nicht nur bezüglich der Muslime) sehr ernst – und überziehen dabei auch manchmal.

Zwischen den neuseeländischen Muslimen und Juden, die ebenfalls eine Minderheit repräsentieren (0,4 Prozent der Bevölkerung), existiert keine historische Beziehung und man ging sich bislang bewusst aus dem Weg. Internationale Konflikte wurden im Land nicht auf dem Rücken der anderen ausgetragen.

2006 arrangierte der neuseeländische Religionswissenschaftler Paul Morris einen Besuch von Muslimen in zwei Wellingtoner Synagogen, um die beiden Religionen zu einem Dialog zu veranlassen. Rund 60 Leute kamen zu diesem Treffen und dem anschließenden Forum. Diese Begegnung war nicht einfach, zumal fehlende Kenntnisse der jeweils anderen Religion und Vorurteile offensichtlich wurden. Eine Frau fragte beispielsweise einen islamischen Würdenträger, ob Muhammad ein neunjähriges Mädchen geheiratet hätte und wenn ja, wie er dazu stünde. Dann fragte ein alter Muslim, warum die Juden damals nicht Muslime geworden seien und sich unbedingt eine eigene Geschichte geben wollten. Eine Frage war auch, ob Jesus einer der jüdischen Propheten gewesen sei – was nicht gerade auf umfassende Kenntnisse über das Judentum schließen lässt. Auch die Fragen zu Palästina offenbarten viele Wissenslücken und Missverständnisse auf beiden Seiten.
Die Begegnung wurde mit einem Besuch eines islamischen Zentrums bei Tee, Kaffee und Früchten erwidert.

Der Libanon-Krieg beendete vorerst die vorsichtigen Schritte aufeinander zu. Dennoch ist ein wachsender Glaubensdialog zwischen Muslimen, Juden und Christen auszumachen, die einen gemeinsamen Nenner in der Opposition zu dem Säkularisierungsprozess in der neuseeländischen Gesellschaft gefunden haben, den sie alle als befremdlich empfinden. Manche Religionsvertreter benutzen in diesem Zusammenhang die Bezeichnung „Menschen des Glaubens", um ihre Gemeinsamkeit zu betonen. Bei all dieser Annäherung bleiben dennoch diverse Integrationsprobleme bestehen, insbesondere der begrenzte Respekt vor den jeweils anderen Religionen.

Zurzeit arbeitet eine Regierungskommission an einem Nationalen Statement zu den religiösen

Unterschieden. Dieses Projekt wird von den Muslimen unterstützt. Eines der Ziele ist, von den europäischen Erfahrungen der letzten Jahre (vor allem den holländischen, deutschen, französischen und britischen) zu lernen und pro-aktiv und kreativ zu versuchen, sowohl ein Klima für eine positive Bewertung der Unterschiede als auch für die Integration von unterschiedlichen Migrantengruppen zu schaffen.

Wir sind auf das Ergebnis gespannt, zumal sich bei diesem Thema zeigt, wie nah uns das ferne Neuseeland hinsichtlich unserer Alltagsfragen ist.

FROSTY BOY

Kapitel 8

Das Land heute: Ethnische Vielfalt

8. Das Land heute: Ethnische Vielfalt

Außer den Maori und den aus Westeuropa, den USA und Kanada sowie aus Australien eingewanderten Bürgern gab es im Jahr 2006 in Neuseeland Vertreter aus weiteren 45 Ländern bzw. ethnischen Gruppen. Sie alle beanspruchen, als Neuseeländer integriert und anerkannt zu werden.

8.1 Unakzeptables Verhalten und Tabus

Der folgende Abschnitt befasst sich mit den kulturellen Besonderheiten wichtiger ethnischer Gruppen, auf die Geschäftsreisende, Touristen oder Einwanderer in der Regel nicht vorbereitet sind. In aller Kürze wollen wir wichtige Informationen geben, um zu verhindern, dass man ins kulturelle Fettnäpfchen tritt.
In Neuseeland wird viel für Aufklärung und gegenseitige Akzeptanz getan. Das beginnt in der Schule und führt über universitäre Studien und deren Berücksichtigung in Weiterbildungsangeboten bis hin zu vielen Veröffentlichungen.

Die Akkulturation – die Übernahme von Elementen einer fremden Kultur – hat in den letzten 15 Jahren in Neuseeland eine neue Dimension erhalten. Die Anzahl der Immigranten, die aus nicht Englisch sprechenden Ländern, insbesondere aus Asien, kamen und kommen, hat sich gegenüber früheren Jahrzehnten vervielfacht. Die Neuseeländer lernen neue (kulturelle) Welten kennen und müssen ihre britisch geprägten Vorbehalte abbauen. Dies ist eine bereichernde Chance und ein notwendiger großer Lernprozess zugleich.
So ist in den letzten Jahren auch die Anzahl der populärwissenschaftlichen Veröffentlichungen zu kulturellen Besonderheiten (hinsichtlich Religion, Ethnologie, Wirtschaft etc.) insbesondere solcher ethnischer Gruppen enorm gewachsen, deren Selbstverständnis sich von dem der alteingesessenen Neuseeländer deutlich unterscheidet. In Deutschland gibt es dazu wenig Vergleichbares.

Eine Person kann durchaus mehr als nur einer ethnischen Volksgruppe angehören. Während beispielsweise die Japaner sich nur einer Gruppe zuordnen, können sich die Malaien oder Polynesier gleichzeitig unterschiedlichen Gruppen zugehörig fühlen.

Für Einheimische, aber auch für Geschäftsreisende und Touristen ist es wichtig, die wesentlichen Unterschiede im Glauben, in den Wertvorstellungen und Verhaltensnormen zu kennen und zu respektieren. Während man die Gruppen oft an ihrem Aussehen, ihrer Kleidung, ihrer Ernährung, der Sprache oder Kunst ausmachen kann, ist es viel schwieriger, die sogenannten „Softfacts" zu erkennen – denken wir nur an die Bedeutung von bestimmten Handbewegungen und ihre möglichen Fehldeutungen.

Natürlich ist die Kultur nichts Statisches. Sie entwickelt sich unter dem Einfluss der Lebensbedingungen und im Kontakt mit anderen Kulturen. Dieser Prozess der Akkulturation variiert von Gruppe zu Gruppe. Für einige Menschen kann sogar der Umzug vom Land in die Stadt ein Wandel der Kultur sein.

Bei unseren Gesprächen wurde mehrfach – und nicht nur von jungen Menschen – betont, dass sich die zukünftigen Neuseeländer mehr als „Polynesier" mit ihrer kulturellen Vielfalt und ihren unterschiedlichsten reichen Vergangenheitsprägungen definieren und fühlen werden als bisher. Eine Symbiose von unterschiedlichen Kulturen und Geisteshaltungen werde zur Basis einer erfolgreichen Zukunftsbewältigung.

Das klingt noch sehr abstrakt und vielleicht zu idealistisch, unterscheidet sich aber deutlich vom Selbstverständnis früherer Jahre.

Eine weitere Besonderheit sei genannt: In den letzten Jahren erhöhte sich die Anzahl chinesischer Einwanderer, die schon in China fast ausschließlich bekennende Katholiken waren. Insofern fallen sie in der neuseeländischen Öffentlichkeit nicht durch eigene Sakralbauten auf, sondern assimilieren sich schnell in den jeweiligen katholischen Gemeinden.

Neue Einwanderer wie Alteingesessene sind oft überfordert von der kulturellen Vielfalt und den unterschiedlichen Riten und Besonderheiten. Deshalb gibt es in Neuseeland eine Menge an Untersuchungen und alltagsbezogenen Ratgebern. So geht beispielsweise Daphne Bell in ihrem Führer (2005) über die ethnischen Gruppen Neuseelands auf 43 von ihnen sehr differenziert ein.

Wenn man sich als zukunftsoffener und ethnisch toleranter Neuseeländer oder auch als weltoffener Tourist begreift, dann sollte man Bräuche, Einstellungen, Ängste und Überzeugungen der anderen ethnischen Gruppen ernst nehmen und – gegebenenfalls mit kritischem Abstand – tolerieren.

In diesem Sinne seien hier einige der sehr umfassenden Hinweise Daphne Bells wiedergegeben, allerdings nur bezogen auf zwei Verhaltensgruppen: zum einen hinsichtlich der jeweils typischen Gestik und allgemeinen Körpersprache, also all dem, was wir als nonverbales Verhalten bezeichnen; zum anderen werden typische unakzeptable oder gar beleidigende Verhaltensweisen aufgezeigt.
Hierbei werden nur diejenigen ethnischen Bevölkerungsgruppen aufgeführt, die repräsentativ sind. Es wird ferner nach unterschiedlichen Herkunftsregionen unterschieden.

Zuvor einige Beispiele für Verwicklungen, die aus der Unkenntnis von Gesten entstehen können:

- Ein amerikanischer Rechtsanwalt begleitete den Gouverneur seines Staates nach Japan. Dort hielt er eine Rede vor hohen japanischen Beamten und war bei Beendigung derselben ziemlich niedergeschlagen, da er den Eindruck hatte, dass alle seine japanischen Zuhörer geschlafen hatten. Tatsächlich ist es aber in Japan ein Zeichen höchster Aufmerksamkeit und Ehre, bei einer Rede die Augen zu schließen und leicht zu nicken.

- 1995 endete eine Hochzeit in Südägypten mit zwei toten Gästen und drei Verwundeten. Der Anlass ist für Mitteleuropäer schwer nachzuvollziehen: Der Bräutigam führte nach der Trauungszeremonie die Braut nach Hause und nahm sie dabei an die Hand. Nach traditionellen ägyptischen Normen jedoch dürfen zwei Erwachsene unterschiedlichen Geschlechts öffentlich keine Zuneigung zueinander zeigen, solange zwischen ihnen nicht die Ehe durch Geschlechtsverkehr vollzogen ist. Der Bruder der Braut sah das Händchenhalten als Tabubruch an und warf dem Onkel vor, dass der Bräutigam nicht ordentlich erzogen sei. Dies führte zu tätlichen Auseinandersetzungen, bei denen der Onkel und der Bruder getötet und drei weitere Hochzeitsgäste durch Schüsse verletzt wurden. Und das alles nur, weil ein eben getrautes Hochzeitspaar Händchen hielt.

- Ebenfalls 1995 reiste der US-Kongressabgeordnete Bill Richardson in den Irak, um mit Saddam Hussein über die Freilassung von zwei Amerikanern zu verhandeln. Beim Hinsetzen kreuzte Richardson seine Beine, sodass Saddam Hussein seine Schuhsohlen sehen konnte. Dieser verließ abrupt den Raum und beendete damit die noch nicht einmal begonnene Verhandlung. Die Schuhsohle gilt in etlichen Kulturen –so auch im Irak – als schmutzigster Teil am Menschen. Es ist deshalb eine große Beleidigung, jemand anderem die Schuhsohlen zu zeigen. In Deutschland hingegen ergötzen sich Politiker daran, ihre Schuhsohlen mit darauf stehenden Prozentzahlen in die Fernsehkameras zu halten (Westerwelle / Möllemann im Wahljahr 2002), im Wissen darum, dass deutsche Nachrichten und Talkshows auch weltweit gesehen werden können. Für viele Menschen muss das eine Provokation gewesen sein.

Der nächste Vorfall zeigt noch einmal deutlich die unglaubliche Persistenz sozialer Normen, auch wenn sie durch eine andere soziale Umwelt (die des Gastlandes) außer Kraft gesetzt sein müssten.

- Im Jahre 1988 wurde in Los Angeles ein thailändischer Unterhaltungskünstler wegen Mordes an einem 32-jährigen Laoten verurteilt. Der Thai sang in einem Thai-Kabarett. Der Lokalbesitzer, ein Laote, legte seinen Fuß auf einen Stuhl, sodass seine Fußsohle auf den Thai gerichtet war. Gemäß der thailändisch-laotischen Kultur war das eine der schwersten Beleidigungen. Der Künstler erschoss den Laoten nach der Vorstellung.

Die Missverständnisse fangen häufig schon im Kleinen an: Redegesten zum Beispiel werden von vielen Asiaten als unerträgliches Gefuchtel und als aggressiv-bedrängend empfunden, von Südeuropäern und Lateinamerikanern können sie dagegen als Ausdruck eines feurigen Redners geschätzt werden oder als Möglichkeit der nonverbalen Kommunikation mit Ausländern bei begrenzter Kenntnis der jeweiligen Landessprache; typisch für Bewohner südländischer Hafenstädte, die schon immer internationale Handels- und kulturelle Umschlagplätze waren.
Ein jüdischer Witz kennzeichnet den Überschwang an Gesten, der in manchen Teilen dieser Welt die Kommunikation bestimmt:
Sagt ein Jude zum anderen: „Stell' dir vor, Yossel hat sich im Schneesturm verirrt, und sind ihm beide Hände abgefroren!" „Du lieber Himmel, womit redet er jetzt?"

Auch beim Körperkontakt gibt es große Unterschiede. In manchen Kulturen ist das Berühren und Küssen ein selbstverständlicher Teil des Lebens (zum Beispiel bei den Arabern, Lateinamerikanern, Griechen, Türken und einigen afrikanischen Kulturen). Dann gibt es wiederum Kulturen mit minimalem Kontakt bzw. Berührungstabus (wie bei den Asiaten, aber auch den Nordeuropäern, US-Amerikanern oder Kanadiern).
In den 1960er Jahren wurden in einer sozialpsychologischen Studie, die der Frage nachging,

wie oft sich Paare in Cafés innerhalb einer Stunde berühren, folgende Häufigkeiten ermittelt:

- San Juan (Puerto Rico): 180 Mal
- Paris (Frankreich): 110 Mal
- Gainsville (Florida): 2 Mal
- London (Großbritannien): 0 Mal

Sehen wir uns nun einige kulturelle Besonderheiten genauer an. Wir beschränken uns dabei auf die wichtigsten bzw. größten Einwanderergruppen und beginnen mit den Neuseeland geografisch näher gelegenen Kulturen.

8.2 Einzelne ethnische Gruppen im Überblick

8.2.1 Pazifik-Inseln

Cook-Insulaner

Die nach Kapitän Cook benannte Inselgruppe hat rund 22.000 Einwohner. Amtssprachen sind Englisch und Polynesisch. Die Bewohner sind bis auf einige Hundert Europäer ausschließlich Polynesier, die mit den Maori verwandt sind. Sie sind seit Mitte des 19. Jahrhunderts vollständig christianisiert.

Die Cook-Inseln verwalten sich selbstständig, sind jedoch mit dem rund 3.000 Kilometer entfernten Neuseeland assoziiert.

Gestik, Körpersprache und Gepflogenheiten	Unakzeptables Verhalten
Nachdem man angeklopft oder geklingelt hat, tritt man von der Tür zurück. Vor dem Eintreten werden die Schuhe ausgezogen. Gästen steht es frei, sich irgendwo hinzusetzen. Falls zu wenige Sitzplätze vorhanden sind, setzen sich die Familienmitglieder auf den Boden. Dem Besuch werden Erfrischungen gereicht. Man erwartet keine Geschenke von Gästen – außer bei besonderen Anlässen. Kinder bitten bei den verschiedensten Anlässen um Erlaubnis. Wenn Kinder getadelt werden, schauen sie zu Boden.	

Fidschianer

Die Fidschianer kommen aus der seit 1970 unabhängigen Republik Fidschi in Ozeanien. Das Land umfasst 332 südpazifische Inseln. Die Hauptstadt ist Suva; die Amtssprachen sind Fidschi (Melanesisch), Englisch und Hindustani, letztere ist auch die wichtigste Verkehrssprache. Von den rund 828.000 Bürgern sind der Abstammung nach 50,8 Prozent Melanesier, 43,7 Prozent Inder, 1,3 Prozent Rotumaner, 0,6 Prozent Chinesen und 0,4 Prozent Europäer. In religiöser und geistig-kultureller Hinsicht gibt es 53 Prozent Christen, 38 Prozent Hindus, acht Prozent Muslime und ein Prozent Sikhs.

Gestik, Körpersprache und Gepflogenheiten	**Unakzeptables Verhalten**
Gäste ziehen die Schuhe aus, wenn sie zu Besuch kommen. Gäste warten, bis sie gebeten werden, sich zu setzen; manchmal bekommen sie einen Ehrenplatz. Gästen werden Erfrischungen gereicht, diese müssen angenommen werden. Alle werden begrüßt, vor allem die Älteren; Frauen reicht man aber nicht die Hände. Zu Gebeten setzt man sich auf den Boden. Gäste waschen sich vor und nach dem Essen die Hände. Es ist respektvoll, bei Gesprächen den Kopf zu senken und Blickkontakt zu vermeiden. Das Anheben der Augenbrauen bedeutet Zustimmung. Wenn man ein Geschenk annimmt oder wenn man sich entschuldigt, klatscht man drei oder mehr Mal mit den hohlen Händen. Man winkt mit der ganzen Hand. Dabei zeigen die Handflächen nach unten. Frauen sitzen mit beiden Beinen nach einer Seite. Bei *Indo-Fidschianern* ist es möglich, dass Frauen und Männer getrennt sitzen.	Das Zeigen der Fußsohlen gilt als offensiv, das Stützen der Hände in die Hüften gilt als aggressiv. Den Kopf eines anderen darf man nicht berühren. Gefühle werden nicht in der Öffentlichkeit gezeigt. Es ist unhöflich, höher zu stehen als die Sitzenden. Man geht gebückt oder man setzt sich. Wenn alle anderen auf einer Matte sitzen, setzt man sich nicht auf einen Stuhl. Für *Indo-Fidschianer* gilt: Man isst nicht mit der linken Hand. Das Zeigen der Fußsohlen und mit dem Finger zeigen ist untersagt. Hat man ein Tier angefasst, muss man sich erst die Hände waschen, bevor man jemanden begrüßt.

Samoaner

Die Samoaner bewohnen die Samoa-Inselgruppe im westlichen Zentralpazifik, die jedoch politisch geteilt ist: Neben dem unabhängigen Staat Samoa, der dem *Commonwealth* angehört, gibt es Amerikanisch-Samoa. Der Teilungsvertrag von 1899 zwischen England, den USA und dem Deutschen Reich sprach den östlichen Teil Samoas den USA zu, den westlichen dem Deutschen Reich. Die Neuseeländer besetzten 1914 den westlichen Teil und bekamen diesen 1920 als Mandat des damaligen Völkerbundes zugeteilt; 1945 wurde es in ein Mandat der UN umgewandelt. 1962 wurde Samoa-West als konstitutionelle Monarchie unabhängig im *Commonwealth*.
Insgesamt wohnen auf den samoanischen Inseln rund 233.000 Menschen, die zu 90 Prozent Polynesier und zu zehn Prozent Europäer und Asiaten sind. Auf beiden Teilen der Inselgruppe wird Samoanisch und Englisch gesprochen; das Samoanische gehört der Polynesischen Sprachgruppe an.
Die ursprüngliche polytheistische Religion wurde durch das Christentum (Katholiken, Methodisten und Mormonen) fast vollständig zurückgedrängt.

Gestik, Körpersprache und Gepflogenheiten	Unakzeptables Verhalten
Bei Besuchen werden die Schuhe ausgezogen. Man bekommt einen Platz zugewiesen. Der Ranghöchste sitzt am höchsten. Gespräche werden erst nach der formalen Begrüßungszeremonie begonnen. Gereichtes Essen und Getränke müssen angenommen werden. Es kann sein, dass den Gästen nach einem Fest Essen mitgegeben wird. Geschenke werden nicht erwartet. Der Gast sagt es, wenn er gehen will. Man verneigt sich von der Taille aus, wenn man an Sitzenden vorbeigeht.	In der Öffentlichkeit dürfen keine Gefühle gezeigt werden. Man zeigt nicht mit dem Zeigefinger. Man wird nicht laut. Beim Gehen darf nicht gegessen und getrunken werden.

Gestik, Körpersprache und Gepflogenheiten	Unakzeptables Verhalten
Gewinkt wird mit der ganzen Hand, Handfläche nach unten. Menschen aus Samoa sagen oft etwas, wovon sie annehmen, dass es der Gast hören möchte. „Ja" kann „Nein" bedeuten, besonders als Erwiderung auf eine verneinende Frage.	

Tokelauer

Das Gebiet Tolekau besteht aus den drei Atollen Atafu, Nukunonu und Fakaofo. Diese liegen im südlichen Pazifik, rund 480 Kilometer nördlich von Samoa, zwischen Neuseeland und Hawaii. Die Hauptstadt ist Fakaofo.

Tolekau wird von Neuseeland verwaltet. Gesprochen wird Englisch und Tokelauisch (eine polynesische Sprache). Zurzeit wohnen noch etwa 1.400 Einwohner auf den drei Atollen. Ein großer Teil der Bevölkerung suchte eine bessere Erwerbstätigkeit und wanderte nach Neuseeland und Samoa aus.

Gestik, Körpersprache und Gepflogenheiten	Unakzeptables Verhalten
Gäste benehmen sich zurückhaltend. Bei Festen werden die Älteren zuerst bedient. Blickkontakte und viel Gestikulieren beim Sprechen sind normal. Es wird erwartet, dass Frauen mit gekreuzten Beinen sitzen. Angepasste Kleidung wird erwartet.	Bei Jugendlichen wird keine Widerrede geduldet. Jungen und Mädchen im Teenager-Alter fassen sich nicht gegenseitig an, auch nicht Bruder und Schwester.

Tongaer

Die polynesischen Tongaer (nicht zu verwechseln mit den Thonga in Südafrika oder den Tonga in Südsambia, Malawi und Simbabwe) bewohnen die Inselgruppe des Tonga-Archipels im südlichen Pazifik. In dem unabhängigen Königreich, das früher unter der Bezeichnung „Freundschaftsinseln" bekannt war, leben rund 100.000 Tongaer, in Neuseeland mittlerweile 35.000 und in Australien 10.000. Gesprochen wird Tongaisch und Englisch. Die Gläubigen sind Katholiken, Methodisten und Mormonen.

Gestik, Körpersprache und Gepflogenheiten	Unakzeptables Verhalten
Bei Besuchen werden die Schuhe ausgezogen. Man kann ein Geschenk mitbringen, sollte es aber nicht vor den Augen anderer Gäste auspacken. Gästen werden Erfrischungen und meist auch ein Essen angeboten. Es kann sein, dass Gästen ein Geschenk oder auch Essen mitgegeben wird. Wenn Menschen auf Tonga *vor* jemandem vorbeigehen, entschuldigen sie sich. Sind sie vorbei, dann bedanken sie sich. Vor einem Treffen, vor dem Essen sowie vor Festen wird gebetet. Männer sitzen mit gekreuzten Beinen, Frauen mit beiden Beinen nach einer Seite. Hochgezogene Augenbrauen bedeuten „Ja" oder signalisieren Zustimmung. Ein nach unten gerichtetes Winken mit den Armen bedeutet: „Komm her". Beim Gehen halten sich Jungen und junge Männer oft bei den Händen als Zeichen der Freundschaft.	Langer, anhaltender Blickkontakt bei Gesprächen kann als Aggression gewertet werden. Man berührt nicht den Kopf einer anderen Person. Essen und Getränke soll man nicht im Stehen zu sich nehmen. Es gehört sich nicht, in der Nähe eines Friedhofs zu essen, zu trinken oder zu rauchen. Gefühlsäußerungen mit Anfassen gelten zwischen Menschen unterschiedlichen Geschlechts in der Öffentlichkeit als ungehörig.

6,5 Prozent der Einwohner Neuseelands sind Polynesier.

8.2.2 Asien

Chinesen

Die Chinesen sind das zahlenmäßig stärkste Volk der Welt, zusammengehalten durch die gleiche Schrift und Sprache und die lange gemeinsame Kultur. Das Kaiserreich hatte über 2.100 Jahre Bestand und prägte das Land nachhaltig.
Amtssprache in der Volksrepublik China ist das Putonghua, das auf dem Pekinger Dialekt (Mandarin) beruht und von circa 800 Millionen Menschen weltweit gesprochen wird. Regional sind sieben chinesische Dialektgruppen von Bedeutung; die nationalen Minderheiten haben ihre eigenen Sprachen, Chinesisch aber als Zweitsprache. Die chinesischen Religionen und Weltanschauungen sind Universismus, Konfuzianismus und Daoismus. Die einflussreichste Fremdreligion ist der Buddhismus. Zahlreichen anderen Glaubensrichtungen gehören Minderheiten an. Der Katholizismus wurde von rund neun Millionen Menschen angenommen.
2,1 Prozent der australischen Bevölkerung sind Chinesen, in Neuseeland sind es drei Prozent.

Gestik, Körpersprache und Gepflogenheiten	Unakzeptables Verhalten
Wenn man auf jemanden zeigt, dann nur mit der offenen Hand. Man winkt mit wellenartigen Handbewegungen. Bei der Begrüßung verbeugt man sich tief.	In der Öffentlichkeit werden prinzipiell keine starken Emotionen gezeigt. Man darf anderen nicht auf den Rücken klopfen. Berührungen von Personen, die man nicht kennt, sind nicht erlaubt. Es gilt als unhöflich, wenn jüngere Familienmitglieder ältere mit Namen ansprechen oder diese rufen.

Inder

Der Vielvölkerstaat Indien hat 1,14 Milliarden Bewohner und steht nach China an zweiter Stelle der bevölkerungsreichsten Länder der Welt. In der Hauptstadt Neu-Delhi leben 322.000 Ein-

wohner in der eigentlichen Stadt und 17,8 Millionen in der Großregion, die auch die ältere Stadt Delhi mit einschließt.
Neben Englisch ist Hindi Amts- und Verkehrssprache. Es gibt eine Vielzahl an Umgangssprachen, von denen folgende hervorzuheben sind: Assamesisch, Bengalisch, Gujarati, Kannada, Kashmiri, Konkani, Malayalam, Manipuri, Marathi, Nepali, Oriya, Pandschabi, Sanskrit, Sindhi, Tamil und Telugu. Hindi sprechen etwa 352 Millionen Einwohner.
Unter den Gläubigen dominieren mit 82 Prozent die Hindus, gefolgt von 11 Prozent Muslimen, 2,5 Prozent Christen, zwei Prozent Sikhs, einem Prozent Buddhisten und weiteren Minderheiten (Jains, Parsen und Juden).
In Neuseeland sind 1,7 Prozent der Bevölkerung indischer Herkunft.

Gestik, Körpersprache und Gepflogenheiten	**Unakzeptables Verhalten**
Inder falten bei der Begrüßung die Hände. Gewinkt wird mit der ganzen Hand, Handfläche nach unten. Mit dem Kinn darf man nicht auf andere Menschen oder Gegenstände zeigen. Wenn man sich an ein Ohr fasst, ist das ein Zeichen der Reue oder Ergebenheit. In einem Sikh-Tempel müssen alle die Schuhe ausziehen und darüber hinaus eine Kopfbedeckung tragen. Wenn man einen Tempel betritt, verbeugt man sich. Im Tempel sitzt man auf dem Boden. Inder wiegen bei Zustimmung ihren Kopf – ähnlich wie Mitteleuropäer es tun, um zu verneinen.	Unhöflich sind Pfeifen, Schniefen und starkes Gestikulieren. Älteren Menschen und Kindern fasst man nicht auf den Kopf (auch nicht zum „Tätscheln"). Die Füße sowie Schuhe sollen andere Personen nicht berühren oder auf andere Leute zeigen. In der Öffentlichkeit dürfen keine Emotionen gezeigt werden. Der Turban eines Sikh darf nicht berührt werden.

Japaner

Heute leben in Japan rund 127 Millionen Japaner (Nippon-jin) und nur 1,1 Millionen Ausländer. Die meisten Japaner außerhalb des Mutterlandes wohnen in den USA (800.000) und in Brasilien (380.000).
Das japanische Kaiserreich besteht seit 2.347 Jahren. Die heutige Hauptstadt ist Tokio. Amtssprache ist Japanisch.
Der allergrößte Teil der Menschen gehört der Shinto-Religion an; auch der Buddhismus ist verbreitet.
Die japanische Sprache ist einmalig auf der Welt und auch eine der kompliziertesten. Früher wurde die chinesische Schrift verwendet. Dann entwickelten sich zwei eigene Schriftsysteme: Hiragana und Katakana. In vielen Bereichen des öffentlichen Lebens ist man heute gezwungen, auch das lateinische Alphabet zu gebrauchen.

Gestik, Körpersprache und Gepflogenheiten	Unakzeptables Verhalten
Japaner begrüßen sich mit höflichen Verbeugungen, wobei diese unterschiedlich tief ausfallen, je nach Alter und Status des Gegenüber. Man winkt mit der ganzen Hand, die Handfläche zeigt nach unten. Man zeigt auf die eigene Nase, wenn man sich auf sich selbst bezieht. Eine Handbewegung hin und her (eine Art „fächeln") bedeutet „Nein". Man kann in der Öffentlichkeit an den eigenen Fingern ziehen und sie knacken lassen.	In der Öffentlichkeit berührt man sich generell weniger als in der westlichen Welt. Beim Gehen darf nicht gegessen und getrunken werden. Man sollte sich nicht in Anwesenheit anderer die Nase putzen. Prinzipiell werden keine Emotionen in der Öffentlichkeit gezeigt, erst recht keine negativen. Stressreaktionen im Gesicht werden nur gezeigt, wenn sich Japaner allein glauben, nicht aber, wenn sie sich beobachtet fühlen.

Gestik, Körpersprache und Gepflogenheiten	**Unakzeptables Verhalten**
Es ist ein Zeichen der Freundschaft, wenn junge Leute Hand in Hand gehen oder den Arm um die Schulter des anderen schlingen. Die *Ainu* (die Ureinwohner Nord-Japans) begrüßen sich, indem sie die Hände bei der begrüßten Person von den Schultern beginnend die Arme hinab bis zu den Fingerspitzen streifen oder die Hände gegenseitig zusammenreiben. Das Geschirr wird nach dem Spülen noch einmal abgewaschen.	

Thailänder

Im Königreich Thailand (früher Siam) leben 64 Millionen Menschen. Davon gehören rund 80 Prozent den Thai-Stämmen an, 12 Prozent sind Chinesen, vier Prozent Malaien, drei Prozent Khmer, und der Rest gehört vielen kleinen Völkern an und spricht über 70 verschiedene Muttersprachen. Die Hauptstadt ist Bangkok. Die Amtssprache ist Thai.
95 Prozent der Thailänder gehören dem Buddhismus an, gut vier Prozent dem Islam und weniger als ein Prozent sind Christen.

Gestik, Körpersprache und Gepflogenheiten	**Unakzeptables Verhalten**
Da man nicht höher stehen darf als jemand von höherem Rang, ziehen beispielsweise Menschen niedrigeren Ranges beim Vorbeigehen Höhergestellter in einem Haus sichtbar den Kopf ein. Gewinkt wird mit der ganzen Hand, Handfläche nach unten. Lächeln drückt gewöhnlich Freude aus, kann aber auch Verlegenheit bedeuten. Andererseits ist das Lächeln in erster Linie ein Signal, weniger ein Ausdruck einer bestimmten Emotion (so bedeutet das Lächeln einer Thailänderin auch nicht, dass sie damit Sympathien für einen ihr gegenüberstehenden Mann ausdrücken will). Buddha-Bilder und -Darstellungen werden stets mit großem Respekt behandelt.	Man sollte nie den Kopf eines anderen berühren. Ebenfalls ist es nicht erlaubt, einen Arm auf die Lehne eines Stuhles, auf dem ein anderer sitzt, zu legen und den anderen zu berühren. Die Fußsohlen dürfen nicht gezeigt und mit dem Fuß darf nicht auf etwas gezeigt werden. Man darf nie auf einem Kopfkissen sitzen und sich nie auf einen Tisch setzen. Wenn Speisen auf dem Boden bereitet werden, darf man nicht darüber laufen oder die Decke betreten. Man zeigt in der Öffentlichkeit keine Gefühle und es wird nicht laut gesprochen. Beim Sprechen darf man nicht mit den Händen gestikulieren.

Neben diesen Immigranten und den bereits erwähnten Westeuropäern zieht es auch Menschen aus dem Mittleren Osten, Lateinamerika und der Balkanregion nach Neuseeland. Es wird nun deutlich, wie schwierig es für das Einwandererland ist, so unterschiedliche ethnische Gruppen zu integrieren und „zu Neuseeländern zu machen", zumal diese ethnische Breite in früheren Jahrzehnten nicht üblich war.

Widmen wir uns zum Schluss dieser Betrachtungen einer zentralen Frage: Was unterscheidet die Maori von den Mitteleuropäern und wo können erhebliche Missverständnisse auftreten, wenn die kulturellen Besonderheiten der jeweils anderen Seite nicht gewürdigt oder akzeptiert werden? Wir wollen diese Frage einerseits unter dem Gesichtspunkt der unakzeptablen Verhaltensweisen und Tabus beantworten und andererseits typische Gewohnheiten aufzeigen, die es zu akzeptieren gilt.

8.2.3 Spezifische Lebensgewohnheiten der Maori

Die Maori haben ein anderes Verhältnis zur Zeit als die Mitteleuropäer. Es ist zum Beispiel durchaus normal, zu Verabredungen eine halbe Stunde oder sogar bis zu zwei Stunden zu spät zu kommen. Oder man kommt gar nicht.

Kommen Maori in einer größeren Gruppe und aus unterschiedlichen Gebieten zusammen, dann gibt es heilige Handlungen, feste Rituale, an die sich alle halten und an denen in der Regel keine Pakeha teilnehmen (dürfen):
Die Maori-Treffen beginnen mit einem Gebet; danach eröffnet der *Kaumatua* (ein Ältester) das Treffen mit einer kleinen Ansprache, in der er die Geister ruft. Diese und die Vorfahren müssen immer eingeladen werden und bei dem Treffen zugegen sein. Das Ganze dauert circa 30 Minuten. Dann spricht der Organisator des Treffens und macht noch einmal Sinn und Zweck der Zusammenkunft deutlich. Danach stellt sich jeder Teilnehmer vor und erklärt, warum er zu diesem Treffen kam und dass es eine große Ehre für ihn ist, dabei zu sein. Dies dauert durchschnittlich fünf Minuten. Alles in allem kann die Eröffnungszeremonie zwei bis drei Stunden dauern – je nach Anlass des Treffens und Größe der Gruppe.
Nach jeder Rede (insbesondere der männlichen Teilnehmer) singen die anwesenden Frauen. Fehlt der Gesang, dann war die Rede nicht gut oder sie hat die Teilnehmer nicht erreicht. Später folgt ein Essen, und die weiteren Gespräche verlaufen ungezwungen und mit viel Gelächter.

Das Reden in öffentlichen Situationen, zum Beispiel in Treffen mit Herangereisten, ist sehr wichtig und unterliegt Regeln, die einzuhalten sind: Jeder kann sprechen so lange er will und darf nicht unterbrochen werden (in der Regel werden aber bestimmte Redezeiten nicht überschritten). Geredet wird im Stehen. Wenn sich der Redner setzt, zeigt er damit das Ende seiner Rede an, und der nächste Redner hat das Wort. Man muss dann so lange warten, bis man wieder an der Reihe ist.
Auch bei eher informellen Diskussionen, bei denen ein Wechsel von Rede und Gegenrede vorherrscht, muss man den Redner unbedingt aussprechen lassen.
Prinzipiell gelten gute männliche Redner als sehr angesehen. Von Frauen wird keine hohe Redekunst erwartet, das Reden wird eher den Männern überlassen. Frauen werden aber auch nicht ausgeschlossen, sie dürfen ebenfalls reden – und dann so lange sie wollen, ohne unterbrochen zu werden. Insgesamt reden die Maori-Frauen im Alltag weniger.

Das Reden wie auch das Singen und das Zuhören sind wichtige „energetische“ Handlungen und bedingen einander. Die *männliche* Energie ist das Reden, das Tragen der Gedanken von innen nach außen, die Entäußerung der Energie. Die *weibliche* Energie ist umgekehrt gerichtet: von außen nach innen. Die Frauen singen nach der Rede des Mannes. Das Singen ist hierbei ebenso wichtig wie die Rede. Und so ist immer ein energetischer Ausgleich und eine Synergie zwischen dem Männlichen und dem Weiblichen gewährleistet. Ohne Zuhören wäre das Sprechen umsonst und ohne Rede gäbe es kein Zuhören; ohne Gesang taugte das Reden nichts.

Öffentliche Veranstaltungen – auch vor und mit Pakeha – werden immer mit einer Maori-Zeremonie begonnen. Alle Anwesenden sind gespannt, still, und spüren die Kraft, das *Mana* dieser Zeremonie.
Weben und Schnitzen sind für die Maori wichtige kulturelle Tätigkeiten, von denen das jeweils andere Geschlecht nicht prinzipiell ausgeschlossen wird – auch wenn üblicherweise mehr Frauen weben und mehr Männer schnitzen.

Die Maori kennen unzählige Geister *(Spirits)*. Ihre Kultur achtet vor allem die Ahnengeister *(Wairua)* und darüber hinaus Naturgeister, zum Beispiel von Wasser, Felsen und Steinen, Erde, Sand, Tieren, Meer, Fluss etc. Gleichzeitig bekennen sich die Maori zum Christentum.
Die Maori sprechen mit den *Spirits*; sie sehen überall das Leben und das Achtenswerte. Sie können sich als Christen fühlen und zugleich an die Geister glauben, die sie im Alltag sehen, spüren, mit denen sie den Tag verbringen. Im Umgang mit ihnen lernen sie täglich und erleben immer wieder vieles neu. Die *Spirits* werden nicht an die Stelle des Glaubens gestellt, sondern sind Kennzeichen der alten Lebensweisen, ihre Wurzeln und tagtägliches Erleben, der Austausch von Energien.
Insbesondere auf dem Lande, wo man noch sehr stark naturverbunden ist und auch von der Natur abhängig, ist die Lebensweise stark von den Geistern geprägt. Man kommuniziert mit ihnen verbal und nonverbal, mittels Flötenspiel, Gesang, Gestik oder Mimik. Diese Vielfalt und dieser Ideenreichtum kann von Europäern kaum nachvollzogen werden. Dabei gibt es keine festen Rituale und unausweichlichen Regeln, sondern dem Einzelnen bleibt die Art der Kontaktaufnahme und Kommunikation weitgehend selbst überlassen.

Bei aller Beliebigkeit von individuellen Ausdrucksformen gibt es einige wichtige Grundsätze, an die sich alle Maori halten (sollen):

1. Es werden die vier Elemente (Luft, Wasser, Erde, Feuer) geehrt.
2. Die Vorfahren werden geehrt und bei Zusammenkünften willkommen geheißen.
3. Die Alten werden besonders geehrt, da sie in ihrem langen Leben viel gelernt und viele Erfahrungen gesammelt haben.
4. Man ehrt das Essen und mit ihm die Mutter Erde sowie diejenigen Menschen, denen es zu verdanken ist: die es zum Beispiel zubereitet haben oder das Gemüse angepflanzt und geerntet haben. Letztlich ehrt man das Essen dadurch, dass man es genießt, ihm Zeit widmet und Dankbarkeit spürt.

In der Vergangenheit gab es Stämme, die patriarchalisch, und andere, die matriarchalisch geführt wurden. Mehrheitlich galt zwar, dass die Männer die führende Rolle inne hatten, die Frauen übten jedoch ebenfalls einen sehr großen Einfluss auf die Gemeinschaft aus. Die europäische Vereinfachung „Patriarchat versus Matriarchat" trifft nicht auf die weitaus offenere, beweglichere Auffassung der Maori zu. Weder Männer noch Frauen dominierten. Sie waren mit unterschiedlichen Energien besetzt, die in ihrer Gesamtheit den Stämmen zugute kamen und das Überleben sicherten.

FORD

Kapitel 9

Wie deutsch ist Neuseeland?

9.1 Der deutsche Einfluss in der Geschichte des Landes

Neuseeland ist ein beliebtes Immigrationsziel für Deutsche. Im 19. Jahrhundert bildeten die deutschen Einwanderer nach den Engländern sogar zeitweilig die zweitgrößte ethnische Gruppe. Und wer weiß, ob nicht noch mehr Deutsche im 19. Jahrhundert den Weg nach Neuseeland gefunden hätten, wenn nicht die große Mehrheit der Auswanderungswilligen nach Amerika gegangen und der Reiseweg nicht so lang und umständlich gewesen wäre.

Aber eins nach dem anderen. Wenn man die Geschichte der deutschen Migranten oder der Deutschen[46] im Ausland richtig verstehen will, muss man zu Anfang einige geschichtliche Zusammenhänge – insbesondere in Bezug auf das 19. Jahrhundert – kennen.
Die europäische Auswanderung im 19. Jahrhundert stellt wahrscheinlich die größte Auswanderungsbewegung in der Menschheitsgeschichte dar: Allein zwischen 1841 und 1880 verließen 13 Millionen Menschen Europa, zwischen 1871 und 1913 waren es sogar 34 Millionen. Insgesamt sind das für den Zeitraum von 1840 bis 1913 also rund 47 Millionen Emigranten, darunter sechs bis sieben Millionen Deutsche[47].
Die meisten (circa 75 Prozent) blieben in den neuen Siedlungsländern: in den USA, in Südamerika (damals vor allem in Brasilien und Chile) und in Kanada. Heute bezeichnen sich etwa 58 Millionen Amerikaner als deutschstämmig.

Deutschland ist heute sowohl Auswanderungs- als auch Einwanderungsland; im 19. Jahrhundert war es eines der markantesten Auswanderungsländer. Das sollte man heute nicht vergessen. Seit 1990 ziehen jährlich über 100.000 Deutsche – zumindest zeitweilig – ins Ausland. Im Jahre 2006 waren es rund 150.000. Allerdings haben sich laut Statistischem Bundesamt die Zielländer verändert – mit Ausnahme der USA. Die Rangliste im Jahr 2004 war: (1) USA, (2) Schweiz, (3) Polen, (4) Asien, (5) Österreich, (6) Großbritannien, (7) Frankreich und (8) Spanien.

Die Geschichte der deutschen Auswanderung beginnt aber schon früher und umfasst circa 250 Jahre. (West-)Deutschland war bis in die 1950er Jahre Auswanderungsland. Und heute arbeiten zunehmend viele (Ost-)Deutsche zumindest zeitweilig im europäischen Ausland, in den USA oder in Australien oder verbringen einen großen Teil des Jahres als Pensionäre am Mittelmeer, in Florida und zunehmend auch in Neuseeland.

Im 12. und später vom 17. bis 19. Jahrhundert gab es von Deutschland aus eine große Kolonisierungsmigration nach Osteuropa und Russland. Ost- und Südosteuropa war im 18. Jahrhundert anziehender als Nordamerika. 100.000 Auswanderern nach Amerika standen rund 500.000 nach Südosteuropa gegenüber. Nach Ende des Siebenjährigen Krieges 1763 übersiedelten circa 30.000 Deutsche nach Russland und ab 1810 weitere (Süd- und Südwest-)Deutsche in die Schwarzmeergebiete und in die ehemals osmanischen Gebiete der Habsburgermonarchie. Die Auswanderung nach Nordamerika begann im 17. Jahrhundert. 1683 setzte die Gründung von „Germantown“ nahe Philadelphia ein deutliches Zeichen. Als die amerikanischen Kolonien 1776 ihre Unabhängigkeit vom britischen Königreich erklärten, lebten schon 300.000 Deutsche dort. Danach kamen immer mehr Menschen, die in deutschen Siedlungen sesshaft wurden. Allein um 1850 waren es fast eine Million, und gegen Ende des 19. Jahrhunderts bildeten die Deutschen die stärkste Einwanderungsgruppe. Zu ihnen gehörten auch über 100.000 deutsche Juden, die maßgeblich die amerikanische Wirtschaft, Technik und Kultur befruchteten. Nach dem II. Weltkrieg wollten wiederum viele Deutsche ihr Land verlassen; in den 1950er Jahren gab es etwa eine Million deutsche Migranten.

Umgekehrt ist Deutschland seit 1945 nicht nur Auswanderungsland, sondern auch Remigrations- bzw. Rückkehrland für 3,5 Millionen deutschstämmige „Aussiedler“ – und dieser Prozess hält weiter an.

9.1.1 Motive der Auswanderer im 18. und 19. Jahrhundert

Grundsätzlich muss man zwischen drei Arten von Aussiedlern zu der damaligen Zeit unterscheiden:

1. Zwangsaussiedler: Die Obrigkeit in Hessen verkaufte beispielsweise junge Männer zum Kriegsdienst nach Amerika. Oder es wurden ganze Dörfer umgesiedelt (zum Beispiel aus Südwestdeutschland nach Brasilien). Die Ursachen waren Missernten, Hungersnöte oder fehlende Beschäftigungsmöglichkeiten in der mit Krisen behafteten Übergangszeit von der agrarischen zur industriellen Gesellschaft ab 1848. So wurden „soziale Belange“ in überseeische Gebiete exportiert. Ab 1893 war dagegen der Industrialisierungsprozess im Deutschen Reich so weit vorangeschritten, dass schon ein deutlicher Arbeitskräftemangel zu verzeichnen war.

2. Verfolgte, Unterdrückte, Arme: Sie hatten vielfältige individuelle Motive: politische Verfolgung, insbesondere nach der Revolution 1846-48; Hunger durch Missernten und Kriege, durch kriegsbedingte Sonderabgaben und durch eine Bevölkerungsexplosion[48]; ihre Religionszugehörigkeit. Viele Deutsche verließen im 18. und 19. Jahrhundert in Begleitung religiöser Mitstreiter ihre Heimat: Altlutheraner, Hutterer, Quäker, Mennoniten, Rappisten.
Da die meist armen Auswanderer kaum die Überfahrt nach Amerika bezahlen konnten, war bis Anfang des 19. Jahrhunderts ein Arbeits- und Rechtssystem wirksam (das sogenannte „Redemptioner-System"), das den Auswanderern eine freie Passage nach Amerika garantierte, wenn sie sich im Gegenzug dazu verpflichteten, sich einem dortigen Dienstherren für mehrere Jahre als Arbeitskraft zur Verfügung zu stellen. Einerseits kam der Auswanderer so zu einer neuen Art der Unfreiheit, andererseits erhielt er aber von Beginn an eine Mindestsicherheit in Form von Kleidung, Unterkunft, Werkzeug und Geld und konnte sich schneller in die neue Gesellschaft (Sprache, Alltagskultur u.a.) eingewöhnen.

3. Idealisten: Sie waren von Sehnsüchten nach ökonomischer Selbstverwirklichung, Steuerfreiheit, Befreiung vom Militärdienst, sozialem Aufstieg, günstigem Landerwerb und überhaupt einer besseren Lebensperspektive[49] getrieben.
Während bis etwa 1865 die Familien- und Siedlungswanderung insbesondere von Kleinbauern und Kleinhandwerkern überwog, bildeten danach die sogenannten Arbeitswanderer die Mehrheit. Sie verließen einzeln oder auch in kleinen Gruppen die Heimat, um in der Fremde Geld zu verdienen und entweder dort eine dauerhafte Existenz aufzubauen oder später mit dem Geld in die Heimat zurückzukehren. Sie waren vorwiegend jung und ledig. Verheiratete Auswanderer ließen oft ihre Familien zurück mit dem Ziel, sie später nachzuholen. Ab 1895 nahm die Auswanderung qualifizierter Industriearbeiter zu.

Mit Beginn des 20. Jahrhunderts wurde die Ausreisepolitik liberaler, gleichzeitig wurden Gesetze zum Schutz der Auswanderer erlassen. Auch gab es schon eine Fülle schriftlicher Informationen mit detaillierten Hinweisen zu den wichtigsten Fragen einer Ausreise sowie zu Land und Leuten des Ziellandes. Die Darstellung war jedoch häufig unrealistisch und die Enttäuschung vor Ort dann umso größer.

Natürlich gab es auch schon im 18. und 19. Jahrhundert Rückkehrer mit sehr unterschiedlichen Motiven:

- enttäuschte Erwartungen, ökonomische Misserfolge, Verlust der Familie[50]
- Heimweh
- die Erwartung, in der Heimat in gesicherten Verhältnissen den Lebensabend zu verbringen

Die Rückkehr war ab der zweiten Hälfte des 19. Jahrhunderts allerdings auch leichter: Die Überfahrten waren billiger, kürzer und sicherer. Die sogenannten konservativen Rückkehrer wollten mit den im Ausland erworbenen Verdiensten ihre Position in ihrem Heimatland sichern oder verbessern; innovative Rückkehrer benutzten die im Ausland erworbenen Erfahrungen und Fähigkeiten für gewinnbringende Entwicklungen in der Heimat.

Schlecht erging es den gescheiterten Existenzen. Sie waren aus dem Untertanenverband entlassene Staatenlose ohne Recht auf Unterstützung und wurden in der Regel geächtet. Sie konnten nur noch als Tagelöhner oder Bettler weiterleben.

Insgesamt aber waren die Rückwandererzahlen eher niedrig und die gescheiterten Existenzen in der Minderheit.

9.1.2 Typische Merkmale deutscher Migranten im 18. und 19. Jahrhundert

Bei der Suche nach Unterschieden im Verhalten der Auswanderergruppen muss man vorsichtig sein, um nicht Vereinfachungen und Vorurteilen zu erliegen. Deshalb seien hier nur einige historisch belegte Eigenheiten deutscher Auswanderer angedeutet:

- Sie kamen eher in großen Schüben, wohingegen die Auswanderer anderer Herkunftsländer ihre Heimat in kleinerer Anzahl, aber stetig verließen.
- Sie wollten bei der Ansiedlung unter sich bleiben und siedelten gemeinsam in Dörfern oder Stadtteilen. Sie pflegten die gemeinsame Sprache und Kultur. Nicht selten kamen sie in Gruppen aus demselben Dorf und rekonstruierten dieses in der neuen Heimat. Im Mittelpunkt der Gemeinschaft stand in der Regel der Pfarrer, der über die höchste Bildung und die meisten Informationen verfügte und – oft einziger – Mittler zu den Behörden des Gastlandes war.

- Speziell in Südrussland, Ungarn und Rumänien ließen sich deutsche Auswanderer nach ihren jeweiligen Konfessionen in Dorfgemeinschaften gleichen Glaubens ansiedeln.
- Die deutschen Siedler konnten in der Regel lesen und schreiben. Darin unterschieden sie sich von vielen anderen ethnischen Gruppen mit niedrigerem Bildungsniveau.

9.1.3 Warum wanderte man nach Neuseeland aus?

Wir haben gesehen, wie viele Deutsche im 19. Jahrhundert nach Nordamerika, Kanada, Südamerika, Russland und nach Südosteuropa ausgewandert sind. Warum gingen dann so wenige nach Neuseeland?

Neuseeland war am weitesten entfernt, die Überfahrt sehr beschwerlich und gefährlich, die Reise teuer[51]. Außerdem gab es Mitte des 19. Jahrhunderts noch keine Besiedlungstradition und somit auch keine „Kettenwanderung“ (keinen Multiplikator-Effekt) als Form der Nachfolge-Wanderung, die durch Berichte ausgewanderter Verwandter oder Bekannter ausgelöst wird. Solche „weichen“ Informationen lassen das Zielland interessant, chancenreich und weniger riskant erscheinen. Das aber fehlte im Vergleich zu den damaligen klassischen Einwanderungsländern. Wir dürfen nicht vergessen, dass Neuseeland das jüngste Einwanderungsland ist und erst Mitte des 19. Jahrhunderts durch die Holz- und Harzexporte sowie durch Goldfunde an verschiedenen Stellen des Landes international auf sich aufmerksam machte. In Australien begann ja auch erst 1788 mit der Gründung der Kolonie New South Wales (NSW) die Besiedlung mit Strafgefangenen. Die erste Siedlung ohne Sträflinge entstand erst 1825 am Swan River, und die ersten deutschen Siedler wurden 1838 in Südaustralien ansässig. Es war eine Gruppe Altlutheraner aus Klemzig in Brandenburg. Bis 1855 hatten die australischen Kolonien das Stigma der Sträflingskolonien.

Zu diesen problematischen Ausgangsbedingungen kamen Vorurteile der Deutschen, die Neuseeland als „Ableger“ Englands sahen und einen zu großen englischen Einfluss fürchteten. Dennoch waren im 19. Jahrhundert deutsche Siedler unter den führenden Einwanderergruppen. Dabei muss aber immer der relativ geringe Gesamtstrom an Migranten im Vergleich zu anderen Einwanderungsländern im Auge behalten werden.

9.1.4 Welche Motive hatten und haben deutsche Neuseeland-Einwanderer?

Zunächst gab es im 19. Jahrhundert, in dem die Zuwanderung hauptsächlich erfolgte, verschiedene völlig unterschiedliche Migrationsgründe. Es wanderten vor allem Menschen aus, die der wirtschaftlichen Misere im Heimatland entgehen wollten (insbesondere Kleinbauern und Handwerker) oder in Europa wegen ihrer politischen Überzeugung oder wegen ihres Glaubens drangsaliert wurden.
Hinzu kamen auch begüterte Einwanderer, die in Neuseeland investieren und die Infrastruktur aufbauen wollten. So konnten relativ früh moderne Sägewerke gebaut und betrieben sowie Verkehrswege geschaffen werden. Ganze Schiffe mit Investoren kamen nach Neuseeand. Zum Teil waren es auch Engländer und Schotten, die zuvor schon in Nordamerika sesshaft gewesen waren oder es werden wollten und nun ein „Wirtschaftswunder" in diesem Land erwarteten.
Weiterhin gab es Goldsucher, die zu einem großen Teil zuvor auf den Goldfeldern Amerikas, die zu dieser Zeit schon unrentabel wurden, tätig gewesen waren.
Ferner warb England seit den 1840er Jahren Soldaten und Polizisten, die schon außer Dienst waren, für die Besiedlung in Neuseeland an. Sie erhielten Land und hatten die Aufgabe, die europäischen Siedler gegen die Maori zu schützen.

Deutsche waren von Beginn an an der Kolonialisierung Australiens und später Neuseelands beteiligt. In James Cooks Mannschaft hatten Deutsche wichtige Positionen inne: Johann Reinhold Forster als offizieller wissenschaftlicher Begleiter der zweiten Südseereise und sein später berühmt gewordener Sohn Georg als sein Assistent und Zeichner. Der erste Gouverneur der australischen Kolonien, Sir Arthur Phillip, hatte deutsche Vorfahren. Deutsche Walfänger ließen sich schon 1836 in der Peraki Bay in Neuseeland nieder. Deutsche Familien waren neben den ersten französischen Siedlern auf der Halbinsel Akaroa, bevor die Besiedlung von London aus systematisch betrieben wurde. Emigranten aus dem Königreich Hannover und dem Großherzogtum Mecklenburg kamen von 1842 bis 1844 mit den ersten deutschen Auswanderungsschiffen in Nelson auf der Südinsel an. Es folgten Schiffe, die deutsche Auswanderer nach Marton brachten, der damaligen zweiten deutschen Hochburg. Noch heute gibt es dort Einwohner mit deutschen Namen.

Neben den Siedlern kamen auch schon frühzeitig Missionare der Norddeutschen Missionsgesellschaft.

Bis 1913 gab es rund 20.000 deutsche Einwanderer und es kann gefolgert werden, dass statistisch gesehen etwa jeder vierte Alt-Neuseeländer (d.h. mit Vorfahren, die im 19. und zu Beginn des 20. Jahrhunderts nach Neuseeland kamen) deutscher Abstammung ist. So lässt sich beispielsweise auch die deutsche Abstammung des früheren Premierministers David Lange zurückverfolgen, dessen Urgroßeltern von Bremerhaven aus nach Neuseeland auswanderten.

In der Geschichte Neuseelands waren Deutsche einerseits willkommen und konnten Dörfer mit eigener Kultur, Sprache und Religion aufbauen, andererseits waren sie zu bestimmten Zeiten politisch verdächtig und mit Misstrauen gestraft. Diese Wellen von Anerkennung und Misstrauen bis zur Ausgrenzung gab es gleichermaßen in Australien. In beiden Ländern hing das von dem jeweiligen politischen Verhältnis zwischen Großbritannien und Deutschland ab und hatte natürlich auch einen großen Einfluss auf die Einwanderungsquoten.
Deutlich wurde das gegen Ende des 19. Jahrhunderts, als Deutschland mit den anderen Großmächten gleichziehen wollte und acht eigene Kolonien gründete. 1884 hatte Deutschland die Herrschaft über Südwest-Afrika errungen und stellte für die englischen Interessen in Südafrika eine Bedrohung dar. Das englisch-deutsche Verhältnis verschlechterte sich im zweiten Burenkrieg (1899-1902) zusätzlich, obwohl das Deutsche Reich nicht auf die Schutzgesuche der Buren einging. Deutschland hisste 1884 auf Neupommern und Neuguinea die deutsche Flagge, besetzte die Marshall-Inseln und teilte 1900 mit den USA Samoa auf. West-Samoa wurde deutsches Schutzgebiet[52] und das Deutsche Reich annektierte einen Teil Neuguineas als reguläre Kolonie. Wenn auch die deutsche Kolonialzeit nur 30 Jahre währte, so waren doch die Interessen Großbritanniens im mikronesischen und melanesischen Raum durch das Deutsche

77 | Die schweren ersten Jahre

- Erst nach dem Fällen der großen Bäume konnte das Land bewirtschaftet werden (Matamau um 1880)
- Ochsengespann in der Cuba Street in Wellington (um 1890)

Reich gefährdet. Es folgten Restriktionen in der Einwanderungspolitik Australiens und Neuseelands. Zeitweilige Wirtschaftskrisen in Neuseeland verringerten den gleichlaufenden Zustrom von Einwanderern zusätzlich.
Der I. Weltkrieg beendete die Einwanderung Deutscher zeitweise völlig. Es herrschte eine starke anti-deutsche Stimmung im Land, die zu Diskriminierungen und auch zu Ausweisungen führte[53]. Gleiches geschah während des II. Weltkrieges.

Im Unterschied zu allen anderen Einwanderungsländern bevorzugte Neuseeland bis in die jüngste Vergangenheit britische Einwanderer und reglementierte den Zuzug anderer ethnischer Gruppen stark, insbesondere der Deutschen. Auch heute noch ist es schwer, die Geschichte der deutschen Einwanderer in Neuseeland anhand von Dokumenten zurückzuverfolgen. Sogar in den Museen, im Internet und in Büchern wird dieser Teil der Geschichte aus den genannten Gründen klein geschrieben oder erst gar nicht erwähnt. Seitens der Deutschen wurde zeitweilig die eigene Herkunft vertuscht, um Schwierigkeiten zu vermeiden. Insofern sind die Bücher von Bade *(Eine Welt für sich)* und Bönisch-Brednich *(Auswandern)* sehr wertvoll für die Spurensuche.

Bönisch-Brednich unterteilt in ihren Untersuchungen die deutsche Einwanderung von 1936 bis in die 1990er Jahre in mehrere Phasen, die von zum Teil deutlich unterschiedlichen Auswanderungsmotiven geprägt sind. Die folgende Übersicht zeigt solche Unterschiede auf:

1936-1940

Zwar planten die Nazis gar die Zwangsverschiffung europäischer Juden nach Madagaskar, aber dazu ist es nicht gekommen;

77 | Die schweren ersten Jahre

- Erste Durchquerung der Nordinsel 1912 mit einem Ford
- Wer sich das bauen konnte, hatte es bereits geschafft

deutschsprachige Juden aus Deutschland, der Tschechoslowakei und Österreich wurden jedoch durch die Ereignisse – spätestens nach der sogenannten „Reichskristallnacht" – zur Emigration gezwungen. Dabei hatten sie wie die politisch Verfolgten zunächst kein bestimmtes Land im Auge, sondern vor allem die Rettung des eigenen Lebens. Sie wollten einfach weg aus Deutschland. Nur wenigen deutschsprachigen Juden gelangen Einreise und spätere Assimilation in Neuseeland. Sie wurden einerseits als Deutsche (und damit als Feinde Englands) identifiziert und andererseits als Juden, denen die altbekannten Stereotype anhingen. Und die alteingesessenen jüdischen Gemeinden in den größeren Städten waren nicht selten enttäuscht, wenn sie feststellten, dass die Immigranten zum Teil säkularisierte oder zum christlichen Glauben konvertierte Deutsche jüdischer Herkunft waren.
Diese Immigranten waren vor allem jüngere Menschen und Partner in Mischehen, die in größeren Städten gelebt hatten, gebildet waren und einen hohen Lebensstandard gewohnt waren. Nun mussten sie sich auf einfachste Verhältnisse in einer argwöhnischen Umgebung umstellen. Viele von ihnen hofften auf ein schnelles Ende der Hitler-Diktatur und wollten so schnell wie möglich in ihre Heimat zurückkehren.
Anfang der 1930er Jahre gab es in Neuseeland durchaus eine gewisse Bewunderung für Hitler und die Verfolgung Andersdenkender konnte man sich in dem tatsächlichen Ausmaß nicht vorstellen. Insofern stießen die jüdischen und politischen Flüchtlinge oft auf Unverständnis. Nach Beginn des II. Weltkrieges brach eine Hysterie wegen der vermeintlich allgegenwärtigen deutschen Spionage und nazistischen Unterwanderung aus. Zu Unrecht wurden auch deutschsprachige Juden unter diesen Verdacht gestellt.

1948-1952

In dieser Zeit waren es vor allem Zufallsauswanderer und Individualisten, die aus Deutschland kamen. In ihrer Heimat herrschten Überbevölkerung und Wohnungsnot, Hunger, Krankheiten und Arbeitslosigkeit.
Deutsche wurden nur zögerlich aufgenommen, wenn aber, dann fast ausschließlich jüngere und gut qualifizierte. Neuseeland brauchte in den 1950er Jahren Arbeitskräfte. Die eigene Wirtschaft erstarkte nach dem Krieg und Neuseeland zählte zu den drei Ländern mit dem höchsten Lebensstandard.

So kamen in dieser Periode sowohl Deutsche nach Neuseeland, die während des Dritten Rei-

ches von Deutschland nach England emigriert waren und zum Teil auf britischer Seite gekämpft hatten; ferner Personen, die ihre Nazi-Gegnerschaft nachweisen konnten, und schließlich Menschen im Rahmen der Familienzusammenführung (insbesondere jüdische Angehörige). Auch diese Immigranten erlitten nicht selten einen Kulturschock, erlebten sie doch Neuseeland als sehr rückständig gegenüber Europa.
Andererseits zweifelten sie an der Entwicklung Deutschlands zu einem demokratischen und wirtschaftlich starken Gemeinwesen.

1956-1966

In diesen Jahren entwickelte Neuseeland umfangreiche Anwerbungsprogramme, um junge Leute aus vorwiegend handwerklichen, pflegerischen und Haushaltsberufen mit befristeten Arbeitsverträgen ins Land zu holen.
Da die erforderliche Quote nicht durch britische Migranten gedeckt werden konnte, öffnete sich die neuseeländische Seite gegenüber den Niederlanden und in geringerem Maße auch gegenüber Deutschland. Insbesondere wurden junge Frauen geworben, da zu der damaligen Zeit in Neuseeland ein Männerüberschuss herrschte. Gegenüber deutschen Männern war man dagegen weiterhin sehr misstrauisch und befürchtete nach wie vor eine nazistische Unterwanderung. Die Rückwanderquote der zumeist jungen Deutschen lag bei 20 Prozent und die Weiterwanderungsquote bei 15 Prozent.
Die Auswanderer dieser Zeit ähnelten den Auswanderern des 19. Jahrhunderts insofern, dass sie ökonomische Vorteile im Ausland suchten. Die Löhne lagen um etwa 100 Prozent über denen in Deutschland und Neuseeland bezahlte auch die Reisekosten. Der Unterschied bestand in der vertraglich zugesicherten Rückkehroption dieser Personen. Viele kehrten zeitweilig nach Deutschland zurück, um dort schließlich zu entscheiden, wo sie bleiben wollten. Der größere Teil entschied sich für Neuseeland. Deutschland blieb aber weiterhin im Blickfeld, insbesondere die Eltern und Geschwister, und man besuchte Deutschland und Österreich auch immer wieder, zumindest im Urlaub.
Diese Auswanderer sind sehr deutsch geblieben und leugnen das – im Unterschied zu früheren Migranten – auch nicht.

1970er Jahre

In diesem Jahrzehnt veränderte sich die öffentliche Meinung zur Immigration. Neuseeland erlebte zum ersten Mal einen *brain drain* zumeist junger Leute, die in anderen Ländern bessere Verdienstmöglichkeiten sahen. Neuseeland hatte somit erstmalig eine negative Bevölkerungsbilanz. Andererseits befürchtete man, große Zuströme nicht verkraften zu können. Und so werden seit dieser Zeit die Immigrationsquoten und -kriterien von Jahr zu Jahr revidiert.
In der Zwischenzeit hatte auch Deutschland einen gewissen Wohlstand erreicht und das Ausreisemotiv war nicht mehr vorrangig die ökonomische Sicherung der Existenz. Es kamen nun mehr Individualisten mit sehr persönlichen und weltanschaulichen Motiven, Menschen mit Abenteuerlust, die von in Neuseeland lebenden Freunden interessante Dinge gehört hatten. Es setzte eine Kettenmigration ein – wenn auch in nur kleinem Ausmaß. Auswandern wurde nun oft als Teil der Selbstverwirklichung gesehen. Zum Teil waren es auch Angehörige der deutschen Studentenbewegung, die entweder zur eigenen Horizonterweiterung oder aus Überdruss an Deutschland ihre Heimat verließen.

1980er Jahre

In dieser Zeit waren die Einreisebedingungen für Deutsche schon deutlich erleichtert. In Deutschland machte sich eine resignative Haltung breit. Junge Leute begehrten gegen die zunehmende Militarisierung und gegen umweltpolitische Probleme auf. Man suchte „die heile Welt", und Neuseeland wurde zum Magneten und zum Symbol einer Alternative. Der Premierminister David Lange erklärte 1986 offiziell den völligen Verzicht auf Atomenergie und Neuseeland zur atomwaffenfreien Zone. Die dünne Besiedlung, die weitgehend noch intakte Natur, die große Entfernung zu den Industriestaaten mit all ihren Problemen und das angenehme Klima zogen umweltbewusste und politisch sensible Auswanderer an. Zur gleichen Zeit wurde Neuseeland touristisch erschlossen.

Seit den 1990er Jahren

Am 18.11.1991 trat der *Immigration Amendment Act 1991* in Kraft. Die Einwanderungspolitik wurde geändert und es konnten nun weitere Personengruppen berücksichtigt werden. So können seitdem auch Menschen einreisen, die älter als 55 Jahre sind, wenn sie ein Minimum von 500.000 NZ$ im Land investieren.

In den letzten Jahren kamen nun junge Leute mit einem höheren Anspruch an ihren Lebensstil nach Neuseeland, ehemalige DDR-Bürger sowie wohlhabende Menschen, die ihre zweite Lebenshälfte in dem Land verbringen wollten, das sie zuvor als touristisches „Traumland" erfahren hatten. Das „Traumhaus" in einer „Traumlandschaft" wurde und wird immer öfter Motiv für Wohlhabende und (Früh-)Pensionäre. Die Erbengeneration in Deutschland kann sich mehr als zuvor eine zeitweilige Auswanderung leisten, sich ihr Leben als „Pendlermigrant" vorstellen – mal hier, mal dort – oder als „Lebensabschnittsmigrant" zu Traumzielen auf Zeit emigrieren.

In Neuseeland leben zurzeit circa 8.500 Menschen deutscher Staatsangehörigkeit.

9.2 Puhoi – ein böhmisches Dorf in Neuseeland

Für Auswanderer ist es völlig normal und nachvollziehbar, dass der Kontakt zur alten Heimat immer brüchiger wird. Man bleibt noch mit den Eltern in Kontakt oder mit den zurückgelassenen erwachsenen Kindern. Die heutigen Migranten verbringen – so es ihre finanzielle Situation zulässt – noch hin und wieder ihren Urlaub in der alten Heimat oder holen die Eltern für ein paar Wochen nach Neuseeland. Ansonsten sind sie immer wieder überrascht, wie sehr sie sich von früheren Freunden oder Freundinnen mental entfernt haben. Es scheint, als sei die Zeit für die anderen stehen geblieben. Zudem sind die Immigranten so sehr auf die neue Welt und ihre schnelle berufliche und soziale Anpassung konzentriert, dass das Zurückgelassene zwangsläufig im Alltagsgeschehen ausgeblendet wird. Nach drei bis vier Jahren kann man sich schon eingelebt haben und für sich ein neues Lebensgefühl entdecken.

Heutzutage ist es möglich, die circa 22.000 trennenden Kilometer zwischen Neuseeland und Europa innerhalb von rund 30 Stunden (mit Zwischenaufenthalt in Bangkok, Singapur, Los Angeles, Seoul oder anderswo) zu überwinden – ein Katzensprung quasi! Anders war es für europäische Siedler vor 150 Jahren. Da kamen schnell einmal 120 Tage Reisezeit zusammen und an eine Rückkehr war nicht mehr zu denken. Wohl denen, die gemeinsam mit Verwandten und Bekannten in einer Gruppe, also einer Solidargemeinschaft auswanderten, in der man sich gegenseitig half und die die Sicherheit einer Familie bot.

Interessant ist nun, dass die Suche nach den eigenen Wurzeln frühestens in der dritten, eher aber in der vierten oder fünften Generation beginnt. In etlichen Familien, denen wir begegneten, seien es Familien mit englischem, holländischem, deutschem oder französischem Ursprung, wurden in den letzten zehn bis zwanzig Jahren zunehmend Familien-Chroniken angefertigt. Solche Chroniken werden auch in Auftrag gegeben, gedruckt und im örtlichen Buchhandel vertrieben. In jeder größeren Ortschaft gibt es zudem ein kleines Museum; wir würden eher von einer „Heimatstube“ sprechen. Dort wird liebevoll „alles Alte“ – ob nun ein Kochtopf, Briefe oder Familienfotografien – gesammelt. Individuelle Spuren werden zusammengetragen, die wiederum in Chroniken festgehalten werden können. Freigiebig wurden uns Kopien etlicher dieser Chroniken ausgehändigt, deren Auswertung zu einem eigenen Buch über das Schicksal von Auswanderern führen könnte.

Stellvertretend für viele andere Familien aus dem deutschsprachigen Raum soll auf die gut recherchierte und dokumentierte Geschichte einer großen Gruppe Egerländer Auswanderer eingegangen werden. Ein eigenes Museum in Puhoi auf der Nordinsel hält die Siedlertraditionen bis heute wach, und es gibt eine Reihe offizieller Kontakte in die „Ursprungsheimat". Im Egerland-Museum Marktredwitz findet man eigene Tafeln zu den Auswanderern, die nach Puhoi gegangen sind.

78 | Auch an Hausfassaden wird an die Geschichte des Ortes erinnert

9.2.1 Von Böhmen nach Neuseeland

Im Jahre 1863 kam eine Gruppe von 82 Egerländern in der heutigen Ortschaft Puhoi an. Sie stammten aus verschiedenen Gemeinden und Weilern circa 100 Kilometer südwestlich von Prag, vor allem aus Mantau, Chotieschau, Lossin, Rothaujezd, Zwug, Lititz und Stich. Diese Orte gehörten zum Verwaltungsbezirk Mies, Kreis Pilsen.
1863 war das Königreich Böhmen eine Provinz im nördlichen Teil des Österreichischen Reiches. Und so kam es, dass die Egerländer Siedler je nach Zuordnung zu dieser Provinz oder zu Österreich als „Böhmen" oder als „Österreicher" geführt wurden. Sie sprachen eine deutsche Mundart, später „Egerländisch" genannt – in Anlehnung an die Stadt Eger in Nordböhmen. In der Schule und als Amtssprache wurde allerdings Hochdeutsch gesprochen.

79 | Überfahrt der ersten Böhmen nach Puhoi

Mitte des 19. Jahrhunderts wanderten sehr viele Deutsche aus und suchten anderswo bewirtschaftbares Land, das sie in Besitz nehmen konnten. In der Heimat lebten sie mehrheitlich am Rande des Existenzminimums. Bei den Männern kam die Angst hinzu, zum Wehrdienst eingezogen zu werden. Zusätzlich gab es speziell bei den Böhmen Ängste aufgrund der zunehmenden Nationalitätenstreitigkeiten in der k.u.k.-Monarchie in der zweiten Hälfte des 19. Jahrhunderts.

Der österreichische Armeeoffizier Martin Krippner hörte von seinem Schwager Pynson Longdill, der nach Auckland ausgewandert war, dass Neuseeland arbeitswilligen Europäern hervorragende Ansiedlungsmöglichkeiten böte. Longdill wollte ihm mit all seinen guten Beziehungen helfen. Krippner sollte sich nach Beendigung seiner Militärzeit für diesen großen Schritt entscheiden. Er reiste schließlich 1859 mit seiner Frau, den Kindern, seinem Bruder sowie den Familien Pankratz und Scheidler und einer Elisabeth Turnwald nach Auckland und ließ sich später in Orewa nieder. Krippner kaufte 40 Kilometer nördlich von Auckland Land und versuchte sich als Landwirt. Er kam jedoch mit dem unfruchtbaren Boden nicht zurecht und wandte sich an die Kolonialbehörde mit der Bitte um mehr Land, um eine größere böhmische Einwanderersiedlung gründen zu können. Er erhielt die Zusage und warb nun brieflich in seiner alten Heimat um Ausreiseinteressierte.
Das Angebot der neuseeländischen Provinzregierung, Einwanderer nur die Überfahrt, nicht aber den Grund und Boden als Vorausbedingung bezahlen zu lassen, bot Gelegenheit zur Immigration ganzer Gruppen. Michael Krippner, Martins Bruder, arrangierte dann die Einreise von 83 Egerländern, die sich zum größten Teil aus den Heimatgemeinden kannten. Es kamen Alte und Junge – drei Generationen, also ein guter Altersquerschnitt. Sie waren Bauern und Handwerker wie zum Beispiel Schmiede, Tischler und Schuhmacher.

Die Reise begann am 26. Februar 1863 um Mitternacht am Staaber Bahnhof, von wo aus es zunächst nach Prag ging. Aus den Ortschaften waren viele Leute gekommen, um Abschied zu nehmen – in dem Wissen, dass sie die Abreisenden wohl nie wiedersehen würden. Die Auswanderer wiederum gingen zum Teil davon aus, dass sie, wenn sie es in der neuen Heimat zu etwas gebracht haben würden, irgendwann nach Böhmen zurückkehren könnten.

Die Emigranten erhielten in Prag eine Audienz beim Erzbischof der Stadt, Kardinal Schwarzenberg. Seine Ratschläge sollten einen dauerhaften Einfluss auf ihr Leben haben: „Sie reisen zwar in ein fremdes Land, aber Sie müssen ihm dennoch von ganzem Herzen Treue schwören, gute, rechtschaffene Bürger zu werden. Unsere katholische Kirche ist dort fest etabliert. Bleiben Sie treue Soldaten des Kreuzes. Bewahren Sie die Tugenden der Egerländer, und so werden Sie stets festen Boden unter den Füßen haben."

Mit dieser Ermahnung griff der Erzbischof anscheinend auf die Charakterisierung von Vinzenz Prökl (1804-1887) zurück, der – später oft zitiert – im Jahre 1845 schrieb:
„Der Egerländer liebt eine einfache Lebensweise, er ist aufrichtig, redlich, arbeitsam, sparsam und gottesfürchtig; er lebt mit seiner Nachbarschaft im guten Einverständnisse, er hält das Wort, das er gibt; seine Kost ist einfach und nahrhaft, sein gewöhnlicher Trunk Säuerling, und wo dieser nicht zu finden, Wasser; der wohlhabende Bauer trinkt Abends gewöhnlich Bier. Branntwein wird verabscheut, und nur zu gewissen Zeiten wird von den Weibern ein versüßter getrunken. Munterkeit und untermischter Witz sind vorherrschende Eigenschaften des Egerländers; man trifft unter ihnen aufgeklärte Männer, überhaupt aber tüchtige Landwirthe."

Die Aussiedler reisten dann mit dem Zug nach Hamburg-Altona und setzten von dort nach England über. In Gravesend gingen sie an Bord des Schiffes „War Spirit", ein 1.241-Tonner unter dem Kommando des Kapitäns J. R. Lückes.
Die 106 Tage währende Überfahrt begann am 12. März 1863 und verlief überwiegend ruhig. Allerdings löste sich in der unruhigen Tasman-See ein Teil der Ladung und erdrückte einen Mitreisenden, Lorenz Turnwald, Vater von fünf kleinen Kindern.

In Auckland, der zur damaligen Zeit bedeutendsten Stadt Neuseelands, verbrachten die Neuankömmlinge nur einige Tage. Die Stadt muss sie schockiert haben. Auch wenn sie in Böhmen nicht viel herumgekommen waren, kannten sie doch größtenteils Pilsen, Eger und andere alte Städte mit ihrer Kultur und hatten zumindest Bilder von Prag gesehen. Auckland muss ihnen mit den vielen armseligen Hütten wie eine rauhe Grenzstadt erschienen sein.
Ein Kutter brachte sie von Auckland an die Mündung des Puhoi River (in der Maori-Sprache: der „langsame Fluss"), der heute auch unter dem Namen Wenderholm bekannt ist. Der Maori-Häuptling des Gebietes, Te Hemera Tauhia, hatte einige Männer mit Kanus warten lassen, um die Neuankömmlinge die sechs Kilometer flussaufwärts zu ihrer endgültigen Anlegestelle zu bringen.
Wieder waren die Siedler schockiert: Sie begegneten Menschen, die sie überhaupt nicht einordnen konnten, fuhren in dunkler Nacht und bei winterlicher Kälte an tiefdunklen Wäldern mit riesigen Bäumen vorbei und fanden am sumpfigen Zielort keine Häuser vor, sondern nur zwei große, aber sehr einfache Hütten aus Nikau-Palmzweigen, die nach Maori-Art gebaut waren. Das war in der Nacht des 29. Juni 1863. Eine Frau soll später gesagt haben: „Wenn ich übers Meer hätte gehen können, wäre ich heimgegangen."

80 | Einfache Maori-Hütte

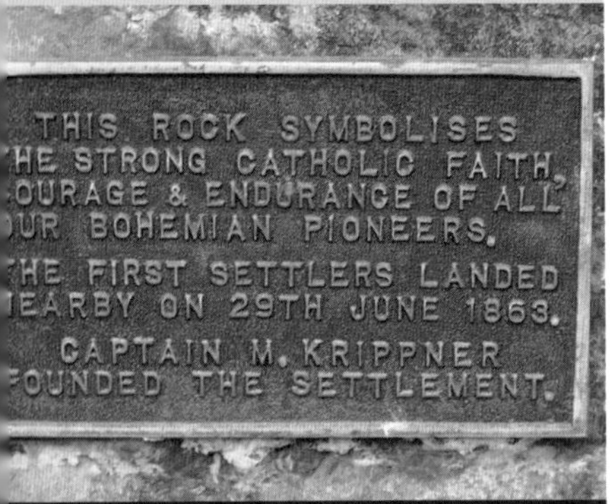

81 | Erinnerungstafel an M. Krippner

Eine sofortige landwirtschaftliche Nutzung des sumpfigen Hügellandes mit dem fast undurchdringlichen Busch war anfangs nicht möglich. Die ersten Siedler ernährten sich von wilden Pflanzen, vom Fischfang und von der Jagd und waren auf die Maori angewiesen. Mehrfach sandten diese mit Früchten und Gemüse beladene Kanus und verhinderten so, dass jemand verhungerte. Der Häuptling Te Hemera erhielt deshalb von den Siedlern den Titel „Puhois bester Freund". Diese Rahmenbedingungen sowie der große Zusammenhalt aller und ihr unbeirrbarer Glaube ließen sie überleben.

In der Folgezeit wurde das von der Provinzialregierung zugesprochene Land aufgeteilt und gemeinsam gerodet. Zusammen errichtete man feste Wohnhäuser. Der Busch wurde die erste Lebensgrundlage der Siedler. Das gerodete Holz wurde zu Hausbaumaterial zugeschnitten oder zu Zaunpfählen, Eisenbahnschwellen, Dachschindeln, Feuerholz und vielem anderen mehr verarbeitet. Das nicht für den Eigenbedarf benötigte Holz brachte man an die Mündung des Puhoi River, wo es von Dampfschiffen abgeholt wurde. Kauri-Stämme und Uferholz wurden flussabwärts verschifft, ausgehöhlt, zu Flößen zusammengebunden und nach Auckland gezogen und dort verkauft.

Martin Krippner gelang es, weitere Egerländer Auswanderer zu gewinnen; er erhielt für jeden neuen Siedler eine Prämie von der Provinzialregierung. So trafen in den Jahren 1866, 1872 und 1876 weitere Immigranten-Gruppen in Puhoi ein.

Interessant sind die wenigen erhaltenen Zeitdokumente, zu denen auch ein ausführlicher Brief gehört. Die erste Auswanderer-Generation stand noch in Briefkontakt mit den Zurückgelassenen, zumeist den Eltern. Im Museum in Puhoi ist ein Brief vom 5. Juli 1872, also neun Jahre nach der ersten Auswanderungswelle nach Puhoi, von einem Vater aus dem Egerland an seinen Sohn in Puhoi erhalten[54]. Er gibt nicht nur Aufschluss über die Gemütslage, sondern auch über die damalige Lebenssituation in Böhmen. Und er zeugt von der Innigkeit und hohen Briefkultur auch sogenannter „einfacher" Leute, die uns im E-Mail-Zeitalter verloren gegangen zu sein scheinen. Trotz des Bedauerns der Trennung erweist der Vater dem Sohn Ehre und befürwortet dessen Schritt.

Gott beschütze Dich, geliebter Sohn!

Am 16. Juni erreichte uns Dein langer Brief, worüber wir uns sehr freuten. Ich hätte gern früher geantwortet, dann dachte ich aber, es wäre das Beste, noch etwas zu warten, damit ich Dir noch ein paar Einzelheiten zur nächsten Ernte mitteilen kann. Dieses Jahr läuft es Gott sei Dank besser als im vergangenen.
Wir hatten bisher schönes Wetter, wenig Regen. Der Weizen und der Roggen, den wir gesäht haben, ist wunderbar gewachsen und bald reif für die Ernte. Wir haben auch eine ganze Menge Heu gemacht. Es wird genug sein, um uns über die nächsten 12 Monate zu bringen. Gerade jetzt fängt es an zu regnen, aber wir hoffen und beten zu Gott, dass es noch ein paar schöne Tage geben wird, wenn der Weizen so weit ist, damit wir ihn ohne Verlust ernten können.

Lieber Vincent, Ende Mai bis Anfang Juni hatten wir hier in Böhmen eine große Überschwemmung. Das ganze Tal zwischen Karlsbad und Prag war von Wasser überflutet. An manchen Stellen bis zu vier Meilen breit. Die Überflutung verursachte viel Schaden, eine große Anzahl Häuser wurde zerstört, viele Tiere wurden von der starken Strömung fortgespült, und was das Schlimmste ist, etwa ein Dutzend Menschen verloren ihr Leben. Jetzt, wo das Wasser zurückgegangen ist, ist alles mit gelblichem Schlamm bedeckt.

Lieber Vincent, wir lesen Deinen Brief immer wieder und sind sehr froh, erstens, weil Du recht zufrieden und glücklich zu sein scheinst in Deiner neuen Umgebung, und zweitens, weil Du so gute Neuigkeiten von Deinen Schwestern und deren Familien mitgeteilt hast. Lieb, wirklich sehr lieb von Dir, dass Du sie besucht hast. Wir sind froh zu hören, dass Ihr es schön miteinander hattet. Grüße sie herzlich. Ach, wie sehr würden Deine alte Mutter und ich uns freuen, wenn wir auch einmal zu Besuch sein könnten. Wie schön wäre es doch für uns, noch einmal alle zusammen zu sein, wenn auch nur für kurze Zeit. Aber da das nicht möglich sein wird, wollen wir dafür beten und auch für alle anderen, dass wir wenigstens im Geist beisammen sein können.

Es gibt nicht eine Stunde, mein lieber Sohn, in der ich nicht an Dich und Deine Schwestern denken muss. Möge Gott Euch weiterhin auf Eurem Weg führen und vor Übel bewahren.

Johann hat aus Wien geschrieben, dass er auch einen Brief von Dir bekommen hat. Er war sehr froh, von Dir zu hören, aber irgendwie hat er aufgegeben, daran zu glauben, dass Ihr Euch einmal wiedersehen werdet.

Lieber Vincent, wir erfreuen uns alle guter Gesundheit, sogar Deiner alten Mutter geht es so gut wie früher. Seit Deine Schwester sich um den Haushalt kümmert, hat Mutter mehr Ruhe und wir hoffen, sie wird noch viele Jahre bei uns bleiben.

Lieber Vincent, wie Du bereits aus Johanns Brief weißt, ist Georg jetzt Soldat. Er kam zum 6. Bataillon der Gebirgsjäger. Wäre Georg nicht eingezogen worden, hätten wir alle Böhmen verlassen können, um bei Euch zu leben, aber jetzt geht das nicht mehr.
Viele Deiner alten Freunde möchten ihre Heimat am liebsten auch verlassen und in Dein neues Land kommen. Welche, die sehr bemüht sind wegzugehen, sind Anton Schischka aus Rothaujezd, zwei Söhne von Herrn Schollum. Aus Lititz Adalbert Bussdinger, Dorothea Katzer Balzer und noch ein paar andere junge Mädchen.
Sie haben bereits ihre entsprechenden Dokumente nach London geschickt, bis jetzt haben sie aber noch nicht die entsprechenden Papiere bekommen.

Unser Gemeindepfarrer hat sich sehr gefreut, von Dir zu hören, und grüßt herzlich zurück. Er spricht ja Englisch, und Du kannst ihm direkt und auch auf Englisch schreiben, wenn Dir das lieber ist.

Es gibt noch viele andere Leute, die mich gebeten haben, Dich zu grüßen und Dir alles Gute zu wünschen. Dazu gehören auch Dein früherer Lehrer und seine Frau, dann Herr Wenzlik, Dein Großvater und Frau Vieten Baba. Ihr Sohn, der auch Vincent heißt, wird dieses Jahr mit dem Studium fertig. Auch Josef und seine Frau haben mich gebeten, Dir beste Grüße auszurichten.
Vor einiger Zeit bekamen wir von Johann, der jetzt als Dienstbote in Auherzen arbeitet, einen Brief, den wir am 20. April beantworteten, und hoffen nun, dass diese unsere Antwort ihn gut und sicher erreichte.

Dein letzter Brief enthielt eine Zeichnung, zu der wir Dir wirklich gratulieren. Bitte übermitte-

le unseren herzlichen Dank an Deinen Schwager und an Deine Schwestern für den freundlichen Empfang, den sie Dir bereiteten. Möge Gott sie schützen für ihre Freundlichkeit. Bitte sage Herrn Christoph, dem Ehemann von Margarete, unseren besonderen Dank, denn er hat sich wie ein Vater um Dich gekümmert und sorgt für Dich als wärest Du sein Sohn.

Nun, lieber Sohn, habe ich Dir alles erzählt, was Dich interessieren könnte, und ich hoffe und bete zu Gott, dass er diesen Brief über Land und Meer führt, sodass Du ihn in nicht allzu ferner Zeit bei bester Gesundheit erhältst.
Bitte schreibe gleich, wenn Du diesen Brief bekommst, weil wir alle, und insbesondere Dein alter Vater und die Mutter, neugierig sind, wie es Dir geht.

Möge unser Gott Dich auf all Deinen Wegen beschützen und Dich begleiten bei all Deinen Unternehmungen. Wir werden auch weiterhin jeden Tag für Dich beten und hoffen, auch Du schließt uns täglich in Deine Gebete ein. Und so werden wir verbunden sein im Geiste.

In der Hoffnung, bald wieder einen Deiner netten Briefe zu erhalten, empfehlen wir Dich Gott. Der Segen Gottes sei mit Dir.

Dein Dich liebender Vater Caspar Plescher

1869 erteilte die Provinzialregierung die Genehmigung, im Distrikt mit Straßen- und Brückenbauarbeiten zu beginnen. Für die Siedler war diese Arbeit eine bedeutende Einkommensquelle. Während die Frauen in der Landwirtschaft arbeiteten, waren die Männer nun vorwiegend im Straßenbau tätig. So konnte Geld gespart, die alten Hütten durch Pfahl- und Massivbauten ersetzt und Nutzvieh angeschafft werden. Und aus dem Erlös der nach Auckland verschifften Produkte wurden zusätzlich wichtige Geräte gekauft.

1881 wurden das Schulhaus, das Pfarrhaus mit der noch heute existierenden Kirche, das Postamt sowie zwei Hotels und Geschäfte gebaut. Das erste Hotel hieß damals übrigens „German Hotel“.

1883 waren über 1.000 Hektar Land kultiviert. Zur Jahrhundertwende war Puhoi eine blühende Gemeinde mit einem Rathaus, das übrigens noch heute diese Funktion innehat, und Hotels, die

82 | Erstes Schulhaus in Puhoi (heute Museum)

83 | Das frühere „German Hotel"

für zahlreiche Zusammenkünfte mit Musik und Tanz genutzt wurden. Obwohl viele Siedler recht weit vom Ortskern entfernt wohnten, entwickelte sich an den Sonntagen ein ausgeprägtes Gemeinschaftleben, und es wurden Sprache und Traditionen der alten Heimat bewahrt und gepflegt.

Die erste Generation von Siedlern konnte sich noch relativ isoliert entwickeln. Die fehlenden Verkehrswege, die Sprachprobleme und die riesigen ökonomischen Schwierigkeiten zu Anfang verhinderten engere Kontakte zur übrigen Bevölkerung. Mit der weiteren günstigen Entwicklung und dem Aussterben der ersten Siedlergeneration wurde es jedoch immer unumgänglicher, auch in Puhoi Englisch als Umgangssprache anzuerkennen. Allerdings galten die Puhoi-Siedler noch lange als „die Deutschen", die einerseits ob ihres Fleißes bewundert, andererseits aber auch politisch beargwöhnt wurden. Das zeigte sich sowohl im Ersten als auch im Zweiten Weltkrieg sowie in der Nachkriegszeit ab 1945 deutlich, obwohl mehrere Einwohner von Puhoi tapfer an der Seite der Neuseeländer gekämpft hatten.

9.2.2 Puhoi heute

Es gibt zwar die *German-Bohemian Heritage Society*, das Ortsmuseum und einen aperiodischen Kulturaustausch, belebt anlässlich der 100-Jahresfeier am 29. Juni 1963. Dennoch fühlen sich die Einwohner von Puhoi als waschechte Neuseeländer, die auf ihr museales Dorf stolz sind, dieses touristisch geschickt vermarkten und sich ihrer fernen Einwanderer-Traditionen bewusst sind. Als wir in den Ort einfuhren und vor der Kirche Halt machten, kam sogleich eine kleine, ältere Frau in Egerländer Tracht über die Straße und stellte sich als Nicht-

Puhoianerin mit britischen Wurzeln vor. Man konnte jedoch gegen ein kleines Entgelt ein sehr schönes Foto von ihr machen. Die Tracht stimmte bis ins Detail – bis hin zu den genoppten Strümpfen.

Schon Johann Wolfgang von Goethe hob hervor: „Es ist ein wackeres, abgeschlossenes Völkchen. Ich habe die Egerländer wegen ihrer beibehaltenen Kleidertracht, die ich in früheren Jahren wahrnahm, liebgewonnen.“

84 | Anwesen eines Nachfahren böhmischer Einwanderer in Puhoi

85 | Sammlung von Gegenständen und Schrifttümern der Vorfahren im einzigen Pub von Puhoi

Kapitel 10

Neuseeländische Kreativität

10.1 Erfinder

Die Kiwis sind seit jeher bekannt für ihren Einfallsreichtum, die schnelle Umsetzung ihrer Konzepte und auch für allerlei skurrile Ideen. Es könnten nun seitenweise Aufzählungen international genutzter Erfindungen aus Vergangenheit und Gegenwart folgen – wir wollen uns jedoch auf einige ausgewählte für die verschiedensten Lebensbereiche beschränken.

Da gibt es verschiedene Flugzeuge aus der Pionierzeit des Fliegens und die Erfindung eines Luftschiffes, das allerdings nie gebaut wurde.

Das schnellste Motorrad der Welt stammt ebenso aus Neuseeland wie das Hamilton-Jetboot. Inzwischen wurden auch interessante Turboamphibien wie ein amphibisches Quadski (die Kreuzung eines Quad mit einem Jetski) entwickelt.

Das gefrorene Fleisch ist eine Erfindung der Kiwis. In diesem Zusammenhang sei auch die Weiterentwicklung von Tiefkühlsystemen genannt. Die Tiefkühlschrank-Saugpumpe stammt ebenfalls aus Neuseeland.

Ein Bambusfahrrad mit vertikalem Pedalantrieb, Stangenschaltung und Rücktritt-Felgenbremse wurde Anfang des 20. Jahrhunderts gebaut und erwies sich als technisch gute Lösung, wurde aber kein „Renner“.

Neuseeland baut seismisch isolierte Gebäude und entwickelte ein Erdbeben-Stoßdämpfersystem für große Gebäude.

Natürlich wurden Erfindungen in der Forst- und Landwirtschaft gemacht; gegenwärtig ist das Land bei Biotechpatenten unter den führenden Nationen.

Hier wurde der erste für Tiere undurchlässige Zaun entwickelt, und auch der elektrische Zaun stammt aus diesem Land.

Die elektrische Benzinpumpe wurde in Neuseeland erfunden, ebenso der Briefmarkenautomat, die moderne Gaskochplatte *SimmerMat*, der Gehstockstabilisator *Unifoot*, die *Munro Hollowing*

Tools (spezielle Aushöhlwerkzeuge) und vieles andere mehr.

Besonders findig sind die Kiwis natürlich auch im Bereich Sport und Spiel: Das Bungee-Jumping stammt von hier – genauso wie *Canyon Swing*, *Zorbing* und *GolfCross*, eine neue Sportart mit einem ovalen Golfball und kleinen Rugby-Toren. Schließlich stammt auch das Strategie- und Legespiel *Tantrix* aus Neuseeland.

10.2 Die Erdhügelhäuser der Hobbits

Spätestens seit der Verfilmung des Romans „Der Herr der Ringe" in Neuseeland sind die kleinen Wesen namens Hobbits und auch deren seltsame Erdbehausungen mit den runden Fenstern weltweit bekannt.

Die Verfilmung in Neuseeland brachte dem Land mindestens drei nachhaltige Vorteile:

- Der Film konnte vor einer weltweit einmaligen Naturkulisse gedreht werden, die dem Roman in idealer Weise entgegenkam und die Zuschauer neugierig auf dieses Land machte. In der Folge kurbelte das auch tatsächlich den (Fan-)Tourismus an.
- Die neuseeländische Filmindustrie erhielt einen enormen Auftrieb und erweiterte ihre zukünftigen Exportmöglichkeiten.
- Der Film fuhr als Publikumsrenner einen beachtlichen Gewinn ein.

Und „nebenbei" stieg das Interesse an Erdhäusern, neue Diskussionen um ein naturintegriertes Bauen wurden entfacht – genau so, wie es Friedensreich Hundertwasser angestrebt hatte.

Interessant ist es, nach dem Ursprung dieser Erdhügelhäuser zu suchen, denn das führt uns wieder zu Friedensreich Hundertwasser, dem bekannten Wiener Architekten, der die letzten zwei Jahrzehnte seines Lebens nahe Kawakawa auf der neuseeländischen Nordinsel verbrachte. Er lebte im wahrsten Sinne des Wortes ein natürliches Dasein mit vielen architektonischen Experimenten des naturintegrierten Wohnens. So propagierte er lange Zeit das Leben in und unter der Erde mit optimalem Wohnklima und einem minimalen Verbrauch natürlicher Ressourcen. Insbesondere in seinen letzten Lebensjahren warb er als „Philosoph und Arzt der kranken Architektur“ für die Umsetzung seiner Ideen. Erdwohnungen, so betonte er immer wieder, können aus natürlichen Baustoffen bestehen. Sie versiegeln den Boden nicht, verbrauchen wenig Energie und geben den Bewohnern ein Gefühl der Sicherheit und des Einsseins mit der Natur.

Die eigentlichen Wurzeln dieser Häuser aber liegen bei den Mandan-Indianern in North Dakota (USA). Dort war das Bauprinzip früherer Jahrhunderte sehr einfach und beständig: In einer tiefen Grube wurde ein Gewölbegerüst aus Holz errichtet und dann mit Zweigen und Erde bedeckt. Ein Eingangstunnel führte in das Innere der rund 15 Meter breiten Erdhügelhäuser.

Mitten in der fast unberührten neuseeländischen Natur fallen die Hobbit-Häuser kaum auf; sie scheinen einfach hierher zu gehören.

Wir müssen aber gar nicht so weit reisen, um Erdhügelhäuser zu besichtigen. In Donaueschingen, einer Kreisstadt zwischen Bodensee und Schwarzwald, steht eine Öko-Siedlung des Architekten Gerd Hansen. Er baute mit seiner Firma Archy Nova schon 1992 das erste Erdhügelhaus in Deutschland. Inzwischen gibt es 16 solcher Bauten im Land.

Interessant sind die gesammelten Erfahrungen des Projektes in Donaueschingen. Im Jahre 1992 wurde dort ein gesamtstädtisches Klimakonzept verabschiedet. In diesem Zusammenhang wurde das Projekt „Erdhügelhäuser“ ins Leben gerufen, das vom Wirtschaftsministerium Baden-Württemberg gefördert wurde. Zwischen 1992 und 1993 entstanden in der Ökosiedlung „Auf der Staig“ neun Erdhügelhäuser. Das Ziel dieses Projektes war es, Prinzipien des ökologischen Bauens zu erproben und die Zumutbarkeit für die neuen Hauseigentümer sowie deren Wohnzufriedenheit zu testen. Die Erdhügelhäuser sind kompromisslose Beispiele für ein Bauen im Einklang mit der Natur. Die Häuser passen sich in die Natur ein, versiegeln den Boden nicht, verbrauchen extrem wenig Energie und bestehen aus natürlichen, gesunden Baustoffen. Der Aushub wird für die Bedachung und gleichzeitig als Basis für die Dachbegrünung verwendet. Diese Häuser sind klimagerecht gebaut. Die Erdschicht sorgt im Winter für Wärme und im Sommer für Kühle. Die isolierende Wirkung von Erde und Pflanzen führt zu einer starken Heizenergie-Einsparung und Minimierung des Wasserverbrauchs. Die Begrünung der gesamten Dachflächen und der Zwischenbereiche von Haus zu Haus dient zum einen der Wiederherstellung verschiedener Bodenfunktionen wie zum Beispiel der Speicherfähigkeit von Regenwasser. Dieses wird zeitversetzt an das Grundwasser abgegeben und nicht den Abwasseranlagen zugeführt. Andererseits garantiert das Grasdach das ganze Jahr über ein angenehmes Raumklima; es bindet außerdem Staubpartikel und Luftschadstoffe.

Auch in der Schweiz werden von der Peter Vetsch AG in Dietikon sehr originelle Erdhäuser gebaut.

Die neuseeländischen Erdhügelhaus-Experimente von Friedensreich Hundertwasser führten schließlich zu seinem größten bewohnbaren Kunstwerk: dem Wellnesshotel Rogner Bad Blumau in der Steiermark (Österreich), das zwischen 1993 und 1997 entstand – außergewöhnlich und in hohem Einklang mit der Natur. Die nachfolgenden, 2007 aufgenommenen Bilder zeigen die Möglichkeiten des naturintegrierten Bauens – bezogen auf große und kleine, auf ober-, eben- und untererdige Bauten. So ist zum Beispiel das vierstöckige Ziegelhaus mit Tiefgarage und durchgehendem Grasdach freistehend. Die „Augenschlitzhäuser" hingegen sind in Erdhügel „hinein"-gebaut, und die vier Waldhofhäuser, die für Frischvermählte freigehalten werden, sind unterirdisch mit einem bewachsenen Lichthof angelegt.

86 | Erdhügelhäuser (Rogner Bad Blumau)

In Bielawa im polnischen Verwaltungsbezirk Niederschlesien wird im Rahmen der ökologischen Stadtentwicklung auf einem 30 Hektar großen Gebiet um den Stausee Sudety die fantastische Mythenwelt „Mittelerde" aus Tolkins Roman nachempfunden. Neben etlichen Romanmotiven werden auch Erdhäuser und Naturdachhäuser gebaut und deren Nutzung wissenschaftlich begleitet. Nach der Fertigstellung wird mit jährlich mindestens 200.000 Besuchern gerechnet.

So fügen sich einzelne Mosaikteilchen zusammen. Wahrscheinlich werden in der zweiten Hälfte unseres Jahrhunderts in großen wie in kleinen Wohnsiedlungen bedeutend mehr ökologische Bauten – und somit auch Erdhaussiedlungen im Rahmen von Mischbebauungen – selbstverständlich sein. Die neuseeländische Darstellung des Romans „Der Herr der Ringe“ verbindet somit einen Ausflug in eine Märchenwelt mit einem prophetischen Blick, bestärkt durch den „Naturarchitekten“ Hundertwasser.

Neuseeland – so fern und doch so nah. Auch bei diesem Thema kann man sehen, wie eng die Zusammenhänge und Parallelen zwischen Neuseeland und Europa sind.
Und noch eine Verbindung ist interessant: Durch die Verfilmung des Romans „Der Herr der Ringe“ ist vielen Deutschen der Name des Autors, John Ronald Reuel Tolkien, ein Begriff geworden. Tolkien wurde zwar 1892 in Südafrika geboren, jedoch stammte seine Familie väterlicherseits aus Sachsen und trug vor der Auswanderung, die allerdings schon im 18. Jahrhundert erfolgte, den Namen Tollkiehn, was so viel wie „tollkühn“ bedeutet. So schließt sich hier ein Kreis: Tolkien kehrt – zumindest geistig – über Neuseeland nach Deutschland heim.

10.3 Die Sprache der Kiwis

Wo genau ist jetzt eigentlich *Mainland?*

Wer in Neuseeland auf der Nordinsel lebt, ist gegenüber anderen Kiwis ein *North Islander*. Das sind zwei Drittel aller Einwohner. Die größere Südinsel ist viel dünner besiedelt, und diejenigen, die hier zuhause sind, nennt man *South Islander*. Ganz gleich, von wo die Neuseeländer auch kommen, ihre Insel ist in jedem Fall das *Mainland*. Wo *Mainland* ist, scheint demnach eine Frage des Standpunktes zu sein.
Die Bewohner der vielen kleinen Inseln werden etwas salopp als *Pig Islander* bezeichnet, zumindest von den Bewohnern der beiden großen Inseln. Möglicherweise geht der Ausdruck *Pig Island* auf die Vielzahl an Wildschweinen zurück, die auf den entlegenen kleinen Inseln zu finden sind und diese zu Jägerparadiesen machen.
Die großmäuligen *Aussis* (ausgesprochen: „Ossis"; gemeint sind aber die Australier) verwenden *Pig Islander* gelegentlich herablassend für alle Neuseeländer.
Nicht zu vergessen ist natürlich *Stewart Island*, das *Mainland* der *Stewart Islander*.

***Enzedder* oder was?**

Dass *Enzedder* (von NZ, der Abkürzung für New Zealand) oder *Kiwi* die Bezeichnung für die Einwohner Neuseelands ist, wissen Sie sicher schon. Aber wussten Sie auch – Humor muss sein – dass der Durchschnitts-*Enzedder*, einer mit Häuschen, Frau und zwei Kindern, den wir als Mittelklasse-Kiwi beschreiben würden, auch *Joe Bloggs* oder *Joe Paki Paki from Opunaki* genannt wird?

Als Fremder sollte man übrigens sehr zurückhaltend sein mit derlei Insider-Vokabular, denn richtig in Gefahr bringen kann man sich, wenn man zum Beispiel in einem mehrheitlich von Maori bewohnten Ort die Bezeichnung *hori* verwendet, wobei es sich um einen sehr negativ besetzten Ausdruck der *Pakeha*, also der Weißen, für die Ureinwohner Neuseelands handelt.
Schlimm kann es auch kommen, wenn man das von den Australiern gelegentlich für deren Ureinwohner benutzte *bong* in den Mund nimmt und damit einen Maori meint.

Wie überall auf der Welt werden auch in Neuseeland in einer Art Rangreihe die vielen Zugewan-

derten aus allen Regionen der Erde in abfälliger Weise tituliert. Die ursprünglich aus Dalmatien eingewanderten Baumfäller und *Gumdigger*, deren Nachfahren heute häufig Weinbauern sind wie ihre Ahnen, sind beispielsweise die *Dallie*.
Die Maori grenzen sich wiederum als stolze Erstbesiedler ab, sogar gegenüber den immer noch zuziehenden Polynesiern bzw. den von den Cook-Inseln Kommenden. Dabei sind sie schließlich selbst einst von da gekommen. Wie auch immer, diese Einwanderer sind für die Maori die *Coconuts*.
Die vielen Touristen aus aller Herren Länder dürfen natürlich auch nicht ausgelassen werden, und so müssen sie damit rechnen, abfällig mit *Pom*, *Pommie* oder *Tommie* tituliert zu werden, wenn sie aus Großbritannien kommen.
Es gibt aber auch noch die *Wogs*, das sind die Dunkelhäutigen bzw. Farbigen, die *Chinks* – die Chinesen, die *Frogs* sind die Franzosen und die Italiener heißen *Ities*. *Choppers*, was eigentlich Zähne bedeutet, ist hinter vorgehaltener Hand das Wort für die malaysischen Studenten an den neuseeländischen Universitäten.

Die Kiwis kann man am besten mit *laid back* charakterisieren, eine oft gebrauchte Redewendung, die so viel bedeutet wie „zurückgelehnt“, „entspannt“, „unaufgeregt“, „langsam“. Sehr oft hört man im Alltag Leute *no worries* sagen („kein Problem“ bzw. „kein Grund zur Sorge“). *Cheers* bezeichnet sehr viel – von „Danke“ über „Hallo“, „Macht nichts“ bis hin zu „Auf Wiedersehen“.

10.4 Autokennzeichen und das Zuhause – Spiegel der Individualität

Originelle Autokennzeichen sind bei den Kiwis Ausdruck der Individualität, ein nonverbales Zeichen der Unverkennbarkeit. Ein Auto erhält nur einmal ein Kennzeichen und das behält es bis zum Tag der Verschrottung. Für ganz Neuseeland gibt es dafür übrigens nur eine einzige Behörde.

Bei der Wahl eines Nummernschildes kennt die Kreativität keine Grenzen und mit etwas Übung versteht man schließlich die witzigen Gedanken und Informationen des Besitzers. Liest man beispielsweise „RUL 84 T“, so bedeutet das: „Are you late for tee?“ („Kommst Du zu spät zum Abendessen?“). „EZ 2 GET“ bedeutet: „Easy to get“ („Leicht zu haben“).

Einfacher zu deuten sind die Kennzeichen auf den Abbildungen.

87 | Originelle Autokennzeichen

Genauso viel Wert auf Individualität und Originalität wie bei den Autokennzeichen verwenden viele Kiwis auf dem Land bei der Gestaltung ihrer Häuser, Gärten und Zäune.

88 | Originelle Gestaltungen an Häusern, Zäunen, Gärten (Beispiele)

10.5 Weihnachten am Ende der Welt – andere Länder, andere Sitten

Nicht nur, dass es in Neuseeland sommerlich warm ist, wenn hierzulande dicker Nebel die Sonne nicht durchkommen lässt und es schließlich mit ersten Schneeflocken auf Weihnachten zugeht, alles ist irgendwie anders:

- Die Sonne steht mittags im Norden; sie zieht also sozusagen von „rechts nach links".
- Der sichtbare Sternenhimmel ist anders. Der Große Wagen steht auf dem Kopf und das markanteste Sternbild in Südrichtung ist das Kreuz des Südens.
- Die Kiwis fahren auf der linken Straßenseite, und auf dem Bürgersteig oder auf der Rolltreppe im Kaufhaus kommen uns, die wir uns rechts halten, alle Leute irritiert entgegen.
- Die meisten Pflanzenarten sind endemisch, d.h. es gibt sie nur in Neuseeland.
- Fährt man nach Norden, gelangt man nicht in kältere Gebiete, sondern in die Subtropen.
- Das Wasser im Waschbecken oder in der Dusche läuft wegen der hier entgegengesetzt wirkenden Corioliskraft „andersherum" ab, also im Uhrzeigersinn.

Wie sollte es da anders sein: auch die Advents- und Weihnachtszeit erlebt man hier nicht so, wie wir das kennen.
Wohltuend ist die Tatsache, dass das weihnachtliche Dekorieren der Schaufenster erst viel später als bei uns beginnt, nämlich tatsächlich erst Ende November. Dann aber geht es ziemlich flott und lustig auf Weihnachten zu im Land der Kiwis. Alle Firmen, Vereine und Clubs organisieren *Christmas Parties*, die in den meisten Fällen thematisch gestaltet werden und eine offensichtliche Nähe zu unseren Faschingsfeiern nicht verleugnen können: Die Belegschaft erscheint im entsprechenden Kostüm als Indianer oder Cowboy, oder man erlebt eine Seeräuberparty. Es herrschen ja hochsommerliche Temperaturen, Neuseeland liegt im Südpazifik, wo Wasser und eben alles Maritime allgegenwärtig sind. Irgendwoher aus einem Restaurant am Hafen hört man Trommeln, die mit fantastischer Perfektion geschlagen werden, scheinbare Inselbewohner aus Samoa nehmen Einwanderer-Fräulein im Outfit des beginnenden 20. Jahrhunderts in Empfang, und die ausgelassene, ausgesprochen fröhliche Stimmung steckt an.
Gelegentlich werden anlässlich der Weihnachtsfeiern auch große Schiffe angemietet, die mit unüberhörbarer Geräuschkulisse an den Küsten entlangschippern.

Da die Betriebsfeier auch gern am Strand ausgerichtet wird, sind barfüßige Nikoläuse in krachender Sonne (es ist ja Sommer und dementsprechend lange hell) keine Seltenheit.

Die Tageszeitungen informieren übrigens im Vorfeld dieses alljährlichen Ereignisses regelmäßig über sinnvolle Vorkehrungen und Überlegungen, damit die Freude nicht getrübt wird. So brachte beispielsweise der *Weekend Herald* vom 20./21. November 2004 einen halbseitigen Beitrag, der auf vermeidbare Pannen hinwies, Erinnerungen an vergleichbare Feiern aus den vergangenen Jahren wachrief und schließlich eine Checkliste präsentierte, deren Beachtung eine gelungene Party garantieren sollte.
Die Hinweise für eine erfolgreiche Fete begannen mit der rechtzeitigen Planung (möglicherweise bereits im Juli) durch ein Festkomitee. Der Autor des Artikels begründete die thematische Gestaltung und damit das Verkleidungsritual ganz einfach: Es reguliere die Statusfragen innerhalb eines Unternehmens, und das Selbstwertgefühl der Angestellten steige bzw. gleiche sich so aus, dass die Atmosphäre dem für neuseeländische Bürger unwahrscheinlich wichtigen Streben nach Gleichheit gerecht werde. Allerdings sei die Kommission angehalten, darauf zu achten, dass die Kostümierung im Rahmen bleibe. „Das Letzte, was Sie wollen", schrieb der Autor, „ist eine Klage wegen Verletzung der Menschenrechte oder wegen sexueller Belästigung." Einmal habe Vodafone das Motto „One Night in Bangkok" gehabt und prompt sei es zu unkontrollierten Strip-Einlagen gekommen, was dann zu eben diesem Resultat geführt habe.
Außerdem wurde auch an eine Strandparty erinnert, die ein paar Jahre zuvor dramatisch geendet hatte, als ein Angestellter durch ein plötzlich entfachtes Feuer zu Tode gekommen war.
Einen weiteren wichtigen Aspekt gelte es zu beachten in einem Land, das zwar Weihnachten feiert, jedoch ein Schmelztiegel von Menschen aus aller Herren Länder ist: bei der Gestaltung der Feier sollte das Festliche stärker betont werden als das Weihnachtliche. Dies betrifft besonders international oder multikulturell zusammengesetzte Firmen. Sollte man sich für eine eher traditionelle, also im ursprünglichen Sinne von Weihnachten ausgerichtete Veranstaltung entscheiden, dann könne man durchaus einen Austausch von Geschenkpäckchen organisieren. In diesem Falle müsse der Geschenkwert jedoch genau festgelegt werden und ebenso die Art der Geschenke, denn nichts wäre schlimmer als Überraschungspräsente, die die Kollegen aufgrund deren Religionszugehörigkeit, Rasse oder Sexualität diskriminieren oder beleidigen könnten.

Vodafone ist bekannt für ausgesprochen flippige Partys, obwohl als Resultat der bereits angesprochenen Klagen besonders der weiblichen Belegschaftsmitglieder nach dem „One Night in

Bangkok"-Desaster doch einige konventionellere Feiern stattgefunden haben. Einmal hieß das Motto „*Boogie Wonderland* trifft *Alice in Wonderland*". Verschiedene Bereiche mit unterschiedlichen Musikrichtungen ließen Rock-, Jazz- oder Blues-Fans ihren bevorzugten Platz finden.

Zu den Tipps, die der *New Zealand Herald* für die garantiert gelungene Party veröffentlichte, gehörten unter anderem die folgenden:

- Planen Sie Ihr Budget so früh wie möglich.
- Prüfen Sie die Gesundheits- und Sicherheitsrisiken. Bei Strandpartys empfiehlt es sich, Verantwortliche zu benennen, die darauf achten, dass angetrunkene Belegschaftsmitglieder nicht baden gehen.
- Reden Sie mit Ihren Mitarbeitern, sodass alle wissen, wie sie sich zu verhalten haben. Jeder trägt die Verantwortung für sich selbst.
- Es ist keine schlechte Idee, den Alkoholkonsum auf Bier und Wein zu beschränken. Alkoholfreie Getränke sollten dagegen in großer Vielfalt angeboten werden.
- Organisieren Sie ein Unterhaltungsprogramm, das möglichst vielen gerecht wird.
- Bei Barbecues am Strand sollten Feuerverantwortliche festgelegt werden. Außerdem sollten Löschutensilien zur Hand sein.
- Organisieren Sie Taxis für die Heimfahrt, damit kein Alkoholisierter selbst fährt.

Hoffen wir also, dass immer alle Ratschläge befolgt werden, damit die *Christmas Party* ein voller Erfolg wird und hinterher alle zufrieden sind.

Die Weihnachtsfeiern sind das eine charakteristische Adventsereignis in Neuseeland, ein anderes sind die allerorts stattfindenden *Santa Parades* – großartige, lange vorbereitete Umzüge durch Städte und Gemeinden, die die ansässigen Vereine, Betriebe und alle möglichen Organisationen mitgestalten und damit natürlich auch Werbung in eigener Sache machen. Bereits lange vorher künden riesige Transparente, die quer über Straßen und Plätze gespannt sind, oder Werbetafeln an allen Ecken von dem bevorstehenden Ereignis.
Die großen Handelsketten wie *Farmers* und *The Warehouse* sponsern prächtige Festwagen, von denen aus pausbäckige Engel Wasser ins Publikum spritzen, Konfetti werfen und zentnerweise Bonbons verteilen. Cheerleader-Gruppen führen ihre schwungvollen Darbietungen vor, skandieren dabei die unterschiedlichsten Werbesprüche und sorgen genauso für eine ausgelassene

Rosenmontagsstimmung wie die Blaskapellen mit ihren flotten Rhythmen. Zwischen chinesischen Drachentänzern und schottischen Dudelsackbläsern, die im Wechsel Weihnachtslieder und Hochlandweisen ihrer Urheimat zu Gehör bringen, entdeckten wir während eines Aufenthaltes in Auckland sogar eine Basler Guggemusik-Band.

So stellt also jeder Ort das zur Schau, was er zu bieten hat, und alle sind glücklich, wenn an diesem Tag die Sonne scheint und sich der Sommer von seiner schönsten Seite zeigt.
Als Krönung einer solchen Parade thront meist ein Nikolaus auf einem prachtvollen Schlitten und weist mit seinem Gefolge, mit Hirten und Schafen, der Heiligen Familie und einer Engelsschar auf die Weihnachtsbotschaft hin. Die Betonung des christlichen Charakters einer *Santa Parade* ist von Ort zu Ort verschieden und hängt von der ethnischen Zusammensetzung einer Gemeinde ab. In einem Land, das einem Schmelztiegel der Völker gleicht, ist die bunte Vielfalt der Religionen, das Mit- und Nebeneinander unterschiedlicher Auffassungen, Sitten und Bräuche für alle Normalität.

Wenn es in Neuseeland Weihnachten wird, blühen die prächtigen Pohutukawabäume strahlend rot. Ein herrlicher Anblick und das Signal dafür, dass die großen Ferien bald beginnen. Und dann warten die Kinder wie überall auf der Welt, wo Weihnachten gefeiert wird, auf die Geschenke. Die bringt aber nicht der Weihnachtsmann oder das Christkindl am 24. Dezember, sondern ein lustiger Kerl, vielleicht ein mit roten Schwimmshorts bekleideter Geselle mit weißem Vollbart, der auf dem Surfbrett oder mit Wasserskiern daherkommt, in der Nacht zum 25. Dezember.

Wie in allen angelsächsischen Ländern findet die Bescherung am Morgen des ersten Weihnachtstages statt. In den Häusern werden bunt geschmückte, meist mit Plastikkugeln geputzte Christbäume aufgestellt, unter die später die Geschenke gelegt werden.
Am Abend des 24. Dezember kann man beobachten, wie die Kinder ihre Socken am Kamin aufhängen und Milch und Kekse davorstellen. Ob das für *Father Christmas* oder für das Christkind sein soll? Jedenfalls wird den Kindern erzählt, dass der Weihnachtsmann oder das Christkind durch den Schornstein kommt, die Geschenke vor dem Kamin verteilt, sich Kekse und Milch schmecken lässt, um dann wieder durch den Schornstein zu verschwinden.

Früh am Morgen werden die Geschenke ausgepackt. Bei uns ist es dann übrigens erst der Abend davor, da Neuseeland uns zu der Zeit ja 12 Stunden voraus ist. Außer Spielsachen, Büchern und anderen Geschenken, die Kinder auch hierzulande bekommen, gibt es in Neuseeland auch die *crackers*. Das sind kleine Päckchen, die aussehen wie große Bonbons. Darin sind immer kleine Spielsachen versteckt.

Viele Familien besuchen am Morgen des ersten Weihnachtstages die Kirche. Nach dem Kirchgang folgt aber statt eines üppigen Festmahls mit Truthahn, Gänsebraten, Blaukraut und Knödeln ein fröhliches Barbecue auf der Terrasse oder im Garten. Und solange der Grill noch nicht richtig heiß ist, tollen die Kinder durch den blühenden Garten, und für den Hausherrn, der in der Regel für das Grillen verantwortlich ist, gibt es erst einmal ein kühles Bierchen. Die Mütter kümmern sich normalerweise um Beilagen, Salate und Gemüse. Schließlich kommt das Fleisch auf den Grill, meist ein paar Sorten: Lamm, Rind oder Huhn, auch Würstchen erfreuen sich großer Beliebtheit. Und hinterher lassen sich alle die frischen Erdbeeren schmecken.
Genau wie bei uns werben die Metzger schon lange vor den Feiertagen um Vorbestellungen, damit auch alles wunschgemäß zum Fest zur Stelle ist.

Am zweiten Weihnachtstag, dem „Boxing Day“, packen nicht etwa die Bediensteten der Herrschaft ihre Geschenke aus – was ursprünglich einmal die Bedeutung dieses Tages war – nein, ganz Neuseeland packt den Picknickkorb, um an der jeweils nächstgelegenen Meeresküste ein nationales Grillfest mit anschließender sportlicher Betätigung wie Cricket oder Bowling zu veranstalten.
Die Kinder sind glücklich, und das nicht nur wegen der Weihnachtsgeschenke, sondern weil die Sommerferien endlich da sind.

did not inherit the earth from
We borrowed it from our

Kapitel 11

Abschließende Gedanken und Bilder

11 Abschließende Gedanken und Bilder

Zum Abschluss unseres geistigen Spazierganges über die Inseln, durch die Geschichte, die Kultur, die Realitäten und Visionen dieses einmaligen Landes überkommen uns Sehnsucht und der Wunsch nach weiteren Besuchen. Interessanterweise ging es fast allen Neuseelandreisenden, die wir im Laufe der Jahre kennen gelernt haben, ebenfalls so. Die tiefen Erinnerungen und Sehnsüchte verlieren sich kaum in den Jahren des Abstandes. Drei uns vorliegende Briefe können das belegen und all diejenigen, die schon einmal an eine Neuseelandreise gedacht haben, ermutigen, die Koffer zu packen. Die abschließenden Bilder bekräftigen die in den Briefen deutlich werdenden Gefühle und Sympathien.

Dr. Kai Kochmann (Berlin, 23. September 2007)

Wenn ich an Neuseeland denke, denke ich an...

Katharina, meine damalige Freundin, fragte mich Anfang November 1994, ob ich mit ihr „ein paar Tage vor Weihnachten in den Sommer fliegen möchte“ – es sei aber eine Überraschung. Ich solle nur bis spätestens zum 10. Dezember einen Koffer gepackt haben, hieß es, den Rest würde sie übernehmen. Der glückliche Umstand ihrer damaligen Position bei United Airlines gab mir Gewissheit, dass zumindest die Kosten für den Flug keine Rolle spielen würden. Ich ahnte noch nicht, dass sich diese Gewissheit bald in größte Dankbarkeit wandeln sollte: Katharina stand am Morgen des 10. Dezember mit Flugtickets nach Auckland vor mir. Abflug in vier Stunden aus Frankfurt...

Neuseeland entzieht sich für mich einer einfachen Assoziation. Das Land habe ich zum ersten Mal im Dezember 1994 betreten – nach einer *Westbound*-Route mit United Airlines und Stopps in Washington und Los Angeles. Die fantastischen Erinnerungen an diese Reise sind bereits mit ihrem Zustandekommen verbunden und der einmaligen Glücksseligkeit, diese Reise auch noch geschenkt bekommen zu haben.
Nach nicht gerade kurzen 26 Stunden waren wir dort. Wir empfanden nach dem Einchecken ins Hotel den milden Wind des Spätfrühlingstages am Flughafen von Auckland bereits als Einladung zu einem ersten, mehrstündigen Stadtspaziergang. Ortszeit 17:00 Uhr, also *rush hour*. Aber Auckland kannte dieses Wort nicht, hatten wir den Eindruck.

Wenn ich an Neuseeland denke, denke ich an eine *rush hour*, aber ohne *rush*, ohne Hektik und Lärm. Ich sehe uns auf einem Hügel, auf einer Wiese mitten in Auckland sitzen, zwischen Paradiesvogelblumen und Hortensien. Gelegentlich fahren Autos und Busse am *roundabout* vorbei. Aber in großer Gelassenheit und ohne zu drängeln.
Am zweiten Tag mieten wir uns ein Auto. Dank der gelassenen und entspannten Straßensituation in der Stadt war die sonst nervlich aufreibende Umstellung auf den Linksverkehr eine Sache von wenigen Minuten und völlig unproblematisch. So spontan und unvorbereitet wie die Reise begann, fuhren wir spontan und unvorbereitet einfach los. Lake Taupo war das erste Ziel. Als guter Deutscher plant man ja auch das Ungeplante trotzdem zumindest gedanklich einmal durch und denkt: „220 Kilometer? Das ist ja gut zu machen und auch ein realistisches Ziel für den ersten Tag..." Doch machten wir diese Kilometer-Rechnung ohne die neuseeländische Gastfreundschaft.

Wenn ich an Neuseeland denke, denke ich daran, wie eine Frau Robinson in Ngaruawahia, einem Ort auf halber Strecke zum Lake Taupo, unseren ambitionierten Plan der „Weiterfahrt in einem Tag" zur Strecke brachte.
Woher? Wohin? Aus Deutschland und gerade erst gestern hier gelandet? Und nun gleich in den Süden der Nordinsel „runterdonnern"? Das ginge nicht. Nun erst einmal Ruhe reinbringen in das junge deutsche Paar und einladen die beiden. Sie hätte ein Haus in Coromandel. Dort dürften wir gerne ein paar Tage wohnen. Wie? Insgesamt nur 14 Tage hier in ihrem Land? Ob das denn reiche? Nun aber eben mitkommen, sie führe mal mit dem Wagen voran. Es wären nur 48 Meilen. Ein Klacks.
Aber ein schöner Klacks. Wir fuhren von einer Landschaft, die sich noch sehr wie Süddeutschland anfühlte, innerhalb von 50 Meilen in eine Landschaft, die nun eher an Südengland erinnerte.

Wenn ich an Neuseeland denke, denke ich an das Beatles-Lied *„The long and winding road"*. Sich windende Straßen mit Blick auf Felsenküsten, Hügel, kleine Ortschaften – und irgendwo blitzt immer das Meer hervor. Auf den lieblichen Hügeln dann aber Palmen, unter denen sich Schafe sonnten. Das war es wieder, was uns Neuseeland so einzigartig und komplex erschienen ließ: Schafe unter Palmen. Das kommt nicht einmal in der Bibel vor.
Wir blieben zwei Nächte bei der guten Frau. Wir genossen die sehr angenehme, unaufdringliche Gastfreundschaft und ein einfaches, viktorianisch eingerichtetes Gästezimmer. Und morgens das wunderbare *English Breakfast* und *Earl Grey with Homemade Cookies*, die uns die Wirtin gegen

7:30 Uhr auf einem wohl gebrauchten Tablett servierte, nachdem sie diskret an die Tür geklopft hatte: „Breakfast is being served in half 'n hour." So dürfen Tage beginnen.

Wenn ich an Neuseeland denke, denke ich an ausgedehnte Spaziergänge. Die reine, klare Luft. Das Licht, bei dem praktisch jedes Foto gelingt und man immer frisch aussieht. Die unendliche Schönheit der Natur. Diese Lieblichkeit und Sanftheit. Ich sehe noch das Schild in Coromandel vor mir, beim Blick auf die offene See und die Mercury Islands: „Hier landete dann und dann Capt. James Cook mit seinem Schiff soundso." So, also hier war er auch. Das Gefühl historischer Bedeutsamkeit. Aber Cook ist lange her und nun weit weg. Trotzdem hatte er sicher nicht bereut, hier zu landen.
Wir fuhren dann weiter und entschlossen uns, weniger Kilometer zu fahren und stattdessen lieber länger zu verweilen, wo es uns gefiel. Damit hatten wir zugleich beschlossen, uns auf die Nordinsel zu beschränken. Nun aber doch zum Lake Taupo, den See hatte uns auch Frau Robinson empfohlen. Dort fanden wir ein kleines Häuschen zur Miete für drei Tage. Nicht direkt am Wasser, sondern etwas höher gelegen, circa 500 Meter vom See entfernt.

Wenn ich an Neuseeland denke, denke ich an den ersten neuseeländischen Wein meines Lebens: Sauvignon Blanc, Marlborough, NZ. Seitdem einer meiner absoluten, großen Weißwein-Favoriten. Wir tranken ihn bei Kerzenlicht und aßen dazu einfachen *Cheddar Cheese* und *Cracker* – erworben in einem gegenüberliegenden *Grocery Store* – auf der Terrasse des angemieteten Hauses.
Sicher gibt es irgendwo auch ein *First Class Hotel* auf dieser Insel. Aber Neuseeland entzieht sich für mich nicht nur einer einfachen Assoziation. Neuseeland entzieht sich gänzlich aller Verlockungen, denen ich auf anderen Reisen sonst gern und durchaus vorsätzlich erliege. Insofern hat Neuseeland etwas Kathartisches, etwas Reinigendes, Klärendes.
Wir fuhren dann weiter über das unvermeidliche Rotorua, das wir das nächste Mal sicher vermeiden werden, da zu touristisch. Von dort dann in den restlichen acht Tagen spontan in verschiedene Richtungen und Orte der Nordinsel.

Wenn ich an Neuseeland denke, denke ich an die atemberaubende, stetig wechselnde Landschaft, die wechselnde Fauna und Flora in einer Vielseitigkeit, wie ich es noch nie und nirgendwo erlebt habe. Innerhalb von wenigen Meilen änderte sich die Landschaft, als hätten wir eine Zeitreise angetreten. Von den Hügeln, die an die *Scottish Highlands* erinnern, über eine Vulkanlandschaft mit Schwefeldampf im Innern der Insel zu den Traumstränden der Bay of Islands – Neuseeland entzieht sich im Grunde jeder Beschreibung, aber niemals völlig meiner Erinnerung.

Markus Fischer (Sisseln/Schweiz, 9. Juli 2008)

Wenn ich an Neuseeland denke, denke ich an...

...Stille! An mein Mietauto gelehnt beobachte ich die Welt unter mir: Das Wasser rollt ans Ufer, Gischt schießt unterschiedlich hoch oder verläuft sich auf den flacheren Teilen der Erhebungen und Hügelzüge. Kein Laut kommt hoch zu mir, einzig ein paar Seevögel unterbrechen die Ruhe ab und an. Die Sonne auf ihrem unaufhörlichen Weg taucht die Umgebung langsam in eine abendliche Stimmung. Ein paar Schafe grasen in der Nähe, erblicken mich kurz, lassen sich aber nicht weiter beirren. Ein Schauder durchrinnt mich. Die unzähligen vollen Filmrollen in meinem Gepäck sind im Moment unwichtig, die visuellen Eindrücke prägen sich auch an diesem Tag tief in mein Gedächtnis ein und sind bis heute allgegenwärtig.

Drei Monate lang durfte ich das „Land der langen weißen Wolke" kennen lernen. Und stehe nun zum Schluss in den Marlborough Sounds. Im Kopf eine Fülle von Momentaufnahmen, die darauf warten, verarbeitet zu werden.

Tongariro – Taranaki – Maori. Begegne ich in irgendeinem Zusammenhang diesen Wörtern, so werden unmittelbar Erinnerungen wach: Fotos und Filmsequenzen von einer eindrücklichen Reise Mitte der 1980er Jahre erscheinen, als ob ich erst gestern zurückgekehrt wäre.

Wenn ich an Neuseeland denke, denke ich weit zurück. Als Student hatte ich die Gelegenheit, Neuseeland mit all seinen unglaublich reichhaltigen und vielseitigen Facetten kennen zu lernen. Ohne auch nur im mindesten zu erahnen, auf welche Art und Weise mich die gesammelten Eindrücke seither begleiten sollten, folgte ich dem Angebot, an einem Vulkanologie-Kongress teilzunehmen, welcher anlässlich des 100-jährigen Ausbruchs des Mt. Tarawera in Neuseeland stattfand.
Während einiger Exkursionen, auch auf eigene Faust, teils alleine, teils gemeinsam mit anderen, konnte ich die Nord- und die Südinsel bereisen.
Was die Maori Aotearoa nennen, ist ein Inselstaat im südlichen Pazifik, wo die Natur ein wahres

world miniature geschaffen hat. Seit Jahrmillionen von anderen Landmassen getrennt, hat sich hier eine urtümliche Flora und Fauna gebildet, die sich zum größten Teil nirgendwo anders auf unserer Erde finden lässt. Die geologisch junge Geschichte ist allgegenwärtig und beeinflusst unter anderem die Nordinsel mit ihren aktiven Vulkanen und geothermischen Aktivitäten – zu sehen beispielsweise beim beschwerlichen Aufstieg zum Gipfel des Mt. Ngauruhoe oder bei den faszinierenden Emerald Lakes im Tongariro-Massiv.
Aus ist es mit der Stille, wenn die zahlreichen Geysire und heißen Quellen ihre andauernden Aktivitäten unter Beweis stellen. Eindrücklich, was im Innern unseres Planeten vor sich gehen muss. Klein stehe ich daneben, machtlos, schweigend. Der Champagne Pool im Thermalgebiet Wai-O-Tapu blubbert und hinterlässt nicht nur mit seinem Farbenspiel unvergessliche Momente.

Sei es die zerstörerische Wut, welche von Vulkanen ausgehen kann, sei es die fruchtbare Erde, welche sich schon kurz nach einem Vulkanausbruch zu bilden beginnt, Vulkane haben uns Menschen schon immer fasziniert. Auch mich. Vielleicht auch deshalb, weil uns die Natur auf ihre eigene Art immer wieder an die herrschenden Kräfteverhältnisse erinnert.
Die Vulkanzone der Nordinsel mit ihrem sich stets wandelnden Farbenspiel, den kargen Böden und den sonderbaren Wasserfarben ist längst nicht das einzig Faszinierende an Neuseeland. Auf engstem Raum findet sich (fast) alles, als ob Neuseeland eine Zusammenfassung der Erde darstellt!

Wenn ich an Neuseeland denke, denke ich an die wunderschöne Natur. Romantische Strände konkurrieren mit schroffen Berghängen, Regenwaldgebiete mit fruchtbaren Ebenen; die idyllischen Schären begeistern den Segelsportler ebenso wie die schneebedeckten Hänge den Wintersportler. Es lohnt sich aber auch, das wahre Neuseeland zu Fuß zu erkunden. Zu idyllisch ist es, auf einem der unzähligen Tracks Flora und Fauna zu beobachten oder in den Karstgebieten der Südinsel zu wandern.
Großstädte existieren ebenso wie verträumte kleine Weiler, in welchen die Zeit weit zuvor stehen geblieben zu sein scheint und an vergangene Aktivitäten wie den Kohlebergbau erinnert wird.

Wenn ich an Neuseeland denke, denke ich natürlich auch an die sprichwörtliche Gastfreundschaft der Neuseeländer. Ob einheimische Maori oder zugewanderte Europäer, für eine spontane Einladung zu einem kalten Getränk sowie einem kleinen Schwatz auf einem Schaukelstuhl ist immer genügend Zeit.
Während ich zum wiederholten Male ein Buch über Neuseeland betrachte, genieße ich eine

Kiwi-Frucht und schaue ab und zu aus dem Fenster. Auf den grünen Wiesen grasen neben Kühen auch Schafe. Still zieht die Sonne ihre Kreise und verschwindet hinter dem nächsten Hügel. Immer wieder überkommen mich Erinnerungen an Neuseeland – es ist so lange her und doch stets präsent.

Michael und Margit Hutner (Kronburg, 5. Oktober 2008)

Wenn wir an Neuseeland denken, denken wir an...
das Jahresende 2007. Im Dezember 2007 erfüllten wir uns den lang gehegten Wunsch: Gemeinsam mit unserer 9-jährigen Tochter Alena gingen wir auf Weltreise. Die Grundlage dafür wurde durch das Aufteilen der unternehmerischen Verantwortung auf mehrere Schultern in den letzten Jahren geschaffen.
Drei Monate ohne Arbeit zu sein war für uns vorher schwer vorstellbar, denn wir sind beide Viel- und Gernearbeiter. Wir hatten uns vorgenommen, Langeweile zu empfinden, die Erfahrung zu machen, einfach nur zu sein. In der Hoffnung, dies zu erleben hatten wir für Neuseeland sechs Wochen eingeplant. Und wir haben es geschafft. Alle Verbindungen in die „alte, vertraute Welt" wurden gekappt. Wir waren per E-Mail nicht erreichbar und unsere Handys waren aus. Es gab eine extra eingerichtete Notfall-Adresse, die unsere Stellvertreter kannten. Zum Glück war es nicht notwendig, uns anzurufen. Und: Meine Frau und ich haben uns in der Reisezeit nur einmal beruflich ausgetauscht.
Uns wurde bewusst, wie wenig man braucht um glücklich zu sein. Nur wir Drei, die 6 Wochen in Neuseeland, auf kleinstem Raum im Wohnmobil, wenig Geschirr, kaum Spielsachen für Alena. Wir genügten uns, brauchten niemanden von außen. Noch nie hatten wir so viel Zeit füreinander. In den 3 Monaten war es nur zweimal notwendig, Bedürfnisse und Erwartungen und Verhaltensansprüche gegenseitig zu klären, was andere als Streit bezeichnen würden. Durch die Enge des Raums gab es kein Entfliehen und es dauerte keine 24 Stunden um wieder komplett im Lot zu sein.

Wenn wir an Neuseeland denken, denken wir an...
ein zeitweiliges Leben ohne Verantwortung: Kaum Pflichten zu haben, nur für sich selbst verantwortlich sein, und nicht wie sonst für die Auslastung des Teams, für Kunden, für das, dass alles klappt ... Dadurch entstand ein enormes Gefühl von Freiheit und Leichtigkeit. Für die eigene Nahrung zu sorgen war ein Vergnügen; nur Alenas tägliche Hausaufgaben waren eine gewisse Herausforderung.

Neuseeland hat unsere Erwartungen übertroffen. Die sechs Wochen werden unvergessen bleiben. Wir hatten genügend Zeit und Muße, unseren Gedanken nachzuhängen. Morgens nach dem Aufstehen Joggen, ein besonderer Genuss, an den herrlichen Sandstränden entlang zu laufen oder über sanfte Hügel mit weidenden Schafen. Es gab Wochen, da haben wir drei oder vier Stopps an Golfplätzen eingelegt, um ein paar Stunden auf den meist einfachen, ruhigen Anlagen zu spielen. Beeindruckende Ausblicke mal aufs Meer, mal auf Berge, Seen oder Gletscher... Unvergessliche Panoramen haben sich in unsere Erinnerungen eingeprägt. Schwimmen, ein bisschen Kultur, viel Natur und Erlebnisse mit Tieren, die wir bisher nur aus dem Zoo oder vom Fernsehen kannten. Wichtig für uns war auch, Tage ohne Programm zu haben, nicht auf die Uhr schauen zu müssen. Lesen, Hörbücher während der Fahrt, Latte Macciato kochen und in der Sonne liegen. Wir sind mit den Rädern durch Weinberge gefahren und haben edle Tropfen bei den Winzern genossenen.
Nord- wie Südinsel hatten ihre Reize, wir würden keines unser Ziele von der Reiseroute nehmen. Inzwischen ist in uns der Wunsch gekeimt, einen Teil Neuseelands mit dem Fahrrad zu erkunden. Der Radatlas steht schon im Bücherregal und wartet auf seinen Einsatz.

11.1 Touristische Abschiedsimpressionen

89 | Auf Wiedersehen Neuseeland! Touristische Abschiedsimpressionen

89 | Auf Wiedersehen Neuseeland!
Touristische Abschiedsimpressionen

89 | Auf Wiedersehen Neuseeland!
Touristische Abschiedsimpressionen

89 | Auf Wiedersehen Neuseeland!
Touristische Abschiedsimpressionen

89 | Auf Wiedersehen Neuseeland!
Touristische Abschiedsimpressionen

12 Fußnoten

[1] Die Spanier hielten ihre Entdeckungen streng geheim.

[2] Paihia und Russell waren die wichtigsten Orte dieser Region. Von hier aus begann die Besiedlung durch die europäischen Einwanderer. Wegen seiner lockeren Sitten und der vielen Bars war Russell auch als „Höllenloch des Südpazifiks“ verrufen. Insbesondere die Walfänger gehörten zu den „rauen Burschen“.

[3] Neuseeland hat bis heute als einer von wenigen Staaten keine geschriebene Verfassung. Es könnte theoretisch sogar siebentes australisches Bundesland werden; Australien hat diese Möglichkeit sogar in seiner Verfassung benannt.

[4] Die führenden Länder sind Norwegen (43.350,00 $), die Schweiz (39.880,00 $), die USA (37.610,00 $) und Japan (34.510,00 $).

[5] Auch bei anderen grundsätzlichen gesellschaftlichen Veränderungen steigt regelmäßig die Selbstmordrate, zum Beispiel in Ungarn in den 1980er Jahren.

[6] In: M. King: New Zealanders at war.

[7] vgl. M. King

[8] Man sagte den Kiwis nach, sie seien die Preußen des Pazifiks, und meinte damit ihre militärische Strenge und preußischen Tugenden – was auch immer darunter verstanden wurde.

[9] Baron Bernhard Cyril Freyberg of Wellington and of Munstead (1889-1963). Er war ein schlachterfahrener Befehlshaber, 27 Mal verwundet, und befehligte 1943 die alliierten Verbände auf Kreta. Unter den etwa 35.500 Soldaten befanden sich auch 7.500 Mann der 2. neuseeländischen Division. Freyberg spielte ferner eine wichtige – allerdings heute nicht unumstrittene –militärische Rolle bei der Bombardierung des Klosters Monte Cassino im Februar 1944. Ein Sohn war Oberleutnant der Artillerie, ebenfalls bei der alliierten Einnahme Italiens.

[10] Mururoa, oder eigentlich Moruroa bedeutet in der Sprache der Maohi, der Ureinwohner Französisch-Polynesiens, „großes Geheimnis". Frankreich hatte 30 Jahre lang in aller Verschwiegenheit das gleichnamige Südseeatoll für Atomtests genutzt, von 1966 bis 1974 mit 46 Nuklearsprengkörpern und von 1975 bis 1996 für weitere 147 unterirdische Tests.

[11] Der Tuamotu-Archipel ist die Inselgruppe mit der weltweit größten Ausdehnung. Die Inseln bilden eine Kette, die sich von Mataiva im Norden bis Temoe im äußersten Südosten über mehr als 2.000 Kilometer erstreckt. Der Archipel bedeckt mehr als zwei Millionen Quadratkilometer, die Landfläche aller Inseln zusammen beträgt dagegen nur 850 Quadratkilometer.

[12] Die nördlichsten Weinanbaugebiete von gewisser Bedeutung liegen dagegen mit einer Anbaufläche von 1.200 Hektar im Süden Englands und sind in den letzten 15 Jahren um über 200 Prozent gewachsen. England war im Mittelalter ein führendes Weinanbauland. Wahrscheinlich haben die Römer um 40 v. Chr. den Wein eingeführt. Ferner gibt es – allerdings viel kleinere – Weinanbaugebiete auf Gotland/Schweden.

[13] Neutron als elektrisch neutraler Partner des Protons. Sir James Chadwick entdeckte später das von Rutherford erwähnte Neutron und erhielt dafür 1935 den Nobelpreis für Physik.

[14] Übrigens bezwang auch der Sohn von Sherpa Tenzing Norgay, Jamling Tenzing Norgay, im Jahre 1996 den Mount Everest und führte das IMAX-Team an, das den weltbekannten Everest-Film drehte.

[15] Die nachfolgenden Zitate sind verschiedenen Büchern von und über Hundertwasser sowie verschiedenen neuseeländischen Zeitungsberichten entnommen.

[16] Hervorhebung durch die Autoren.

[17] Die meisten Leute, mit denen wir über Friedensreich Hundertwasser sprachen, verwendeten den in Neuseeland leichter über die Lippen gehenden Namen „Frederick".

[18] In Neuseeland heißt es tatsächlich Bungy und nicht wie sonst üblich Bungee.

19 Laien verwechseln oft Rugby und American Football. Die einzige Gemeinsamkeit ist das Spielgerät – ein eiförmiger Lederball. Ursprünglich benutzte man eine Schweinsblase als Ball. Da dieser aber nicht gerollt, sondern meist in den Händen getragen wird, kam man auf die typische Form.

20 Beim Rugby gibt es nur sehr selten ernsthafte Verletzungen und das Spiel ist auch nicht körperlich schwer. Jeder Spieler lernt, sich richtig zu verhalten und technisch sauber und vorsichtig zu spielen. Es gibt keine schlagenden Bewegungen wie beim Hand- und Fußball, und Beine stellen, Schläge oder das Angehen des Kopfes sind streng verboten und werden entsprechend geahndet. So braucht Rugby im Gegensatz zum American Football auch keine schwere Rüstung und Schoner. Die seit einigen Jahren erlaubte Schulterpolsterung ist eher ein psychologischer als ein körperlicher Schutz. Die Spiele werden vorzugsweise auf weichem Rasen und nicht im Winter ausgetragen – weitere Einschränkungen von Verletzungsmöglichkeiten.

21 Neuseeland baut keine eigenen Autos und die Importe aus Japan sind relativ preisgünstig.

22 Das entspricht etwa 150.000 Euro.

23 Zitat eines Neuseeländers: „Australien war eine Strafkolonie; das sieht man heute noch an vielen Alltagserscheinungen und an der größeren Aggressivität. Wir hingegen gingen aus vor allem jüngeren Siedlern, die freiwillig und mit Visionen hierher kamen, hervor..."

24 Australien gilt in seiner Außenpolitik als USA-hörig. Die Neuseeländer sind hingegen auf ihre politische Unabhängigkeit stolz und verweisen auf die erfolgreichen Bemühungen unter dem Premierminister David Lange, Neuseeland zu einer atomwaffenfreien Zone zu machen und sich für die weltweite Friedenspolitik einzusetzen; oder auf die Premierministerin Helen Clark, die 2004 dem starken Druck der USA, Englands und Australiens widerstand, neuseeländische Truppen in den Irak zu entsenden.

25 Er räumte ebenfalls mit der Mär auf, dass die Bezeichnung „Aotearoa" für Neuseeland als „Land der langen weißen Wolke" nicht von den Maori stamme, sondern aus einem in einem Schulbuch-Journal veröffentlichten Artikel eines Pakeha.

26 Familie: Araucariaceae – immergrüne Bäume, die nur in der südlichen Hemisphäre wachsen
Gattung: Agathis – 20 Arten sehr großer Bäume, die im Südwesten des Pazifik vorkommen
Art: Australis – Vorkommen nur in Neuseeland

27 „Aufsitzerpflanzen", die auf anderen Pflanzen wachsen

28 Dalmatien gehörte seit 1815 zur k.u.k.-Monarchie und dalmatische Einwanderer wurden als Österreicher registriert. Vor allem die enormen Reblausschäden in den dalmatischen Weinbaugebieten um 1870, die Einführung der österreichischen Wehrpflicht sowie die allgemeine Armut auf dem Lande veranlassten zumeist junge Männer, ihre Heimat zu verlassen.

29 Ein acre entspricht knapp 4.047 Quadratmetern beziehungsweise 0,4 Hektar.

30 Piki steht für Größe und bezieht sich auf einen Onkel namens Tonga, der „Big Man" oder „Piki Meine" genannt wurde.

31 Te Puea war Ratgeberin von Mahuta, dem dritten Maori-König; Cousine und Ratgeberin von Te Rata, Tante und Ratgeberin von König Koroki und schließlich Großtante und Ratgeberin von Piki, als diese 1966 Königin wurde.

32 Bewegung für das Maori-Königtum

33 www.willischnitzler.de/neuseeland/neuseeland3_bericht11.htm; Hervorhebungen im Zitat durch die Autoren.

34 Neueren DNA-Analysen fossiler Adler-Knochen zufolge ist der nächste Verwandte des Riesenadlers Harpagornis einer der kleinsten Adler der Welt. Gemeint ist der „Little Eagle", der in Australien und Neuguinea vorkommt und nur ein Kilogramm wiegt. Analysen der Erbsubstanzen legen außerdem nahe, dass der gemeinsame Vorfahre beider Arten vor rund einer Million Jahre lebte. Das Größenwachstum des Harpagornis in dieser Zeitspanne bis zu seiner Vernichtung von Menschenhand ist evolutionär betrachtet enorm.

35 Australier sollen im 19. Jahrhundert aus Mitleid mit den armen Holzfällern auf der Nordinsel das Possum eingeführt und in den Wäldern ausgesetzt haben. Sie wollten den Holzfällern und Gum Diggern zu einem zusätzlichen Geschäft als Felltierjäger verhelfen.

36 Der folgende Abschnitt stützt sich auf:
Walter, H.; Breckle, S.-W. (Hrsg.): Ökologie der Erde. Band 2: Spezielle Ökologie der tropischen und der subtropischen Zonen außerhalb Euro-Nordasiens. G. Fischer Verlag, Stuttgart 1984.

37 Steineiben

38 eine Kiefernart

39 Fletcher Challenge wurde im Jahr 2001 in drei Unternehmen aufgeteilt: Fletcher Challenge Forests (später umbenannt in Tenon), Fletcher Building (einschließlich Fletcher Construction) und Rubicon (New Zealand).

40 Pottwale sind Weltmeister im Tauchen. Sie können sich bis zu zwei Stunden unter Wasser aufhalten. Der Pottwal ist der größte Zahnwal und das größte Raubtier der Welt. Seine Lieblingsspeisen sind Thunfische, Tintenfische sowie Haie bis zu einer Größe von drei Metern. Männliche Pottwale erreichen eine Länge von 15 bis 20 Metern, weibliche eine Länge von 10 bis 15 Metern. Erwachsene Pottwale kommen auf ein Gewicht von 35 bis 55 Tonnen. Die Lebenserwartung liegt bei etwa 50 Jahren. Der einzige Feind dieser grandiosen Geschöpfe der Natur ist der Mensch.

41 Zur Unterscheidung: Kraken verfügen über acht Arme, Kalmare dagegen über zehn.

42 Die Redewendung „Seemannsgarn spinnen“ hat folgende Wurzeln: In früheren Zeiten mussten die Matrosen der Segelschiffe bei Flaute sehr dünnes Kabelgarn für die Bekleidung der Taue und Trossen drehen. Da das eine furchtbar langweilige Arbeit war, sang man dazu und erzählte sich unglaubliche Geschichten über Schatzinseln, Piraten, den Klabautermann, riesige Kraken, Geisterschiffe, aggressive Wale und vieles andere mehr. Bei jedem Nacherzählen auf dem Schiff oder im Hafen wurden die Geschichten mehr und mehr übertrieben.

43 Der Name „Nautilus“ stammt von einem Kopffüßer, der seine Schale benutzen kann wie ein U-Boot seine Tauchtanks.

44 Die Bezeichnung „Krake“ kommt übrigens aus dem Norwegischen.

45 Kalmare sind wie Kraken, Tiefseevampire, Sepien sowie der altertümliche Nautilus und ausgestorbene Gruppen wie Ammoniten und Belemniten Kopffüßer. Die Kopffüßer existieren schon seit rund 500 Millionen Jahren. Fossil sind allein 30-40.000 Ammonitenarten bekannt, heute gibt es rund 750 bis 1.000 Arten.

46 Wenn von „Deutschen“ gesprochen wird, dann geschieht das stets mit dem Wissen, dass Deutschland zu Beginn des 19. Jahrhunderts ein sehr heterogenes Gebiet mit den größeren Staaten Preußen und Österreich, mit acht Fürsten- und Herzogtümern und rund 300 kleineren Verbünden war. Erst 1871 wurde das Deutsche Reich gegründet (ohne Österreich). Die Arbeits- und Lebensbedingungen waren in den einzelnen Regionen sehr unterschiedlich und das schlägt sich auch in den Auswanderungszahlen und -motiven nieder.

47 Bis heute sind es sogar rund 11 Millionen Deutsche.

48 Aufgrund der Fortschritte in der Medizin, besserer Hygiene, der Zunahme von Bildung und der höheren Produktivität in der Landwirtschaft kam es auf dem Gebiet des späteren Deutschen Reiches zu einer wahren Bevölkerungsexplosion: 1816 lebten dort knapp 25 Millionen Menschen, 1852 bereits rund 36 Millionen, 1871 waren es 41 Millionen und 1915 gar 68 Millionen Menschen.

49 Die amerikanische und die französische Revolution stellten die Grundlagen des Absolutismus in Frage und weckten die Sehnsucht nach Selbstbestimmung und äußerer Freiheit.

50 Die Siedler waren nicht selten durch kriegerische Verbände und Räuberbanden bedroht. So mussten zum Beispiel die Migranten sowohl in Südrussland als auch in Ungarn mit Überfällen rechnen. Aus diesem Grund sank unter anderem an der Wolga in den ersten zehn Jahren der Besiedlung die Einwohnerzahl um 7.000 Personen. Kirgisische und baschkirische Nomaden überfielen im 18. Jahrhundert die Dörfer und verkauften die Siedler in Buchara auf dem

Sklavenmarkt oder töteten sie. In den Jahren 1777 und 1784 konnte die russische Regierung zwar einen Teil der Gefangenen wieder freikaufen, aber Flusspiraten, Räuberbanden sowie Tataren und Kosaken blieben eine ständige Gefahr. Serbische Banden und Türken bedrohten dagegen die Schwabendörfer in Ungarn.

51 Die Reisekosten waren etwa vier Mal so hoch wie nach Nordamerika. Oft investierten Auswanderer ihre gesamten finanziellen Mittel, um überhaupt die Reise bezahlen zu können.

52 Zu Beginn des I. Weltkrieges besetzte Neuseeland West-Samoa und erhielt 1920 das Völkerbundmandat für das Gebiet. 1946 wurde es neuseeländisches Treuhandgebiet.

53 Die großen Verluste der neuseeländischen Truppen in der Schlacht von Gallipoli gegen die Türken, auf deren Seite das Deutsche Reich stand, verstärkten die Ressentiments noch.

54 Dieser Brief war seitens des Museums ins Englische übersetzt worden und wurde von uns wieder rückübersetzt.

13 Literatur

Akstinat, S.: *Akstinats faszinierende Fakten.* Humboldt, Baden-Baden 2006.

Albert, Alexandra: *Ein Schuljahr in Neuseeland.* MANA-Verlag, Berlin 2003.

Albig, J.-U.: *Die Endeckung des Nichts.* GeoEpoche Nr. 24.

Alves, Dora: *The Maori and The Crown.* Greenwood Press, London 1999.

Anarchy in New Zealand – 1982. Freedom, Vol 43, No. 17, 1982.

Antes, P.; Morries, P.: *Briefwechsel zum Verhältnis von Muslimen zu Juden* (auf Wunsch der Autoren H/H.). Hannover/Wellington 2006.

Australien und Ozeanien. F.A. Brockhaus Verlag, Leipzig 1979.

Axtell, R. E.: *Gestures: the do'taboos of body language around the world.* Wiley, New York 1998.

Bade, James N. (Hrsg.): *Eine Welt für sich. Deutschsprachige Siedler und Reisende in Neuseeland im 19. Jahrhundert.* Edition Temmen, Bremen 1998.

Barnitzke, H. et.al: *Die Welt in Rekorden. Das große Buch der Superlative.* Verlag Wolfgang Kunth, München 2004.

Baron, S.; Eisen, J.: *People Power. How to make the government listen to You, for a change.* PT Chevalier, Auckland 2004.

Bartels, K.: *Schönster Spuk der Meere.* Welt am Sonntag, 21. August 2005.

Bassett, J. et.al: *The Story of New Zealand.* Reed Publishing (NZ) Ltd., Auckland 2002.

Baudis, Sandra: *Interkulturelle Missverständnisse und deren Folgen zwischen den Maori und den Briten während und nach der Kolonisation.* Diplomarbeit, Magdeburg/Stendal 2000.

Bell, D.: *new to new zealand.* Reed Publishing (NZ), Auckland 2001.

Benitz, A.; Förger, W.: *Neuseelandsüchtig.* MANA-Verlag, Berlin 2006.

Berger, M.: *Neuseelands Wirtschaftsreform seit 1984.* Pro Universitate, Sinzheim 2000.

Bildung auf einen Blick. OECD-Indikatoren 2002. OECD, Paris 2002.

Bohemia to Puhoi. Puhoi-Museum, Puhoi 2000.

Bönisch-Brednich, Brigitte: *Auswandern – Destination Neuseeland.* MANA-Verlag, Berlin 2003.

Boothby, D.; Kelly, S.: *Live & Work in Australia & New Zealand.* Vacation Work, Oxford 2002.

Borgfeldt, T. et.al: *New Zealand Yesterday.* Reader's Digest (NZ), Auckland 2001.

Brednich, Rolf Wilhelm: *Neuseeland macht Spaß.* MANA-Verlag, Berlin 2003.

Brown, Michael; Spoelstra, Aleida: *The figs and the vines. Gumdigging in Kaipara.* Academy Press Ltd, Dargaville 1997.

Bundesstelle für Auslandsinformationen: *Neuseeland. Wirtschaftsentwicklung 1998/99.* Köln 2000.

Bundesstelle für Auslandsinformationen: *Neuseeland. Wirtschaftsentwicklung 2000.* Köln 2001.

Bundesstelle für Auslandsinformationen: *Neuseeland. Wirtschaftsentwicklung 2001.* Köln 2002.

Bundesstelle für Auslandsinformationen: *Neuseeland. Wirtschaftsentwicklung 2002.* Köln 2003.

Bundesstelle für Auslandsinformationen: *Neuseeland. Wirtschaftsentwicklung 2005/06.* Köln 2006.

Bundesstelle für Auslandsinformationen: *Neuseeland. Wirtschaftsentwicklung 2007.* Köln 2007.

Choudry, A.: *Neuseeland: Unfreiwillige Laborratten für immer in Markt-Mausefalle gefangen.* ZNet, 23.04.2004: www.zmag.de/artikel.php?id=213.

Clements, Dave: *The Story of the Haka.* The Haka Book Limited, Hamilton 1998.

Corrigan, H. et.al: *Neuseeland.* Dorling Kindersley Limited, London 2004.

Crystal, David: *Die Cambridge Enzyklopädie der Sprache.* Verlag Parkland, Köln 1998.

Daley, Claudia; Lutterjohann, Martin: *Neuseeland Slang, das andere Englisch.* Kauderwelsch Band 45. REISE KNOW-HOW Verlag, Bielefeld 2002.

Dalmatian Cultural Society: *The Figs and the Wines. Gumdigging in Kaipara.* Kaipara o.J.

Das Neuseelandbuch. NZ Visitor Publications Ltd, Nelson 2003.

Dauerstädt, M.: *Neuseeland. Kritische Bestandsaufnahme eines Modells.* Europakolleg Mai 1998: www.fes.de/organisation/europe/publicat/neuseela.html.

Day, D.: *Tolkiens Welt. Die mythologischen Quellen der Ringe.* Klett-Cotta, Stuttgart 2003.

Der Fischer Weltalmanach 2006. Fischer Taschenbuch Verlag, Frankfurt a.M. 2005.

Destructive Deluge. A pictorial coverage of February floods 2004. Westmount School / Manawatu Campus, Palmerston North 2004.

de.wikipedia.org/wiki/Neuseeland-Dollar

Diamond, J.T.; Hayward, B.W.: *Kauri Timber Days.* Gordon Ell, Bush Press, Auckland 2002.

Douglas, R.: *Toward Prosperity.* David Bateman, Auckland 1987.

Douglas, R.: *Unfinished Business.* Random House NZ Ltd., Auckland 1994.

Douglas, R.: *Completing the circle.* Seascape Press, Auckland 2003.

Ederer, G.: *Das Reformparadies – Was wir von Neuseeland lernen müssen* (Video). Chancen für Alle. Initiative Neue Soziale Marktwirtschaft, Köln 2002.

Eichinger, N.: *Kolossale Calamares. Neuseeländische Fischer ziehen Rekord-Tintenfisch an Bord.* Süddeutsche Zeitung, 23. Februar 2007.

Ell, Gordon: *Das Kauri Museum.* Matakohe 1999.

Enzyklopädie der Welt. Asien, Australien, Ozeanien (New World Edition). Falk Verlag, Ostfildern 2002.

Fischer, J.: *Neuseeland.* DuMont Reiseverlag, Köln 2003.

Flagge, I.: *Friedrich Hundertwasser. Ein Sonntagsarchitekt. Gebaute Träume und Sehnsüchte.* Die Galerie, Frankfurt a.M. 2005.

Formhals, K.; Schleenbäcker, K.; Voigt, A.: *Erdhügelhäuser-Ökosiedlung „Auf der Staig".* Fachhochschule für Technik, Stuttgart 1993.

Fox, D. T.: *Born to be Queen.* Mana Magazine, Issue No. 50, Auckland 2003.

Frank, T. (Hrsg.): *Neuseeland.* Polyglott Apa Guide. Langenscheidt KG, Berlin/München 2000.

Frenz, Lothar: *Die Alien-Attacke.* GEO 02/2004.

Fritz, K.A.: *Weisheiten der Völker.* Parkland Verlag, Köln 2003.

Frotscher, S.: *5.000 Zeichen und Symbole der Welt.* Haupt Verlag, Bern/Stuttgart/Wien 2006.

Gebauer, B.; Huy, S.: *Neuseeland.* Vista Point Verlag, Köln 2004.

Gerstl, A.: *Jüdische Spuren in Neuseeland.* DAVID, Jüdische Kulturzeitschrift: www.david.juden.at/kulturzeitschrift/61-65/64-Gerstl.htm.

Gesellschaft für bedrohte Völker: www.gfbv.de/voelker/indigene/dekade/htm.

Gilling, B.; O'Malley, V.: *Der Vertrag von Waitangi in der neuseeländischen Geschichte.* In: Jäcksch, Hartmut (Hrsg.): Maori und Gesellschaft. MANA-Verlag, Berlin 2000.

Google Alert (googlealerts-noreply): 2007-2008 (diverse).

Grey, George: *Polynesian Mythology and Ancient Traditional History.* Kessinger Publishing LLC, 2004.

Guter, J.: *Das große Lexikon der Völker.* Komet Verlag, Köln 2006.

Harper, L. et.al: *Neuseeland.* Stefan Loose Travel Handbücher, Berlin 2002.

Hartmann, E.M.; Seitz, K.: *Bildung unter Globalisierungsdruck – Trends der Bildungsreform in Nord und Süd:* www.epiz.de/klassenzimmer/orientierungsraum/orient8.htlm.

Hayward, B.W.: *Kauri gum and the gumdiggers.* Gordon Ell, Bush Press, Auckland 2003.

Hempshell, M.: *Living and Working in New Zealand.* Survival Books Limited, London 2003.

Hinz, V.: *Auswanderer. Einfach nur noch weg.* Stern, 14. Juli 2004.

Hinze, P. et.al: *Neuseeland.* Nelles Verlag, München 2001.

Hobbs, M.: *Kiwi Tucker for the soul.* Bascands, Christchurch 2000.

Hofmeister, B.; Lutz, W.: *Australien & Neuseeland.* Harenberg Verlag, Dortmund 2001.

Hughe, Robert: *The Fatal Shore. A History of the Transportation of Convicts to Australia 1787-1868.* Harvill Press, London 1987.

Hundertwasser, Friedensreich: *Verschimmelungsmanifest gegen den Rationalismus in der Architektur.* Rede in der Abtei Seckau am 4. Juli 1958, Ergänzungen 1959 und 1964.

Hundertwasser, Friedensreich: *Die Fensterdiktatur und das Fensterrecht.* Hundertwasser-Haus Wien, 22. Januar 1990: www.kunsthauswien.com/deutsch/fenster.htm.

Hundertwasser, Friedensreich: *Es gibt keine Mißstände der Natur. Es gibt nur Mißstände des Menschen.* Hundertwasser-Haus Wien, Mai 1990: www.hundertwasser.de/deutsch/okologie.htm.

Hüttermann, A.: *Bikulturalismus nach 150 Jahren weißer Vorherrschaft?* Geographische Rundschau 42, Heft 3 (1990) S. 126-134

.

Ihimaera, Witi: Aroha. *Maori-Geschichten aus dem Jadeland.* Edition Isele, Eggingen 1999.

Ihimaera, Witi: *Zauberhaftes Neuseeland.* Reed Publishing (NZ), Auckland 2001.

Ihimaera, Witi: *Whalerider.* Rowohlt Taschenbuch Verlag, Reinbek bei Hamburg 2003.

indexmundi.com/de/neuseeland/wirtschaft_profil.html.

Jahn, K.: Puhoi – *Egerländer Auswanderer nach Neuseeland im 19. Jahrhundert.* Mai 2003: www.egerlandmuseum.de/seiten/thema_mon_archiv/puhoi_05_03.htm.

Jäcksch, Hartmut (Hrsg.): *Maori und Gesellschaft.* MANA-Verlag, Berlin 2000.

Kahukura. In: Grey, G.: *Polynesian Mythology.* Whitcombe and Tombs, Christchurch 1976 (Reprint).

Kawharu, J. H. (Hrsg.): *The Island Broken in Two Halves.* Pennsylvania State University Press, Pennsylvania 1999.

King, M: *New Zealander at War.* Penguin Books (NZ) Ltd, Auckland 2003.

King, M.: *Maori. A Photografic and Social History.* Reed Publishing (NZ) Ltd, Auckland 2003.

King, M.: *The Penguin History of New Zealand.* Penguin Books, Auckland 2003.

Kirkwood, Carmen: *Te Arikinui and the Millenium of Waikato.* Turongo House, Ngaruawahia 2001.

Kiwiland. Kiwiland NZ, 10. November 2004.

Klier, F.: *Gelobtes Neuseeland. Fluchten bis ans Ende der Welt.* Aufbau Verlagsgruppe, Berlin 2006.

Kölle, I.: *Wir haben einen Traum wahrgemacht. Deutsche Auswanderer in Neuseeland.* SWR2 Wissen, 7. Juni 2005.

Köthe, R.: *Entdecker und ihre Reisen.* Tessloff Verlag, Nürnberg 2006.

Kworkquark.net/zeitliste/wissensdurst2.html-35k-12.Sept.2005.

Küng, H.; Kuschel, K.-J.: *Wissenschaft und Weltethos.* Piper, München 2001.

Küng, H.: Spurensuche. *Die Weltreligionen auf dem Weg.* Piper, München 2005.

Länderbericht Neuseeland: www.hk24.de/HK24/HK24/produktmarken/international/investitionen_im_ausland.

Lennane, B.: *Hundertwasser in New Zealand. Island of lost desire* (Video). Joram Harel Management, Wien 1990.

Lernen für das Leben. Erste Ergebnisse der internationalen Schulleistungsstudie PISA 2000. OECD, Paris 2001.

Leue, H.: *Erlebtes Neuseeland.* Bruckmann Verlag, München 2002.

Lieser, K.: *Maori in Neuseeland.* Praxis Geographie 4/2004.

Lockyer, John: *A history of New Zealand.* Reed Books, Auckland 2002.

Lockyer, John: *How Parliament works in New Zealand.* Reed, Auckland 2004.

Maier, Achim: *Was ist eigentlich Rugby?* Rugby-Verband Rheinland-Pfalz, 2004.

Mana Magazine, Jahrgänge 2002 bis June-July 2008.

Mayer-Tasch, P. C. (Hrsg.): *Meer ohne Fische? Profit und Welternährung.* Campus, Frankfurt 2007.

McGee, C.: *Reforms in New Zealand Teacher Education.* Vortrag auf der Australian Education Association Conference, Queensland 1997.

McGibbon, Ian: *Besuche der deutschen Kriegsmarine in Neuseeland.* In: Bade, James N. (Hrsg.): *Eine Welt für sich. Deutschsprachige Siedler und Reisende in Neuseeland im 19. Jahrhundert.* Edition Temmen, Bremen 1998.

McLay, M.: *Timber Jack. Resources, Technology and Change in New Zealand's Kauri Timber Industry.* New House Publishers Ltd., Auckland 1997.

Memories of Old Wanganui. Vol. 2. Hanton & Andersen Limited, Wanganui 1996.

Menter, Ulrich: *Ozeanien – Kult und Visionen.* Prestel Verlag, München u.a. 2003.

Mit Haut und Haaren. Misereor-Lehrerforum 37, Mai 2000.

Mooney, K.: *From the Heart of Europe to the Land of the Southern Cross.* Puhoi Historical Society, Puhoi 1963.

Moore, M.: *Fighting for New Zealand. New Zealand in the 21st Century.* MMSC Ltd, Wellington 2000.

Müller, Martin: *Neuseeland entdecken & erleben.* Mairs Geografischer Verlag, München 1998.

Müller, M.: *Das schönste Ende.* In: abenteuer und reisen, 25. Jahrgang, 9/2005.

Neuseeland. GEOspecial Nr. 4, August 1999.

Neuseeland. Merian 8/49.

Neuseeland. Angriff der Klon-Krieger. SWR, 21. März 2004.

Neuseeland Landleben. NZ Visitor Publications Ltd, Nelson 2004.

NeuseelandNews, Jahrgänge 2005 bis Juni/Juli 2008.

Neuseeland Stadtleben. NZ Visitor Publications Ltd, Nelson 2004.

New Zealand Families Today. Ministry of Social Development, Wellington 2004.

New Zealand official yearbook 2004. David Bateman, Auckland 2004.

New Zealand official yearbook 2006. David Bateman, Auckland 2006.

Northland Community Plan. Northland Regional Council, 2004.

Orwin, Joanna: *Kauri. Witness to a Nation's History.* New Holland Publishers, Auckland 2004.

Ott, Jessica: *Kompendium der deutsch-australischen und deutsch-neuseeländischen Beziehungen.* Deutsches Übersee-Institut, Übersee-Dokumentation, Hamburg 2003.

Palenski, Ron: *Kiwi Milestones. New Zealand's population through the millions.* Hodder Moa Beckett Publishers Ltd, Auckland 2004.

Palmer, G.; Palmer, M.: *Bridled Power. New Zealand's Constitution and Government.* Oxford University Press, Oxford u.a. 2004.

Payer, Margarete. *Internationale Kommunikationskulturen (2. Gesten; 3. Funktion der Sprache; 4. Nonverbale Kommunikation).* Fassungen vom 12. 10. 2000 und 6. 11. 2000: www.payer.de/kommkulturen/kultur042.htm.

Pilkington, D.; Robinson, P.: *Manawatu & Wanganui.* Whitcoulls Ltd., Christchurch 2002.

Polyglott Apa Guide: *Neuseeland.* Polyglott, München 2005.

Prökl, Vinzenz: *Eger und das Egerland historisch, statistisch und topographisch dargestellt.* Falkenau 1877 (2. Auflage).

Ratusny, Armin: *Entwaldung und Aufforstung in Neuseeland.* Selbstverlag des Faches Geographie der Universität Passau, Passau 2000.

Regler, Marc: *Erfahrungsbericht: Anglistik – Neuseeland – WS 03/04*: www.uni-stuttgart.de/ia/auslstud/berichte/australien/neuseeland_regler.doc.

Restany, P.: *Die Macht der Kunst. Hundertwasser, der Maler-König mit den fünf Häuten.* Taschen Verlag, Köln u.a. 2001.

Rhodes, W.: *New Zealand Memories.* Issue 50, 10. November 2004.

Rice, Geoffrey W. (Hrsg.): *The Oxford History of New Zealand.* Oxford University Press, Oxford 2002.

Richter, A.: *Land der langen weißen Wolke.* In: Journal für die Frau 3/2005.

Rohden, T. von: *Alternative Wohnformen haben Konjunktur.* In: Süddeutsche Zeitung, 7. Juni 2006.

Russell Museum: Besucherunterlagen.

Ryan, T.; Parham, B.: *The colonial New Zealand wars.* Grantham House, Wellington 2002.

Schacht, R.: *Ein Lineal soll Fischbabys schützen.* In: Welt am Sonntag Nr. 33, 19. August 2007.

Schmied, E.; Schmied, W.: *Hundertwassers Paradiese. Das verborgene Leben des Friedrich Stowasser.* Knesebeck Verlag, München 2003.

Schmidt, P.: *Deutsche Auswanderer.* ZDF, 31. Juli 2005.

Schulz, L.: *Get rid of your student loan now. Your guide to New Zealand student loans.* Random House New Zealand, Auckland 2002.

Schurian, W. (Hrsg.): *Hundertwasser. Schöne Wege. Gedanken über Kunst und Leben. Schriften 1943 – 1999.* Langen Müller Verlag, München 2004.

Science.ORF.at/APA/Reuters.

Scott, M.: *High Noon auf der Weide.* In: *Neuseeland.* GEOspecial Nr. 4, August 1999.

Shepard, W.: *Muslims in New Zealand.* Journal of Muslim Minority Affairs, 16:2 (1996).

Sinclair, Keith: *A History of New Zealand.* Penguin Books, Auckland 1988.

Singer, Christine: *Zur Sonderstellung der deutschen Minderheit in Chile. Deutsche Auswanderer zwischen Mythos und Realität* (Magisterarbeit): www.ub.uni-konstanz.de/kops/volltexte/1999/204/.

Smith, D. W.: *The great eruption of Mt Tarawera.* Rotorua Printers Ltd., Rotorua 2002.

Sonntagsblatt (Steiermark) Nr. 32, 12. August 2007.

Spedding, J. M.: *The story of Endeavour.* Russel Museum, Russel 1987.

Spoonley, P. et.al: *Work & Working in Twenty-first Century New Zealand.* Dunmore Press, Palmerston North 2004.

Stafford, D. M.: *Tangata Whenua. The world of Maori.* Reed Publishing (NZ), Auckland 1997 und 2004.

Statistics New Zealand: www.stats.govt.nz.

Stevenson, A.: *Trekking in Neuseeland.* National Geographic, Frederking & Thaler, München 2006.

Stewart, G. C.: *The Tangiwai Desaster. A Christmas Eve Tragedy.* Grantham House Publishing, Wellington 2003.

Stieff, B.: *Hundertwasser für Kinder. Träume ernten.* Prestel Verlag, München u.a. 2007.

Summerset: Where the living is easy. Taupo 2004 (Hausdruck).

Süddeutsche Zeitung, 26. Mai 2006.

Tangata, Tangata. Maori-Geschichten. Edition Isele, Eggingen 1999.

Tätowierungen und Hautmalereien. Misereor-Lehrerforum 37, Mai 2000.

Tawhiao – King or Prophet. Turongo House / Mai Systems Ltd, Huntly 2000.

The Dalmatian Cultural Society Archive & Museum: Besucherunterlagen.

The Kauri Museum: Besucherunterlagen, private Führung mit Informationen, Archivbilder.

The Kauri Museum (Video). Matakohe 2003.

The New Zealand Retirement Guide 2003/2004. Full Moon Publishing, Auckland 2003.

Theroux, P.: *Das schönste Ende der Welt.* In: Passagen. Hapag-Lloyd Kreuzfahrten, Hamburg 2005.

Walter, H.; Breckle, S.-W. (Hrsg.): *Ökologie der Erde. Band 2: Spezielle Ökologie der tropischen und der subtropischen Zonen außerhalb Euro-Nordasiens.* G. Fischer Verlag, Stuttgart 1984.

Walter, H.; Breckle, S.-W. (Hrsg.): *Ökologie der Erde. Band 4: Spezielle Ökologie der gemäßigten und arktischen Zonen außerhalb Euro-Nordasiens.* G. Fischer Verlag, Stuttgart 1991.

Wälterlin, U.: *Kamerateams lauern auf Schlammlawine.* In: Standard International, 7. März 2007.

Warne, K.: *Blaue Oasen. Neuseeland zeigt, dass es auch anders geht.* In: National Geographic, April 2007.

Watson, J.: *A History of Transport and New Zealand Society.* Ministry of Transport. GP Publications, Wellington 1996.

Weaver, S.: *Teenage boys talk. 50 New Zealand teenagers talk about their lives.* Random House NZ, Glenfield / Auckland 2001.

Weaver, S.: *Teenage girls talk. 52 New Zealand teenage girls talk about their lives.* Random House NZ, Glenfield / Auckland 2002.

Welch, D.: *People. Profiles from the pages of the New Zealand Listener.* Random House NZ, Auckland 2004.

Welt am Sonntag, 14. Mai 2006.

Wepa, M. E.: *Symbols of the Maori World.* Dudfield, Auckland 1999.

Wepa, M. E.: *Great Mysteries of the Maori World.* Auckland Museum, Auckland o.J.

Westerlund, D.; Svanberg, I.: *Islam Outside the Arab World.* Curzon Press, Richmond 1999.

Williams, J.: *Puhoi, the Bohemian Settlement.* In: Bade, James N.: *The German Connection. New Zealand and German-speaking Europe in the Nineteenth Century.* Oxford University Press, Oxford 1993.

Wimmer, M.: *Der Geist der Ferne. Sehnsuchtziel: Neuseeland.* In: Geosaison, November 2006.
Wright, M.: *Reed Illustrated History of New Zealand.* Reed Publishing (NZ) Ltd, Auckland 2004.
Wurzelwerk, Artikel 3 und 11 / 2002: www.wurzelwerk.at.
Wylie, C.: *School Self-Management in New Zealand – How can it make a real difference?* NZCER, Wellington 1998.

Www.allblacks.com
Www.alpinliteratur.net/bergsteiger/hillary.php
Www.auswaertiges-amt.de/www/de/laenderinfos/laender/laender_ausgabe_html?type_id=10&land_id=121
Www.bagage.de
Www.br-online.de/kultur/literatur/lesezeichen/20030518/20030518_4.html
Www.curiosum.org/archiv/2004/12/07/der-langste-ortsname-der-welt/html
Www.discovery.de/abenteuer/gipfelstuermer/pioniere/sir_edmund_hillary.shtml
Www.erdhaus.ch/web/
Www.fedfarm.org.nz
Www.fruchportal.de
Www.heimat-in-deutschland.de
Www.kunsthauswien.com/deutsch/thermendorf.htm
Www.maori.org.nz
Www.matriarchat.net/welt/maori.html
Www.mundologia.de/philosophie/grusswort_von_sir_edmund_hillary/
Www.muz-online.de/ozeanien/neuseeland.html
Www.neuseelandreise.de/land/geseltxt.htm
Www.newfarm.org/features/0303/newzealand_subsidies.shtml
Www.newzealand.com/travel/de/about-nz/culture/culture-the-people.cfm
Www.oekosiedlungen.de
Www.royal.gov.uk/history/hanover/html
Www.rugby-journal.de
Www.solarc-erdhuegelhaus.de
Www.ub.uni-konstanz.de/kops/volltexte/1999/204/

Www.uni-oldenburg.de/musik/musikkulturen/blaetter/blatt11.html
Www-user.tu-chemnitz.de/~stst/tolkien11.htm
Www.visitorinfo.net.nz
Www.waitangi-tribunal.govt.nz/welcome.html
Www.wdr5.de/herrderringe/script.phtml
Www.welt-in-zahlen.de
Www.willischnitzler.de/neuseeland/neuseeland3_bericht11.htm
Www.wissensschule.de/schulmanagement_mckinsey_bildet.php3
Www.zdf.de/ZDFde/inhalt/30/0,1872,2009214,00.html

Ziegert, Susanne: *Wie die Maulwürfe.* Welt am Sonntag 29/05, S. IM 1.

14. Bildquellen

Alexander Turnbull Library | National Library of New Zealand:
10 | 11 | 15 | 16b | 25 | 26 | 36 li | 39 | 50 | 63 | 69 | 77

Ingo Petz | brand eins: 8

Internet: public domain: 14 | 16a | 41 | 49 | 65 | 27
Creative Commons Attribution ShareAlike: 27

www.flickr.com/photos/foolfillment/198669899: 1

Dalmatinisches Museum: 51

Museum of NZ Te Papa Tongarewa Wellington: 68

Museum Puhoi: 79

Office of the Prime Minister: 7

Ron Halliday: 53 | 59

Ron Palenski: 12 (A. Turnbull L.) | 28-29 (New Zealand Sports Hall of Fame)

Rotorua Museum of the Art and History: 30

Erika Schmied: 32 | 33

Stephen Tindall's Office: 31

The Kauri Museum Matakohe: 17 | 36 re | 54 | 56 | 57 | 61 | 62

Dörthe & Volker Heyse:
2 | 3 | 4 | 5 | 9 | 13 | 18 | 19 | 20 | 21 | 22 | 23 | 24 | 34 | 35 | 37 | 38 | 40-48 | 52 | 58 | 64 | 66 | 67 | 70-76 | 78 | 80-88

Waitangi Museum: 6